教师教育类劳动教育课程教材

根据教育部《大中小学劳动教育指导纲要（试行）》编写

中小学劳动教育

ZHONGXIAOXUE LAODONG JIAOYU

主　编　熊建文　张　臣

副主编　姚训琪　张伟坤　蔡寒菁

中国教育出版传媒集团

高等教育出版社·北京

内容概要

本书是教师教育类劳动教育课程教材,根据教育部《大中小学劳动教育指导纲要(试行)》编写。

本书围绕劳动教育基本概念、基础理论,以及中小学劳动素养、课程开发和实践设计,系统阐述了劳动教育的理论知识和应用方法,本书分为上下两篇,上篇为劳动教育基础理论,下篇为中小学劳动教育的课程开发与实践设计。

本书紧贴教育实际,既可作为师范生劳动教育课程的教材,也可作为中小学教师职后培训用书。

图书在版编目(CIP)数据

中小学劳动教育 / 熊建文,张臣主编. —北京:
高等教育出版社,2022.9
ISBN 978 - 7 - 04 - 059378 - 5

Ⅰ.①中⋯ Ⅱ.①熊⋯ ②张⋯ Ⅲ.①中小学—劳动
教育—师资培训—教材 Ⅳ.①G633.932

中国版本图书馆 CIP 数据核字(2022)第 159834 号

策划编辑 刘自挥	**责任编辑** 宇文晓健		**封面设计** 张文豪	**责任印制** 高忠富	

出版发行	高等教育出版社	**网　址**	http://www.hep.edu.cn	
社　址	北京市西城区德外大街 4 号		http://www.hep.com.cn	
邮政编码	100120	**网上订购**	http://www.hepmall.com.cn	
印　刷	上海当纳利印刷有限公司		http://www.hepmall.com	
开　本	787mm×1092mm　1/16		http://www.hepmall.cn	
印　张	19.75			
字　数	421 千字	**版　次**	2022 年 9 月第 1 版	
购书热线	010-58581118	**印　次**	2022 年 9 月第 1 次印刷	
咨询电话	400-810 0598	**定　价**	46.00 元	

本书如有缺页、倒页、脱页等质量问题,请到所购图书销售部门联系调换

编 委 会

前　言

当前，大中小学校正在强力推进劳动教育，积极贯彻落实党的教育方针，完善德智体美劳全面培养体系，促进学生全面发展，推动我国教育事业高质量发展。

如何确保劳动教育在中小学有效实施？作为未来或现在劳动教育执行者的高校师范生和在岗中小学教师，他们的劳动教育教学能力，是决定中小学劳动教育实施质量最为关键的因素。然而，教师队伍中尚普遍存在"劳动教育是什么、教什么、如何教，以及中小学劳动教育课程如何开发、如何实施、如何评价"的现实困惑。为师范生和中小学教师提供一部指导中小学劳动教育有效实施的专门教材，既为构建系统性、实践性、开放性、针对性的劳动教育课程体系提供了教材支撑，又回应了急需培养高水平中小学劳动教育师资队伍的现实需求。

本教材编委会组织国内重点师范大学的专家学者，广泛调研，深入研究，积极吸收新时代劳动教育研究的前沿成果，合作编写了这部教材。教材坚持以习近平新时代中国特色社会主义思想为指导，深入贯彻全国教育大会精神，落实中共中央、国务院《关于全面加强新时代大中小学劳动教育的意见》、教育部《大中小学劳动教育指导纲要（试行）》等文件要求，准确把握马克思主义劳动观的理论内涵和中国特色劳动观念与精神，梳理劳动教育发展历史，科学阐释劳动教育的基本概念、基础知识，聚焦中小学劳动教育课程开发和实践设计的时代课题，致力于支持学习者构建劳动及劳动教育知识理论体系，培养与提升教师的中小学劳动教育教学能力和水平。

本教材以学理性、系统性、专业性和实践性为指导进行编写，努力打造以下特点：

（1）**筑牢劳动教育理论知识之基**。本教材面向中小学劳动教育与课程开发所需，注重劳动观念认知与劳动教育知识理解，依次阐述了劳动、劳动教育相关基础理论，厘清劳动、劳动科学、劳动分类、劳动价值观、劳动精神等内涵，阐述劳动教育、劳动教育课程、中小学劳动教育课程等基础概念，揭示劳动教育发展史、劳动教育形式及方法的基本内涵，以及劳动教育新形式、新方法。

（2）**理解中小学劳动素养体系之核**。本教材依据研究文献和政策文件，结合《义务教育劳动课程标准（2022 年版）》解析中小学劳动教育目标与内容，明确劳动素养的结构要素体系，以及提升劳动素养的基本途径方法；介绍劳动教育评价的性质、种类、内容与流程等，为做好中小学劳动素养评价提供理论基础，帮助学习者建立中小学劳动教育质量意识，构建"目标—素养—培养—评价—改进"的劳动素养提升与培养质量持续改进的良性闭环。

（3）立足中小学劳动课程开发之本。本教材介绍劳动教育课程开发的基本知识和理论逻辑，结合案例分享，帮助学习者理解课程开发理论在中小学劳动教育课程目标设计、内容选择与组织、实施、评价中的运作方法，掌握课程开发的关键知识和本领。

（4）把握中小学劳动实践设计之根。劳动实践是劳动教育实施的基本途径，也是课程开发的重要内容。本教材介绍了中小学劳动实践设计的原则、目标、影响因素、基本要求等，中小学劳动实践的内容与形式，以及中小学劳动实践的开展原则与策略；阐释学校、家庭、社会三方共同推进中小学劳动实践的观念转变、保障情况，三方协同管理机制的设计，以及实施过程中学校、家庭、社会三方之间的协调、协同与联通。

本教材是集体智慧成果。全书由熊建文、张臣统筹规划、修改和定稿，分为绪论和上、下两篇，上篇为劳动教育基础理论，下篇为中小学劳动教育的课程开发与实践设计。编写分工如下：绪论由熊建文、张臣编写，第一、二章由赵麐、赵艺编写，第三、五、六、七章由张伟坤、李秋坤、叶娴、麻华佳、陈浪浪编写，第四章由吴世勇编写，第八、十一章由蔡寒菁编写，第九、十章由刘大军、陈晓滢、吴君逸编写，第十二章由李霓虹编写，第十三章由姚训琪、陈妤、张臣编写，第十四、十五章由乐琦、莫逊男编写。此外，谢锦霞、梁嘉仪、葛海丽等也参与了教材的资料收集与文字校对工作。

本教材重点在劳动教育基础理论和中小学劳动教育课程开发与应用上研究选材和组织编写，考虑劳动教育和中小学劳动教育的学术理论研究仍在深化，中小学劳动教育在试点实施中深入推进，教材成书后仍需要接受理论研究和实践应用的双重检验，需要与时俱进地完善与优化。未来，我们期待本教材能为中小学劳动教育高质量发展作出积极贡献。

本教材在编写过程中，参考了大量劳动教育研究成果，谨向相关文献的作者表示诚挚感谢！高等教育出版社的领导和编辑在教材策划、内容完善等方面给予了大力支持和专业的修改意见，在此表示衷心感谢！此外，本教材的出版得到了广东省教育厅、广东省教育研究院、华南师范大学等单位领导和专家的大力支持，在此一并感谢！

熊建文　张　臣

2022 年 2 月

目　　录

上篇　劳动教育基础理论

下篇　中小学劳动教育的课程开发与实践设计

绪　　论

【学习目标】

　　1. 掌握劳动、劳动教育、劳动教育课程等基本概念；理解劳动教育体系、劳动教育课程体系的概念与架构。

　　2. 准确理解、掌握中小学劳动教育概念，了解国内外中小学劳动教育课程体系建设与发展概况。

　　3. 了解我国中小学劳动教育现状与问题，理解加强新时代中小学劳动教育的意义。

　　劳动是人类最根本、最重要的实践活动。劳动创造了人，劳动创造了世界，劳动创造了人类文明史。强调劳动价值和劳动教育，是马克思主义唯物史观的重要内容。马克思指出："未来教育对所有已满一定年龄的儿童来说，就是生产劳动同智育和体育相结合，它不仅是提高社会生产的一种方法，而且是造就全面发展的人的唯一方法。"（《马克思恩格斯选集》第二卷）因而，马克思和恩格斯认为必须把"教育同物质生产结合起来"，即教育与生产劳动相结合，也称为"教劳结合"，并将其作为社会主义教育必须坚持的一个基本原则。

　　重视劳动教育是我国教育的优良传统，教劳结合一直是中国共产党坚持的教育方针。党的十八大以来，党中央高度重视劳动和劳动教育。习近平先后围绕劳动、劳动者、劳动精神等内容发表重要讲话，并对劳动发展观、劳动价值观、劳动实践观等相关内容进行了深刻阐述，多次倡议在青少年中弘扬劳动精神、加强劳动教育。在2018 年 9 月全国教育大会上，习近平提出把劳动教育纳入培养社会主义建设者和接班人的总体要求，将劳动教育从传统意义上促进青少年全面发展的有效途径提升为重要教育内容，号召构建德智体美劳全面培养的教育体系，为推进新时代劳动教育明确了思想指引。2020 年 3 月，中共中央、国务院颁发了《关于全面加强新时代大中小学劳动教育的意见》（简称《意见》），提出要全面构建体现时代特征的劳动教育体系，并对新时代劳动教育的重大意义、指导思想、基本原则、总体目标、基本内涵等作了具体解读，要求系统性加强贯穿大中小学各学段的劳动教育。2020 年 7 月，教育部印发了《大中小学劳动教育指导纲要（试行）》（简称《纲要》），针对新时代劳动教育是什么、教什么、如何教等问题，进一步细化要求与具体指导。至此，在中国特色社会主义新时代，劳动教育成为国民教育体系中，与德育、智育、体育、美育同

关于全面加强新时代大中小学劳动教育的意见

大中小学劳动教育指导纲要（试行）

等重要的教育内容，必须在教育实践中予以积极贯彻和实施。

第一节　劳　　动

马克思主义认为，劳动彻底将人与猿区别开来，劳动创造了人本身，是人类社会生存和发展的根本前提。劳动有广义和狭义之分。狭义的劳动仅指生产和生活中的劳动，广义的劳动还包括其他各类现代社会劳动，包括脑力劳动、服务劳动等。

一、劳动与劳动科学的概念

（一）劳动的概念

对于劳动的概念，学术界主要从劳动与人类、社会的发展，劳动的基本要素，劳动的性质等方面进行界定。马克思将劳动定义为"人和自然之间的过程，是人以自身的活动来中介、调整和控制人和自然之间物质交换的过程"（《马克思恩格斯选集》第二卷）。他认为劳动是主观作用于客观的实践活动，是实际地改造外部世界和周围环境的对象性活动，是社会发展的基础。《中国大百科全书（哲学卷）》将劳动定义为人类特有的基本的社会实践活动，也是人类通过有目的的活动改造自然对象并在这一活动中改造人自身的过程。该界定侧重强调劳动是人与自然界之间的物质交换过程、人改造自然的过程。《统计大辞典》将劳动解释为人们使用一定的劳动资料作用于一定的劳动对象，创造某种使用价值以满足人类自身需要的有目的的活动，是人与自然之间的结合过程，是人的劳动能力使用和消费的过程，同时也是物质财富和精神财富形成的过程。该定义重点从劳动者、劳动资料、劳动对象三个劳动要素，结合劳动过程与劳动价值阐释劳动的概念，也是多数词典所采用的对劳动下定义的方式。

可见，劳动是人类的本质特征和存在方式。劳动促使了原始人类的体型逐步区别于猿类，促进了大脑的进化，发展了智力，促进了劳动工具的改进，丰富了物质生活，最终成就了现代人类，推动了人类社会的形成与发展。因此，劳动促进了人的自由全面发展，创造了社会财富，也创造了人类文明，推动了人类社会的持续向前发展，是人类发展的永恒主题。

（二）劳动科学的概念

劳动科学是以人类劳动作为研究对象，从不同学科角度对劳动问题及其发展规律，以及与劳动问题密切相关的社会关系进行分门别类的研究，从而形成一个系列的、各具专业特色的学科群[①]。它是不同的具体劳动学科通过内在逻辑联系形成的系

[①] 刘向兵. 劳动通论［M］. 2 版. 北京：高等教育出版社，2021：48.

统的学科群，不仅涉及社会科学，也涉及自然科学。构筑成劳动科学系统的基本学科有劳动经济学、劳动法学、劳动社会学、劳动心理学、劳动就业学、劳动管理学、劳动伦理学、劳动统计学等学科。其中，劳动经济学、劳动管理学、劳动法学等尤为重要。

劳动科学的研究涉及劳动力、劳动就业、劳动组织、劳动报酬、劳动保护、社会保险、职业教育、劳动管理、劳动关系等劳动者在劳动过程中产生的劳动问题及与劳动问题相关的一切自然和社会关系问题。劳动科学的研究任务是揭示劳动活动的规律，研究目的是提高劳动者地位，改善劳动条件，激发劳动积极性及提高劳动效率[①]。

二、劳动的分类

按照不同的区分标准，劳动的分类不同，以下是几种常见的劳动分类方法。

（一）按劳动力的消耗方式

按劳动力的消耗方式不同，劳动可分为体力劳动和脑力劳动。体力劳动包括以肌肉发出的能量推动劳动工具，以双手操作劳动工具对劳动对象进行加工，以双手、双肩作为信息传递工作和交通传输工具，及以五官进行观察、测量和试验获取外界信息，等等。脑力劳动主要是劳动者通过人的思维器官进行的劳动，比如从事劳动管理、国家事务、文学艺术、教育和科学等活动。体力劳动在人类历史发展进程中有着重要的地位和作用，随着生产水平的提高，体力劳动逐渐向智力化发展。并且，体力和脑力是统一于劳动力之中的。

（二）按劳动的复杂程度

按劳动的复杂不同，劳动可分为简单劳动和复杂劳动。简单劳动指不需要专门学习和训练，使用简单工艺和技能的，普通人都能从事的劳动。复杂劳动指需要经过专门的培训，一般人难以掌握的使用复杂劳动工艺和技能的劳动。简单劳动和复杂劳动依据相对社会平均价值量来作比较，按劳动者在单位时间创造的价值量多少加以区别，少量的复杂劳动等于多量的简单劳动。一般来讲，简单劳动没有科技含量，复杂劳动有科技含量。随着社会发展、知识积累和科技进步，单纯的无科技含量的劳动情况正逐步消失。因此，简单劳动和复杂劳动是相对的，在不同国家或地区、不同时代都不同，但在一定的社会中具有明确的区分。

（三）按劳动实现的社会性质

按劳动实现的社会性质来划分，劳动可分为生产劳动和非生产劳动。生产劳动指生产物质财富的劳动，具体包括生产所需要的生产资料和吃、穿、行、住、用等所需

---

① 葛寿昌. 劳动经济学 [M]. 上海：上海社会科学院出版社，1998：3.

的生活资料。直接从事物质产品生产的劳动是生产劳动。为生产服务是组织生产过程中所必需的，也属于生产劳动。非生产劳动则指直接或间接进行非物质资料生产的劳动。非生产劳动并非人类社会一开始就有的，是随着生产劳动的劳动生产力能够提供剩余产品以后才出现的。现代社会中，人们对精神生活、医疗保健、生活服务的要求相应增长，为改善人们的生活而出现的服务性劳动迅速发展起来，成为一种重要的非物质生产劳动形式。

（四）按劳动工具

按人类不同历史时期主要使用的劳动工具来划分，劳动可分为手工劳动、机器劳动、智能劳动。手工劳动是指人运用自身头和手、臂和腿的力量进行的直接劳动，或直接取用自然物作为工具开展的劳动，或有意识地利用自然物来制造工具而开展的劳动，或对工具加以改造以制成机械而开展的劳动。18世纪中期到19世纪，从西方纺织工业化开始，以蒸汽机的发明和应用为标志的第一次工业革命，促进了农耕文明向工业文明的过渡，产业结构也转变为以工业为主体。人类的劳动形态发生了根本变化，形成了有组织、分工细化的机器劳动。智能劳动是指从劳动目标出发，由人类专家和智能机器共同组成人机一体化智能系统，通过模仿人类大脑，完成"从感觉到记忆到思维的过程"与"行为和语言的表达过程"，实现拟人的智能化劳动，从而创造智能产品和其他产品的过程[①]。

（五）按劳动内容

在当代劳动教育体系中，按劳动内容的不同，劳动可分为日常生活劳动、生产劳动和服务性劳动。日常生活劳动指处理个人衣食住行事务过程中的劳动；生产劳动指以创造生产、生活必需品，满足国家、社会和个人需求与财富积累为目的的活动；服务性劳动是指利用知识、技能、工具、设备等，为他人和社会提供服务，增进国家和社会公共领域和个人福祉的劳动[②]。

现代科学技术高速发展催生劳动形态的快速变化，人类劳动形态在不断演进，表现为脑力劳动比重不断增加，新形态劳动不断形成。新时代学校劳动教育，则应当依据劳动形态的演进而与时俱进，实施过程中，加强与消费性劳动、创造性劳动、复合性劳动等新型劳动形态的紧密结合。

三、劳动的意义

（一）劳动是人的生存本质，也是人发展的必要条件

马克思指出，劳动这种生命活动、这种生产生活是类生活，是产生生命的活动。

---

① 曾天山，顾建军.劳动教育论［M］.北京：教育科学出版社，2020：24.
② 王飞，徐继存.三类劳动的划分依据及其育人价值［J］.人民教育，2020（8）.

它的性质就是自由的有意识的活动。自由的有意识的活动即劳动的本质，有如下表现。首先，人使劳动本身变成自己的意志和意识的对象，即人不像其他动物那样把劳动这种生命活动仅仅看作生存的唯一手段。对于人来说，正因为他是有意识的存在物，才可以把他自己的活动看作他的对象，也正因为是这一点，他的活动才是自由的活动。其次，人的生产是全面的。人甚至不受肉体需要的影响也进行生产，生产出整个自然界，人把对象固有的尺度运用于对象，是按照美的规律来构造对象。最后，人在对象中确证自己的本质力量，人通过劳动不仅生产对象，还作为对象的对象生产着自己，人的五官感觉作为历史的生成就是相对于对象而生成的，它的产生是同人的本质和自然界的本质的全部丰富性相适应的。因此，人改变自然界，自然界也就成为人的无机的身体[①]。

同时，劳动是人的本质的自由自觉的活动，人之劳动的发展就是人自身的自由全面的发展，因此，劳动作为人的本质是一种"善"的实践活动，劳动是人的目的内在于自身的并使其结果统一于自身的基础性也是第一性的实践活动。人在劳动中创造了自身，并产生了意识、思维、语言、文化等其他精神属性与社会属性，在此基础上是人的多方面的实践活动[②]。总之，劳动是实践，实践是理念的获得与实现的途径，创造出价值的必由之路，实现人的解放的必要条件，也是人类团结、友爱、互助、和谐的原动力。

（二）劳动是社会存在和发展的基础

从根本意义上看，劳动是人类社会存在和发展的基础，也是社会物质资料再生产和人类自身再生产的基本条件。恩格斯认为："劳动和自然界一起才是一切财富的源泉，自然界为劳动提供材料，劳动力把材料变为财富。"正是人类有目的、有意识的劳动，为社会存在和发展及人类自身的生存和发展提供了物质基础。

在新时代的中国，需要全体中华儿女众志成城，万众一心，以劳动托起"中国梦"。实现中华民族伟大复兴的中国梦，是近代以来中国人民最伟大的梦想，其基本内涵是实现国家富强、民族振兴、人民幸福，奋斗目标是"两个一百年"，即在中国共产党成立 100 年时全面建成小康社会，到中华人民共和国成立 100 年时建成富强民主文明和谐的社会主义现代化国家。正如习近平在 2015 年庆祝"五一"国际劳动节大会上所强调："我们所处的时代是催人奋进的伟大时代，我们进行的事业是前无古人的伟大事业，我们正在从事的中国特色社会主义事业是全体人民的共同事业。全面建成小康社会，进而建成富强民主文明和谐的社会主义现代化国家，根本上靠劳动、靠劳动者创造。"

---

① 高红雨. 马克思的劳动思想 [D]. 北京：中共中央党校，2019.
② 刘晓. 马克思劳动思想的"实践哲学"意义 [J]. 知与行，2018（5）.

第二节　劳动教育

　　劳动教育源自人们的日常教育实践经验和价值立场，是教育与生产劳动相结合的一种教育形式，在教育实践中逐渐被全面而深入地认知。近现代以来，劳动学科、教育学科的建设与发展都很迅速，但二者交叉融合形成的劳动教育科学，由于尚未有独立的学科或专业设置，更多地作为研究方向，因其独特价值而被广泛关注与研究。劳动教育是一个动态发展的概念，随着时代的变化，其内涵不断丰富、发展和完善。

一、劳动教育概述

（一）劳动教育的概念

　　教育学中通常从广义和狭义两个层次对教育下定义。定义劳动教育时，我们也应从广义和狭义两个维度加以区别。广义的劳动教育，是指有利于增进各类人群（包括青少年学生、家长、教师和其他各类社会人员）的劳动思想观念、劳动知识技能等各方面劳动素养的一切活动的总称。狭义的劳动教育，是指学校根据国家相关政策和课程要求，有目的、有计划、有组织地对青少年学生实施的，旨在提高其劳动思想观念、劳动知识技能水平等各方面劳动素养的正式教育活动[①]。

（二）劳动教育的形式与内容

　　劳动教育既是一种教育形式，又是一种教育内容。劳动教育具有思想道德教育、知识技能教育、实践教育等属性，强调了教育与生产劳动相结合，提出了劳动观点、劳动态度、劳动情感、劳动习惯、劳动技能、劳动素养等劳动教育内容。这些定义偏向于把劳动教育视为劳动实践活动相关的教育形式。例如，苏霍姆林斯基认为："劳动教育是对年轻一代参加社会生产的实际训练，同时也是德育、智育和美育的重要因素。"[②] 陶行知将劳动教育看作"在劳力上劳心"的实践活动。他认为劳动教育的目的在于"谋手脑相长，以增进自立之能力，获得事物之真知及了解劳动者之甘苦"。

　　在以往学校教育的实施过程中，劳动教育通常因不受重视而被弱化。

　　在地位上，劳动教育作为"五育"内容之一进入整个育人体系，与其他四育并行并重，成为新时代全面育人的必然要求。这也意味着劳动教育进入实质化发展新阶段，必须建设专门的劳动教育课程、内容（教材）、师资、场所等，形成横向贯通、纵向衔接的劳动教育课程体系，以及实施保障体系。劳动教育既可作为教育内容提升

---

① 刘向兵. 劳动通论 ［M］. 2 版. 北京：高等教育出版社，2021：25－26.

② 苏霍姆林斯基. 帕夫雷什中学 ［M］. 赵玮，王义高，蔡兴文，等译. 北京：教育科学出版社，1983：361.

青少年劳动素养，又可作为教育形式结合"四育"发挥综合育人功能。其在青少年教育方面的独特价值，具有不可替代性。

（三）劳动教育的特征

劳动教育不仅具有普通教育的功能属性，还有以下基本特征。

1. 时代性

劳动教育具有强烈的时代属性。由于社会生产力的发展，人类劳动的形态不断演进，劳动形态在不断变化，劳动新形态也在不断出现。所谓劳动新形态，一方面指向以社会为依托的服务性劳动，另一方面指向具有信息化特征的智能劳动、数字劳动、创造性劳动等。另外，劳动工具、劳动形态、劳动结构等随时代发展而不断变化，引起劳动方式与内容的变化，也在不断地更新人们对劳动教育的理解，劳动教育的概念和体系也在与时俱进，不断丰富。

2. 价值性

劳动教育具有价值性。从根本上来看，劳动教育的核心任务是劳动价值观的教育。其通过培养学生树立正确的劳动观点，养成良好的劳动习惯与品质，掌握劳动知识与技能，形成尊重劳动、热爱劳动的积极劳动态度，从而全面提升青少年的劳动素养。

3. 实践性

劳动实践活动是劳动教育实施的重要载体。劳动教育是通过参加劳动实践，在实践中体验、认知与反思劳动，从而培养受教育者综合素质的一种教育活动。在劳动实践过程中，受教育者对劳动形成直接的感官和生理体验，获取直接劳动经验，加深对劳动的认知，增强劳动知识教育的效果。在组织劳动实践时，我们应充分考虑将其与理论教育紧密结合并适宜适度。

4. 统整性

劳动教育具有统整性，兼容或整合其他"四育"，联系各阶段的教育，沟通家庭、学校和社会。从本质上看，劳动教育具有立德、增智、健体、育美等较为全面的教育功能。劳动教育里既有价值观的教育，也有创造力、美感、身体素质的锻炼[1]。劳动教育在更高层次、更大程度上吸纳了德、智、体、美等教育内容。在劳动过程中，学生学习劳动知识和技能，并且运用理论知识解决实践问题，在体认劳动的同时认识生活，接触社会。当劳动教育依托各学科教育融合实施时，劳动实践包含了其他"四育"的内容，在现实教育中统一整合于劳动实践，难以划分清晰的教育边界。

（四）劳动教育体系

劳动教育体系是指为达成劳动教育目标，实现相关教育教学功能的劳动教育组织实施的系统性形式，包括目标体系、内容或课程体系、实施体系、保障体系等。

---

[1] 檀传宝. 开展劳动教育必须解决好的三大理论问题 [J]. 人民教育，2019（17）.

　　针对劳动教育弱化、缺位的现象，补齐全面培养教育体系中的劳动教育短板，构建科学有效的劳动教育体系，显得尤为紧迫与重要。首先，加强顶层设计，强化劳动教育的实际地位。各级政府部门需要将劳动教育纳入教育行政管理的发展规划，明确专门管理机构，完善相关管理规范，从体制机制层面保障劳动教育的实施与深入。其次，建设劳动教育课程体系，完善劳动教育内容。我们要按教育层级制订大中小学各学段的劳动教育计划，纳入人才培养全过程，保质保量做好计划实施、考评与结果应用工作。最后，加强劳动教育体系实施，做好协同保障工作。其包括专兼职教师队伍建设及教师发展，劳动实践条件与资源保障，家校协同劳动育人，等等。

　　构建科学、系统、完备的劳动教育体系，组织实施好劳动教育，教育管理者还应特别注重以下几点：

　　第一，立足学校这一劳动教育主阵地。学校是青少年接受教育与成长的主要场所，是教育联通家庭、学生走向社会的重要支点。各级学校应规范化、系统化、高质量实施劳动教育，积极拓宽劳动教育途径，协调社会的支撑作用，形成学校、家庭和社会协同育人的劳动教育体系。

　　第二，紧抓中小学劳动教育重要起点。中小学是青少年成长的关键时期，是劳动价值观、劳动情感、劳动习惯与品质形成的关键时期。"教育必须从娃娃抓起"，劳动教育也需重点关注中小学劳动教育。2015 年，教育部、共青团中央、全国少工委印发《关于加强中小学劳动教育的意见》，提出统筹资源，构建模式，推动建立课程完善、资源丰富、模式多样、机制健全的劳动教育体系，形成普遍重视劳动教育的氛围。

　　第三，突破劳动教育课程开发关键点。设置劳动教育显性课程，开发专门教材与配套教学资源，按照显性课程的要求进行科学化、规范化、系统化建设，是确保劳动教育落到实处的基本保障。梳理大中小学当前开设的劳动教育课程现状，科学设置劳动必修课程，建设分学段、分层次、分类别，形成梯度与序列的劳动教育课程教材，有助于解决劳动教育是什么、教什么、怎么教等现实问题。

二、新时代劳动教育的内涵

　　人的全面发展学说是马克思主义教育思想的基本内涵，也是我国制定教育方针政策的重要依据。劳动教育是社会主义教育制度的重要组成部分。在促进青少年全面发展上，劳动教育具有独特的价值与功能，一直受到党和国家的高度重视。

　　党的十八大以来，习近平在一系列重要讲话中，就劳动、中国梦、劳动者、劳动精神等进行了深刻阐述，指出要通过各种措施和方式，教育引导广大青少年牢固树立热爱劳动的思想、牢固养成热爱劳动的习惯，为祖国培养一代又一代勤于劳动、善于劳动的高素质劳动者。

全国教育大会上，习近平提出"构建德智体美劳全面培养的教育体系"，培养德智体美劳全面发展的社会主义建设者和接班人，把劳动教育明确为全面发展教育的重要组成部分，丰富了新时代党的教育方针，将劳动教育与德育、智育、体育及美育并举、全面贯通、融合发展。

随后，中共中央、国务院印发《意见》，进一步强调劳动教育是中国特色社会主义教育制度的重要内容，要求全面贯彻党的教育方针，坚持立德树人，把劳动教育纳入人才培养全过程，对加强新时代劳动教育进行了整体设计，推动建立全面实施劳动教育的长效机制，贯通大中小学各学段，贯穿家庭、学校、社会教育各方面，把握育人导向，遵循教育规律，创新体制机制，注重知行合一，促进学生形成正确的世界观、人生观、价值观。

作为全面培养的教育体系的重要组成，学者们对新时代劳动教育的内涵开展了积极研究。徐长发认为[①]，新时代劳动教育再发展是国家长远发展的战略需要，是进入小康社会后人的全面发展的需要，是人们追求美好生活的需要，是促进人类命运共同体建设的需要。新时代中国特色社会主义劳动教育的目的是培养具有劳动知识、劳动技术素养、劳动精神、劳模精神、工匠精神，学会辛勤劳动、诚实劳动、创造性劳动的德智体美劳全面发展的社会主义建设者和接班人。劳动教育是国民教育体系建设的出发点和落脚点，劳动教育也是德智体美劳全面培养的教育体系建设的出发点和落脚点，"以劳树德、以劳增智、以劳强体、以劳育美、以劳创新"是中国特色社会主义劳动教育的重要特征。

肖绍明等指出，新时代劳动教育肩负建设新时代教育发展道路、治理劳动教育异化的历史使命和任务。其内涵、关系和形式随时代产生变革，需要探究其发展的客观规律和有效进路[②]。檀传宝从劳动价值观和劳动素养两方面着眼，认为劳动教育是以促进学生形成劳动价值观（即确立正确的劳动观点、积极的劳动态度，热爱劳动和劳动人民等）和养成劳动素养（有一定劳动知识与技能、形成良好的劳动习惯等）为目的的教育活动[③]。班建武基于新的社会劳动形态和新时代特点，从立场、内容、功能、实践等层面，阐发了新时代劳动教育的内涵特征与实践路径，认为劳动教育作为全面发展教育的重要组成部分，对促进学生的健康成长和社会的进步具有重要意义[④]。

这些围绕新时代劳动教育的研究，从国民教育体系内容、劳动素养、教劳结合等维度，深化拓展了新时代劳动教育的内涵、价值与实施策略，指出了劳动教育作为全面培养教育体系重要内容实施的关键，在于教育引导学生树立正确的劳动价值观和培

① 徐长发. 新时代劳动教育再发展的逻辑 [J]. 教育研究，2018（11）.

② 肖绍明，扈中平. 新时代劳动教育何以必要和可能 [J]. 教育研究，2019（8）.

③ 檀传宝. 劳动教育的概念理解：如何认识劳动教育概念的基本内涵与基本特征 [J]. 中国教育学刊，2019（2）.

④ 班建武. "新"劳动教育的内涵特征与实践路径 [J]. 教育研究，2019（1）.

育优良的劳动素养，为开展好新时代劳动教育提供了理论支持。

三、中小学劳动教育的内涵

中小学劳动教育是指在高中、初中和小学阶段组织实施的劳动教育。中小学阶段是人的世界观、人生观、价值观形成的关键时期，是奠定学生全面发展坚实基础的关键时期。为抓好儿童、青少年成长关键期的劳动教育，培养德智体美劳全面发展的建设者和接班人，中小学劳动教育应该受到高度重视。

中小学劳动教育是指以落实立德树人为根本任务，以促进学生德智体美劳全面发展为目标，作为国民教育体系重要内容在中小学各阶段实施，通过以劳树德、以劳增智、以劳强体、以劳育美，系统化促进学生树立正确劳动价值观，培育优良劳动素养的一种教育实践活动。

第三节　劳动教育课程

课程是教育实施的主要载体，是人才培养的主渠道。课程体系设置与课程资源建设，在各种类型教育的实施过程中，具有无可替代性。因此，实施劳动教育的核心在于构建科学的劳动教育课程体系，开发优质的劳动教育课程。新时代劳动教育面临的一大挑战在于，在教育政策的规定下，学校为学生提供分层分类、循序渐进、衔接贯通的劳动教育课程体系，以及科学性、智趣性、适切性的劳动教育课程与教学资源。

一、劳动教育课程概述

（一）劳动教育课程的概念

课程是教育界使用频率最高的术语之一，其概念纷繁众多。劳动教育课程是课程的一种，是课程的下位概念。顾建军等认为劳动教育课程是具有教育性的劳动活动，是与家庭教育、社会教育相区别、相协同的有目的、有计划、有基础内容、有明确要求的教育活动[①]。

本教材从广义、狭义两个角度界定劳动教育课程。广义的劳动教育课程，是指人的一切有目的、有计划、有程序的关于劳动实践状态的学习生命存在及其优化活动；狭义的劳动教育课程，是指由学校和教师组织的，有目的、有计划、有程序地安排学生劳动学习进程和教学计划，以增进学生劳动科学知识经验，培育学生正确的劳动价

---

① 顾建军，毕文健. 刍议新时代劳动教育课程的一体化设计［J］. 人民教育，2019（10）.

值观，达到劳动教育预期效果的活动。

（二）劳动教育课程政策

劳动教育课程政策指的是国家教育行政主管部门在一定社会秩序和教育范围内，为了调整劳动教育课程权力的不同需要、调控劳动教育课程运行的目标和方式而制定的行动纲领和准则。我国劳动教育课程政策，在坚持教育与生产劳动相结合的基本原则下，随党的教育方针和教育实践经验的发展而有所调整，也直接影响学校劳动教育课程体系的优化调整与教育教学实施。

2021年，《中华人民共和国教育法》第五条修改为："教育必须为社会主义现代化服务、为人民服务，必须与生产劳动和社会实践相结合，培养德智体美劳全面发展的社会主义建设者和接班人。"其将党的教育方针落实为国家法律，这标志着在最新的劳动教育课程政策指导下，我国劳动教育进入全新的发展完善时期。劳动教育是新时代全面培养教育体系的重要内容。我们必须把劳动教育融入思想道德教育、文化知识教育、社会实践教育各环节，贯穿中小学教育、职业教育、高等教育各领域，在设计学科体系、教学体系、教材体系、管理体系时必须给劳动教育留有足够空间[①]。

（三）劳动教育课程体系

劳动教育课程体系是劳动教育体系的核心组成部分，是实施新时代劳动教育的主要载体。《意见》要求，整体优化学校课程设置，将劳动教育纳入中小学国家课程方案和职业院校、普通高等学校人才培养方案，形成具有综合性、实践性、开放性、针对性的劳动教育课程体系。

劳动教育课程体系，从课程体系的内部结构来分析，主要包括专门设置的劳动教育课程，包括劳动理论课、劳动技术课、劳动实践课等，以及包含众多劳动教育内容的综合实践活动课、地方课程、校本特色课程等。

新时代劳动教育课程体系的构建，需要从课程目标、课程内容、课程实施、课程评价和课程保障等方面进行系统设计。课程目标应聚焦劳动素养和各学段劳动教育的分目标，围绕思想认识、情感态度、能力习惯等方面进行开发。课程内容围绕日常生活劳动、生产劳动和服务性劳动三方面，按学段的内容侧重点不同来做总体规划设计[②]。同时，在劳动教育课程实施、课程评价、课程保障等方面，我们要做好顶层规划与设计，合理设置课程结构，重视家庭、社会的基础协同作用，配套开发课外劳动实践活动，促使劳动课程内容与时代发展同频共振。

当前，我国中小学的课程体系主要包括国家课程、地方课程和校本课程三个部分。其中，国家课程体现教育方针与课程政策，是课程体系建设的核心与关键。劳动

---

① 韩震. 劳动教育在构建教育体系中的基础性全局性地位 [J]. 中国高等教育，2018（24）.
② 陈云龙，吴艳玲. 构建新时代劳动教育与课程体系 [J]. 基础教育课程，2020（8）.

教育应严格按照国家课程政策要求，落实这三种类型的课程。高质量推进劳动教育的关键就在于开足、开好独立设置的劳动教育必修课。

二、中小学劳动教育课程

我国历来高度重视青少年劳动教育，积极加强中小学劳动教育课程建设与改革。

（一）中小学劳动教育课程的演进

劳动教育课程的发展与国家政治、经济、社会、教育等发展紧密相关。梳理我国中小学劳动教育课程的演进脉络，有助于明确新时代劳动教育课程改革与建设的努力方向。我国中小学劳动教育课程的演进基本上可划分为三个阶段。

1. 中小学劳动教育课程的确立与发展阶段（1949—1977年）

此阶段，劳动教育主要是为了适应新中国成立初期国家政治、经济和社会的发展需要，以及满足农业、工业生产的需求。新中国成立后不久，中央提倡教育与生产劳动相结合的方针，并参照实施了苏联的劳动教育模式。1955年，教育部要求除了注重培养学生的劳动意识，综合技术教育也逐步得到重视，劳动教育和劳动课程具备了较高的政治地位[①]。1958年，教育部将"生产劳动"课程列入国家教学计划，要求初高中每周开设2学时的生产劳动课，每年有2～4周体力劳动时间。回顾1958—1978年劳动教育思想的演进与劳动课程的设置，可以看出，虽然试图坚持马克思主义劳动价值论思想，但把劳动教育方式窄化了[②]。

2. 中小学劳动教育课程的重塑与探索革新阶段（1978—2011年）

1978年，邓小平在全国教育工作会议上重申了"教劳结合"的基本方针，也对科学开展教劳结合作出了指示。同年，《全日制十年制中小学教学计划试行草案》将原来的生产劳动课程要求改为学工、学农、学军，时间也有所延长，体现出这一时期劳动教育内涵和要求的进步，劳动教育得以多元化、分层次地实施。1981年，教育部颁布的《全日制五年制小学教学计划（修订草案）》和《全日制五年制中学教学计划（试行草案）的修订意见》要求进一步在小学四、五年级重设"劳动"课程，在初、高中开设"劳动技术"课程。在素质教育的推动之下，1982年，教育部颁发了《关于普通中学开设劳动技术教育课的试行意见》，指出劳动技术教育课程的目的、意义和原则。至此，小学开设劳动课、中学开设劳动技术课成为国家课程体系的重要组成部分与实施劳动教育的课程载体。原国家教委于1987年发布了劳动课和劳动技术课的教学大纲。

随着国家深入推进素质教育，2000年，高中课程改革开始实施，《全日制普通高

① 何东昌. 中华人民共和国重要教育文献：1949—1975 [M]. 海口：海南出版社，1998.
② 赵长林. 新中国成立70年我国劳动教育思想的演进与劳动课程的变迁 [J]. 国家教育行政学院学报，2019（6）.

级中学课程计划（试验修订稿）》强调劳动技能是学生综合素质的重要组成部分，将劳动技术教育列入高中国家必修课"综合实践活动"课程。2001 年，教育部颁布的《基础教育课程改革纲要（试行）》指出，小学至高中设置综合实践活动课为必修课，综合实践活动课内容包括劳动与技术教育。从此，中小学将劳动与劳动技术教育课程融入综合实践活动课之中。

3. 中小学劳动教育课程体系的全新构建（2012 年至今）

进入新时代，我国继承与发展马克思主义劳动观，建设中国特色社会主义教育体系，提出新时代劳动教育的新理念、新观点，劳动教育体系也进行着全新构建。劳动教育与德育、智育、体育、美育有机融合，彰显着新时代下的全面育人理念。习近平在全国教育大会上的讲话连同自十八大以来多次关于劳动与教育的重要论述，形成了包含劳动教育重要地位、目的任务、重要内容、途径方法等多层次的丰富的新时代劳动教育观，具有重要战略意义，是新中国劳动教育史上的又一个里程碑[①]。

《意见》的发布，面向新时代的发展要求，对劳动教育课程进行了全面系统的规划和指引，包括目标、内容、实施、评价及保障等方面。作为中国特色社会主义教育制度的重要内容，全面培养教育体系的重要组成部分，劳动教育课程的内容紧跟劳动的新形态，囊括日常生活劳动、生产劳动和服务性劳动中的知识、技能与价值观，对从小学到普通高等学校各个学段提出了不同要求。劳动教育课程成为大中小学的必修课程，与综合实践活动、通用技术课程，以及地方课程、校本课程进行必要的统筹设置。新时代劳动教育课程体系，将在全国大中小学进行全新构建、相互衔接和贯通发展。

2020 年，教育部发布《普通高中课程方案（2017 年版 2020 年修订）》，明确普通高中开设劳动国家课程。2022 年，教育部发布《义务教育课程方案和课程标准（2022 年版）》，将劳动、信息科技及其所占课时从综合实践活动课程中独立出来。至此，中小学全学段设置了劳动必修课程，劳动课再次单独成为国家课程。

（二）中小学劳动教育课程实施概况

我国中小学校在深入推进素质教育，落实劳动教育相关课程的进程中，逐步形成了显性课程和隐性课程相互结合、相互促进的劳动教育课程体系。劳动教育显性课程以综合实践活动课为主，以地方课程和校本课程为辅，主要在课堂教学实施，成为培育学生劳动观念和劳动素养的主渠道。同时，学校、家庭或社会组织的劳动实践、劳动体验、社会服务、生产实践等，也是开展中小学生劳动教育的重要方式，属于劳动教育隐性课程。

1. 劳动教育显性课程的实施

我国中小学劳动教育显性课程包括综合实践活动课程，以及劳动教育地方课程和

---

① 卓晴君. 我国中小学劳动教育发展历程概述（下）：改革开放后的历史时期 [J]. 基础教育课程，2020（19）.

校本课程。综合实践活动课程的重要组成部分之一是劳动与技术教育，积极开展劳动教育、重视实操实练、强调技术教育是该门课程的重要任务。《基础教育课程改革纲要（试行）》也明确要求，教育学生了解必要的通用技术和职业分工，形成初步技术能力。在综合实践课程中开展劳动与技术教育，分年级段教授中小学生相应的劳动知识和技能。低年级主要了解常见手工工具的用途，中年级则学习清洗衣物、整理物品，高年级学习做家常菜和修理玩具等。但是，劳动与技术教育在综合实践活动课程中并非独立存在，而是与研究性学习、信息技术、社区服务与社会实践等相互融合。现实中，综合实践活动课程的开展情况并不理想。首先，相对其他主科课程，综合实践活动课程算"边缘学科"，包含在其中的劳动与技术教育少人顾及或无人问津；其次，受到工具主义实践思维的影响，劳动与技术教育往往停留在重技术、轻理性的状态；再次，部分地方为了提升学校对劳动与技术教育的重视，往往会开展竞赛活动，竞争性荣誉会使学校和老师只重视竞技辅导；最后，教学实践环节普遍薄弱，教学过程的随意性极强[①]。

劳动教育地方课程和校本课程，在一些地区或学校受到重视。很多具有地方特色的劳动教育课程被因地制宜地开发，学校还创造条件组织开展劳动实践活动。一些学校的劳动教育校本课程内容也很丰富，有意识地贴合各年龄段学生的发展特点和生活经验，运用多元评价，尝试发挥家庭、学校与社会的合力。

但是，不少学校的劳动教育校本课程开发与实施存在表面化、形式化或等同于教材化等问题，应考虑借鉴整体任务模式，从学习目标、教师指导、操练程序、实践任务等方面，加强开发劳动教育校本课程；从注重劳动教育的内容与形式完整，转向更聚焦劳动教育校本课程实施的科学性、合理性与实效性。

案例 0-1

立新实小"三类十门"劳动教育校本课程

黑龙江省牡丹江市立新实验小学（简称"立新实小"），坚持以"劳动育人"为办学特色。从 2010 年开始，立新实小以"城市小学'新劳动教育'理论与实践研究"为课题，积极开展"新劳动教育"的研究、实践和推广，完成了"新劳动教育"课程校本化。学校通过对劳动教育实施课程化、体系化建设，使之成为弘扬新时代劳动精神，实现学校全面育人，为学生打好形成核心素养、促进终身发展底色的综合实践育人活动。

学校结合低、中、高年级学生特点，制定了《"三爱五行十做到"校本课程实施标准》。"三爱"即爱学习、爱劳动、爱创造；"五行"即"自我服务我能行""岗位实践我能行""美己悦人我能行""行动研学我能行""科学创新我能行"；"十做到"在

---

① 颜庆军. 对现行小学劳动与技术教育的几点思考 [J]. 上海教育科研，2006（7）.

低年级以认识类课程为主，中年级以实践类课程为主，高年级以创新类课程为主。在此框架下，学校设置"三类十门"劳动校本课程体系，以"认知、实践、创新"划分了"行动力"培养的三个层面，分年级构建三类课程。第一类认知类课程，以观察、知识代入为主，行动的主要途径为眼脑结合，包括基地观察课和学科渗透课2门；第二类实践类课程，以动手操作、实践体验为主，行动的主要途径为手脑结合，包括自我服务课、校园实践课、家庭体验课、社会实践课、技能训练课等5门。第三类创新类课程，以实验研究、分析探索、发现创新为主，行动的途径为多种感观综合运用，注重脑力的开发，包括科技普及课、班级创意课、科学研究课等3门。

实施中，学校积极投入，建成了校内"九室六园两院"的劳动实践基地，并吸纳、整合校外教育资源，与各企事业单位建立教育共同体，构建起立体多元的劳动教育基地；加大教师培训，破解劳动教育校本课程任课教师的专业化问题；并建立学生特长认定评价体系，制订《"我行故我行"学生综合素质评价方案》（含评价表格），落实劳动教育目标综合评价机制。

案例分析：立新实小准确理解新时代劳动教育内涵，遵循生长性这一教育的基本行动逻辑，以全面培育学生劳动素养为行动目的，有效区分劳动与劳动教育，劳动教育形式和内容，教育资源与劳动资源等，积极提高教师劳动教育认知水平，统一思想，开展劳动育人，将学习与生活、知识与应用、现实与世界的链接等都纳入了课程，形成了有序、稳定、完整而富有特色的小学劳动教育校本课程体系。

思考：

1. 如何理解中小学劳动教育校本课程与必修课程的关系？

2. 结合案例，思考小学劳动教育校本课程如何进行目标、内容、实施与评价的系统化设计？

2. 劳动教育隐性课程的实施

除了劳动教育显性课程，中小学校还会组织实施系列劳动教育隐性课程，包括在劳动实践基地进行劳动实践，结合节假日活动开展劳动实践活动，与家庭和社区联合开展劳动体验、社会服务、生产实践等活动。

在校内，劳动实践的开展，最常见的是为每个班级设置卫生包干区。学生按照值日表每天进行打扫，并由教师进行检查评价；在维护校园卫生环境的同时，培养学生熟练掌握劳动工具的技能，树立劳动责任意识，体会劳动的艰辛，学会爱惜他人劳动成果。有些学校还设置劳动操作室、科技劳作室、自然实验室、种植园等校内劳动实践基地。另外，有的学校在校内还会利用节假日的重要纪念机会开展实践活动。如为庆祝"五一"劳动节开展劳动技能展示活动，根据学生的年龄特点有目的地选择适合操作的劳动技能进行现场展示；利用学雷锋周、教师节等开展服务社会、服务教师的公益性劳动；等等。

在校外，中小学校还会联合家庭和社区，携手推进劳动教育。最常见的是将家务劳动作业作为推进劳动教育的重要推手，开发家庭劳动课程，内容可选择洗衣、整理衣物、食物加工等在家劳动体验的项目。社区也是开展劳动实践的生动课堂。上海市通过市区两级学生校外活动联席会议制度，不断整合社区街道的劳动基地建设资源，为学生提供志愿服务、公益劳动岗位。

校外劳动教育实践受到了诸多中小学校的认同与重视，并取得了积极成效。但是，我国尚未有健全的企事业单位承接学校劳动教育实践活动的政策指导规则，很多单位出于安全等因素考虑，不愿接收中小学生进行社会劳动实践。受制于校外基地和其他社会资源条件，劳动教育在学校之外开展难度不小。因此，深入推进校外劳动教育隐形课程，仍需进一步加强配套政策的支持与引导，从而保证校外劳动实践活动的持续开展。

第四节　加强中小学劳动教育的意义

劳动托起"中国梦"，劳动教育对提高青少年综合素质、促进学生全面发展至关重要。总体上，我国中小学劳动教育还有以下五个方面的问题：① 劳动教育认知不深，育人效果不理想；② 劳动教育课程不显，课程化建设滞后；③ 师资队伍建设不足，教师力量薄弱；④ 教育教学方法不当，资源建设滞后；⑤ 劳动教育监管不力，评价制度不健全。这些问题也导致了《意见》中提到的劳动育人"三不问题"："近年来一些青少年中出现了不珍惜劳动成果、不想劳动、不会劳动的现象，劳动的独特育人价值在一定程度上被忽视，劳动教育正被淡化、弱化。"

在我国开启全面建设社会主义现代化国家新征程，向第二个百年奋斗目标进军的历史起点，全面加强新时代中小学劳动教育，是在新的历史方位下，人民追求美好生活的必然要求，是对加快构建德智体美劳全面培养的教育体系的现实回应，对培育社会主义建设者和接班人有着重大意义。

一、落实立德树人任务，是培育时代新人的客观要求

立德树人是教育的根本任务，是教育改革和发展的基本导向。各级学校在落实立德树人目标的过程中，不仅要传授知识、培养能力，而且必须做到将社会主义核心价值体系融入国民教育体系，塑造学生正确的世界观、人生观和价值观。

新时代劳动教育以习近平新时代中国特色社会主义思想为指导，全面贯彻党的教育方针，落实全国教育大会精神，坚持立德树人导向，坚持培育和践行社会主义核心价值

观，把劳动教育纳入人才培养全过程。劳动教育总体目标主要包含使学生理解和形成马克思主义劳动观，树立劳动最光荣、劳动最崇高、劳动最伟大、劳动最美丽的观念，培养勤俭、奋斗、创新、奉献的劳动精神，具备基本劳动能力，形成良好劳动习惯。

面对劳动教育过去"在学校中被弱化、在家庭中被软化、在社会中被淡化"的现象，习近平提出"五育"并举，补齐劳动教育短板，把劳动教育上升到新的政治高度，凸显了全面培育时代新人的紧迫性和必要性，也开启了加强新时代劳动教育的新篇章。中小学是培育有理想、有本领、有担当的时代新人的重要基础阶段，中小学劳动教育实施成效直接决定着社会主义建设者和接班人的劳动精神面貌、劳动价值取向和劳动技能水平。因此，实施中小学劳动教育，既是在落实立德树人根本任务，也是培育时代新人的客观要求。

二、构建全面培养的教育体系，是充分体现综合育人功能的必然要求

高质量发展教育体系是我国中长期发展规划的政策方向和重点要求。高质量发展教育体系，首要应是德智体美劳全面发展的教育体系。

高质量发展教育体系，需要秉持教育的整体性和全面发展的教育思想。一般来讲，德育重在树立受教育者的世界观、人生观、价值观，体现"善"的要求；智育重在传播知识、开发智慧，体现"真"的要求；体育促进身体健康和机能发展，体现"健"的要求；美育陶冶情操，美化心灵，体现"美"的要求；劳育重在塑造劳动价值观，培养劳动技能，体现"做"的要求。在教育实践中，因为"劳育具有树德、增智、强体、育美的综合育人价值"，劳育与其他"四育"之间很难划分出清晰的界限，只有坚持"五育并举"，充分发挥劳动教育的独特功能，才能培养出全面发展的人。

从我国中小学劳动教育现状与问题来看，当前我国教育处于德智体美劳发展不全面不平衡的阶段。随着新时代劳动教育逐步回归本质，理论研究的深入与应用，新时代中小学劳动教育培养体系的建设重点，转为向课程体系、教材内容、素养评价等方面精准发力。劳动教育与学科教育协同变革，对于实现以全面发展教育体系，培养社会主义建设者与接班人，具有重大意义。

三、补齐劳动教育短板，是破解当前中小学劳动教育问题的现实需求

新时期系统性开展好中小学劳动教育，可以有针对性地解决当前青少年劳动教育中存在的不良现象与问题，提升学生劳动素养。在中小学教育实践与政策演变进程中，劳动教育在教育体系中曾被弱化、淡化、边缘化，使得中小学劳动教育实施效果普遍不佳，直接后果是形成劳动育人短板。一方面"近年来一些青少年中出现了不珍惜劳动成果、不想劳动、不会劳动的现象"，另一方面是中小学生的劳动素养迫切需

要整体提升。

　　随着新时代劳动教育逐步回归，形成共识，政府、学校、家庭、社会多方联动，协同推进劳动教育。中小学校整合与构建综合性、实践性、开放性、针对性的劳动课程体系，更新劳动教学内容，强化师资队伍建设、劳动实践资源与条件保障，将新时代劳动教育落到实处，有望快速破解当前中小学劳动教育存在的不良现象与问题。

四、提升中小学生劳动素养，是贯通大中小学劳动教育的必要基础

　　新时代劳动教育，面向不同学段、不同类型学生提出了劳动教育目标、内容与实践要求，充分体现了大中小学劳动教育在不同阶段促进学生全面发展的一致性与连贯性。贯通不同教育类型的劳动教育主题，旨在持续提升学生劳动素养。劳动素养在2016 年被列入中国学生发展核心素养指标体系中的"劳动意识"目标部分，可作为劳动教育评价的重要参考指标。但是，与其他"四育"相比较，对劳动教育效果的评价，缺少专门有效的劳动素养评价指标体系、跟踪评价系统，以及与中小学生综合素质测评融合的机制。研究、制定符合实际且具有操作性的学生劳动素养外显化评价载体和呈现形式，并将其融入中小学生综合素质测评考核内容，作为学生综合素质评价、升学录取的重要参考，对于促进中小学更好地落实新时代劳动教育任务，切实提升学生劳动素养，具有紧迫的需求与现实价值。

　　尊重不同教育对象的差异性，依据不同学段学生的身心发展特点，加强并实施好中小学劳动教育，对促进各层次劳动教育目标与人才培养目标、课程教学目标之间的纵向衔接，培养学生学会辛勤劳动、诚实劳动、创造性劳动，与职业教育和高等教育阶段劳动教育有机衔接、相互贯通，培养更多优秀的未来劳动大军，都具有非常必要和基础的支撑作用。

 思考题

　　1. 研讨劳动与劳动科学、劳动教育、劳动教育课程等概念的内涵。
　　2. 思考所在区域当前中小学劳动教育存在的问题与对策。

 拓展阅读

创新劳动与创造性劳动

　　2011 年 5 月 1 日，人民日报发表社论《勤奋劳动、诚实劳动、创新劳动》。社论说，光荣属于伟大的劳动者。社论指出："在我国内外环境、增长机制发生重大变化的条件下，以创新劳动加快转变经济发展方式、建设创新型国家。这是

时代赋予中国工人阶级的崇高使命，具有光荣传统的中国工人阶级一定能够与时俱进、锐意进取，更好地发挥改革主力、发展动力、稳定基石的作用。"由此，"创新劳动"引起社会重视。

创新劳动作为一个名词被提出来并引起学术界重视，还是近几年的事情。社会学家赵培兴在阐述创新劳动的价值时，将其提升到了知识性创新劳动价值理论的高度，并引申出知识经济形态的充分发展必将导致社会主义代替资本主义或资本主义发展为社会主义的结论；进一步探索了社会主义的历史必然性，把共产主义信仰建立在当代经济运动的规律上。这对创新劳动的价值是高度的提升。

社会学家艾君在接受南方日报记者采访时认为："新时代劳动价值的体现标准，正在从传统'出大力，流大汗''苦干加实干'，向'知识型、技术型、创新型'，并能为国家创造'社会效益、经济效益'方向转变。"（2011 年 5 月 20 日南方日报《不应失落的劳模精神》。）

艾君认为，创新劳动的表现形式就是"技术、知识、思维的革新，就是进行有目的的创造性劳动。通常我们所讲的，人们的自主劳动、高科技含量劳动和成果回归等劳动，都应该属于创新劳动的范畴"。如今的中国，创新劳动的价值得到了充分的尊重和弘扬。

思考： 新时代背景下，创新劳动和创造性劳动显得尤为重要，请尝试阐释创新劳动、创造性劳动与勤奋劳动、诚实劳动之间的相互关系。

上篇

劳动教育基础理论

第一章　劳动价值观

【学习目标】

1.掌握劳动价值观、马克思主义劳动价值观等基本概念。

2.了解马克思主义劳动价值观在不同历史时期的继承与发展情况。

劳动是创造物质财富和精神财富的过程，是人类特有的基本社会实践活动。劳动教育是发挥劳动的育人功能，对学生进行热爱劳动、热爱劳动人民的教育活动。2020年，教育部印发的《大中小学劳动教育指导纲要（试行）》中要求："当前实施劳动教育的重点是在系统的文化知识学习之外，有目的、有计划地组织学生参加日常生活劳动、生产劳动和服务性劳动，让学生动手实践、出力流汗、接受锻炼、磨炼意志，培养学生正确劳动价值观和良好劳动品质。""强化劳动观念，弘扬劳动精神。将劳动观念和劳动精神教育贯穿人才培养全过程，贯穿家庭、学校、社会各方面。注重让学生在学习和掌握基本劳动知识技能的过程中，领悟劳动的意义价值，形成勤俭、奋斗、创新、奉献的劳动精神。"劳动价值观是劳动教育的核心内容之一，它决定了劳动教育观。社会主义劳动教育的核心目标是促进学习者形成正确的劳动价值观。

第一节　劳动价值观的内涵

新时代背景下，劳动教育再次成为教育理论研究的热点，而对劳动教育的本质认识和目标定位则聚焦于劳动价值观教育。作为价值观教育的劳动教育符合当前我国社会历史发展实际，目标是要在实践中真正落实劳动价值观教育目标，在青少年群体中形成崇尚劳动、热爱劳动、尊重劳动和劳动光荣的劳动价值观。

劳动价值观作为价值观不可或缺的部分，是人们在实现个人愿望、满足自身需要时对劳动价值的定位和根本看法。它直接决定着劳动者的价值判断和价值选择，是世界观、人生观、价值观的重要组成部分[1]。劳动价值观主要包括：人们对劳动价值的

---

[1] 刘向兵.新时代高校劳动教育的新内涵与新要求：基于习近平关于劳动的重要论述的探析 [J].中国高教研究，2018（11）.

认识，人们对劳动的情感态度和价值取向，人们对个人劳动与社会劳动之间价值的认识。劳动价值观对人们的劳动选择和劳动行为起着引导和支配的作用。

马克思认为，劳动不仅是谋生的手段，更是通向客观世界与主观世界的媒介。人们为了生存就必须生产和制造工具，依靠自身能力利用工具对自然界进行劳动和改造，从而获取生存所需的物质资料。在这个过程中，客观世界满足了人们的需要，劳动把客观世界和主观世界联系起来。马克思主义劳动价值观在劳动价值认知的基础上形成了对劳动的本质、作用及态度的根本认识和总的观点。其一方面指的是劳动者坚信通过个人的辛勤劳动与付出，在生产出足够满足自身需求的物质产品和精神产品的同时，还可以满足他人对物质产品和精神产品需求的一种自我价值评价；另一方面是指社会对于劳动者个人的劳动付出与劳动贡献的多少、大小、好坏等所给予的一种价值评价，其目的是要引导和鼓励全社会形成一种劳动光荣、劳动崇高、劳动至上、劳动伟大的社会风气，进而推动社会的发展和人类的进步[①]。

第二节　马克思主义劳动价值观

马克思、恩格斯对劳动价值观的理解主要从三个维度展开。第一个是历史唯物主义的维度，强调劳动创造历史、劳动创造人本身和劳动推动人类社会进步。第二个是政治经济学的维度，强调劳动是商品价值的唯一源泉，劳动剥削是资本主义的社会本性，按劳分配是实现社会正义的重要路径。第三个是教育学原理的维度，劳动是实现人的全面发展的重要途径，教育与生产劳动相结合是社会主义教育的重要原则。

一、历史唯物主义视域中的劳动价值观

马克思认为，人类历史以人的物质劳动为载体，劳动在人类社会发展中起关键作用，劳动不仅是把握历史唯物主义的钥匙，更是历史唯物主义得以构建的出发点和落脚点之一。马克思的历史唯物主义就是用劳动的观点来认识和把握现实世界。

（一）劳动创造历史

马克思说："人们为了能够'创造历史'，必须能够生活。但是为了生活，首先就需要吃喝住穿以及其他一些东西。因此第一个历史活动就是生产满足这些需要的资料，即生产物质生活本身，而且，这是人们从几千年前直到今天单是为了维持生活就必须每日每时从事的历史活动，是一切历史的基本条件。"（《马克思恩格斯文集》第一卷）马克思认为劳动是历史唯物主义的基石，人类历史发展的现实性无法脱离劳

---

① 郑银凤，林伯海.当代中国马克思主义劳动价值观的变迁、弘扬和发展 [J].思想理论教育导刊，2016（1）.

动，他批判唯心主义历史观否定人的生产劳动。对于马克思的这一伟大发现，恩格斯曾经鲜明地指出："历史破天荒第一次被置于它的真正基础上；一个很明显的而以前完全被人忽略的事实，即人们首先必须吃、喝、住、穿，就是说首先必须劳动，然后才能争取统治，从事政治、宗教和哲学等等——这一很明显的事实在历史上的应有之义此时终于获得了承认。"（《马克思恩格斯文集》第三卷）总体来看，在马克思的历史唯物主义中，劳动被看作"一切历史的基本条件"和"人类的第一个历史性活动"，其既是人类历史发展的事实起点，也是整个历史唯物主义建构的逻辑起点。马克思正是通过劳动来揭示物质资料生产作用，发现了人类社会关系发展的客观规律性的，并由此肯定了人的主体地位，继而发现劳动人民在历史发展中的伟大作用，而这正是马克思全面建立历史唯物主义的理论准备[①]。

（二）劳动创造人本身

马克思认为劳动使人类从自然界中分离出来，劳动不仅创造出人类的物质世界和社会历史，同时也创造了人类自己。人类祖先在从古猿转变成人的过程中逐渐学会用后肢支撑身体和直立行走，使得他身上的自然力——臂和腿、头和手运动起来，去占有自然物质，而当人类通过这种运动作用于他身外的自然并改变自然时，也就同时改变了他自身所处的社会生活，以及人类本身。人们在劳动中的共同协作交流逐渐增多，产生语言，语言是意识的表现，也是人和动物区别的重要标志，此时，产生了真正意义上的人。

恩格斯在《自然辩证法》一书中论证从猿到人的转变中，劳动起着决定性意义。首先，人是自然的人，现实的个人通过"劳动这种生命活动、这种生产生活本身"与自然"持续不断地交互作用"。其次，人是历史的人，人们通过现实具体的劳动生产物质生活，不断创造历史，使自身成为历史的人。再次，人是社会的人，"人的本质不是单个人所固有的抽象物，在其现实性上，它是一切社会关系的总和"，这个"社会关系"是指"许多个人的共同活动"，人们在共同实践劳动过程中生成"社会关系"，生成自身。最后，人是有意识的人，但这种意识不是纯粹游离于现实的存在，它从一开始就受到物质的"纠缠"，正是在人的现实具体的劳动过程中，人的意识得以展开并不断践行。"劳动是整个人类生活的第一个基本条件，而且达到这样的程度，以致我们在某种意义上不得不说：劳动创造了人本身。"（《马克思恩格斯文集》第九卷）

（三）劳动推动人类社会进步

人类赖以存在的现实世界的关键要素之一是人的劳动。由于劳动，人类摆脱了最初的动物状态，从野蛮走向文明。"一当人开始生产自己的生活资料，即迈出由他们的肉体组织所决定的这一步的时候，人本身就开始把自己和动物区别开来。人们生产

---

① 陈先达. 走向历史的深处：马克思历史观研究［M］. 北京：中国人民大学出版社，2016：204.

自己的生活资料，同时间接地生产着自己的物质生活本身。"（《马克思恩格斯文集》第一卷）人类通过有意识、有目的的生产活动，试图创造出一个可以满足人类生活需要的物质世界。生产劳动满足人类衣食住行等基本生活需要，人类在此基础上从事政治活动、精神文化活动等，从而创造自己的历史。马克思认为，劳动首先是人和自然的过程，正是在劳动促成人与自然既分化又统一的过程中，形成了人与自然的关系和人与人之间的社会关系，这二者之间的矛盾推动了整个人类社会历史的进步。

二、政治经济学视域中的劳动价值观

马克思政治经济学的视域中，提出了劳动创造价值、按劳分配等政治经济学命题。

（一）劳动是商品价值的唯一源泉

马克思在《资本论》中提出了较为完整的劳动二重性理论，即把劳动区分为具体劳动和抽象劳动，劳动的二重性统一于劳动过程之中。"一切劳动，一方面是人类劳动力在生理学意义上的耗费；就相同的或抽象的人类劳动这个属性来说，它形成商品价值。一切劳动，另一方面是人类劳动力在特殊的有一定目的的形式上的耗费；就具体的有用的劳动这个属性来说，它生产使用价值。"（《马克思恩格斯文集》第五卷）马克思把商品看作使用价值和价值的统一体。一方面，使用价值是价值的承担载体，没有使用价值，则无价值可言。另一方面，使用价值和价值是商品的两种不同属性，使用价值是商品的自然属性，价值是商品的社会属性。使用价值和价值是由体现在商品中的具体劳动和抽象劳动决定的。拥有不同形式的具体劳动主要决定使用价值，而凝结在商品中一般的、无差别的抽象劳动则是形成商品价值的唯一源泉。"所以我们便得出结论：商品具有价值，因为它是社会劳动的结晶。商品的价值的大小或它的相对价值，取决于它所含的社会实体量的大小，也就是说，取决于生产它所必需的相对劳动量。所以各个商品的相对价值，是由耗费于、体现于、凝固于该商品中的相应的劳动数量或劳动量决定的。"（《马克思恩格斯文集》第三卷）由此可见，商品的价值由劳动者创造，商品价值的大小，由在这个商品上投入或耗费的劳动数量或劳动量决定。

（二）劳动剥削是资本主义的社会本性

马克思通过对资本主义社会生产过程的全面剖析，认为劳动剥削是资本主义社会的本性。资本主义制度中，资本家占有资本，土地所有者占有土地，工人阶级除了自身劳动力一无所有，为了生存只能被迫以商品的形式出卖剩余劳动。资本家凭借生产资料的所有权占有雇用工人的剩余价值，而且支配着这种剩余劳动。劳动创造价值，剩余劳动创造剩余价值。资本主义社会生产过程的价值增值和资本财富快速积累的基础是资本家对雇用工人剩余劳动的剥削。这里的"剩余劳动"主要是指"一切为养活不劳动的人而从事的劳动"，而且"支配着这种剩余劳动的不是工人，而是资本家"（《马克思恩格斯文集》第七卷）。资本主义制度中，资本家和雇佣工人的关系是剥削与被剥削的关系，劳动是资本增值的工具，劳动在资本主义生产过程中也逐渐演变为异化劳动，异化劳动是对劳动者的肉体的摧残和精神的压抑，其实质就是劳动的社会雇佣关系对于劳动的强制。

（三）按劳分配是实现社会正义的重要路径

要改变劳动剥削的状况，必须从根本上否定资本家不劳而获的剥削分配制度。按劳分配是马克思关于未来社会分配制度的一个重要构想，即在以生产资料公有制为基础的集体社会中，"不管他所创造的或协助创造的产品的特殊物质的形态如何，他用自己的劳动所购买的不是一定的特殊产品，而是共同生产中的一定份额"（《马克思恩格斯文集》第八卷）。马克思认为，应该按照劳动者个人所提供的劳动量的比例，在劳动者之间进行分配。在这里，劳动是决定个人消费资料分配的同一的、唯一的尺度，劳动者据此从社会领取与他向社会提供的劳动量成比例的一份消费品，这种"劳动者得其应得"的分配方式关注的是对分配行为的道德衡量和价值评价，是从根本上否定不劳而获的剥削分配制度，故而被马克思看作实现社会正义的重要原则，其体现了对具备不同劳动能力的劳动者有效劳动的承认，也体现了对不同劳动者之间劳动正当、合理性差异的承认。

三、教育学视域中的劳动价值观

马克思认为，在合理的社会制度下，每个有劳动能力的人都应当学会劳动，且把体力劳动和脑力劳动结合起来。劳动及其劳动价值观在马克思、恩格斯的教育论述中占据着核心位置，一定程度上为整个马克思主义教育学的最终形成提供了理论依据和方法论指导。

（一）劳动是实现人的全面发展的重要途径

马克思、恩格斯最初所说的人的全面发展，并不是指人在身心各方面都得到发展，而是指人的劳动能力的全面发展。具体来讲是使人的生产劳动才能得到充分的发展。[①] 马克思、恩格斯在系统考察分工发展与人的发展关系的基础上，指出社会分工精细化造成人的智力劳动和体力劳动的分离与对立，导致人的劳动能力逐渐丧失整体性。在资本主义生产条件下，工人成为生产流水线上的一个环节，工人只能片面地发展体力，智力发展受到压制。智力荒废的结果又导致工人不能适应大工业生产的客观需要，从而陷入无法发展的恶性循环中。马克思指出，工人要了解"生产各个过程的一般原理"，"学会各种行业基本工具的实际运用与操作"（《马克思恩格斯文集》第二十一卷），实现理论上和实践上的统一，脑力劳动和体力劳动同步，获得与时代相适

---

① 靳希斌. 马克思恩格斯教育原理简述［M］. 北京：北京师范大学出版社，1992：109.

应的劳动技能，以适应客观生产活动的需要，保障个人的生存，才谈得上发展。人的智力的发展、体能的增强、劳动技能的掌握、技术水平的提升都是保障人生活资料的要素。劳动对于人的意义，不仅是满足于人的生存需要，而且有利于激发人的主体力量。总体来看，劳动作为人类实践活动的最集中表现，促进人的劳动能力的充分发展意味着劳动的内容和形式达到了完整性、丰富性和可变动性，这无疑能够进一步实现人的自觉能动性、创造性和自主性的全面发展。

（二）教育与生产劳动相结合是社会主义教育的重要原则

马克思科学解释了教育与生产劳动相结合的必要性与可能性，其形式主要是指"教育要使儿童和少年了解生产各个过程的基本原理，同时使他们获得运用各种生产的最简单的工具的技能"[①]。之所以强调这一点，主要基于两方面的理由：一是教育和生产劳动相结合是现代社会发展的基本要求，其既适应了现代社会劳动形式的变化，又使得工人获得了尽可能多方面的发展；二是在马克思构想的社会主义社会中，由于消灭了剥削制度，这就为教育和生产劳动的普遍结合提供了现实的可能[②]。因此，马克思把教育与生产劳动相结合看成是改造现代社会的最强有力的手段之一，是提高社会生产的一种有效方法和造就全面发展的人的唯一方法。在马克思看来，劳动不是奴役人的手段，劳动应当是愉悦的，劳动为人创造全面发展和自我实现的机会，教育与生产劳动相结合是社会主义教育基本性质的体现。这正如列宁的观点，无论是脱离生产劳动的教学和教育，或是没有同时进行教学和教育的生产劳动，都不能达到现代技术水平和科学知识现状所要求的高度。毛泽东曾经指出，教育必须为无产阶级政治服务，必须同生产劳动相结合。邓小平也曾指出，为了培养社会主义建设需要的合格的人才，我们必须认真研究在新的条件下，如何更好地贯彻教育与生产劳动相结合的方针。

第三节　新中国成立后的劳动价值观

新中国成立后，中国共产党在继承马克思主义劳动价值观的基础上，秉承与时俱进的原则，结合中国不同时期的现实情况，在理论和实践上创造性地发展了马克思主义劳动价值观。

一、新民主主义社会向社会主义社会过渡时期的劳动价值观（1949—1956 年）

1949 年新中国成立后，国家以建设与恢复发展为主要任务，劳动教育也以个人

---

① 吴向东. 论马克思人的全面发展理论［J］. 马克思主义研究，2005（1）.
② 成有信. 论教育和生产劳动相结合的实质［J］. 中国社会科学，1982（1）.

与国家的生存与发展为主要目的进行最初塑造。国家将这一时期的教育方针定义为"为工农服务，为生产建设服务"，通过教育支援工农生产，通过教育推动国家建设。

中华人民共和国成立前夕，《中国人民政治协商会议共同纲领》将"爱劳动"列为国民五项公德之一。从徐特立《论国民公德》一文中可以看出，培养与新民主主义时期生产方式相一致的劳动态度，建立劳资两利的和谐劳动关系，是当时以"爱劳动"为国民公德的主要原因。1950年，时任教育部副部长钱俊瑞在《当前教育建设的方针》中明确指出："为工农服务，为生产建设服务，这就是当前实行新民主主义教育的中心方针。"当时把劳动教育作为贯彻"教育为生产建设服务的方针"的重要内容，通过劳动教育鼓舞民众从事劳动创造的热情和积极性，表扬和普及劳动事业中的发明和创造，组织原来不从事劳动生产的人们参加生产劳动并在劳动中改造自己。新中国成立初期，国家对劳动教育进行了崭新的探索，完成了劳动教育基本体系的最初塑造。

二、社会主义建设时期的劳动价值观（1956—1978 年）

1956年，我国进入全面建设社会主义时期，教育事业的发展极为迅速。教育供给和需求之间差距悬殊，成为人民内部矛盾在教育领域的一个突出表现。1957年，毛泽东在《关于正确处理人民内部矛盾的问题》一文中指出，我们的教育方针，应该使受教育者在德育、智育、体育几个方面都得到发展，成为有社会主义觉悟的有文化的劳动者。这成为中华人民共和国教育的总体目标，这是对几千年来中国教育理念和方法的根本变革。在这一目标的指引下，大力推动勤工俭学、半农半读、半工半读，使脑力劳动与体力劳动紧密结合，理论与实际结合，生产与教育直接结合。根据毛泽东的意见，中共中央、国务院于1958年发布《关于教育工作的指示》，其中明确提出"党的教育方针，是教育为无产阶级政治服务，教育与生产劳动相结合"。1965年，在杭州会议上，毛泽东更是指出学校教育脱离实际的问题，强调必须坚持教育与生产劳动相结合的教育方针。他还号召广大青年学生和工农结合，参加生产劳动，这样既可学习书本知识，又可把知识运用于实践中，成为一名有文化有知识的劳动者。

这个历史时期中国共产党人的劳动价值观立足中国革命和建设的实际需要，体现了鲜明的中国特色。毛泽东的劳动价值观揭示了劳动对人成长的作用与规律，阐明了社会主义教育的本质特征，是对马克思主义劳动观和教育思想的继承和发展。

三、改革开放以后至 21 世纪初的劳动价值观（1978—2002 年）

这一时期的教育方针深深植根于经济建设大背景下，为国家的全方位改革建设服务，与国民经济快速发展相契合。邓小平多次在全国工作会议上指出，要在新的社会背景下，研究如何在批判继承的基础上更好地贯彻落实"教劳结合"的教育方针，如何更好地让教育为经济建设添砖加瓦。

邓小平认为，改革是为了扫除发展社会生产力的障碍，目的是解放生产力，而解放生产力的实质就是解放劳动者。在生产力的三要素中，劳动者是核心，劳动资料和劳动对象是展示和体现劳动者的劳动能力的载体和对象。劳动者才存在解放问题，劳动资料和劳动对象不存在解放与否的问题。通过改革来营造相对宽松的社会环境和社会氛围，更有利于激发劳动者的劳动能力和劳动热情，使劳动者敢于和能够发挥其主动性和积极性。

解放劳动者就要尊重劳动者的个体差异，必须允许一部分人通过辛勤劳动、诚实经营先富起来。平均主义的老办法否定劳动者的差异性，缺乏竞争机制，难以调动劳动者的积极性。

消灭差异就是通过"科教"来逐步消灭劳动者劳动能力的差异和实现共同富裕。邓小平认为，通过"科教"来提高劳动者素质，消除劳动者劳动能力的差别。"科教"在塑造劳动者素质中的地位和作用与日俱增，知识型劳动越来越成为现代劳动的主流类型。邓小平特别倡导知识型劳动，认为它更能满足人的多样化需求，更具有人文价值和社会价值。他指出，国力的强弱，经济发展后劲的大小，越来越取决于劳动者的素质，取决于知识分子的数量和质量。邓小平还指出，科学技术作为生产力，越来越显示出巨大的作用，现代社会的发展越来越证明科学与生产的紧密关系，社会生产力的发展，劳动生产率的提高，主要靠科学的力量。邓小平指出："同样数量的劳动力，在同样的劳动时间里，可以生产出比过去多几十倍几百倍的产品。社会生产力有这样巨大的发展，劳动生产率有这样大幅度的提高，靠的是什么？最主要的是靠科学的力量、技术的力量。"[①] 他把这一现象经典性地概括为"科学技术是第一生产力"，在此基础上他提出了"尊重知识、尊重人才"的主张，强调要重视知识和知识分子，重视从事脑力劳动者。

1993 年《中国教育改革和发展纲要》指出，当前的教育工作任务是要进一步提高劳动者素质，推动形式上和技能上的劳动教育，拉开了劳动教育现代化转型的序幕，推动劳动教育逐渐走向制度化和规范化。江泽民多次在全国工作会议上强调了党的教育方针要大力贯彻落实，推动了劳动教育的转型发展。他充分肯定了科技人员、管理劳动者和服务劳动者在发展社会主义事业中的地位和作用，无论脑力劳动还是体力劳动，都是社会发展的重要推动力量，都应当得到认可与尊重。江泽民指出："改革开放以来，我国的社会阶层构成发生了新的变化，出现了民营科技企业的创业人员和技术人员、受聘于外资企业的管理技术人员、个体户、私营企业主、中介组织的从业人员、自由职业人员等社会阶层……他们也是有中国特色社会主义事业

---

① 邓小平. 邓小平文选：第二卷［M］. 北京：人民出版社，1994：87.

的建设者。"[1]

　　就业是民生之本，收入乃民生之源，分配问题关系到广大人民群众的切身利益，直接影响经济发展和社会稳定。党的十四大将分配方式调整为"以按劳分配为主体，多种分配方式为补充"，党的十五大指出"按劳分配和按生产要素分配结合起来"，充分肯定了知识、技术、管理等生产要素在价值创造中的重要作用，同时也重视人才在社会主义现代化建设中的贡献及回报，强调要从制度上保证各类人才得到与他们的劳动和贡献相适应的报酬。这些精神和指示，对于建立合理的分配制度、正确体现激励机制有重要的现实意义。

四、全面建设小康社会以来的劳动价值观（2002—2012 年）

　　进入 21 世纪，第三次科技革命迅猛发展，知识经济和信息化的到来，极大地推动了人类社会经济、政治、文化领域的重大变革，使科技工作和管理经营等脑力劳动的作用日益突出。党的十六大明确指出要"放手让一切劳动、知识、技术、管理和资本的活力竞相迸发，让一切创造社会财富的源泉充分涌流，以造福于人民"[2]。要尊重和保护一切有益于人民和社会的劳动。不论是体力劳动还是脑力劳动，不论是简单劳动还是复杂劳动，一切为我国社会主义现代化建设作出贡献的劳动，都是光荣的，都应该得到承认和尊重。劳动的内涵和外延在新时期有了进一步扩展。必须尊重劳动、尊重知识、尊重人才、尊重创造，这要作为党和国家的一项重大方针在全社会认真贯彻。要尊重和保护一切有益于人民和社会的劳动。四个尊重方针是一个有机的联系整体，尊重劳动居于"四个尊重"的基础地位，尊重知识、尊重人才突出了对脑力劳动者的重视和保护。四个尊重方针是对我国改革开放和现代化建设实践的深刻总结和升华，是对马克思主义劳动和劳动价值理论的继承与发展。

　　随着我国改革开放的持续深入、经济的迅速发展和人们利益格局的深刻调整，广大人民群众在物质需求日益得到满足的情况下，更加注重追求文化、精神需求的满足。胡锦涛提出了"以人为本"的科学发展观，与之相应构建了新的劳动理论体系。

　　胡锦涛明确指出："成就任何一项伟业都离不开劳动。要实现全面建设小康社会、进而基本实现现代化的宏伟目标，必须依靠全体人民热爱劳动、勤奋劳动，必须依靠全社会尊重劳动、保护劳动，必须使通过诚实劳动创造美好生活成为亿万人民的共同追求。"[3] 而针对当时好逸恶劳、享乐主义、拜金主义等不良风气，胡锦涛强调要在全社会形成辛勤劳作的良好的社会风气。中国共产党人适时把"以辛勤劳动为荣，以

---

[1]　江泽民. 江泽民文选：第三卷 [M]. 北京：人民出版社，2006：286.
[2]　江泽民. 江泽民文选：第三卷 [M]. 北京：人民出版社，2006：540.
[3]　胡锦涛. 在 2010 年全国劳动模范和先进工作者表彰大会上的讲话 [N]. 人民日报，2010 - 04 - 28.

好逸恶劳为耻"列入社会主义荣辱观，目的就是要使"劳动光荣、劳动神圣"成为劳动人民共同的道德共识。胡锦涛明确指出，在我们社会主义国家，一定要在全社会大力培育和弘扬劳动光荣、知识崇高、人才宝贵、创造伟大的时代新风，让全体人民特别是广大青少年都懂得并践行劳动最光荣、劳动者最伟大的真理。

作为一个劳动力大国，从数量上讲，我国劳动力资源具有优势，但质量优势并不突出。对此，胡锦涛认为，劳动者素质对一个国家、一个民族的发展至关重要。当今世界的综合国力竞争，归根到底是劳动者素质的竞争，不断提高广大劳动群众的综合素质，是实现人的全面发展的必然要求，也是推动经济社会发展的重要保证。因此，国家培养一大批有知识、有文化、有技能的高素质人才队伍成为一项紧迫任务。以此为目标，除了要求劳动者要主动学习和掌握新知识、新技术、新本领，还要求在全社会大力开展公民道德建设、职业道德建设，积极发展丰富多彩的企业文化、职工文化，努力把广大劳动者打造成有理想、有道德、有文化、有纪律的社会主义劳动者。

五、新时代的劳动价值观（2012 年至今）

党的十八大以来，习近平多次从人才发展、社会进步、民族复兴等方面阐述劳动之于个人、社会和国家发展的根本性作用，提出了与劳动相关的一系列新思想、新理论、新要求，形成了关于劳动的重要论述。习近平关于劳动的重要论述内容深厚、价值深邃、意义深远，是新时代凝心聚力、砥砺奋进、再铸辉煌的行动指南，为新时代全面建设社会主义现代化国家、完善中国特色社会主义教育制度等指明方向和道路，具有重要的时代价值。

（一）培养正确的劳动价值观

党的十八大以来，习近平多次礼赞劳动创造，高度评价劳动模范和先进工作者的崇高精神，讴歌劳模精神、劳动精神、工匠精神，它们是以爱国主义为核心的民族精神和以改革创新为核心的时代精神的生动体现，是鼓舞全党全国各族人民风雨无阻、勇敢前进的强大精神动力，为夺取全面建设社会主义现代化国家胜利汇聚强大能量。

习近平多次谈及劳动模范和劳模精神，论述了劳动模范的历史贡献和劳模精神的宝贵价值；充分肯定广大劳动模范和先进工作者。这些重要论述充分体现出党中央对劳动模范成绩的高度认可。对于劳模精神，习近平指出，劳模精神是我们极为宝贵的精神财富，生动诠释了社会主义核心价值观，是我们的宝贵精神财富和强大精神力量。这既强调了劳模精神作为精神财富的重要意义，更凸显了劳模精神的时代价值。

我们要始终弘扬劳模精神、劳动精神，为实现中华民族伟大复兴的中国梦注入强大的精神动力。弘扬劳模精神有利于在全社会营造"崇尚劳动"的浓厚氛围和精益求精的敬业风气，为中国特色社会主义事业汇聚起强大的正能量。榜样的力量是无穷的，劳模精神可以感染并引领广大劳动者勤奋做事、勤勉为人、勤劳致富，培育践行社会主义核心价值观。对于新时代的青少年，我们可以通过创新劳动教育的形式，引导其树立正确的价值观，使青少年从自身的劳动之中获得对本质力量的确证和肯定，同时也发挥了他们的自由和个性。

案例 1-1

疫情防控　彰显劳模担当

钟南山院士是我国呼吸系统疾病的学术带头人，长期从事呼吸内科的医疗、教学、科研工作，曾被评为全国劳动模范、全国教书育人楷模，获得"共和国勋章"。

早在 1993 年，钟南山被选为中国代表参加世界卫生组织（WHO）召开的国际会议，商讨撰写《全球哮喘防治战略》，首次证实并完善了"隐藏型哮喘"的概念，此成果被世界卫生组织采纳。2003 年"非典"疫情暴发，67 岁的钟南山冲在防疫第一线，当时他的身份是广东省防治非典型肺炎医疗救护专家指导小组组长，被称为"抗击非典第一人"，为战胜"非典"疫情作出重要贡献。

2020 年初，武汉暴发新冠肺炎疫情，病毒迅速向全国蔓延。84 岁高龄的钟南山院士再次挂帅征战，出任国家卫健委高级别专家组组长，在抗疫最前线连续奋战多日。其间，他带头研讨疫情形势和如何抗击疫情，集结全国医学力量，研究病毒、研发检测试剂、研判疫情发展变化、研学科学防控、研讨救治方法等一系列举措，让抗击疫情的战役变得紧张有序，给医务工作者和患者打了一剂强心剂，也给全国人民打了一剂镇静剂。他说："我只是一个普通的医疗工作者，能够得到'共和国勋章'，很激动。但我更多考虑的还是'责任'两个字。我们要加倍努力，建好呼吸疾病和突发公共卫生事件的防控平台，为进一步战胜新冠肺炎和防控新的突发公共卫生事件贡献我们的力量。"

在 2003 年抗击"非典"中，钟南山一句"把最危重的病人送到我这里来"，掷地有声、铿锵有力；在抗击新冠肺炎疫情中，他再次作出"绝不放弃任何一个患者"的庄严承诺，以实际行动诠释"人民至上、生命至上"理念。如今，钟南山带领的科研团队已经在快速检测、老药新用、疫苗研发、院感防控等方面取得了一系列成果，在疫情防控中发挥了重要作用。

思考：

1. 钟南山院士身上体现了哪些劳动价值观？

2. 结合案例，如何理解"但我更多考虑的还是'责任'两个字"？

（二）树立积极的劳动育人观

我们要通过各种措施和方式，教育引导广大青少年树立热爱劳动的思想，养成热爱劳动的习惯，为祖国发展培养一代又一代勤于劳动、善于劳动的高素质劳动者。但从现实中来看，由于家庭的宠爱、学校劳动教育的不足和社会风气的影响，一部分青少年缺乏最基本的劳动习惯，劳动情怀也比较淡薄，劳动价值观存在一定偏差。习近平在庆祝"五一"国际劳动节暨表彰全国劳动模范和先进工作者大会上的讲话中指出："教育孩子们从小热爱劳动、热爱创造，通过劳动和创造播种希望、收获果实，也通过劳动和创造磨炼意志、提高自己。"

正是由于劳动在育人中发挥着塑造健全人格、磨炼顽强意志、锤炼高尚品格的重要作用，所以要强化实践育人，坚持教育与生产劳动和社会实践相结合，让广大青少年在投身实践、亲身参与中认识国情、了解社会，在增长才干和磨炼意志中感受劳动所带来的收获和乐趣，进而形成尊重劳动、热爱劳动的真挚情感。

（三）践行科学的劳动实践观

马克思主义实践观认为，人的实践活动具有自主性，人通过实践不但能够认识客观规律，而且能够利用客观规律。同时，实践还具有创造性，能够创造出自然界本身不具有的事物。实践的自主性和创造性共同体现了人的主体性特征。习近平在庆祝"五一"国际劳动节暨表彰全国劳动模范和先进工作者大会上的讲话中指出："全面建成小康社会，进而建成富强民主文明和谐的社会主义现代化国家，根本上靠劳动、靠劳动者创造。"这一论述彰显了一个基本观点，即"社会主义是干出来的"，充分体现了马克思主义实践观思想。同时，这一论述也深刻揭示了梦想与现实的辩证关系，即梦想的实现要靠勤奋不辍、持之以恒的劳动，架起梦想与现实之间桥梁的是实实在在的行动，即劳动实践。

案例 1-2

黄大年：振兴中华，乃我辈之责

1977 年，黄大年考入长春地质学院应用地球物理系，硕士毕业后留校任教。在当年的毕业纪念册上，黄大年的留言写道："振兴中华，乃我辈之责！"1992 年，黄大年被公派到英国攻读博士，并从事地球物理研究工作，成为了国际著名的航空地球物理学家。

科技兴则民族兴，科技强则国家强。对一名科技工作者而言，投身祖国科技创新的时代洪流，为建设世界科技强国作出贡献，是最大的使命担当，也是最高的荣誉褒奖。2009 年 4 月，当得知国家的"海外高层次人才引进计划"时，黄大年第一时间给母校打电话，明确表示要回国。黄大年被人们称为"拼命黄郎"，他曾经说过："中国要由大国变成强国，需要有一批'科研疯子'，这其中能有我，余愿足矣！"回国后的七年间，他带领 400 多名科学家成功研制我国第一台万米科学钻探设备——"地壳一号"，自主研制综合地球物理数据分析一体化的软件系统，提高国家深部探测关键仪器的制造能力，创造了多项"中国第一"，为我国"巡天探地潜海"填补多项技术空白，不少处于国际领先地位。斯人已逝，追思犹存。黄大年以只争朝夕的精神投身科研，谱写了一首矢志创新的奋斗之歌，树起了一座勇攀高峰的精神丰碑。

思考：从黄大年身上，我们能学到什么？

 思考题

1. 历史唯物主义视域中的劳动价值观包括哪些内容？
2. 新时代劳动价值观包含哪些内容？如何在实践中引导中小学生树立正确的劳动价值观？

 拓展阅读

光荣属于劳动者，幸福属于劳动者

全国劳动模范和先进工作者表彰大会于 2020 年 11 月 24 日上午在北京人民大会堂隆重举行。中共中央总书记、国家主席、中央军委主席习近平出席大会并发表重要讲话，代表党中央、国务院，向受到表彰的全国劳动模范和先进工作者表示热烈的祝贺，向为改革开放和社会主义现代化建设作出突出贡献的我国工人阶级和广大劳动群众致以诚挚的问候。

习近平强调，光荣属于劳动者，幸福属于劳动者。社会主义是干出来的，新时代是奋斗出来的。劳动模范是民族的精英、人民的楷模，是共和国的功臣。我国是人民当家作主的社会主义国家，党和国家始终坚持全心全意依靠工人阶级方针，始终高度重视工人阶级和广大劳动群众在党和国家事业发展中的重要地位，始终高度重视发挥劳动模范和先进工作者的重要作用。立足新发展阶段，贯彻新发展理念，构建新发展格局，推动高质量发展，必须紧紧依靠工人阶级和广大劳动群众。我国工人阶级和广大劳动群众要更加紧密地团结在党中央周围，勤于创造、勇于奋斗，努力在全面建设社会主义现代化国家新征程上创造新的时代辉煌、铸就新的历史伟业。

习近平强调，要大力弘扬劳模精神、劳动精神、工匠精神。劳模精神、劳动精神、工匠精神是以爱国主义为核心的民族精神和以改革创新为核心的时代精神的生动体现，是鼓舞全党全国各族人民风雨无阻、勇敢前进的强大精神动力。劳动是一切幸福的源泉。新形势下，我国工人阶级和广大劳动群众要继续学先进赶先进，自觉践行社会主义核心价值观，用劳动模范和先进工作者的崇高精神和高尚品格鞭策自己，将辛勤劳动、诚实劳动、创造性劳动作为自觉行为。各级党委和政府要尊重劳模、关爱劳模，完善劳模政策，推动更多劳动模范和先进工作者竞相涌现。全社会要崇尚劳动、见贤思齐，弘扬劳动最光荣、劳动最崇高、劳动最伟大、劳动最美丽的社会风尚。要开展以劳动创造幸福为主题的宣传教育，把劳动教育纳入人才培养全过程，培养一代又一代热爱劳动、勤于劳动、善于劳动的高素质劳动者。

习近平指出，要充分发挥工人阶级和广大劳动群众主力军作用。工人阶级是我国的领导阶级，是先进生产力和生产关系的代表，是坚持和发展中国特色社会主义的主力军。我国工人阶级和广大劳动群众要坚定不移听党话、矢志不渝跟党走，当好主人翁，建功新时代。要立足党和国家各项事业发展全局，立足党中央对改革发展稳定各项工作的决策部署，广泛深入持久开展劳动和技能竞赛，积极参加群众性创新活动。要增强历史使命感和责任感，深刻认识国家好、民族好大家才会好，自觉维护大局、服务大局。要加强工人阶级的团结，加强工人阶级同其他劳动群众的团结，坚定战胜各种困难的信心和决心，始终做党执政的坚实依靠力量。

思考：试论述"为什么劳动最光荣"？

第二章　劳动精神、劳模精神与工匠精神

【学习目标】

1. 掌握劳动精神、劳模精神、工匠精神等基本概念。
2. 准确理解劳动精神、劳模精神、工匠精神的时代价值。

习近平在 2018 年全国教育大会上发表重要讲话，站在传播知识、传播思想、传播真理、塑造灵魂、塑造新人的高度，强调坚持中国特色社会主义教育发展道路，培养德智体美劳全面发展的社会主义建设者和接班人，要在学生中弘扬劳动精神，教育引导学生崇尚劳动、尊重劳动，懂得劳动最光荣、劳动最崇高、劳动最伟大、劳动最美丽的道理，长大后能够辛勤劳动、诚实劳动、创造性劳动。加快推进教育现代化、建设教育强国，要努力构建德、智、体、美、劳全面科学的育人体系，形成更高水平的人才培养体系。2020 年 11 月 24 日，习近平在全国劳动模范和先进工作者表彰大会上的讲话中指出："劳模精神、劳动精神、工匠精神是以爱国主义为核心的民族精神和以改革创新为核心的时代精神的生动体现，是鼓舞全党全国各族人民风雨无阻、勇敢前进的强大精神动力。"一直以来，"劳"是最容易或者一直被忽视的一环。如何深入贯彻习近平在全国教育大会上的讲话精神，进一步揭示劳动精神的时代内涵和劳动教育的价值功能，引导中小学生热爱劳动、崇尚劳动、尊重劳动，在劳动中提高能力和素质，努力成为担当民族复兴大任的时代新人，是教育的重要任务。

第一节　劳动精神的内涵与时代价值

劳动精神是在人类劳动实践中建立起来的尊重劳动和热爱劳动的浓厚情感、态度及劳动规范的总和，进而形成的社会及社会成员崇尚劳动的精神风貌。劳动精神是中华传统文化的优秀基因，也是民族精神的重要组成部分，彰显着中国劳动人民在伟大劳动实践中的独特精神气质。

一、劳动精神的内涵

社会的进步和国家的富强，不仅要靠生产力的发展和物质财富的创造，也要靠先

进思想和崇高精神的引领。在马克思主义劳动价值论指导下，中国广大劳动者经过革命、建设和改革时期的伟大实践，继承中华优秀传统文化基因，孕育了中国特色社会主义劳动精神。随着时代的发展，它的内涵不断丰富，呈现"尊重劳动、劳动平等"的价值导向性，倡导"劳动创造"的实践创新性，强调"劳动神圣、劳动光荣"的精神幸福性。新时代劳动精神是极为宝贵的精神财富，是激励全国各族人民团结奋斗、勇往直前的强大精神力量，对全面建设社会主义现代化强国和实现中国梦都意义深远。崇尚劳动、热爱劳动、辛勤劳动、诚实劳动共同构成劳动精神的科学内涵。

（一）崇尚劳动

崇尚劳动，就是尊重劳动、推崇劳动，对劳动怀有真诚敬重之心和自觉崇敬之意，对劳动持有高度的价值认可。劳动教育的核心是要引导学生树立正确的劳动观，崇尚劳动、尊重劳动，增强对劳动人民的感情，报效国家，奉献社会。

中华民族自古以来就是一个热爱劳动、崇尚劳动的民族。劳动创造历史。劳动成就未来。

劳动是提高人们生活水平、创造幸福生活的基础。习近平在陕西延川梁家河七年的知青岁月中，不仅踏实劳动，而且带头积极劳动，例如修井、建沼气池、打坝，在劳动生产实践中，他深深认识到只有依靠劳动才能创造出更多的物质财富，才能解决老百姓的温饱问题。在福建工作期间，他指出贫困地区的人们要想摆脱贫困，过上好日子，就必须付出更加艰辛的劳动。"人世间的一切幸福都需要靠辛勤的劳动来创造"，这一句简单的话不仅阐释了幸福与劳动的关系，而且也是对广大人民群众通过劳动创造幸福生活的伟大号召。随后习近平多次在会议上谈到了劳动与幸福生活的关系，他指出："中国人民自古就明白，世界上没有坐享其成的好事，要幸福就要奋斗。""幸福不是毛毛雨，幸福不是免费午餐，幸福不会从天而降。人世间的一切成就、一切幸福都源于劳动和创造。"只有全社会都崇尚劳动，才能释放劳动的价值魅力，才能提升对劳动者的认同，才能为实现中国梦汇聚磅礴的力量。

（二）热爱劳动

热爱劳动，就是对劳动抱有热烈的态度和挚爱之情，并因此获得坚实持久的劳动动力，是劳动者对劳动的积极心理态度。只有热爱劳动，劳动者才能最大程度发挥聪明才干，提高劳动效率，进而体会到自我价值实现的满足与喜悦。反之，如果不是发自内心地对劳动的真正热爱，劳动对于劳动者而言则会异化为外在的束缚和枷锁，则人在劳动中会是痛苦和不幸的。人民群众只有坚守热爱劳动的价值观念，继承和发扬热爱劳动的优良美德，才会发自肺腑接受劳动，对劳动的态度从"要我劳动"转变为"我要劳动"，而非盲从和被动；才会心悦诚服认同劳动，在工作岗位上埋头苦干，而非反感和排斥；才会心无旁骛埋头劳动，全面提升自身的劳动素养。

热爱劳动并非与生俱来，要依靠后天的培养和训练。当前社会上正确的劳动观念是主流，但一些错误的劳动观念依然存在。如，受剥削阶级"好逸恶劳"劳动观念的影响，社会上的"享乐主义""不劳而获"之风依然存在；受官本位社会意识形态下追求"学而优则仕"的影响，一些人人为地将劳动、劳动者划分为不同的等级、种类和性质；受应试教育的影响，一些单位、组织和个人"以劳代罚"的观念依然存在。中共中央、国务院《关于全面加强新时代大中小学劳动教育的意见》指出："近年来一些青少年中出现了不珍惜劳动成果、不想劳动、不会劳动的现象，劳动的独特育人价值在一定程度上被忽视，劳动教育正被淡化、弱化。对此，全党全社会必须高度重视，采取有效措施切实加强劳动教育。"热爱劳动不是与生俱来的，而是后天培养和训练出来的，需要在把握劳动教育规律，遵循人的成长规律基础上，在教育中不断灌输、在实践中不断养成，让热爱劳动成为一种鲜明的价值标志。

（三）辛勤劳动

辛勤劳动，就是在劳动中持有不怕困苦、不畏艰难、勤奋刻苦的劳动态度和劳动意志。辛勤劳动强调的是劳动者勤劳而肯于吃苦的劳动状态，是中华民族代代相传的优秀品质。"辛勤"定义了劳动的崇高和伟大，是劳动得以被尊重的缘由。习近平指出："社会主义是干出来的，新时代是奋斗出来的。"他多次强调辛勤劳动、艰苦实干的重要性，呼吁要在全社会大力弘扬真抓实干、埋头苦干的良好风尚。劳动是幸福的"进行时"，也是幸福的"未来时"，辛勤劳动本身就是一种幸福，人们在劳动中体现价值、展现风采、感受快乐，辛勤劳动更是幸福的持久保障，没有经过辛勤劳动获得的成果如指间流沙经不起时间考验。唯有付出过艰辛劳动的人才最能懂得什么是真正的幸福，并心安理得地享受自己创造的幸福。

辛勤劳动就是要埋头苦干、真抓实干，干在实处、干出成果。它具有以下四个层次的精神意蕴：一是"想干"的理想境界，即以更强的使命、更足的干劲、更实的作为，争做新时代的奋斗者、社会主义的实干家；二是"敢干"的责任担当，即以过人的胆识、豪迈的气魄、顽强的毅力，甩开膀子大胆干，撸起袖子加油干；三是"实干"的实践品质，即以务实的作风、敬业的态度、勤勉的姿态去干，实事求是、去伪存真，折射出的是艰苦奋斗、足履实地、知行合一的道德品质；四是"巧干"的本领能力，以灵活的智谋、过硬的素质、卓越的才能，把握劳动规律，创新劳动方法和技巧，统筹协调各方资源和力量，形成劳动合力，达到事半功倍的效果，创造更加优质的劳动价值。

新时代中国特色社会主义事业进入新征程，只有在把握住中国改革开放规律的前提下，顺应历史发展大势，总结以往经验教训，抓住历史变革时机，实干苦干、科学巧干，才能在接续奋斗中创造当代中国新辉煌。在新的时代条件下，收获"美好生活之福""共同富裕之福""国家富强之福"，离不开每个人志愿投身劳动、积极参与劳动，把个人的"小我"和国家的"大我"统一起来，把个人成长和时代进步结合起来，以奋斗的磅礴伟力推动中国号巨轮在新时代破浪前行。

（四）诚实劳动

诚实劳动，就是在劳动中自觉秉持言行一致的价值原则，通过真诚的劳动努力和坚实的劳动付出收获财富、成功和幸福。诚实劳动，是新时代劳动精神的道德底色和职业操守。诚实劳动要求广大劳动者按规章办事，诚信守法，以社会公德、职业道德严格要求自我，切不可因眼前利益、一己之私而弄虚作假、欺上瞒下、中饱私囊。人无信不立，诚信是一个人立身处世的根本。诚实劳动是社会转型和经济改革过程中规范社会关系的"润滑剂""稳定器"和"助推器"，习近平明确指出："人世间的美好梦想，只有通过诚实劳动才能实现；发展中的各种难题，只有通过诚实劳动才能破解；生命里的一切辉煌，只有通过诚实劳动才能铸就。"

诚实劳动是维护社会公平正义、彰显劳动本义、闪烁人性光辉的必然规定，强调在合法劳动的基础上，不偷懒耍滑，不投机钻营。无论是扎根平凡岗位的一线劳动者，还是身处高精尖技术岗位或管理岗位的高素质高技能型人才，不论投身哪个行业，从事什么职业，都应该以诚实劳动为基本准则。对于广大劳动者而言，要牢牢守住诚信做人的底线，践行"诚信"价值观，把守法诚信作为安身立命之本，始终以诚为先、以诚为重、以诚为美。对于国家而言，要完善劳动者诚实劳动的制度保障，抓紧建立覆盖全社会的征信系统，完善守法诚信褒奖机制和违法失信惩戒机制以解决诚信缺失问题，尤其是对制假售假的违法行为，更要加大执法力度。唯有如此，才能厚植诚实劳动的土壤，净化诚实劳动的环境，在全社会形成诚实劳动的良好风尚，实现成风化人。

二、劳动精神的时代价值

新时代劳动精神作为一种崇高的劳动理念和价值追求，是在当代中国历史性实践中逐渐生发出来的社会现实意识，自提出之日起便引起了人们的普遍关注，并迫切要求新时代劳动精神的现实化和对象化。事实上，在今日中国，新时代劳动精神的坚定出场和坚实在场，具有深刻的实践背景和哲学理据，其时代价值主要包括以下几个方面。

（一）实现中华民族伟大复兴的根本精神力量

劳动精神作为一种民族精神和民族美德被传承，是激发中国人民战胜各种艰难困苦的精神力量。习近平始终饱含对劳动和劳动人民的深厚情感，立足于我国国情和时代发展需要，进一步丰富了劳动精神的内涵，强调劳动精神仍然是整个国家必须坚持和弘扬的民族精神，也是新时代引领中国社会发展最根本的精神力量。中国特色社会主义事业的发展，要面对和破解发展中的一切难题和诸多矛盾，从根本上要依靠全体劳动人民脚踏实地的辛勤劳动、苦干实干巧干的奋斗精神。党的十八大以来，习近平将共产主义远大理想、中国特色社会主义共同理想、"两个一百年"的奋斗目标和中华民族伟大复兴的中国梦结合起来，将马克思主义的精神力量与国家精神、民族精神结合起来，将国家梦、民族梦和个人梦结合起来，强调每个层次目标的实现都要落实到全社会劳动者的苦干实干巧干的奋斗精神上，指出"社会主义是干出来的""幸福是奋斗出来的""劳动没有高低贵贱之分，任何一份职业都很光荣""劳动创造幸福，实干成就伟业"。新时代要大力弘扬勤劳奋斗、简朴节约的传统美德，在全社会积极倡导勤劳俭朴的生活方式，倡导勤俭劳作、吃苦耐劳的精神，既通过辛勤劳动努力创造社会物质财富和精神财富，又要节俭节制，将劳动精神内化为劳动人民的价值追求和坚定信念，外化为为民族理想迎难而上、勇于应对困难挑战的行动，凝聚起全社会的团结力量，在一代代劳动人民的艰苦奋斗中推动社会发展，成就民族复兴宏图伟业。

（二）引领新一轮技术革命浪潮的强大力量

创新创造是中国特色社会主义事业伟大实践的鲜明特质，也是劳动人民推动社会发展本质力量的呈现，人类社会始终是在创新创造中变革发展的。新时代伴随着信息技术时代、工业 4.0 时代而来，新一轮科技革命和产业变革进入高速发展时期，创造性劳动迅猛发展，围绕新科学技术的国际竞争日趋激烈，国际竞争格局也由此受到深刻影响，只有掌握新技术革命的发展趋势和战略先机，才能在新的国际竞争中引领时代潮流，走在时代前列。新时代劳动创新创造精神能够激发劳动人民的创新潜能和创造智慧，培育和壮大劳动新动能，是中国实施创新驱动发展战略，引领新技术革命发展和实现创新型国家的制胜法宝。劳动人民始终是创新的主体，推动科技创新和变革，推动创新型劳动和创造性劳动创造价值。创新型劳动和创造性劳动是人类社会未来的发展趋势，劳动人民必然通过现代科学技术的运用，从传统劳动中解放出来，释放更优质的劳动潜能，创造更优质的劳动价值。习近平特别强调脑力劳动和技术性劳动的时代价值，指出："要实施职工素质建设工程，推动建设宏大的知识型、技术型、创新型劳动者大军。"习近平从适应时代需求出发丰富了马克思主义劳动思想的内涵，阐明了新时代劳动精神尊重劳动、尊重知识、尊重人才、尊重创造的重要内涵。新时代劳动创造精神引领新技术革命的浪潮，关键在于让更多劳动者在人类现有的知识体系中实现新的创造，积极培育创新型和创造性劳动者。弘扬创新创造精神就是要把人才战略放在重要位置，深化创造性劳动者发展的体制机制改革，创造一切有利于劳动人民创新性、创造性充分发挥的制度和条件，让劳动人民在优质的劳动环境中体面劳动，激励更多的社会劳动者努力成长为创新型劳动者，培养造就一大批具有国际水平的战略科技人才、科技领军人才、青年科技人才和高水平创新团队，为实现科技强国提供人才支撑。

案例 2-1

青青蒿草　拳拳报国
——诺贝尔奖获得者屠呦呦

疟疾是全世界最严重的传染病之一，从谈"疟"色变到实现无疟疾，中国的消除疟疾之路，离不开青蒿素及它的发现者——屠呦呦。20世纪60年代，氯喹抗疟失效，人类饱受疟疾之害。1969年，时年39岁的屠呦呦临危受命接受了国家疟疾防治项目"523"办公室艰巨的抗疟研究任务。经过上百种中药筛选、数百次失败，屠呦呦和团队不放弃，坚持探索与创新，终于研制出青蒿素。自20世纪70年代问世以来，青蒿素类抗疟药成为疟疾肆虐地区的救命药。据世卫组织不完全统计，青蒿素在全世界已挽救了数百万人的生命。2015年，屠呦呦凭借"中药和中西药结合研究提出了青蒿素和双氢青蒿素的疗法"获得诺贝尔生理学或医学奖。这是中国科学家在中国本土进行的科学研究首次获诺贝尔科学奖，是中国医学界迄今为止获得的最高奖项，也是中医药成果获得的最高奖项。

作为中国中医科学院终身研究员、国家最高科学技术奖获得者，60多年来，屠呦呦从未停止中医药研究实践，青蒿素、双氢青蒿素、复方蒿甲醚、双氢青蒿素哌喹片等，在抗疟临床得到广泛应用，还走出国门，最终影响世界。2021年6月30日，世界卫生组织宣布中国获得无疟疾认证，中国疟疾感染病例由20世纪40年代的3 000万减少至0，这是一项了不起的壮举！

思考：从屠呦呦身上，我们能学习到什么劳动精神？

（三）立德铸魂育人的内在要求

人类的任何一项伟业的实现都离不开劳动，劳动光荣是社会主义社会应有的道德风尚和价值共识。但随着社会物质财富的丰富，市场经济给人们带来活力的同时，也加重了人们思想观念、道德规范和价值取向的利益色彩。人们的消费习惯和消费模式也发生了显著的变化，消费不再仅仅是满足温饱的需求，已经向享受型、炫富型转向。消费主义、享乐主义、拜金主义等错误腐朽观念严重冲击了人们对辛勤劳动、艰苦奋斗的认知。特别是青少年一代阅历尚浅，自身又缺乏吃苦耐劳、顽强奋斗的精神，在利益驱动的社会大环境中，难免会出现劳动价值观扭曲、劳动精神缺失和弱化等现象。新时代要实现中华民族伟大复兴，必须付出更大的努力，需要一代又一代人的辛勤劳动、接续奋斗，必须弘扬劳动精神，不断探索新时代弘扬劳动精神、培育时代新人的经验方法，将新时代劳动精神内化于心、外化于行，筑牢民族精神之魂，培育担当民族复兴大任的时代新人。

劳动精神立德。思想道德素质反映一个人的思想境界和道德风貌，是促进个体健康成长、社会发展进步的重要保障。劳动既改造客观世界，又改造主观世界，培养人的优秀品德。劳动精神是立德的基石，要用劳动精神培养新时代青年的道德品质，培育劳动情怀，激发青年的劳动激情和奋斗热情，使时代青少年成为德智体美劳全面发展的社会主义建设者和接班人。

劳动精神铸魂育人。劳动模范和大国工匠是劳动精神人格化的体现，具有广泛的示范引领作用。劳动模范和大国工匠的选树是我国社会主义制度优越性的集中表现，是新时代中国特色社会主义社会崇尚劳动、尊重人才的社会风气和价值观念的集中体现。劳模精神和工匠精神生动体现了中国劳动者的实干精神和劳动品质，为引领劳动人民践行社会主义核心价值观树立了典范，具有教育人、引导人、激励人、塑造人的重要作用。我们要建立"社会—学校—家庭"的劳动教育融合体系，不断强化青少年在成长过程中对崇尚劳动、尊重劳动的价值认同，培养劳动习惯，锻炼劳动能力，在劳动和奋斗中树立远大理想，坚定政治信念，练就过硬本领，从而实现人生价值的目标追求。

第二节　劳模精神的内涵与时代价值

党的十八大以来，习近平多次就劳模和劳模精神发表重要讲话，系统阐明新时代劳模精神的历史源流、嬗变轨迹和生成逻辑，深刻揭示了新时代劳模精神的理论渊源、历史根据、本质特征、时代内涵和实践价值，对进一步弘扬劳模精神提出了新定位、新任务和新要求。劳模精神是劳动模范的精神升华，是发展社会主义事业的重要精神力量。在新时代提出弘扬劳模精神，是对中国特色社会主义精神文明工作方向作出的重要判断，是在国际竞争愈发激烈的背景下对全民劳动精神的呼唤。

一、劳模精神的内涵

在不同的历史时期，劳模的评选标准也不同，劳模精神的内涵也相应地被赋予特有的时代元素。在革命战争和抗日战争时期，劳模精神就被定义为"为革命献身、革命加拼命、苦干加巧干、经验加创新"。新中国成立后，劳模精神的内涵则演变为"艰苦奋斗、自力更生、无私奉献"。20 世纪末，随着"科学技术是第一生产力"的提出，劳模的评选对象更偏重于知识分子，强调科技创新发明，突出他们对推动我国生产力发展作出的贡献。胡锦涛在 2005 年召开的全国劳动模范和先进工作者表彰大会上用"爱岗敬业、争创一流，艰苦奋斗、勇于创新，淡泊名利、甘于奉献"来定义劳模精神。习近平指出："劳动模范是劳动群众的杰出代表，是最美的劳动者。劳动模范身上体现的'爱岗敬业、争创一流、艰苦奋斗、勇于创新、淡泊名利、甘于奉献'的劳模精神，是伟大时代精神的生动体现。""劳动模范是劳动群众的杰出代表，是最美的劳动者。"劳模精神极大地丰富了民族精神和时代精神的内涵，成为中国共产党人精神谱系的重要组成部分。"爱岗敬业、争创一流"是劳模精神的本质特征，体现了劳模对国家、社会、职业的高度责任感、使命感和舍我其谁的主人翁精神。"艰苦奋斗、勇于创新"是劳模精神的内在品质，劳动模范是辛勤劳动、诚实劳动、创造性劳动的积极实践者，踏踏实实、奋发图强、勇于挑战、敢为人先，在实现中华民族伟大复兴的历史征程中埋头苦干、求真务实、创新创造。"淡泊名利、甘于奉献"则是劳模精神的价值追求，彰显了劳动模范心甘情愿、默默坚守、身心投入，不求声名和个人私利的奉献精神。

（一）爱岗敬业、争创一流

中华民族是一个崇尚劳动的民族，自古以来就有敬业乐群、忠于职守的优良传统。劳动模范是中华民族千千万万奋斗在各行各业劳动群众中的杰出代表和精英分子，他们在劳动创造民族历史的过程中发挥着不可替代的关键作用。爱岗敬业、争创一流，要求人们在职业活动中树立强烈的事业心和责任心，以恪尽职守、精益求精、真抓实干、务实肯干的劳动态度对待自己的岗位、热爱自己的工作。爱岗敬业是劳模精神的力量源泉。敬业是中国人的传统美德，也是当今社会主义核心价值观的基本要求之一。早在春秋时期，孔子就主张人在一生中始终要"执事敬""事思敬""修己以敬"。"执事敬"，是指行事要严肃认真不怠慢；"事思敬"，是指临事要专心致志不懈怠；"修己以敬"，是指加强自身修养保持恭敬谦逊的态度。宋代朱熹将敬业解释为"专心致志，以事其业"。

回顾中国共产党团结带领全国各族人民进行革命、建设、改革的伟大征程，一代又一代劳动模范与祖国同成长，与时代齐奋进，他们以高度的主人翁责任感和卓越的劳动创造，在平凡的岗位上创造了不平凡的业绩，奏响了"咱们工人有力量"的主旋律，谱写了"中国梦·劳动美"的新篇章。新中国成立初期，我国面临着一穷二白的局面：重工业几乎为零……"铁人"王进喜发出"宁肯少活二十年，拼命也要拿下大油田"的呐喊，打响大庆石油会战。改革开放40多年来，劳动模范以对事业的坚守与奉献、对梦想的拼搏与进取，带领人们用汗水创造出一个又一个人间奇迹。"铁路小巨人"巨晓林，怀揣"学好技术，建设祖国"的信念，用一天天的坚持、一步步的跨越，在我国铁路建设大潮中一路成长为知识型新型工人，"努力为铁路电气化运营维管作出自己的贡献"。进入新时代，劳动最光荣、劳动最崇高、劳动最伟大、劳动最美丽的社会风尚已然形成，劳模奋斗的足迹遍布神州。全国劳动模范、贵州钢绳（集团）有限公司二分厂技术员、高级技师周家荣30多年干了一件事，在生产钢丝绳上"做文章"。而今，相关产品不仅用在了世界最高桥梁北盘江特大桥、最长跨海大桥港珠澳大桥上，还远销40多个国家和地区。他有一个梦想："不断研究、不断创新，生产出更多优质的钢丝绳产品！"

（二）艰苦奋斗、勇于创新

民生在勤，勤则不匮。"艰苦奋斗、勇于创新"要求人们在艰难困苦的条件下，为了崇高的职业理想而奋发努力，同时，面对职业瓶颈还要与时俱进、革故鼎新，不断激活创新要素，释放创造潜能，提升创新效能。劳模是时代领跑者，是时代的精神符号和力量化身。一方面，劳模精神具有鲜明的时代特征，是时代精神的生动体现。

作为一种文化精神，劳模精神是实践的、创新的、鲜活的、生动的存在，并随着国家意识形态、经济社会形势和时代变迁而不断嬗变发展。中国劳模精神的演变史，也是时代精神的演变史，它既具有一定的稳定性和继承性，也随着时代变迁而不断创新发展。特别是当下的劳模精神，生动体现了以改革创新为核心的时代精神，既传承了前辈劳模辛勤劳动、诚实劳动的精神传统，又能够与时俱进、革故鼎新，充分汲取知识经济时代、信息技术飞速发展和全球经济一体化时代的精神元素，呈现出愈加强烈、愈加鲜明的时代特征。另一方面，劳模精神推动了时代精神的新发展，丰富了时代精神的新内涵。劳模精神催生出新的时代精神，成为时代精神发展变化的重要推动力量和构成要素。作为先进生产力和生产关系的典范代表，劳模在创造性实践和不断探索中，激发出蕴含着自主性、首创性、先进性元素的劳模精神，体现着最先进的生产力和生产关系，催生出崭新的、革命性的精神品格，激发出与时俱进甚至超时俱进的精神力量，呈现着社会进步的最新发展方向，反映着时代进步的最新潮流走向，创造着一个社会最新的、引领性的精神气质、精神风貌和社会风尚。

中国人民是具有伟大奋斗精神、伟大创造精神的人民，在创业中艰苦奋斗，在创新中自强不息，在创造中开拓进取，一位位劳模和普通劳动者的感人事迹和崇高品格，绽放出最美的芳华，迸发出一道道迷人光彩。为实现"人进沙退"，40年来八步沙林场"六老汉"三代人义无反顾、持之以恒地治沙造林群体；为人民忠于职守，赤胆忠心的王顺友在"马班邮路"上一个人、一匹马一走就是30多年；"工人发明家"包起帆勇于进取和创新自信，与同事完成130项技术创新项目，其中3项获国家发明奖、3项获国家科技进步奖、50项获国家和国际专利；几十年来，"杂交水稻之父"袁隆平头顶烈日、脚踩泥土，奔波在田间地头，从三系杂交稻到超高产两系杂交稻，从盐碱地水稻高产新纪录到第三代杂交水稻早晚双季稻亩产新纪录，攻克诸多育种技术"卡脖子"难题，用一粒粒种子造福中国、改变世界；"敦煌的女儿"樊锦诗，舍半生入茫茫荒漠、投全情传承文明薪火，艰苦奋斗、勇于创新，在全国率先开展文物保护专项法规和保护规划建设，探索形成石窟科学保护的理论与方法，为世界文化遗产——敦煌莫高窟永久保存与永续利用作出重大贡献。回望波澜壮阔的发展征程，我们之所以能取得举世瞩目的伟大成就，就是因为中国人民在追求美好生活的辛勤劳动中积极参与、主动作为、创造创新，用汗水浇灌梦想，靠实干铸就辉煌，谱写了彪炳史册的奋斗诗篇，开辟了民族复兴的光明前景。

（三）淡泊名利、甘于奉献

在报国奋斗的广阔天地，广大劳动者始终坚持吃苦在前，享受在后，在平凡的岗位上坚守初心，任劳任怨，以卓越的劳动和忘我的拼搏凝结成了伟大的劳模精神。劳模精神引领着社会的价值取向，成为鼓舞全党全国各族人民风雨无阻、勇敢前进的强大精神动力。在劳模精神中，淡泊名利、甘于奉献作为价值要素，要求人们不谋一己之得失，而忧事业之兴衰，在各自的工作岗位上埋头苦干、无私奉献。

　　共和国的每位劳动模范虽留下了不同的人生印记，但淡泊名利、甘于奉献无疑是他们共同的精神符号。为了祖国国防科技事业发展，放弃国外优渥生活和科研条件，在漫漫戈壁泼洒青春热血的邓稼先曾在很长一段时间销声匿迹。直到因病临终前，他长达28年的秘密经历才得以公之于众。我国石化技术的开拓者、中国科学院院士陈俊武几十年如一日，实践着奉献与索取的辩证法："奉献小于索取，人生就暗淡；奉献等于索取，人生就平淡；奉献大于索取，人生就灿烂。"当听说单位按照相关政策给他预留了一套180平方米的安置房时，他坚辞不受。2015年荣获"全国劳动模范"荣誉称号的北京环卫集团固废物流公司员工孙志宝，把"宁愿一人脏，换来万家净"的前辈时传祥视为榜样，20多年来坚守环卫一线，开着抽粪车穿行于首都的大街小巷，并利用工余时间给同事们讲解车辆构造和保养维修知识，以实际行动"把无私奉献的品质传承下去"。在"当代雷锋"郭明义心中，劳模精神是一道"集贤令"，鲜活生动又有号召力。自他牵头成立爱心团队以来，截至2019年11月，共发起2 000多次爱心捐款、无偿献血，团队也从最初的几十人，发展到遍布全国的1 400多个分队、230多万名志愿者。

　　这些劳动模范，之所以平凡而伟大，在于面临人生选择时，他们避开了利禄之途，立志以小我成就大我。他们是遵循社会主义核心价值观的典范样本，是践行社会主义核心价值观的具体的人，是社会主义核心价值观的模范实践者、生动传播者和最有说服力的检验者，真正体现了"示范""楷模"的价值导向、现实榜样和学习标准。他们迈出的每一步，都因应和着民族复兴的时代节拍而浑然有力；他们不求索取、不为名利的崇高品质，则因汇聚成鼓舞全体人民风雨无阻向前进的强大动力而魅力永恒。

二、劳模精神的时代价值

　　劳动模范是时代的先锋、民族的楷模，他们身上承载和彰显的劳模精神一直发挥着引领作用，丰富和拓展了中国精神内涵，充分展现了我国新时代工人阶级和劳动群众的高度自信。进入新时代，我们需要深刻把握劳模精神的崭新意蕴与当代价值，大力弘扬劳模精神，推动全社会形成尊重劳动、劳动光荣的良好风尚。

（一）培育时代新人的重要手段

　　习近平指出："希望我国广大劳动群众以劳动模范为榜样，爱岗敬业、勤奋工作、锐意进取、勇于创造，不断谱写新时代的劳动者之歌。"党的十九大报告中提出了培养担当民族复兴大任的时代新人的重大命题，强调要把社会主义核心价值观融入社会发展各方面，转化为人们的情感认同和行为习惯。一方面，劳模精神作为社会主义核心价值观的生动体现，鲜活的事迹、普通人的形象更容易被人们接受和模仿，将对培育时代新人的重大命题起到重要推动作用。另一方面，劳模精神通过强化教育引导、舆论宣传、文化熏陶、实践养成、制度保障，能够激发广大劳动者干事创业的积极性、主动性和创造性，引导全社会特别是青少年树立正确的劳动价值观，培养深厚的劳动情怀，倡导积极向上的劳动姿态，全面提升劳动者的整体素质和精神品格，为新时代中国特色社会主义事业培养更多的合格劳动者与建设者。

（二）文化自信的重要支撑

习近平指出："文化是一个国家、一个民族的灵魂。文化兴国运兴，文化强民族强。没有高度的文化自信，没有文化的繁荣兴盛，就没有中华民族伟大复兴。"文化自信是更基本、更深沉、更持久的力量。一方面，劳模精神是中国特色社会主义文化的重要组成部分，始终贯穿于建设中国特色社会主义文化的全过程。劳模精神植根于中华民族劳动过程特别是中国特色社会主义伟大实践中，充分继承并发展了中华优秀传统文化、党领导人民创造的革命文化和社会主义先进文化。劳模精神是超越劳模群体的社会性精神，是具有中国特色的精神体系，是中国特色社会主义文化的重要组成部分，是提升国家文化软实力和中华文化影响力的重要因子。另一方面，弘扬和践行劳模精神，有助于坚定文化自信，推动社会主义文化繁荣兴盛。弘扬和践行劳模精神，有助于牢牢把握意识形态工作领导权，有助于培育和践行社会主义核心价值观，有助于加强思想道德建设，有助于促进中国特色社会主义文化繁荣发展，有助于保持对中国特色社会主义文化理想、文化价值的高度信心，有助于保持对中国特色社会主义文化生命力、创造力的高度信心。

（三）实现中国梦的重要力量

习近平在同中华全国总工会新一届领导班子集体谈话中指出："实现中华民族伟大复兴的中国梦，根本上要靠包括工人阶级在内的全体人民的劳动、创造、奉献。要使中国梦真正同每个职工的个人理想和工作生活紧密结合起来，真正落实到实际行动之中。要把广大职工群众充分调动起来，满怀信心投身于为实现中国梦而奋斗的火热实践，形成万众一心、众志成城的磅礴力量。"一方面，劳模精神是实现伟大复兴中国梦的宝贵精神财富。当前，我国已经进入中国特色社会主义新时代，处于实现伟大复兴中国梦的历史新方位，改革发展必然会进一步导致社会矛盾、社会诉求、思想观念、精神道德等的多元嬗变。在全社会弘扬和践行劳模精神，营造尊重劳动、尊重知识、尊重人才、尊重创造的社会氛围，形成以辛勤劳动为荣、以好逸恶劳为耻的社会风气，培育积极健康、开放包容的社会心态，才能够让"劳动光荣、创造伟大"成为时代强音。

另一方面，劳模精神是实现伟大复兴中国梦的强大精神力量。要实现伟大复兴中国梦，实现我国从制造大国向制造强国的华丽转身，动员引导全社会特别是广大产业工人积极投身大众创业、万众创新的时代洪流，建设知识型、技能型、创新型劳动者大军，必须大力弘扬和践行劳模精神。习近平指出："人心是最大的政治，共识是奋进的动力。实现'两个一百年'奋斗目标、实现中华民族伟大复兴的中国梦，需要汇聚全民族的智慧和力量，需要广泛凝聚共识、不断增进团结。"① 劳模精神不但可以激发物质创造的不竭力量，更可以提升劳动主体的精神风貌、道德品格和幸福指数，进一步在精神层面、在全社会凝聚共识，增进团结。如此，才能够真正为中国经济社会发展汇聚强大正能量，才能真正为实现中华民族伟大复兴中国梦增砖添瓦。

第三节 工匠精神的内涵与时代价值

2016 年 3 月 12 日，李克强在《政府工作报告》中明确使用了"工匠精神"一词，并提出了"培育精益求精的工匠精神"的重大任务。这一新概念和新任务的提出，既在人们的意料之外，又在社会的情理之中。中国从"制造大国"走向"制造强国"，从资源禀赋优势走向创新制造优势，则需要工匠精神的支撑。一种技术可以被复制，而一种精神却不能被复制。工匠精神是当今时代的重要思想资源和强大精神动力。

一、工匠精神的内涵

"工匠精神"是一种职业精神，它是职业道德、职业能力、职业品质的体现，是从业者的一种职业价值取向和行为表现。"工匠精神"的基本内涵包括执着专注、精益求精、一丝不苟、追求卓越。

（一）执着专注、精益求精

工匠精神通过具体的造物或服务过程表现，执着专注、精益求精是工匠精神的直接表现，是动态的、漫长的过程。工匠们需要抵制外界的干扰，凭借专注与执着从平凡中脱颖而出。我国自古就有尊崇和弘扬工匠精神的传统。《诗经》中的"如切如磋，如琢如磨"，反映的就是古代工匠在雕琢器物时执着专注的工作态度。老子说："天下大事，必作于细。""庖丁解牛""巧夺天工""匠心独运""技近乎道"……经过千年岁月洗礼，这种精益求精的精神品质早已融入中华民族的文化血液。执着专注、精益求精的工匠精神主要源于工匠自身长期的技术实践积累和对技术技艺的理性思索，对前人的发明制品或技艺进行改良式的创新，以得到"青出于蓝而胜于蓝"的技术制品或技术服务。工匠对工艺品质有着永不满足的追求，以严谨的态度，规范的动作，完成好每一道工序。在这种精神的支撑下，工匠们愿意为某一项技艺的传承与发展贡献毕生的精力。执着专注、精益求精的工匠精神体现了工匠对高品质制造和服务的追

---

① 习近平：坚定文化自信把握时代脉搏聆听时代声音 坚持以精品奉献人民用明德引领风尚 [N]. 人民日报，2019 - 3 - 5.

求，体现了工匠对消费者高度负责的精神。

当今时代，传统意义上的工匠虽然日益减少，但工匠精神在各行各业传承不息。新中国成立以来，中国共产党在带领人民进行社会主义现代化建设的进程中，始终坚持弘扬工匠精神，神州大地涌现出一大批追求极致、精益求精的工匠。中铁二局二公司隧道爆破高级技师彭祥华，能在岩层间做到精准爆破，误差控制远小于规定的最小值；金川集团铜业有限公司贵金属冶炼分厂提纯班班长潘从明数十年如一日专注于铂族贵金属高效提炼技术，通过特定试剂溶解含稀有贵金属的矿渣，能从其溶液的颜色中迅速判断铜、铁等杂质含量……小到一枚螺丝钉、一根电缆的打磨，大到飞机、高铁等大国重器的锻造，都展现出工匠们笃实专注、严谨执着的匠心，都离不开新时代劳动者身体力行的工匠精神。正是一代代人对工匠精神的继承与发扬，我国从一个基础薄弱、工业水平落后的国家，成长为世界制造大国。

（二）一丝不苟、追求卓越

一丝不苟的品质，历来受到古圣先贤的推崇。荀子《劝学》云："锲而舍之，朽木不折；锲而不舍，金石可镂。"《淮南子》云："心不专一，不能专诚。"可见，古人很早就认识到，只有专心致志、持之以恒地用心做一件事，才能学有所成、行有所得。一丝不苟，体现了高度负责、敢于担当的职业道德。古今工匠们的一丝不苟，表现在对每一个细节和精度的严格要求，对"毫厘"的斤斤计较。追求卓越是工匠的职业价值旨归。工匠们一生追求卓越，是为了在行业保持顶尖水平。

中华民族的工匠精神之所以能够从遥远的古代传承至今，就是因为每一代中国工匠的技艺都是在传承与创新的交替互动中延续的。无论是在传统农耕社会，还是现代工业化时代，扎实的专业知识、精湛的专业技艺都是工匠安身立命之根本，不断超越自我、勇攀行业顶峰是匠人的毕生追求。"百工之祖"鲁班不仅是古代著名的能工巧匠，更是华夏公认的大发明家，相传锯子、墨斗、曲尺、石磨、锁钥等民间沿用了上千年的常见工具都是鲁班发明的。从古至今，勤劳智慧的中国工匠们发明的物品数不胜数，对人类文明产生深远影响的"四大发明"，均出自古代杰出工匠之手。新民主主义革命时期，在大大小小的革命根据地上，成长起一大批优秀工匠，他们为赢得革命胜利发挥了重要作用。被誉为中国"保尔·柯察金"的兵工专家吴运铎，在生产和研制武器弹药中多次负伤，仍以顽强毅力战胜伤残，战斗在生产第一线，用简陋的设备研制出枪榴筒，参与设计平射炮，以及定时、踏火等各种地雷，为提高部队火力作出了贡献。新中国成立后，各行各业涌现出一批批能工巧匠，推动了社会主义建设事业的蓬勃发展。北京永定机械厂钳工倪志福，经过反复钻研改进，发明出适应钢、铸铁、黄铜、薄板等多种材质的"倪志福钻头"，在国内外切削界引起重大反响。改革开放后，各行各业的劳动者大力发扬工匠精神，将一丝不苟、追求卓越的理念和要求融入技术、产品、质量、服务的每一个环节，创造了无数"中国制造"的奇迹。高铁领域的"大国工匠"李万君，为解决直径20厘米的圆形环口焊接难题，经过千万次实验和尝试，不仅解决了难题，而且创造了"标准参数"，掌握了"一枪焊完"的绝活儿。中国特色社会主义进入新时代，工匠精神的时代价值更加凸显。"世界第一吊"的主设计师孙丽，港珠澳大桥岛隧工程项目总工程师林鸣，被称为矿山"华佗"的煤矿维修电工李杰……他们用点点滴滴的实际行动诠释着工匠精神，用奋斗与追求树立起一面面光辉的旗帜。器物有形，匠心无界。作为一个制造大国所推崇的时代精神，工匠精神的指向早已超越了工匠这个单一的群体，折射出各行各业一线劳动者的精神风貌和价值追求，体现为全体党员群众的实干创新和爱国奋斗，是鼓舞全党全国各族人民风雨无阻、勇敢前进的强大精神动力。

二、工匠精神的时代价值

虽然工匠精神诞生于古代，随着现代机器化大生产对传统手工业的取代，传统工匠逐渐从历史舞台中退出，但工匠精神并未过时。工匠精神仍然是当今信息时代的重要思想资源和强大精神动力。

（一）社会文明进步的重要尺度

实现中华民族伟大复兴的中国梦，物质财富要极大丰富，精神财富也要极大丰富。只有物质文明建设和精神文明建设都搞好，国家物质力量和精神力量都增强，全国各族人民物质生活和精神生活都改善，中国特色社会主义事业才能顺利向前推进。也就是说，物质文明与精神文明是推动社会文明进步的"两个轮子"，是实现中华民族伟大复兴中国梦的"一双翅膀"，二者缺一不可。事实上"工匠精神"的成熟度，与一个社会的物质文明、精神文明的进步程度都直接发生着关联。从精神文明来看，"工匠精神"作为一种职业精神，在本质上，它是同社会主义核心价值观特别是同其中的"敬业""诚信"要求高度契合的。从物质文明来看，"工匠精神"在物质文明的创造过程中可以发挥强大的精神动力及智力支持作用。

（二）实施强国战略、推进经济改革和科技创新的精神源泉

经过改革开放 40 多年的发展，我国早已成为世界第一制造业大国。尽管成了"世界工厂"，贴着"MADE IN CHINA"标签的产品在世界随处可见，大到汽车、电器制造，小到制笔、制鞋，国内许多产业的规模居于世界前列，但是，在许多业内人士看来，我国制造业大而不强，产品质量整体不高，背后的重要根源之一就是缺乏具备"工匠精神"的高技能人才。为实现中国从全球制造大国到制造强国的跨越，2015年国务院正式印发《中国制造2025》，提出了中国政府实施制造强国战略第一个十年的行动纲领。中国要迎头赶上世界制造强国，成功实现中国制造2025战略目标，就必须在全社会大力弘扬以"工匠精神"为核心的职业精神。只有当工匠精神融入生产、设计、经营的每一个环节，实现由"重量"到"重质"的突围，中国制造才能赢得未来。

（三）技术技能人才实现自我价值的重要指引

技术技能人才在职业生涯发展中实现自我价值必须具备两种实力：一种是硬实力，主要指主体所具有的知识水平、技能水平；另一种是软实力，主要指主体所具有的职业精神。技术技能人才如果缺少软实力支撑，犹如断弦之弓，很难充分发挥自身价值。如果具备一定的工匠精神，将有效提高其人力资本的附加值，有效拓展其职业生涯空间。央视系列节目《大国工匠》中的 8 位大国工匠都是德艺双馨的工匠大师，在工匠精神的支撑下，他们克服了常人难以想象的困难，作出了卓越的成绩，在平凡的岗位上创造出不平凡的业绩，也造就了出彩的人生。

案例 2－2

最美奋斗者：中国电焊界第一人高凤林

高凤林是首都航天机械有限公司高凤林班组组长，中华全国总工会兼职副主席，特级技师，最美奋斗者，全国劳动模范，全国道德模范，2018 年大国工匠年度人物，2017 年度北京榜样。高凤林 1980 年技校毕业后，一直从事火箭发动机焊接工作至今。他始终坚持以国为重、扎根一线、勇于登攀、甘于奉献，一次次攻克了发动机喷管焊接技术世界级难关，为北斗导航、嫦娥探月、载人航天等国家重点工程的顺利实施及长征五号新一代运载火箭研制作出了突出贡献。先后荣获中央国家机关十杰青年、全国十大能工巧匠、全国技术能手、全国国防科技工业系统劳动模范、高技能人才十大楷模、全国五一劳动奖章、首次月球探测工程突出贡献者、第二届质量奖唯一个人奖等荣誉，享受政府特殊津贴，被誉为火箭发动机焊接第一人。

长三甲系列运载火箭、长征五号运载火箭的第一颗"心脏"（氢氧发动机喷管）都在高凤林手中诞生。几十年来，他为 90 多发火箭焊接过"心脏"，占我国火箭发射总数近四成，攻克了 200 多项航天焊接难关。1994 年，他凭借最佳焊缝成型获得了美国 ABS 焊接取证认可，得到美国船检官员的称赞。2006 年，诺贝尔奖得主丁肇中主持了一个反物质探测器项目，这个项目有 16 个国家参与其中，但是在研发过程中却遇到了技术难题，丁肇中请遍了国内外的顶尖技术专家，也没有解决这个难题。后来丁肇中知道高凤林是国内焊接领域里的国宝级人才，于是请高凤林参与这个项目。高凤林凭借丰富的经验，提出了自己的设计方案，这个方案得到包括丁肇中在内的项目专家组的认可，高凤林因此被委任为美国宇航局特派专家，并对项目实施进行督导。高凤林多次谢绝了国外高薪聘请，只因为"国家需要我"。

在国家"七五"攻关项目、东北哈汽轮机厂大型机车换热器的生产中，"熔焊"是一大关键，有关人员经过一年多的试验也未能取得突破。这块"硬骨头"交到了高凤林的手上。此时他已经成长为焊接领域的青年专家。半年的时间里，从早到晚，高凤林天天趴在冰冷的产品上，一趴就是几个小时不下来。凭着这股劲头，他终于把压在单位一年多的两组 18 台产品交付出厂。时至今日，高凤林说"这是最苦的一次"。

他把"不达目的，誓不罢休"，用在了学习和每一次攻关中。

高凤林说："弘扬工匠精神，要时刻保持向上的心态、归零的心态，久久为功，向更高的目标进发，逐步实现个人价值。"高凤林就是这样认准了一行，刻苦钻研，在自己的专业领域创造出一个又一个奇迹。他从一个普通的技术工人走到了大国工匠的巅峰，成为技术工人的杰出代表。

思考：结合案例，谈谈如何理解"弘扬工匠精神，要时刻保持向上的心态、归零的心态，久久为功，向更高的目标进发，逐步实现个人价值"？

 思考题

1. 如何在中小学生中弘扬劳动精神？
2. 如何在实践中培育劳模精神、工匠精神？

 拓展阅读

倡导弘扬劳模精神、劳动精神、工匠精神

习近平总书记一直关心劳模、关爱劳动者，他对于弘扬劳模精神、劳动精神、工匠精神的倡导和要求一以贯之。

2013 年

2013 年 4 月 28 日，习近平总书记在同全国劳动模范代表座谈时指出："榜样的力量是无穷的。劳动模范是民族的精英、人民的楷模。长期以来，广大劳模以平凡的劳动创造了不平凡的业绩，铸就了'爱岗敬业、争创一流，艰苦奋斗、勇于创新，淡泊名利、甘于奉献'的劳模精神，丰富了民族精神和时代精神的内涵，是我们极为宝贵的精神财富。"

2015 年

2015 年 1 月 8 日，中共中央印发《关于加强和改进党的群团工作的意见》，明确指出："引导广大职工弘扬劳模精神、劳动精神、工人阶级伟大品格，增强主人翁意识，打造健康文明、昂扬向上的职工文化。"这是在中央文件中，首次将弘扬劳模精神、劳动精神、工人阶级伟大品格并列在一起，显示了强烈的价值导向。

2015 年 4 月 28 日，习近平总书记在庆祝"五一"国际劳动节暨表彰全国劳动模范和先进工作者大会上的讲话中强调："我们在这里隆重集会，纪念全世界工人阶级和劳动群众的盛大节日——'五一'国际劳动节，表彰全国劳动模范和

先进工作者，目的是弘扬劳模精神，弘扬劳动精神，弘扬我国工人阶级和广大劳动群众的伟大品格。""在前进道路上，我们要始终弘扬劳模精神、劳动精神，为中国经济社会发展汇聚强大正能量。""'爱岗敬业、争创一流，艰苦奋斗、勇于创新，淡泊名利、甘于奉献'的劳模精神，生动诠释了社会主义核心价值观，是我们的宝贵精神财富和强大精神力量。"这些重要论述再次重申了劳模精神的内涵，并将"劳动精神"与"劳模精神"并列，从"劳模精神"到"劳动精神"，从提倡向劳模先进群体看齐到倡导全社会都要热爱劳动、投身劳动，体现了习近平总书记对劳动的高度尊崇、对劳动者的高度尊重。

2016 年

2016 年 4 月 26 日，习近平总书记在安徽主持召开知识分子、劳动模范、青年代表座谈会，他强调："劳动模范是劳动群众的杰出代表，是最美的劳动者。劳动模范身上体现的'爱岗敬业、争创一流，艰苦奋斗、勇于创新，淡泊名利、甘于奉献'的劳模精神，是伟大时代精神的生动体现。""无论从事什么劳动，都要干一行、爱一行、钻一行。在工厂车间，就要弘扬'工匠精神'，精心打磨每一个零部件，生产优质的产品。"习近平总书记再次诠释了劳模精神的内涵，并明确提出"工匠精神"，这是习近平总书记根据我国经济社会发展的客观实际，对工人阶级和广大劳动群众提出的新的更高要求，是对"当代工人不仅要有力量，还要有智慧、有技术，能发明、会创新"要求的具体化，具有鲜明的时代特征。

2017 年

2017 年 2 月 6 日，习近平总书记主持召开中央全面深化改革领导小组第三十二次会议，审议通过了《新时期产业工人队伍建设改革方案》，其中指出"强化职业精神和职业素养教育，大力弘扬劳模精神、劳动精神、工匠精神，引导产业工人爱岗敬业、甘于奉献，培育健康文明、昂扬向上的职工文化，在精神文明建设中发挥示范导向作用"，劳模精神、劳动精神、工匠精神在中央文件中首次并列在一起。

2017 年 10 月 18 日，习近平总书记在党的十九大报告中明确指出，"建设知识型、技能型、创新型劳动者大军，弘扬劳模精神和工匠精神，营造劳动光荣的社会风尚和精益求精的敬业风气"。把劳模精神、工匠精神写入党的全国代表大会报告，充分体现了党和国家对弘扬劳模精神、劳动精神、工匠精神的高度重视。

2018 年

2018 年 4 月 30 日，习近平总书记给中国劳动关系学院劳模本科班学员回信，指出"劳动最光荣、劳动最崇高、劳动最伟大、劳动最美丽。全社会都应该尊敬劳动模范、弘扬劳模精神，让诚实劳动、勤勉工作蔚然成风"。

2018 年 10 月 29 日，习近平总书记同全国总工会新一届领导班子成员集体谈话，指出，"劳动模范是民族的精英、人民的楷模。大国工匠是职工队伍中的高技能人才。体现在他们身上的劳模精神、劳动精神、工匠精神，是伟大民族精神的重要内容"。这是习近平总书记在讲话中首次将三个精神并列在一起进行阐述，是我们党重要的理论创新成果。

2020 年

2020 年 4 月 30 日，习近平总书记给郑州圆方集团全体职工回信，指出："希望广大劳动群众坚定信心、保持干劲，弘扬劳动精神，克服艰难险阻，在平凡岗位上续写不平凡的故事，用自己的辛勤劳动为疫情防控和经济社会发展贡献更多力量。"在全国新冠肺炎疫情防控取得重大战略成果之际，习近平总书记再次强调弘扬劳动精神，更加凸显了弘扬劳动精神是我们不断克服困难，有效应对新冠肺炎疫情冲击，夺取疫情防控和经济社会发展双胜利的重要法宝。

2020 年 11 月 24 日，习近平总书记在表彰全国劳动模范和先进工作者大会上的重要讲话，再次对弘扬劳模精神、劳动精神、工匠精神进行了系统深入阐释。总书记强调，要大力弘扬劳模精神、劳动精神、工匠精神。劳模精神、劳动精神、工匠精神是以爱国主义为核心的民族精神和以改革创新为核心的时代精神的生动体现，是鼓舞全党全国各族人民风雨无阻、勇敢前进的强大精神动力。

思考：谈谈在全面建设社会主义现代化国家的新征程中，劳模精神、劳动精神、工匠精神的作用。

第三章　劳动教育发展史

【学习目标】

1. 了解劳动教育的产生过程，理解教育、学校的起源及其与劳动教育之间的关系。

2. 熟悉西方和中国劳动教育的发展历史，了解其在不同时期的发展特征，以及不同时期西方和中国学者关于劳动教育思想的丰富内涵。

3. 辩证看待新中国成立以来的教育方针，正确认识劳动教育的演变历程，树立新时代劳动教育观。

纵观劳动教育的发展历史，中西方都涌现出了一大批对劳动教育进行深入思考及实践的学者，他们的劳动教育思想中闪烁的光辉，不仅对新时代的劳动教育实践具有重要的理论和现实意义，也为促进教育体系的全面发展提供了实践经验。

第一节　劳动教育的产生

自人类社会诞生以来，劳动始终贯穿于整个社会的发展历程。随着社会的不断发展，劳动知识和劳动技能的传播对象渐渐从少部分变为数量众多的受教育者，而随着教育和学校的诞生，劳动教育的概念开始出现，并随着人类教育的发展而发展，渐渐发展成为一种独立的教育形态。

一、教育的劳动起源说

关于教育的起源问题，历史上有很多不同的观点，基于恩格斯关于"劳动创造了人本身"发展而来的劳动起源说是本节论述劳动教育发展过程的基本视角，即教育起源于生产劳动，是适应人们在生产劳动过程中传递生产经验和社会生活经验的实际需要而产生的。

远古时代，生产力水平低下，先人们想要获得最基本的食物来维持生命，就必须依靠全体成员的协作努力。为了采集食物和捕猎，具备劳动能力的成年男女需要一起外出共同协作获取食物。老年人和儿童多是留在所住地，老年人除了负责看管住地、圈养的动物，就近进行采集等日常劳动，还需要照顾儿童，此过程中，他们自然而然地不断向儿童传授劳动技能和劳动经验，培养儿童的劳动意识和劳动能力。此外，他们还有意识地向儿童讲解关于群体生活的规则和习惯，以帮助儿童更好地适应群体生活。古人的生存发展离不开劳动，离不开劳动技能和劳动经验的传授。这种由有经验的老一辈向年轻一辈进行劳动技能经验及生存规则的传授过程，实际上就是早期教育活动的展开方式，劳动技能和劳动经验则是其主要内容。劳动创造了人，而教育伴随着劳动的产生而产生，并随着人类社会的发展而不断发展。

劳动起源说立足于历史唯物主义，认为人类教育起源于劳动和劳动过程中产生的需要，自人类开始生产生活资料和生产资料的时候，教育就已开始。教育自诞生之日起，其职能是传递劳动过程中形成的生产生活技能和经验，并作为人类社会特有的一种社会活动，与生产劳动紧密联系。

二、学校的起源与劳动教育的萌芽

学校是人类社会发展到一定历史阶段的产物，为劳动教育的诞生提供了条件与载体。在原始社会的漫长发展过程中，社会生产力水平低下，教育活动主要融合在生产、生活中，负责教育的是具有丰富生产生活经验的长者而不是从事教育的专职人员。

随着剩余产品的产生发展，社会分工渐渐从单一的生产劳动领域扩大到了整个社会，使得社会生产水平得以不断提高，为学校的出现提供了必要的物质基础。社会分工的发展也促进了脑力劳动和体力劳动的分离，此时，一部分人开始脱离直接的生产劳动，进行社会管理和传授知识等活动，为学校的产生提供了专门从事教育活动的知识分子，教育开始演变成为一种专门且固定的活动。国家与阶级的出现需要专门的教育机构培养维护统治阶级利益的官吏和知识分子，文字的创造及社会生产生活知识的大量积累提供了进行教育的工具和内容，促进国家和社会发展的专门学校便应运而生了。

然而，在人类早期的学校教育中，劳动教育概念基本没有为人所提及。一方面，学校教育主要是传授有关社会、经济、政治、文化的知识，人们并未意识到劳动教育的重要性，也没有明确的开展劳动教育的需求；另一方面，当时仅有少部分人得以脱离生产劳动从事脑力劳动，很少有人去思考劳动教育与学校教育之间的联系，人们并没有将劳动当作一种独立教育形态来研究的意识。虽然古代基本没有专门的劳动教育，但从古至今，无论东西方，都有比较明确提出劳动教育思想的学者，梳理研究学者们的劳动教育思想，不仅能够帮助我们更好地探寻劳动教育的发展历史，也能引发我们对于新时代进行劳动教育实践的深思。

第二节　西方劳动教育的发展

劳动教育的发展深受经济、政治、文化和科技发展的影响，其主要发展变化可从学者们的劳动教育思想中探寻。劳动教育思想是劳动教育在人类教育思想当中的反映，是人们对劳动教育实践的认识与深化，是人们对劳动教育本质的概括。尽管西方与东方有所差异，西方学者们的劳动教育思想仍然包含很多值得学习的内容，我们可以结合国情与社会发展现状来借鉴其思想中的精华，以推进新时代劳动教育的进一步发展。

一、中世纪西方劳动教育思想及发展特征

中世纪西方关于劳动教育的思考与研究在当时学者们的劳动教育思想中有所体现。此阶段人们开始提及"人人都要参加生产劳动"，主要是以简单的体力劳动为主，指向生产性。

（一）中世纪西方代表性劳动教育思想概述

在中世纪，西方比较明确地提出劳动教育思想的学者主要有本尼迪克、莫尔等人，他们的劳动教育思想不仅在当时引起了人们对于劳动教育的思考与探索，推动了劳动教育的发展，其中蕴含的重要思想也能为新时代下的劳动教育实践提供一定的借鉴经验。

1. 本尼迪克的劳动教育思想

中世纪西方劳动教育的萌芽与基督教修行制度联系密切。本尼迪克是修道院制度的奠基人物，他为自己建立的修道院制定了一系列的规章制度，规定了修道院运行的基本模式，其中包括礼拜仪式、诵读和劳动三大方面，被后世称为"本尼迪克法规"。

本尼迪克法规得到了其他修道院的认可与模仿，对西欧修道院制度的发展产生了深远的影响。法规中规定修士每日要严格按照院规规定的时间进行祈祷、劳动和诵读。法规中的劳动并不是早期人们理解的繁重的体力劳动，而是包括书写工作、较为简单轻松的园圃劳动及农业耕种在内的劳动。修士们会根据法规中规定的劳动时间和形式进行劳动，其中，书写工作是最为常见的劳动。修道院内，随处可见的是修士们伏案仔细抄写的身影，不仅僧侣、修女、生徒需要抄写，主教、住持也需亲自抄写和编撰书籍。在本尼迪克看来，劳动是一种积极的修道方式，修道院生活离不开劳动，人人都应该参加生产劳动，这不仅表明了他自身对于劳动的积极态度，还渗透了指向简单的体力劳动的劳动教育思想。

2. 莫尔的劳动教育思想

早期空想社会主义者莫尔的劳动教育思想主要体现在以下几个方面：一是对不劳而获进行批判。莫尔认为只有废除私有制，人们共同劳动并平均分配财富，人类才能幸福。二是主张人人参加生产劳动。乌托邦人无论男女都以务农为业，此外每人还要从事手工艺劳动，他们可以根据自己的爱好学习一门手艺，如毛织、麻纺、圬工、冶炼或木作等。三是重视体力劳动与脑力劳动相结合。四是重视对儿童进行劳动教育。莫尔希望通过普及教育来改变劳动人民愚昧无知的现象，这种教育包含正规的学校教育，也包含家庭教育与社会教育。他认为儿童应"从小学农，部分在学校接受理论，部分是到城市附近农庄上作实习旅行……每当有体力劳动的机会，从事实际操作"①。

莫尔的劳动教育思想虽带有空想的性质，但其关于消除体力劳动和脑力劳动对立的设想，以及在社会分工基础上的职业调换、培养全面发展的人的初步设想，是莫尔劳动教育思想中最宝贵的地方，在当时是具有创造性的，一直影响着后来的如傅立叶、欧文等空想社会主义者对劳动教育的思考研究。

（二）中世纪西方劳动教育的发展特征

尽管中世纪西方还未出现专门的劳动教育课程，但对于劳动活动的教育还是有其时代发展特征。

一是指向简单的体力劳动。劳动形式主要是农业耕种、园圃劳动、书写工作等，还有一些较为艰苦的生产劳动，总体来说较为简单，不同于以往锻炼人的繁重劳动，人们在进行劳动的时候不需要花费特别多的体力。

二是强调人人都要参加生产劳动。无论男女，只要年龄和体力适合，具备一定劳动能力，都需要参加体力劳动。

三是无独立形态的劳动教育。尽管劳动教育的概念还没有被明确提出，实际上劳动教育已经渗透于社会发展之中。

二、近代西方劳动教育思想及发展特征

社会的发展进一步促进了劳动教育的发展变化，劳动教育开始以劳动教育课程的形式出现在正规学校中。此时的劳动教育思想兼顾生产性和育人性，主要指向个体发展，学者们开始关注劳动的教育价值。

（一）近代西方代表性劳动教育思想概述

近代以来，洛克、卢梭、傅立叶、欧文、马克思和恩格斯等西方学者们都开始对劳动教育进行深入的思考与探究。尽管他们的劳动教育思想存在着一定的时代局限性

---

① 莫尔. 乌托邦［M］. 戴镏龄，译. 北京：商务印书馆，1982：55-56.

和阶级局限性，但其所彰显的劳动教育的价值，仍然具有一定的理论和现实意义。

1. 洛克的劳动教育思想

洛克是英国最早的经验主义者之一，是非常有影响力的启蒙思想家，其劳动教育思想对英国 18 世纪后期的教育产生了重要影响。洛克于 1697 年为英国政府拟订的《贫穷儿童学校计划》指出应在每个教区设立一所"劳动学校"，强迫所有领取救济金的贫民把 13 到 14 岁不能当正式童工的儿童送入这种学校。儿童进入劳动学校以后必须参加劳动，他们可以通过劳动来抵消自己的生活开支，而且可以弥补学校的一部分支出，并使得儿童父母腾出照料子女的时间来从事工作，为资本家创造更多的利润。

洛克认为参加劳动和接受劳动教育的主要目的是"在使他利用一种有用的和健康的体力运动，去从别种比较正经的思想和工作中得到消遣而已"[①]，通过劳动不仅能够获得一些手工技艺，还能够促进身心健康。他提出的劳动学校计划，出发点虽是为了维护资产阶级的政权，但不可否认的是为贫苦儿童提供了接受教育的机会，使得他们在减轻家庭负担的同时也能学到一些生产技能，为将来的劳动生涯奠基。尽管当时该计划没有被广泛实施，但对英国后期的教育产生了重要影响，如"产业学校""慈善学校""工读学校"等以贫苦儿童为对象进行劳动教育实践的学校都深受其启发。

2. 卢梭的劳动教育思想

卢梭被称为自然主义教育之父，他的代表作《爱弥儿》一书中，爱弥儿的成长过程集中体现了其丰富的自然主义劳动教育思想。他从天赋人权及感觉认识论等思想出发，提出了"自然教育"的理论，主张为社会培养"自然人"，强调劳动和劳动教育，不仅将劳动视为一种特殊的教育形式，还将劳动看作人们生活的一部分。

卢梭所说的"自然人"并非原始人，而是能够适应现实社会生活、能达到身心和谐发展的人。他从培养"自然人"的独立性与社会性出发，认为人们在生活中需要不断接受劳动训练，尤其是处于身心成长、感官经验和理性思维开始发展的少年时期的孩子，他们不仅需要进行智育，更需要进行劳动教育。他主张让孩子返回"自然"，在朴素的环境中成长，学会劳动，在劳动教育中得到锻炼，自由自在地发展其个性。让孩子选择手工业劳动的原则是实用有趣并符合儿童的年龄特征，这样能够极大激发儿童的劳动兴趣，促进儿童的智力和身心健康发展。同时，卢梭认为个人通过劳动所获得的对某些事物的认知会更深刻，自身能够融汇各方思想而萌生自己的想法，不至于全部相信别人的观念。此外，卢梭还重视劳动教育对发展儿童道德的积极作用。他将劳动教育与道德教育联系在了一起，将劳动与学习做人相联系，丰富了劳动教育的育人意义。

[①] 洛克. 教育漫话 [M]. 傅任敢，译. 北京：人民教育出版社，1985：201.

卢梭的劳动教育思想尽管存在时代和阶级的局限，但彰显了劳动教育的综合育人价值，体现了自然主义教育家对人的发展的思考，不仅引发了当时西方国家对劳动教育发展的深思，也为新时代劳动教育的发展提供了重要的参考思路。

3. 傅立叶的劳动教育思想

法国著名的空想社会主义思想家傅立叶为自己的理想社会设计了一种叫作"法朗吉"的"和谐制度"。"法朗吉"是一种工农结合的社会基层组织，是组织化的公共领域，在这一公共领域中，公共利益和私人利益实现了高度统一。在"法朗吉"中，傅立叶主张社会地位的平等，而这种平等是由劳动来界定的，他认为人人都应该参加劳动，而且劳动不受分工制的束缚，每个人可以根据自己的兴趣和爱好自由地选择和交换工种。在这里，劳动教育和儿童教育得到了普遍重视。他认为，对于劳动者来说，劳动是幸福快乐的，是让人享受的一件事情。即使是儿童，也能通过劳动中的探索操作来获得劳动的快乐。同时他主张将脑力劳动与体力劳动相结合，使人的身心得到全面发展，肯定了劳逸结合的积极意义。尽管傅立叶关于未来理想社会的设想是一种较为理想的状态，但在当时的历史条件下是一种创见，不仅体现了共和主义的价值，也对当前我国劳动教育的实施具有重要启发意义。

4. 欧文的劳动教育思想

19世纪的空想家欧文，提出教育与生产劳动相结合的理论并展开了一系列的教育实践活动，是西方教育史上第一个创立学前教育机构的教育理论家和实践者。欧文创办了世界上第一所免费的幼儿学校。他认为教育下一代至关重要，他要求儿童出生后就开始接受良好的体、智、德、行等方面的教育，把他们培养成体、智、德、行全面发展的有理性的人。因而他十分重视幼儿教育，主张儿童良好的行为应从小培养，尤其是从小就被剥夺了接受教育权利的劳动阶级的孩子。此外，欧文建立了性格陶冶馆。他明确地提出了体力劳动与脑力劳动相结合、生产劳动与教育相结合、培养全面发展的人的主张，并指出人类劳动或人类所运用的体力与脑力的结合是自然的价值标准，并由此建立了性格陶冶馆。馆内开设了比英国小学更广泛和更具实践性的教育课程，如农学、演讲、植物学、军事、商业等，目标是培养能够运用科学技术参与社会劳动，体力劳动与脑力劳动、理论与实践相结合的新人，使其更加适应当时的社会生活，体现了教育与生产劳动相结合的思想。在欧文的带动下，许多慈善家争相效仿欧文办学，引起了巨大的反响。

欧文的空想社会主义思想以反对私有制的资本主义社会的弊端为出发点，指明了劳动与教育相结合的必要性，对马克思、恩格斯教育思想的形成产生了直接影响，并构成了马克思科学社会主义的基石。诚然，其理论具有历史局限性，但是对于现代教育理论的发展仍然有着十分重要的意义。

5. 马克思和恩格斯的劳动教育思想

劳动教育思想在马克思主义理论中占据着重要地位，马克思、恩格斯不仅提出造就全面发展一代新人的伟大理想，还根据社会发展规律提出实现这一理想的根本途径和方法，即教育同生产劳动相结合[①]。他们非常重视教育同生产劳动相结合，并把教劳结合看作无产阶级革命教育和社会主义教育必须坚持的一个基本原则。马克思、恩格斯设想在合理的社会制度下，人人都应参加生产劳动，人人也都应受教育，其所说的教劳结合事实上包括了生产劳动同教育相结合、教育与生产劳动相结合两方面。这意味着，没有人可以脱离教育，也没有人可以脱离生产劳动。

此外，马克思主义把全面教育视为实现人的全面发展的重要条件之一，指出"教育将使他们摆脱现在这种分工给每个人造成的片面性"（《马克思恩格斯选集》第一卷），同时又把教劳结合看作"造就全面发展的人的唯一方法"，并将综合技术教育作为落实教劳结合的关键，即通过实施全面教育和综合技术教育来促进人的全面发展。马克思曾在《哥达纲领批判》中指出生产劳动和教育的早期结合是改造现代社会的最强有力的手段之一；还在《资本论》中强调教劳结合是提高社会生产的一种方法和造就全面发展的人的唯一方法。教育同生产劳动相结合的实质，根本在于消灭旧的社会分工以实现脑力劳动和体力劳动相结合。

马克思、恩格斯劳动教育思想是对欧文教育与生产实践相结合理论的继承和创新，不同的是，马克思指出教劳结合是大生产的产物，并指出了教劳结合的基本方向和可实施的做法。教育同生产劳动相结合的思想无论对于当时还是现代教育理论的发展均有着十分重要的借鉴意义。在 21 世纪，教劳结合仍然是职业教育、成人教育、高等教育改革等的重要指导思想。

（二）近代西方劳动教育的发展特征

近代以来，西方劳动教育发展迅速，其主要发展特征为：

一是出现了专门的劳动教育课程。机器大工业生产时代的到来使得劳动教育产生了新的表现形态，开始以学校为载体进行劳动教育并设立专门的劳动教育课程。劳动教育以独立形态呈现在学校教育实践中。

二是注重劳动教育对人全面发展的作用。随着社会的发展，思想家们愈发认识到劳动教育的重要性，对劳动教育的价值给予高度评价。

三是兼顾生产性与育人性。洛克、卢梭等思想家们主张儿童一边学习，一边劳动。一方面，通过学习与劳动相结合、学校与工场相结合，受教育者能够获得相应的教育，促使受教育者品德、个性的良好发展。另一方面，受教育者还能够学习一些生产技能和手艺技术，为其以后的谋生和职业生涯奠定一定的基础。

三、现代西方劳动教育思想及发展特征

现代以来，随着社会的飞速发展，社会对劳动技能人才的需求不断增大，西方学

[①] 杨兆山，陈煌. 马克思主义教育同生产劳动相结合思想的几个基本问题 [J]. 社会科线，2021（1）.

者愈发重视劳动教育实践与国家发展之间的关系，此时的劳动教育思想突出育人性，并指向国家利益与长远发展。

（一）现代西方代表性劳动教育思想概述

随着现代社会的迅猛发展，劳动教育也在跟随时代的步伐不断地发展变化。马卡连柯、杜威、苏霍姆林斯基等西方学者不仅注重对教育理论进行思考，还注重开展教育实践以探寻劳动教育与课程教学、职业教育之间的关系，对于当下开展中国特色社会主义的劳动教育仍然具有很多值得借鉴的地方。

1. 马卡连柯的劳动教育思想

马卡连柯是 20 世纪苏联著名的教育理论家、教育实践家，他的劳动教育、家庭教育、集体教育理论尤其是劳动教育思想对苏联和其他社会主义国家产生了深远影响。马卡连柯的劳动教育思想深受马克思主义劳动观的影响，并在此基础上继承与发展。他始终坚持教育与生产劳动相结合的基本原则，对劳动在教育教学过程中的作用予以高度评价，其劳动教育思想主要体现在以下几方面：一是劳动教育能够促进教学效果。他认为劳动是人类本质的体现，是创造和推动人类发展的原始动力，主张劳动实施与学科教学结合，将学生参与劳动的过程渗入学科教学，并贯穿在教学实施的过程中。二是劳动教育是促进人全面发展的重要途径。马卡连柯认为，劳动教育在提高人道德层面修养的同时，还可以促进人身体和心理的发展。他主张通过劳动教育培训儿童的劳动技能和组织管理能力，培养他们热爱并尊重劳动和劳动者的真挚情感，因而劳动不仅需要关注儿童体力方面的培养，还需要通过各种手段引导儿童思考，启发儿童，促进儿童心理和精神的共同发展。三是劳动教育要在集体中开展。马卡连柯明确了学校劳动教育的总方针为建立良好的劳动集体并发挥劳动集体对个人的引导作用[①]，认为集体对个人的教育作用是潜移默化的。在集体中的劳动教育不仅能培养人的道德品质，还能够促使学生之间形成一种相互依存的关系，从而提高学生人际交往的能力。

马卡连柯的劳动教育思想以马克思主义劳动观为依据，继承并发扬马克思关于教育与生产劳动相结合的基本原理，充分体现了生产与教育相结合的必要性，其思想在社会主义社会教育实践中对提高教学、促进学生劳动品质的形成等都具有重要的教育价值。

2. 杜威的劳动教育思想

杜威是美国著名教育家、心理学家，是实用主义的集大成者，现代教育学的创始人之一，被视为 20 世纪最伟大的教育改革者之一。他从实用主义经验论和机能心理学出发，批判传统的学校教育，并提出了教育本质论，即"教育即生活"和"学校即

[①] 胡君进，檀传宝. 劳动、劳动集体与劳动教育：重思马卡连柯、苏霍姆林斯基劳动教育思想的内容与特点[J]. 国家教育行政学院学报，2018（12）.

社会"。他的劳动教育思想主要体现在"做中学"原则上。

杜威将学校视为一个小型的社会，应该具备如手工训练、工厂作业及家庭技艺等各种类型的作业。学生在参与这些实际活动作业中，积极通过手脑并用来进行探索与验证，掌握相关的知识技能，培养良好的劳动态度和习惯，从而为进一步理解自然和社会、掌握系统的科学知识打下基础，促进个人发展。在这一过程中，学校要注意让学生在感兴趣的情境与活动中手脑并用，不断探索验证知识来改造旧经验，获取关于自然和社会的新认识，形成新经验。此外，杜威还注重职业训练对儿童成长的重要作用，认为学校应该对学生进行职业教育。进行职业教育时，学校可以根据儿童自身的需求、兴趣，引导他们接受将来可能从事职业的训练，并建构职业教育与普通课程相结合的学校教育体系，以便提高学校育人质量。

杜威的劳动教育思想的出发点与落脚点实际上是职业教育，这与他所生活的时代密切相关，是顺应时代的产物，不仅对 20 世纪前期的中国教育界、思想界产生重大影响，也对新时代背景下开展劳动教育和职业教育极具借鉴意义。

3. 苏霍姆林斯基的劳动教育思想

苏霍姆林斯基是苏联著名教育实践家和教育理论家，在长达三十多年的教学实践当中，他高度重视劳动教育的作用，始终坚持从当时的教育实际出发，结合教育学和心理学等相关知识对学生们进行劳动教育，注重学生的全面和谐发展。他强调人的全面和谐发展必须建立在劳动教育的基础上，即劳动教育应当贯穿于人的全面发展教育过程的始终，否则教育将无从谈起。基于此，苏霍姆林斯基将劳动放在帕夫雷什中学教育体系中最为突出的地位，并制订了详尽的劳动教育计划，其中包括充分了解每个学生在劳动方面的兴趣爱好和个性特点，以将全体学生培养成全面和谐发展的人。

对于劳动的教育形式，苏霍姆林斯基非常重视教育与生产劳动之间的相互结合，他认为："合理的生产劳动训练不单对于就业准备是必要的，而且对于升学准备同样是必要的，因为生产劳动首先是发展智力乃至发展创造性研究能力的训练过程。"[1]他指出："学校普通教育的最终目的，是使准备参加生产劳动、创造物质财富的青年一代得到全面发展，所以务须使每个受教育者都做好参加生产劳动的准备。"[2]他从另一个方面找到了生产实践与教育教学之间的结合点，即劳动教给学生的不仅是劳动技能和技巧，劳动教育本身就是培养学生创造性发展的教育。为此，他在帕夫雷什中学设置了少年植物栽培小组、园艺小组、模型制作小组、机械师小组等，为各个年龄段的学生从事各种各样的生产劳动提供了物质条件，通过这种潜移默化的亲身体验，引导学生充分发挥个人的智力和才干，培养锻炼学生的劳动技能和劳动热情，力求让学生体会到劳动的快乐，通过劳动来体认世界，进一步认识自己，进而增强生产劳动

① 苏霍姆林斯基. 给教师的建议：上册 [M]. 杜殿坤，编译. 北京：教育科学出版社，1980：279.
② 苏霍姆林斯基. 论劳动教育 [M]. 萧勇，杜殿坤，译. 长沙：湖南教育出版社，1987：166.

的教育性。此外，苏霍姆林斯基还强调要通过集体来开展劳动教育。在他看来，整个学校劳动教育的关键在于首先要组建一个良好的劳动集体，因为学生的劳动热情主要产生并存在于充满相互影响、相互督促的劳动集体之中，学生往往在集体中才更能维持激发自身的劳动意志与动机，明确自己应尽的义务与责任。

苏霍姆林斯基的劳动教育实践为当时世界各国解决升学与就业间的深刻矛盾提供了实践经验，做到了教育和生产劳动相结合，其劳动教育思想的内容和特点，对于当下开展中国特色社会主义的劳动教育实践有着极为深远的借鉴意义。

（二）现代西方劳动教育的发展特征

进入现代社会，劳动教育表现出以下特征：

一是突出育人功能。对于正处在身心发展和价值观形成的关键时期的儿童来说，劳动教育不仅能够关注他们体力方面的培养，训练儿童的劳动技能和组织管理能力，还能够培养他们的责任感和劳动情感，使他们形成热爱并尊重劳动和劳动者的劳动素养。此外，劳动教育还可以与其他教学相互促进，引导他们学以致用，将学到的知识与现实生活相联系，促进他们身心的共同发展，助力青少年成长为全面发展的人。

二是重视在集体中开展劳动教育。良好的劳动集体能够对青少年的引导和教育产生潜移默化的影响，学生们相互依存、相互影响的劳动关系能维持激发学生的劳动意志与动机，还能够培养学生的人际交往能力，从而更好地发挥劳动教育的综合育人作用。

三是劳动教育快速发展。社会深入认识到劳动教育的重要性后，大力推进劳动教育实践，促进劳动教育不断深化发展。一方面，劳动教育形式变得更加丰富，不再局限于以往的生产劳动和手工劳动，出现了自我服务劳动、社会公益劳动等劳动形式。另一方面，劳动教育的价值意义不断被深挖，随着现代社会将人才培养质量推向新的高度，劳动教育不仅要帮助学生树立正确的劳动观点，深入体认劳动创造社会、创造人的价值所在；还要在培养学生形成良好劳动素养的同时，帮助学生明确学习与劳动不可分割的观念，引导学生在努力学习的同时养成良好的劳动习惯，为以后的职业生涯打下坚实的基础。

第三节　中国劳动教育的发展

劳动教育是人类教育的重要组成部分，在中国的历史发展长河里，其对国家社会的发展进步发挥了不可替代的作用。纵观中国劳动教育的发展历程，可以大致分为三个阶段，即古代劳动教育、近现代劳动教育、当代劳动教育。每个阶段的劳动教育都与国家当时所处的政治社会环境紧密联系，学者们的劳动教育思想也充分体现了所处时代的特点。

一、古代中国劳动教育思想及发展特征

古代中国虽然未形成系统的劳动教育研究体系，但是古人非常重视劳动和劳动分工，并由此形成了独特的劳动哲学，如道家、儒家、墨家、颜李学派等的劳动教育思想。

（一）古代中国代表性劳动教育思想概述

随着社会的不断发展，中国古代社会的各种学派层出不穷，这其中道家、儒家、墨家、颜李学派的思想影响较大，他们的劳动思想对今天开展劳动教育仍然有着重要的现实意义。

1. 道家学派的劳动教育思想

道家学派是"诸子百家"中极为重要的哲学流派，对中国乃至世界的文化都产生了巨大的影响，其对我国古代劳动哲学的影响主要表现在以下两个方面。一方面，重视劳动技能的提升，并把劳动上升到艺术的层面，方法是精神专一，心无旁骛以达到心物一体。《庄子·养生主》里的"庖丁解牛"篇说明，宰牛剔骨对于常人来说不仅花费体力还考验技术和耐心，但对于庖丁来说却是达成某种艺术效果的手段。他追求的已不仅仅是技艺本身，而是超越技艺的"道"，达到劳动器具、劳动者与劳动对象和谐统一的境界。另一方面，强调人自身的训练而不依赖于外物，将器物的精巧与人的"心机"生硬地联系到一起。道家学派认为凡是接近自然的、原始的，才是好的。正如《老子》里讲的"大巧若拙""朴散为器"等，体现了道家创始人老子反对技艺进步的思想。

事实上这两方面在某种程度上来说是有所冲突的。道家学派重视劳动技能的提升，将劳动上升到艺术的层面，但是又强调不依赖外物来进行劳动，推崇自然的才是最好的。这些思想实质上对技艺存在偏见，对日益丰富的物质生活持反对态度，在一定程度上阻碍了古代的技术进步。

2. 儒家学派的劳动教育思想

儒家学派是先秦诸子中对后世影响最为广泛和深远的一个学派，由春秋末期孔子创立，为历代尊崇，其教育文化的价值观已经深深根植于人们的脑海中，成为中华民族的一种意识。

儒家强调在劳动实践中学习，要多看、多听、多学习，学习别人好的地方，反省自己以改掉不足。儒家还重礼义，认为在成为圣人的道路上，主要看个人能否做到仁义。仁义、仁爱、仁政等的强调使得士人容易对劳动人民产生同情心，对横征暴敛的统治者进行鞭挞，也使得从社会底层而来的知识分子对农民等劳动者有着天然的怜悯。此外，儒家学派将劳动分为体力劳动和脑力劳动。孔子指出："君子谋道不谋食。耕也，馁在其中矣；学也，禄在其中矣。君子忧道不忧贫。"这里区分了两种不同的

劳动，并提出君子从事的是脑力劳动。在儒家看来，教育的主要目的是培养德才兼备的君子，使其成为治理国家的优秀人才。孔子在一定程度上对农业生产等体力劳动持轻视态度，"樊迟请学稼，子曰：'吾不如老农。'请学为圃，曰：'吾不如老圃。'"其弟子攀迟要学习种田、种菜，他当面拒绝。

孟子对孔子的劳动分工学说作了进一步发展，明确提出："或劳心，或劳力；劳心者治人，劳力者治于人；治于人者食人，治人者食于人；天下之通义也。"其揭示了体力劳动和脑力劳动的分工，但他将劳心者置于劳力者地位之上，引导士人将读书视为功名之路，使得读书做官、做"劳心者"而非"劳力者"成为普遍价值取向。

儒家教育文化对中华民族的影响源远流长，但是不可否认的是它仍然存在一定的局限性。

3. 墨家学派的劳动教育思想

在较为轻视生产劳动和体力劳动、歧视劳动教育的春秋战国时期，墨家的劳动教育思想在百家争鸣中显示出独特的个性和强大的生命力。墨子所创立的墨家学派在战国诸子百家中被公认为是可与儒家匹敌的"显学"。

墨家学派认为教育可以"兴利除害"，对国家发展具有积极作用，同时注重对自然科学、生产技能、军事知识等的学习与训练，推崇生产劳动教育，并建立了庞大的以"农与工肆之人"为主体、具有严密的组织纪律、近乎宗教集团的私人教育学术团体，是战国时期最引人瞩目的教育组织。墨子非常重视生产劳动和技艺教育，他认为教育内容应包括农业生产技术、机械原理及其应用、建筑技术、军事防御守备等。作为一位技艺高超的"工匠"，墨子不仅自身直接从事生产，还要求弟子积极参加农业生产劳动以掌握一定的生产技能和技术，强调"凡天下群百工，轮、车、鞼、匏、陶、冶、梓、匠，使各从事其所能"，即通过手工和工艺教育让天下所有的人各尽其才，安居乐业。

墨家在长期的生产劳动教育中积累了丰富的经验，重视实践和联系实际。

4. 颜李学派的劳动教育思想

颜李学派提倡"实学"，主张"实文、实行、实体、实用"，在社会上产生过相当大的影响。在中国古代，颜李学派创始人颜元是少有的既重视生产劳动、农业知识与技术的学习，又注重劳动在培养人才中的作用的学者。

颜元高度评价了生产劳动的价值，认为人人应该劳动。他说："上至天子，下至庶人，皆有所事，夙夜勤劳。"人人还应该乐于劳动，"甘恶衣粗食，甘艰苦劳动"。他认为劳动具有德育的价值："人心动物也，习于事则有所寄而不妄，故吾儒时习时行，皆所以治心。"同时，劳动还能使人勤勉，克服懒惰，并能强身健体。他还主张"垂意于习之一字"，以"习斋"为号，主习事，主事功，讲实用，并在制定的"习斋教条"中明确要求学生必须学习各种知识等，并参加生产劳动，"凡为吾徒者，当立志学礼、乐、射、御、书、数及兵、农、钱、谷、水、火、工、虞。予虽未能，愿共学焉"。在教学方法上，颜元主张亲自去观察，亲身去实践，从而获得真知，认为如果不亲身实践，这样对自身是没有一点好处的。

颜元还特别强调劳动对于修身的重要性，并明确提出了"劳动"一词："君子处事也，甘恶衣粗食，甘艰苦劳动，斯可以无失矣。"颜李学派学行一致，在当时产生了重大影响。然而尽管颜李学派将生产劳动视为人的生存之道、强身健体的措施，甚至将其当成一门学问来学习研究，却始终认为只有"小人"学农、"士"学"君相、百官"，这反映了其落后、封建的教育思想的局限。

（二）古代中国劳动教育的发展特征

在漫长的中国古代社会，劳动教育自诞生之日起就是面向人民大众和穷人子女的教育，且倾向于体力劳动，没有独立的劳动教育形式，基本不存在正规的劳动教育，劳动教育的发展主要寓于简单的教育与生产劳动相结合之中。古代中国劳动教育的发展主要有以下几个特点：

一是劳力者地位低于劳心者。自劳动分工说出现，劳动被分为体力劳动和脑力劳动，劳力与劳心的价值之辩自此一直存在，但是由于儒家劳动教育思想的影响深远，其"万般皆下品，唯有读书高"的思想倾向和价值观深深地渗透到了社会各个阶层，使得"劳心"而非"劳力"成为社会推崇的价值取向，逐渐形成了崇尚读书做官而鄙视生产劳动的社会观念，使劳心者的社会地位远高于劳力者。

二是耕读结合文化贯穿始终。尽管社会崇尚劳心者至上，但是只有少数人能够读书做官，耕读结合在漫长的古代社会一般存在于私学及面向劳动人民子弟的社学中，希望考取功名或者读书识字的普通民众大多由于家中清贫而只能一边耕作，一边读书。古代的耕读结合实际上是教育与生产劳动相结合较为原始的一种状态，强调劳动对于修身和道德发展的重要性。

三是劳动教育目的指向生产性。古代劳动教育侧重于农业知识与技术的学习，主要目的是生产更多的物质产品，以满足普通大众生存和生活的需要。此外，劳动教育还包含了满足身体锻炼和健康的需要。

二、近现代中国劳动教育思想及发展特征

近代以来，列强侵略从政治、军事、经济、文化等多个领域对中国的统治阶层与文化阶层造成了巨大冲击。面对危机，中国人民坚忍顽强、自我革新，充分展现了中国人民顽强不屈、与时俱进的精神。

（一）近现代中国代表性劳动教育思想概述

自 1840 年以来，清王朝开始向西方学习科技军事、政治制度、思想文化等，而民间的有识之士也开始有意无意地向西方学习。很多学者深刻认识到中国教育与西方教育之间的巨大差距，教育救国成为近代以来知识精英阶层的共识。在教育救国的大

背景下，蔡元培、黄炎培、陶行知、吴玉章、晏阳初等学者深刻意识到劳动教育对于教育、民众、国家的深刻意义，并以不同的方式进行实践、思考与研究。尽管他们的个人经历、学术背景存在差异，但他们的劳动教育思想所闪烁的光辉，仍能为我们当前实践劳动教育，弘扬劳动精神、劳模精神及工匠精神有所启迪与帮助。

1. 蔡元培的劳动教育思想

蔡元培是中国近现代著名的民主革命家和教育家，提出"军国民教育、实利主义教育、公民道德教育、世界观教育、美感教育皆今日之教育不可偏废"的教育思想，主张此"五育"并举，而劳动教育包含于"五育"中。他重视劳动教育和平民教育，肯定了劳动的重要地位。

对于劳动教育实施途径，蔡元培提出了"即工即学"与"工学结合"，主张一边读书，一边做工。他的工学结合思想还集中表现在他对留法勤工俭学运动的积极倡导和对少年中国学会所组织的"工学互助团"的热情支持上。1915 年，蔡元培和李石曾、吴玉章创立了"勤工俭学会"，明确提出了"勤于工作而俭以求学如是，以工兼学之制，试之有效"，以此开启了半工半读的教育制度，为脑力劳动与体力劳动的结合、中国知识分子与工人的结合、教育和生产劳动的结合开辟了道路，也为贫困家庭子女带来了上学的机会，激励了广大寒门学子走进校园。1927 年，蔡元培等人在上海筹备设立劳动大学，招收中小学的毕业生，为中小学毕业生继续学习劳动知识提供了场所。

2. 黄炎培的劳动教育思想

黄炎培积极推动西方先进教育制度的引入，深度参与学制改革，创办了多所新式学校，其于 1913 年 8 月发表的《学校教育采用实用主义之商榷》首次向国内介绍了实用主义，将其作为职业教育、劳动教育重要的理论基础，创建并发展了一整套相对完整的中国职业教育理论体系，极大地推进了中国教育的近代化转型。他从劳动教育的角度切入，用实用主义指导劳动教育，并深入挖掘劳动教育对于教书育人更广泛、更深刻的内涵，提出"要使读书的动手，动手的读书，把读书和做工两下并其家来"[①]，认为学生对读书和劳动都要有所涉猎。

黄炎培劳动教育思想的核心是职业教育，并借助职教社与中华职校等机构，对劳动教育思想进行了积极实践和探索。他主张实业救国，以职业教育提升个体职业能力，造就高素质劳动者；以高素质劳动者造就高水平工业，促进工业化国家的建设。在他看来，劳动与劳动者是职业教育的基础，培养高素质劳动者是职业教育的目标。黄炎培对劳动、劳动者有一种发自内心的深度认同与尊重。他认为只有尊重劳动，才会尊重职业和职业教育，而对劳动的尊重不仅是职业教育入门的第一课，更是引导学生树立正确的价值观及职业精神的重要环节。

---

① 周汉民. 敬业乐群·黄炎培职业教育思想读本：教师篇［M］. 上海：上海科学技术文献出版社，2014：72.

作为最早在中国推行实用主义的学者，黄炎培一生致力于我国教育事业的发展。他在研究职业教育的过程中，深入开展劳动教育的研究与实践，对劳动教育的地位与作用予以高度赞扬，积极探索劳动教育的重要意义，为探索教育强国和发展职业教育作出了巨大贡献，不仅促进了当时劳动教育与职业教育的发展，也为当下我国职业教育与劳动教育实践提供了一定的借鉴经验。

3. 陶行知的劳动教育思想

陶行知构建了完整的教育理论体系并进行了大量的教育实践，为中国教育的现代化作出了开创性贡献，在中国教育发展史上占有重要地位。他在深入思考杜威的"教育即生活"学说后，结合中国当时的教育现状，提出了生活教育理论。他的生活教育理论打破了学校教育的局限，极大地丰富了劳动教育的载体。该理论的核心内容是"生活即教育，社会即学校，教学做合一"，强调在做中教、在做中学，即教师要引导学生参加各种生产劳动实践，尤其是通过言传身教让他们掌握生产知识和技能。

此外，"在劳力上劳心"是陶行知劳动教育思想的理论基础。陶行知认为，在传统教育中，劳心者与劳力者是分离的，需要"教劳心者劳力，教读书的人做工；教劳力者劳心，教做工的人读书"，即人不仅要有物质生产的劳动，也要有精神生产的劳动，要在物质生产劳动的基础上进行精神生产的劳动。对于实施劳动教育的途径，陶行知认为主要有从事生产劳动、改造校内及周边环境、协助学校做好校务工作三种。

陶行知的劳动教育思想充分挖掘了劳动的价值与意义，通过实践与劳动推动了中国近代教育改革的步伐。时至今日，他提出的生活教育理念，使教育走进生活，对推进新时代劳动教育仍具有非常重要的借鉴意义。

4. 吴玉章的劳动教育思想

吴玉章高度重视劳动和劳动教育，认为劳动是人类赖以生存和发展的必需条件，人类生活中的一切财富，整个人类历史以至人类本身，都是劳动创造出来的。他批判了阶级社会中把体力劳动和脑力劳动对立起来的错误做法，指出"劳心者治人，劳力者治于人"以及"万般皆下品，唯有读书高"等都是错误的观点。他认为劳动是光荣的事业，所有人都应该参加劳动。他还提出了劳动与知识学习相互促进的观点，认为实践劳动本身就是学习，中小学的劳动教育应贯穿全部教育，以此培养学生的社会主义劳动观念和情感。

吴玉章尤其注重从青少年的成长、思想政治教育以及培养新民主主义和社会主义事业的接班人的角度来思考劳动教育。他明确提出了青少年劳动教育的五个目标，即树立正确的劳动观，培养对劳动及劳动人民的深厚感情，养成良好的劳动习惯，掌握一定的劳动技能，以及培养劳动纪律。对于实施劳动教育的途径，吴玉章主要提出了四种：一是正规的课堂教学，即教师要有意识地通过课堂教学来进行劳动教育，加强教学内容的思想性和政治性，说明各知识和实际生产劳动的联系，唤起学生成为劳动后备军的强烈愿望[①]。二是引导学生参加日常劳动和社会公益劳动。三是勤工俭学，有志求学的人能够自立自强，尝试勤工俭学。四是参加具体的生产劳动，即教育工作者要抓紧对即将毕业的学生进行劳动教育，并结合教学内容组织学生深入生产劳动现场参观，引导学生参与一定量的生产劳动，让学生懂得体力劳动和智力劳动都是同样光荣的事情，克服认识上对于体力劳动的偏见。

吴玉章不仅深入挖掘劳动教育的价值意义，还明确提出了劳动教育的目标，详细阐述了劳动教育的途径和方法，为当下实施劳动教育提供了较为具体的参考意见。

5. 晏阳初的劳动教育思想

晏阳初是世界平民教育之父，他把自己毕生的精力奉献给了中国和世界的平民教育事业与乡村建设事业。他的劳动教育思想主要体现在平民教育理论与实践之中。他强调平民教育的根本目的是"教人做人，做整个的人"，即培养有知识、有生产力、有公共心的人。他认为实施生计教育是劳动教育的重点。此外，晏阳初还提出社会、学校、家庭三种教育形式，充分发掘它们在劳动中的价值。

晏阳初紧密结合学术探索与农村实践，认为农村的改造有再造民族之功效。他在实验区以生计教育为重点引导底层劳动者积极参与各类培训学习、各种职业技能的训练，一段时间后，该地在农民文化水平的提高，农业科学技术知识的传授和推广，农村合作事业、其他公益事业的发展等方面都取得了显著的成效。晏阳初为当下推进劳动教育提供了宝贵参考经验。

（二）近现代中国劳动教育的发展特征

近现代中国劳动教育开始变得较为系统全面，呈现如下特征：

一是劳动教育的育人功能明显增强。学者们注重为青少年开展适合他们年龄的劳动教育，并将劳动教育与全面教育相结合，希望通过劳动教育来培养青少年尊重劳动、热爱劳动的劳动情感与意志，促进他们脑力劳动与体力劳动的结合，成长为全面发展的人才。

二是劳动教育的内容形式日益多样化、规范化。劳动教育包含了生产劳动、日常劳动、社会公益劳动等形式，并开始加入课程计划中，其实施也变得更为严谨规范，能够很好地顺应学生的身心发展特征。此外，"工学结合"和"勤工俭学"等理念的提出不仅使劳动教育内容和形式的载体变得更为丰富，也使得更多儿童获得了上学的机会。

三是劳动教育注重谋生性。思想家们肯定劳动教育的重要地位，开始意识到劳动对个人谋生、职业需求和工业生产的重要价值，由此致力于积极推动西方先进教育制度的引入，创办新式学校，并注重从职业教育与实用教育的需要出发来论述劳动教育和推进劳动教育实践，不再单从生产物质产品和强身健体的角度来论述劳动教育的意义。

---

① 吴玉章. 吴玉章文集 ［M］. 重庆：重庆出版社，1987：466.

三、当代中国劳动教育思想及发展特征

新中国成立以来，劳动教育的发展和教育与生产劳动相结合教育方针总是紧密联系。

（一）当代中国劳动教育思想发展主要历程

1958 年，《中共中央、国务院关于教育工作的指示》明确将"教育与生产劳动相结合"确定为党的教育工作方针。20 世纪 90 年代，教育"必须与生产劳动相结合"的提法被写进了《中华人民共和国教育法》，并在 2015 年的修订稿中予以保留。新中国的劳动教育观念随社会发展而变化。

1. 1949—1956 年的劳动教育

1949 年，中国人民政治协商会议第一届全体会议通过《中国人民政治协商会议共同纲领》，在"文化教育政策"中指出"提倡爱祖国、爱人民、爱劳动、爱科学、爱护公共财物为中华人民共和国全体国民的公德"，将"爱劳动"列为国民公德之一，但未将"教育与生产劳动相结合"列为我国教育的基本方针。

1950 年，时任教育部副部长的钱俊瑞在《当前教育建设的方针》中明确指出，"为工农服务，为生产建设服务，这就是当前实行新民主主义教育的中心方针"，并把劳动教育作为贯彻"教育为生产建设服务的方针"的重要内容。此后颁布的《教育部关于实施高等学校课程改革的决定》《中等技术学校暂行实施办法》等文件中，劳动教育在各类高等教育机构和中等技术学校中的主要表现形式是专业实习。1952 年，教育部颁发《中学暂行规程（草案）》《小学暂行规程（草案）》，其中提到对中小学实施德育、智育、体育、美育等全面发展的教育，并没有明确提到劳动教育，未将劳动教育列入正式教学计划，只是提到要养成学生爱劳动的国民品德。

从 1953 年开始，我国中小学毕业生明显增多，全国范围内高小和初中毕业生的升学出路成为社会的棘手问题。为解决这一问题，国家和社会开始意识到劳动教育的重要性。1953 年 5 月，中共中央批转教育部党组《关于解决高小和初中毕业生学习与从事生产劳动问题的请示报告》时明确指出教育部对中小学教育的指导思想上有忽视劳动教育的问题。1954 年 9 月，时任政务院总理周恩来在第一届全国人民代表大会第一次会议上指出："中小学教育中都应当注意劳动教育，以便中小学毕业生广泛地参加工农业劳动。"1955 年 2 月，《教育部党组关于初中和高小毕业生从事生产劳动的宣传教育工作报告》中要求："今后除应注意课外的劳动教育外，必须学会在课堂教学中贯彻劳动教育，并且还要善于使两者结合起来进行。""除注意培养劳动观点和劳动习惯外，还应当注意进行综合技术教育，使学生从理论上和实践上懂得一些工农业生产的基础知识。"此后，生产技术教育开始成为劳动教育的重要内容，并与智育、德育、体育、美育四育并举写进了 1955 年《关于小学课外活动的规定的通知》

中。1956 年 7 月，教育部制发《1956—1957 学年度中学授课时数表》和《关于 1956—1957 学年度中小学实施基本生产技术教育的通知》，对基本生产技术教育每周的上课时间等作出明确规定。

从新中国成立初期劳动教育的被忽视到被重视，反映出社会对教育发展中出现的新问题的反思与认识。这一时期的劳动教育主要是作为缓解中小学毕业生升学压力、动员毕业生就业的手段，强调劳动态度、劳动观念的教育，并开始建构较为系统的生产劳动技术教育体系。但由于人们轻视体力劳动的社会思想根深蒂固，短时间难以改变，导致劳动教育相关政策的执行效果并不尽如人意。再加上当时大多数学校的教学条件相对匮乏，无法满足开展劳动技术教育的条件和要求，使得劳动教育仅停留于通知的文字上，并未得到真正的实施。

2. 1956—1977 年的劳动教育

1956 年，我国进入全面建设社会主义时期，教育事业发展速度迅猛。1957 年开始强调的"教育与生产劳动相结合"更加突出劳动教育对于政治、社会、教育发展及人的全面发展的作用，劳动教育也被赋予了育人价值之外的多重价值。

毛泽东在《关于正确处理人民内部矛盾的问题》中明确提出：我们的教育方针，应该使受教育者在德育、智育、体育几方面都得到发展，成为有社会主义觉悟的有文化的劳动者。由此确立了培养劳动者的教育目标。1958 年，党中央先后召开两次教育会议来讨论教育方针。时任教育部部长的陆定一在全国教育工作会议上的讲话强调"教育与劳动相结合，是教育革命的主要内容之一"[①]。此后，同年 9 月，中共中央、国务院在肯定新中国成立以来教育工作取得巨大成绩的同时，审视教育工作曾出现的如教育脱离生产劳动、脱离实际，一定程度上忽视政治、忽视党的领导等错误，发布了《关于教育工作的指示》，明确指出中国共产党的教育方针是"教育为无产阶级的政治服务，教育与生产劳动相结合"，强调"培养学生的劳动观点即脑力劳动和体力劳动结合的观点"。自此，教育与生产劳动相结合被正式确立为我国的教育方针，劳动教育既是教育的内容，也成为教育的目标。但此时人们对劳动教育的理解主要偏向体力劳动，形式上主要是农业、手工业劳动。

从 1957 到 1966 年，劳动教育不仅旨在改变轻视体力劳动的社会思想，还重视促进人的发展。此时劳动教育突出社会意义和政治意义，并开始以新的形式进行教育实践，借助"勤工俭学""半工半读""组织学生参加生产劳动"来推动教育事业的进一步发展。但在"大跃进"的影响下，勤工俭学、半工半读的方式被过度放大甚至被异化，导致教育实践陷入了困境。随后十年期间，社会过度拔高劳动教育的政治意义，把劳动教育作为改造人们思想的主要途径和方式，导致劳动教育内容窄化为单一的体力劳动，劳动实践出现极大的偏差。

---

① 何东昌. 中华人民共和国重要教育文献：1949—1975 [M]. 海口：海南出版社，1998：735、836.

3. 1978—1999 年的劳动教育

1978 年，十一届三中全会确立了党的实事求是的思想路线，决定将全党的工作重点和全国人民的注意力转移到社会主义现代化建设上。此时，学校教育工作也渐渐恢复了正常，社会开始关注教育与国民经济发展的相关问题。新时期下教育如何与国民经济发展相适应、教育如何与生产劳动相结合等问题引发了社会的思考与讨论。

随着人们对劳动教育产生了新的认识，劳动教育开始出现了不同的形态，教育政策中开始出现"社会实践"概念，此时劳动教育的目标也变得更为丰富，除了培养学生正确的劳动观念和劳动态度，还着重于培养学生的实践能力、创新精神以及社会责任感。此外，改革开放后对五育的说法也发生了一些变化。1986 年 10 月，"五育全面发展"的说法于中学德育大纲研讨会上被正式提出，此时社会明确将劳动教育与其他四育放在同等地位，较为关注五育的共同发展。而 1995 年颁发的《中华人民共和国教育法》提出"培养德、智、体等方面全面发展的社会主义建设者和接班人"，删掉了"美"和"劳"，由原来的"五育"变为"三育"，原因是当时认为多年来的实践经验表明德、智、体全面发展的方针是正确的，劳动教育和美育可以视为包含在三育内的教育要素，不需将其独立提出，因而恢复了德、智、体三育全面发展的传统说法。

教育方针表述和五育说法的变化体现了改革开放后的社会发展促使人们积极探索劳动教育，意味着改革开放后人们意识到劳动本身具有的生产性、社会性和发展性等价值。一方面，教育与生产劳动相结合作为教育方针的重要内容，成为各级各类学校教育的基本原则和指导思想，为劳动教育增添了新内涵；另一方面，由于中小学、高等学校、职业学校等学校的类型不同，其培养对象和教育目标也不尽相同，人们开始意识到劳动教育要根据学校的类型、学生的特点来设置适宜的形式和要求，这样才能通过劳动教育来促进各级各类学校和学生的成长。也正因为如此，这个时期的劳动教育蓬勃发展，不仅为国家社会培养输送了大量高素质人才，也为新世纪中国经济和社会的快速发展奠定了坚实基础。

4. 2000—2011 年的劳动教育

进入 21 世纪，我国迈进了全面建设小康社会，加快推进社会主义现代化建设的新发展阶段。此时的劳动教育内涵被赋予了新的意义，开始强调劳动的创造价值，劳动光荣、创造伟大成为当时所推崇的劳动思想。

为了促进新世纪教育与经济政治相适应发展，党的教育方针也作了相应的调整。2001 年，国务院发布的《关于基础教育改革与发展的决定》将"坚持教育必须为社会主义现代化建设服务，为人民服务，必须与生产劳动和社会实践相结合，培养德智体美等全面发展的社会主义事业建设者和接班人"作为新世纪基础教育改革与发展的基本方针。新方针强调教育不仅要与生产劳动相结合，更要与社会实践相结合。"教育与生产劳动和社会实践相结合"进一步丰富和拓展了原来的"教育与生产劳动相结合"理念，也进一步丰富拓展了劳动教育的内涵和外延，更贴近时代和现实。新方针的表述此后被正式写入党的十六大报告和 2015 年修订发布的《中华人民共和国教育法》。

值得注意的是，这一时期劳动教育的实践形式由先前的劳动技术课变为综合实践活动课，包括信息技术、通用技术、生产技术、职业技术、社会服务与社会实践、研究性学习等多项内容[①]，这充分体现了劳动教育的外延，但这种外延的不断拓展渐渐淡化了劳动教育的实质。多项研究表明，以综合实践活动取代劳动教育，实际上导致了劳动教育课程地位下降、课程目标不明、课时保障困难、课程设施与场地转作他用等问题[②]，其原因是社会缺乏对综合实践活动这种全新课程形态的实践经验，对如何设置合理的整体课程体系缺乏深入思考，学校劳动教育缺乏明确的实践指导，导致劳动教育在实施过程中陷入了一定的困境。

5. 2012 年至今劳动教育的创新发展

十八大以来，习近平在多次讲话中强调劳动的重要性，指出要坚持社会公平正义，排除阻碍劳动者参与发展、分享发展成果的障碍，努力让劳动者实现体面劳动、全面发展。习近平新时代劳动教育观立足于马克思主义的劳动价值观，以当前我国学校劳动教育的现状和时代发展的现实需求为基础，继承党和国家关于重视教育与生产劳动相结合的优良传统，开辟了马克思主义价值观在当代中国发展的新境界，激发了广大人民群众积极参与劳动的热情，指明了新时代我国劳动教育事业的发展方向。

近年来，大中小学生的劳动教育明显被削弱，现状不容乐观。在社会层面，人们的体力劳动和生产劳动意识逐渐淡化，很多人崇尚一夜暴富、不劳而获的思想。在学校层面，劳动教育没有完善的实施和评价体系，劳动教育师资、场地、经费匮乏，劳动课程仅以文字形式出现于课程表中，经常被其他课程占用；有些学校教师甚至将劳动作为惩罚学生的手段，不重视培养学生的劳动素养。在家庭层面，大部分家长往往只关注孩子的学业成绩，不重视劳动，认为孩子只要学习好就不需要干活，劳动只会占用孩子的学习时间，影响学习成绩。而在学生层面，大部分学生深受应试教育的影响，看重学业成绩，深信自身的主要任务是学习，自身对劳动的意愿不强，他们没有时间也不愿意花费时间参与太多劳动。基于这些问题，引导人们塑造正确的劳动意识与观念，切实加强劳动教育，把广大青少年培养成热爱劳动、尊重劳动的高素质劳动者，便成为新时代党和国家对教育的要求。2015 年，《关于加强中小学劳动教育的意见》明确提出要以劳树德、增智、强体、育美、创新，通过劳动教育提高广大中小学生的劳动素养，促进他们形成良好的劳动习惯和积极的劳动态度，克服不良的劳动价值观，培养他们勤奋学习、自觉劳动、勇于创造的精神，为他们终身发展和人生幸福

[①] 李珂，曲霞. 1949 年以来劳动教育在党的教育方针中的历史演变与省思 [J]. 教育学报，2018（5）.

[②] 李珂. 嬗变与审视：劳动教育的历史逻辑与现实重构 [M]. 北京：社会科学文献出版社，2019：77.

奠定基础，促进学生德智体美劳全面发展。

2018 年，习近平在全国教育大会上强调教育要培养德智体美劳全面发展的社会主义建设者和接班人，强调劳动教育综合育人的功能。至此，五育并举的教育方针思想形成，劳动教育成为一种价值引领，实现了在教育方针政策中的飞跃。2020 年 3 月，中共中央、国务院发布了《关于全面加强新时代大中小学劳动教育的意见》，为新时代劳动教育作了顶层设计和战略部署，明确了全面贯彻党的教育方针的总要求，系统设计和全面部署了大中小学劳动教育，为各级各类学校全面实施和加强劳动教育指明了方向，为新时代劳动教育提供了现实依据。同年 7 月，教育部印发了《大中小学劳动教育指导纲要（试行）》，为新时代劳动教育的有效实施作了更为精细、系统的规划和指导。

习近平多次讲话，以及国家颁布的劳动教育文件，充分体现了党中央对新时代教育发展规律的新认识，对劳动教育功能的充分肯定。习近平的劳动观不仅充分继承发展了马克思主义劳动观，也丰富了劳动教育"实干兴邦""民族复兴""崇尚劳动""热爱劳动"等内涵，引导人们关注思考劳动与职业之间的关系，成为推动党和人民事业发展的强大思想武器和具体行动指南。[①]

2022 年，《义务教育劳动课程标准（2022 年版）》发布，以习近平新时代中国特色社会主义思想为指导，全面贯彻党的教育方针，遵循教育教学规律，落实立德树人根本任务，发展素质教育。该课程标准坚持目标导向、问题导向、创新导向，聚焦中国学生发展核心素养，旨在培养学生适应未来发展的正确价值观、必备品格和关键能力，引导学生明确人生发展方向，成长为德智体美劳全面发展的社会主义建设者和接班人。

义务教育劳动课程标准（2022 年版）

（二）当代中国劳动教育的发展特征

新中国成立以来，我国的劳动教育随着社会的快速发展而发展变化，其内涵与价值意义在不同时期也发生了一些变化。总体来说，新时代劳动教育的发展特征主要体现在以下几方面：

一是对教劳结合教育方针的坚持。新中国成立以来的教育方针，虽然在不同时期有所调整变化，但"劳动者""生产劳动""社会实践"这些概念一直贯穿于党的教育方针。在不同时期的教育政策文件中，如何更好地贯彻落实教育与生产劳动相结合，如何在大中小学实施好劳动教育，以及如何处理好劳动教育与其他各类教育之间的关系，教劳结合方针一直积极回应这些与劳动教育相关的现实问题。

二是人们对劳动教育的认知有所变化。我国劳动教育经历了从新中国成立之初对其认识的不够重视，到强调劳动教育的价值，再到强调通过劳动教育促进人才培养及推进素质教育，最终到新时代突出促进人的全面发展的观念变化。相应地，不同时期

的教育方针对劳动教育的表述变化也反映了人们对劳动教育的认识在随着时代的变化而不断发展变化。

三是劳动教育愈发强调综合育人的作用。在劳动教育的发展过程中，人们更加深刻地认识到劳动教育的价值意义，它不仅能够帮助青少年塑造正确的劳动意识与观念，把广大青少年培养成热爱劳动、尊重劳动的高素质劳动者，还能够与其他四育相辅相成，促进青少年的全面发展。新时代劳动教育的新观念强调劳动教育综合育人的重要作用，也突出劳动对于个体培养成长的意义价值和人的全面发展的不可或缺性，而这不仅需要学校层面的教育，还需要加强实践育人并不断更新发展。

在新时代劳动教育思想指引下，劳动教育需要始终坚持教育同生产劳动和社会实践相结合，并与时俱进，不断发展更新教育与生产劳动相结合的内容、方法，让广大青少年在投身实践中了解国情、了解社会，在实干苦干中充分体会劳动的价值和意义，领会劳动创造美好生活的含义，形成尊重、热爱劳动和劳动者的真挚情感，进而形成正确的劳动价值观和良好的劳动品质，争做新时代的奋斗者。

 思考题

1. 劳动教育是如何产生的？与教育和学校的起源有什么联系？
2. 西方劳动教育发展与中国劳动教育发展存在什么联系与区别？
3. 西方劳动教育发展史给我国新时代的劳动教育带来哪些启示？

 拓展阅读

我国劳动教育的前世今生（节选）

1. 劳动教育在我国的重生

70年来，虽然对于劳动教育的定位在变化之中，劳动教育是个复合概念，既有劳动，又有教育，通过劳动受教育，在教育中劳动，在结合上经历了一些曲折，在做法上有过一些争议，但坚持劳动教育是社会共识，劳动教育是社会主义学校教育的一个基本原则，是培养全面发展的人的根本途径，教劳结合始终是实现教育为人民服务的基本保证，始终是确保社会主义教育性质与方向的基础，始终是培养社会主义建设者和接班人的唯一途径。

70年来，受教育内外环境变化的影响，人们对劳动教育的认识走过了从唯一方法、重要途径再到教育内容的过程，实践走过了从统领强化、融通综合再到系统提高的过程，地位作用经历了从实践育人、技术素养再到五育并重的过程，显示出对中国特色社会主义教育规律认识的升华，反映出落实立德树人根本任务的创新，从中折射出教育逻辑和实践逻辑的统一。

2. 新时代劳动教育需要回归本质

新时代重提劳动教育，是对劳动教育的认识回归本质，既有马克思主义"教劳结合"思想的引领，又有"耕读传家久"的传统，劳动教育不会过时，但要体现时代特征。现代技术条件下的劳动教育，强调教育要与以科学技术为基础的劳动相结合，书本知识和实践经验的结合，构建德智体美劳全面培养教育体系，培养学生的专业精神、职业精神、劳动精神。如果说德育体现"善"的要求；智育体现"真"的要求；体育体现"健"的要求；美育体现"美"的要求；而劳动教育则体现"做"的要求。这样的战略思考与制度设计对劳动教育的认识提高到新的历史高度，体现党对新时代如何培养人的深刻认识，既是对国民教育体系的进一步完善，也是对新时代国家发展与个体发展所面临的新问题的主动回应。70年来，劳动教育既是思想政治教育的手段，也是技能教育的内容，既有成功经验，也有失败教训，需要总结提高。

3. 劳动教育的地位回归常识

过去劳动教育主要被纳入德育和智育的范畴，失去了与其他四育并举的独立地位，使得劳动教育在国民教育体系中被弱化、淡化、边缘化。劳动思想教育主要融入德育范畴；劳动技能培育主要融入智育范畴，容易出现重"技"轻"劳"的问题。至于劳动实践训练，更是可有可无，而且容易走向形式化、娱乐化。新时代的劳动教育，要回到全面的、本原的劳动观上，把劳动看成包括人类创造世界、改造世界的一切实践活动，是劳动、工作、做事、干事、奋斗的统称。不能只把体力劳动、简单劳动或物质生产劳动看成是劳动，而要把脑力劳动与体力劳动、群体劳动与个体劳动、有偿劳动与公益劳动、简单劳动与复杂劳动、创造性劳动与重复性劳动、物质生产劳动与非物质生产劳动、实体劳动与虚拟劳动，以及生产性劳动与科技劳动、管理劳动、艺术性劳动、服务性劳动等，都看成劳动。

各行各业、所有岗位的工作都是劳动，都需要发扬劳模精神、劳动精神、工匠精神。相应地，新时代的劳动教育不能只强调劳动习惯、劳动态度、劳动品德的培养，还要重视劳动认知、劳动价值观、劳动科学知识与技能的培养，使学生形成全面系统的劳动素养。人工智能时代，工作的数字化、网络化只不过使人类的劳动方式、劳动领域、劳动岗位发生了新的变化，但人的劳动精神和很多劳动技能仍是人机协同、智慧劳动、创造性劳动的重要基础，仍然十分宝贵。

大中小学阶段应是学生对劳动的认识逐步提高的过程，小学阶段重在体验劳动，引导学生在日常化的劳动实践锻炼和各种兴趣小组活动中初步体验劳动的价值，养成热爱劳动的好习惯；中学阶段重在认识劳动，引导学生在思想政治类课程学习、劳动技术类课程学习，以及各种社会公益服务、职业参观活动中初步认识劳动的基本分工、社会价值、主要形态，初步掌握通用劳动技术；大学阶段重在理解劳动，大学生不仅要爱劳动、会劳动，更要"明劳动之理"，深入理解劳动的本质规定，劳动的创造价值，劳动的普遍意义，劳动作为人类本质活动的基本规律，由衷认可并懂得劳动最光荣、劳动最崇高、劳动最伟大、劳动最美丽的道理。因此，学校劳动教育必须重视系统的劳动科学知识学习，实现"爱劳动""会劳动"基础上的"懂劳动"，为中国制造走向中国智造，进而实现中华民族伟大复兴奠定坚实基础。

（资料来源：曾天山，《我国劳动教育的前世今生》，《人民政协报》，2019 年 5 月 8 日。）

思考：

1. 如何理解中小学劳动教育的开展应回归本质？

2. 为什么说学校劳动教育必须重视系统的劳动科学知识学习？

第四章 劳动教育目标与内容

【学习目标】

1．了解劳动教育的总体目标，增强对劳育与德育、智育、体育、美育关系的认识。

2．了解劳动教育的具体培养目标，明晰劳动教育知识与技能目标、情感目标、价值目标和行为目标之间的关系。

3．熟知劳动教育内容，掌握系统劳动知识，感悟珍贵劳动情感，培养良好劳动品质，具备基础劳动能力。

准确理解和掌握新时代劳动教育目标是有效开展劳动教育的关键指南。2020年教育部发布的《大中小学劳动教育指导纲要（试行）》（简称《纲要》）明确了新时期劳动教育的性质，"劳动教育是新时代党对教育的新要求，是中国特色社会主义教育制度的重要内容，是全面发展教育体系的重要组成部分，是大中小学必须开展的教育活动"。《纲要》将劳动教育的地位提升到新的历史高度，成为全面教育中的重要一环。对于如何定位劳动教育与其他四育的关系，《纲要》给出了确切回答"实现树德、增智、强体、育美的目的"，这也是劳动教育的主要目标。

第一节 劳动教育目标

劳动教育目标可分为总体目标和具体目标，前者指明了劳动教育的总方向和总原则，后者将劳动教育的总目标具体化和可操作化，可分解为知、情、意、行四个维度目标。

一、劳动教育的总体目标

劳动教育的总体目标在于准确把握社会主义建设者和接班人的劳动精神面貌、劳动价值取向和劳动技能水平的培养要求，全面提高学生劳动素养，使学生做到：

（一）树立正确的劳动观念

劳动教育使学生树立马克思主义劳动观，正确理解劳动是人类发展和社会进步的根本力量，认识劳动创造人、创造价值、创造财富、创造美好生活的道理，尊重劳动，尊重普通劳动者，牢固树立劳动最光荣、劳动最崇高、劳动最伟大、劳动最美丽的思想观念。

（二）具备积极的劳动精神

劳动教育可使学生领会"幸福是奋斗出来的"内涵与意义，体会劳动创造美好生活；体认劳动不分贵贱，尊重普通劳动者；弘扬开拓创新、砥砺奋进的时代精神；培养崇尚劳动、热爱劳动、辛勤劳动、诚实劳动的劳动精神。

（三）养成良好的劳动习惯

劳动教育使学生能够自觉自愿、认真负责、安全规范、坚持不懈地参与劳动，养成诚实守信、吃苦耐劳的品质；珍惜劳动成果，养成良好的消费习惯，杜绝浪费。

（四）具备基本的劳动能力

劳动教育，使学生掌握基本的劳动知识和技能，正确使用常见劳动工具，增强体力、智力和创造力，具备完成一定劳动任务所需要的设计、操作能力及团队合作能力。

二、劳动教育的具体目标

（一）劳动教育的知识与技能目标

劳动教育的知识与技能目标是属于第一层级的目标，可分别从日常生活劳动、生产劳动和服务性三大条块进行分解。

1. 劳动教育的知识目标

劳动教育的知识目标在于使学生掌握基本的劳动知识，增强智力和创造力，具备完成一定劳动任务的知识储备，主要包括：

（1）具备基本的日常生活劳动知识。其旨在让学生正确认识到劳动在个人日常生活中的作用，了解日常劳动的价值和意义，理解独立劳动的重要性，掌握常用的生活劳动事务知识，具备必要的劳动卫生知识和劳动安全知识。

（2）具备一定的生产劳动知识。其旨在让学生正确认识到生产劳动在个人职业发展中的作用，熟悉工农业、新型产业生产的知识，了解劳动纪律和劳动相关法律法规、政策，理解劳动生产工具的基本原理、程序、规则，能够区分不同生产劳动类型，具备必要的生产安全、产品质量标准的知识，熟悉生产领域的科学知识、新知识，了解产业的新业态、劳动的新形态，理解创造性劳动的重要性，了解现代信息技术和现代生产的知识。

（3）具备一定的服务性劳动知识。其旨在让学生正确认识服务性劳动在个人社会性发展中的作用，理解服务性劳动的定义和类型，能够区分社会服务的范畴。

2. 劳动教育的技能目标

劳动教育的技能目标在于使学生掌握必备的劳动技能，增强生活能力和社会生存能力，主要包括：

（1）具备一定的日常生活劳动技能。其旨在让学生掌握简单的生活技能，正确使用日常生活劳动工具和新型生活产品，学会修理日常生活劳动工具，掌握一定的生存技能。

（2）具备一定的生产劳动的技能。其旨在让学生正确使用生产劳动工具，修理生产劳动工具，掌握传统产业生产技术，了解现代信息技术和现代生产的技能，掌握传统工艺、新工艺，检测产品质量，掌握复杂劳动、创造性劳动的基础性技能，具备劳动岗位所需的专项技能，具备评估和监控生产工具使用的技能。

（3）具备一定的服务性劳动的技能。其旨在让学生正确使用服务性劳动工具，学会组织、策划群体活动，具备应急救助他人的技能。

（二）劳动教育的情感目标

劳动教育的情感目标是劳动教育知识与技能目标的提升，是学习者内心认同劳动的目标要求，表现为热爱劳动、主动参与劳动。对应的是教育第二阶段"情感"。"情"指的是学生对劳动的情绪、情感、态度，是第三阶段"意志"的早期表现。正确的劳动情感将直接影响学生劳动学习、实践以及劳动精神的培育。明确的劳动教育情感目标能够帮助学习者从被动劳动阶段向愿意劳动、喜欢劳动、热爱劳动、主动劳动阶段转变。劳动教育的情感目标可概括为保持良好的劳动情绪，形成积极的劳动情感，养成正确的劳动态度。

1. 保持良好的劳动情绪

劳动教育让学生保持积极乐观的劳动情绪，避免厌学、逃学心理；构建持续健康的劳动教学氛围，使他们能够在日常劳动中感受到快乐，在生产劳动中体会到工作的愉悦，在服务性劳动中体验奉献的意义。

2. 形成积极的劳动情感

劳动教育让学生能够热爱劳动，从日常生活劳动中培养劳动获得感、家庭责任感；在感受劳动创造价值的过程中获得成就感，在服务性劳动中形成社会责任感，在群体合作劳动中体会荣誉感。

3. 养成正确的劳动态度

劳动教育让学生形成劳动光荣的正确态度，将劳动作为自己应尽的义务和光荣的职责，形成对自己、学校、岗位、社区认真负责的态度。在日常劳动中重视自力更生；在生产劳动中尊重各项劳动，尊重普通劳动者，形成爱岗敬业、吃苦耐劳的劳动态度；在服务性劳动中形成团结友爱、奉献他人的劳动态度。

（三）劳动教育的价值目标

劳动教育的价值目标是指在马克思主义劳动观的指引下，强化劳动观念，弘扬劳动精神。

1. 强化劳动观念

劳动教育要让学生转变以往"重智育、轻劳动教育"的观念，树立正确的马克思主义劳动观，形成体力劳动和脑力劳动相结合的价值取向，牢固树立劳动最光荣、劳动最崇高、劳动最伟大、劳动最美丽的思想观念。

2. 弘扬劳动精神

劳动精神是马克思主义劳动观中国化的时代性表达，是实现中华民族伟大复兴的精神力量，是民族精神和时代精神的统一[①]，我们要培育并弘扬崇尚劳动、热爱劳动、辛勤劳动、诚实劳动的劳动精神。

（四）劳动教育的行为目标

劳动教育的行为目标作为劳动教育的实践维度，是对劳动教育的知识与技能目标，以及情感目标、价值目标的具体检验，要求引导学生把已经通过内化形成的情感意志转化为自身的实践行为。

1. 增强生活自理能力，养成良好劳动习惯

日常生活劳动教育立足个人生活事务处理，旨在通过鼓励学生参与家庭日常劳动和班级集体劳动，培养家庭责任感和集体荣誉感，增强其生活自理能力。学生通过实践积累经验，并进行有针对性的强化训练，养成良好的劳动习惯，树立自立自强意识，形成诚实守信、吃苦耐劳的品质。

2. 参与劳动实践活动，获取积极职业体验

生产劳动教育要让学生在工农业生产过程中直接经历物质财富的创造过程，必须面向真实的生活世界和职业世界，旨在引导学生积极参加实习实训、专业服务和创新创业活动，重视新知识、新技术、新工艺、新方法的运用，提高在生产实践中发现问题和创造性解决问题的能力，在动手实践的过程中创造有价值的物化劳动成果，获得有积极意义的价值体验。

3. 投身公益劳动，强化社会责任感

定期开展校内外实践活动，能让学生利用劳动知识、技能等为他人和社会提供服务。使学生在服务性岗位上见习实习，树立服务意识，提升实践服务技能；在公益劳动、志愿服务中培育社会公德，强化社会责任感，厚植爱国爱民的情怀。

第二节　劳动教育内容

劳动教育的内容具有国别性、差异性、连续性和发展性的特征。国别性体现在不同国家在劳动教育内容上各有特点；差异性体现在不同劳动类型和学习目标下的劳动教育内容也不一样；连续性体现在不同年龄和学段受教者的劳动内容之间遵循由轻到重、由易到难、由外至内的循序渐进的过程；发展性则体现在劳动教育内容要与时俱

---

① 程德慧. 习近平新时代劳动教育观论析［J］. 职业技术教育，2019（6）.

进，坚持历史与现实的统一。

一、国外的劳动教育内容

不同国家因其文化和制度不同，劳动教育内容各有侧重。

（一）美国的劳动教育内容

美国劳动教育的目的主要是培养学生的劳动习惯、劳动态度。其劳动教育内容主要包括以下三类。

1. 基于成为家庭有效成员的劳动教育

美国小学日常开设的课程中没有专门的劳动教育课程，但在家庭和学校都有各种与劳动教育有关的活动。如物品回收、社区志愿服务等。初中同样没有劳动教育课程，但有各种培养学生劳动习惯、劳动精神的活动。高中阶段的美国综合中学普遍设有一些劳动教育类的课程供学生选修，常见的有家政、手工、烹饪、木工、园艺等。

2. 基于就业的劳动教育

基于就业的劳动教育以生计教育为代表。美国国会立法为生计教育的发展提供了资金的保障。生计教育把小学 1 年级到中学 12 年级分为三个阶段。第一阶段（1—6 年级）为职业了解阶段。第二阶段（7—10 年级）为职业探索阶段。第三阶段（11—12 年级）为职业选择阶段。

3. 基于公民培养的劳动教育

美国十分重视公民的教育与培养，中小学最常见的劳动教育方式就是"志愿服务/社区服务"与"服务学习"。联邦政府设有公民成就奖励项目，主要奖励 5—9 年级服务做得好的学生；同时也通过立法，从法律层面提高服务学习在教育领域中的地位，使服务学习有了稳定的资金来源，也极大地推动了服务学习的发展。[1]

（二）英国的劳动教育内容

英国劳动教育内容融合在综合性课程中，主要包括以下四大课程。

1. 自然科学与社会研究课程

英国国家统一的教学大纲中，明确开设自然科学课的目的是加深学生对生活概念的理解，帮助孩子更好地了解周围世界，明白科学对于现在及未来的用途和意义，并能将科学知识运用到现实中去。

2. 日常技能学习课程

除了家庭劳动教育中的日常技能学习，比如叠被子、做饭、零花钱管理等生活技能，英国学校还专门设置相关课程，培养学生从生活小事做起的劳动意识。例如，2008 年 1 月 22 日，英国宣布，从当年 9 月起，将烹饪课列为 11—14 岁学生的必修

---

[1] 谷贤林. 美国学校如何开展劳动教育 [J]. 人民教育，2018（21）.

课，规定所有学生必须学习且通过。英国中小学推行烹饪必修课，一是让孩子珍惜、享受食物，二是为了控制青少年肥胖。这场意义非凡的劳动教育培养了学生独立生活、健康生活的习惯。

3. 设计与技术课程

该课程分为初级、中级两类，初级课程旨在提高学生设计技能、动手操作技能、应用科学的技能、应用数学的技能、应用信息技术的技能。中级课程旨在帮助学生跳出固定思维，能够根据老师的要求灵活地设计出符合学校当地需求和兴趣的作品，同时使学生能够对自己感兴趣的主题深入学习，课程内容包括系统与控制、耐磨材料、食品（食品工程）、纺织（纺织工程）等。

4. 社会参与性学习

社会参与性学习注重开展各种社会参与性活动，如社区服务、社会调查、科学学习等，从而增强学生劳动意识，提高解决问题的能力和思考能力，让青少年积累职业经验，结合自身所学专业解决实际问题。[①]

（三）日本的劳动教育内容

日本的劳动教育内容在各学段有所不同。

1. 幼儿阶段重在体验劳动

日本幼儿园劳动体验学习的活动内容：以手工活动为主，利用幼儿自制的玩具活动，寓教于乐，让幼儿能够享受劳动过程，收获劳动喜悦；幼儿参与幼儿园环境创设过程，发挥幼儿想象力，释放劳动才艺；在幼儿园设置小苗圃，让幼儿亲自体验从播种到收获的全过程；等等。

2. 小学阶段注重独立劳动

小学劳动教育相关课程的内容主要包括：了解当地居民生活习惯，通过具体活动理解社会和自然的关系；五、六年级学生要了解动物饲养和植物种植知识，并尝试饲养动物和种植一些植物；生活与家政课程要与其他学科相联系，提高技术课程学习效率，并培养学生技术习惯和家庭概念。

3. 初中阶段强化劳动技术

此阶段强调培养学生面向生活的技术能力，解决生活问题的能力和技术思维品质。

4. 高中阶段加强劳动教育

日本高中设立家庭技术、家庭综合、生活技术三门选修课，学生可根据自身兴趣爱好在三门课程中进行选修。

5. 职业教育重视职业技能训练

日本重视企业教育制度构建，鼓励企业发挥其优势开展有关职业训练与教育活

---

① 董晓波，张培. 英国劳动教育重视生活技能培养［EB/OL］.（2020－08－04）［2022－7－15］. http：//www. cssn. cn/skjj/skjj＿jjjd/skjj＿cgyy/202008/t20200804＿5165471. shtml.

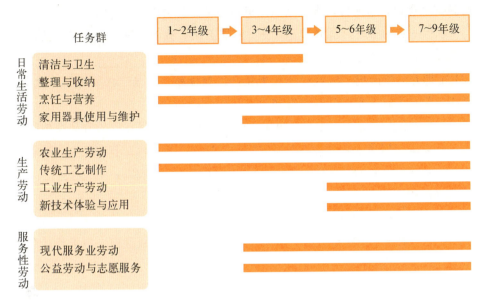

图 4-1 义务教育劳动课程内容结构示意图

（三）按不同学段划分劳动教育内容

1. 小学

（1）小学低年级。

小学低年级的劳动教育以个人生活起居为主要内容，开展劳动教育，注重培养劳动意识和劳动安全意识，使学生懂得人人都要劳动，感知劳动乐趣，爱惜劳动成果。指导学生：完成个人物品整理、清洗，进行简单的家庭清扫和垃圾分类等，树立自己的事情自己做的意识，提高生活自理能力；参与适当的班级集体劳动，主动维护教室内外环境卫生等，培养集体荣誉感；进行简单手工制作，照顾身边的动植物，关爱生命，热爱自然。

（2）小学中高年级。

小学中高年级的劳动教育以校园劳动和家庭劳动为主要内容，开展劳动教育，体会劳动光荣，尊重普通劳动者，初步养成热爱劳动、热爱生活的态度。指导学生：参与家居清洁、收纳整理，制作简单的家常餐等，每年学会 1—2 项生活技能，增强生活自理能力和勤俭节约意识，培养家庭责任感；参加校园卫生保洁、垃圾分类处理、绿化美化等，适当参加社区环保、公共卫生等力所能及的公益劳动，增强公共服务意识；初步体验种植、养殖、手工制作等简单的生产劳动，初步学会与他人合作劳动，懂得生活用品、食品来之不易，珍惜劳动成果。

2. 初中

初中阶段的劳动教育兼顾家政学习、校内外生产劳动、服务性劳动，安排劳动教育内容，开展职业启蒙教育，体会劳动创造美好生活，养成认真负责、吃苦耐劳的劳动品质和安全意识，增强公共服务意识和担当精神。让学生：

（1）承担一定的家庭日常清洁、烹饪、家居美化等劳动，进一步培养生活自理能力和习惯，增强家庭责任意识。

（2）定期开展校园包干区域保洁和美化，以及助残、敬老、扶弱等服务性劳动，初步形成对学校、社区负责任的态度和社会公德意识。

（3）适当体验包括金工、木工、电工、陶艺、布艺等项目在内的劳动及传统工艺制作过程，尝试家用器具、家具、电器的简单修理，参与种植、养殖等生产活动，学习相关技术，获得初步的职业体验，形成初步的生涯规划意识。

3. 普通高中

普通高中劳动教育注重围绕丰富职业体验，开展服务性劳动和生产劳动，理解劳动创造价值，接受锻炼、磨炼意志，具有劳动自立意识和主动服务他人、服务社会的情怀。指导学生：

（1）持续开展日常生活劳动，增强生活自理能力，维持良好劳动习惯。

（2）选择服务性岗位，经历真实的岗位工作过程，获得真切的职业体验，培养职业兴趣；积极参加大型赛事、社区建设、环境保护等公益活动、志愿服务，强化社会责任意识和奉献精神。

（3）统筹劳动教育与通用技术课程相关内容，从工业、农业、现代服务业以及中华优秀传统文化特色项目中，自主选择1—2项生产劳动，经历完整的实践过程，提高创意物化能力，养成吃苦耐劳、精益求精的品质，增强生涯规划的意识和能力。

4. 职业院校

职业院校的劳动教育重点结合专业特点，增强职业荣誉感和责任感，提高职业劳动技能水平，培育积极向上的劳动精神和认真负责的劳动态度。组织学生：

（1）持续开展日常生活劳动，自我管理生活，提高劳动自立自强的意识和能力。

（2）定期开展校内外公益服务性劳动，维护校园环境秩序，运用专业技能为社会、为他人提供相关公益服务，培育社会公德，厚植爱国爱民的情怀。

（3）依托实习实训，参与真实的生产劳动和服务性劳动，增强职业认同感和劳动自豪感，提升创意物化能力，培育不断探索、精益求精、追求卓越的工匠精神和爱岗敬业的劳动态度，坚信"三百六十行，行行出状元"，体认劳动不分贵贱，任何职业都很光荣，都能出彩。

5. 普通高等学校

强化马克思主义劳动观教育，注重围绕创新创业，结合学科专业开展生产劳动和服务性劳动，积累职业经验，培育创造性劳动能力和诚实守信的合法劳动意识。使学生：

（1）掌握通用劳动科学知识，深刻理解马克思主义劳动观和社会主义劳动关系，树立正确的择业就业创业观，具有到艰苦地区和行业工作的奋斗精神。

（2）巩固良好日常生活劳动习惯，自觉做好宿舍卫生保洁工作，独立处理个人生活事务，积极参加勤工助学活动，提高劳动自立自强能力。

（3）强化服务性劳动，自觉参与教室、食堂、校园场所的卫生保洁、绿化美化和管理服务等，结合"三支一扶"、大学生志愿服务西部计划、"青年红色筑梦之旅""三下乡"等社会实践活动开展服务性劳动，强化公共服务意识和面对重大疫情、灾害等危机主动作为的奉献精神。

（4）重视生产劳动锻炼，积极参加实习实训、专业服务和创新创业活动，重视新知识、新技术、新工艺、新方法的运用，提高在生产实践中发现问题和创造性解决问题的能力，在动手实践的过程中创造有价值的物化劳动成果。

三、劳动教育内容的发展趋势

陶行知认为，教育即生活。因此，劳动教育的内容要与生活相联系，与时代相适宜。劳动教育的深度在一定程度上反映着劳动教育内容的前沿程度，未来的劳动教育内容要围绕第四次工业革命所涉及的新型技术进行调整，从而帮助学生不断适应变化着的环境与挑战，让劳动教育变得更加有意义[①]。除此之外，新时代的劳动教育必须与时俱进，既要重视社会劳动形态的变化，及时调整和更新相应的教育内容，又要注重培育学生基本的劳动态度和能力，使得学生能在瞬息万变的社会中具有以不变应万变的劳动能力。除此之外，未来的劳动教育要更加注重与消费教育相结合，只有将劳动教育与消费教育相结合，才能不断创新劳动教育内容，让劳动教育内容顺应时代发展需要，因此，帮助学生正确认识消费的本质及内涵，学会理性消费，将是新时期劳动教育的应有之义[②]。

 思考题

1. 劳动教育目标是什么？
2. 如何更有效地在课堂中融合劳动教育？
3. 中小学生可以从哪些方面进行服务性劳动创新？

 拓展阅读

培养有劳动素养的时代新人

新时代为什么要加强劳动教育？如何扎实开展与时俱进的劳动教育？中共中

---

① 詹青龙. 创造性智慧赋能智能时代的劳动教育：内涵与维度 [J]. 国家教育行政学院学报，2021（7）.
② 班建武. "新"劳动教育的内涵特征与实践路径 [J]. 教育研究，2019（1）.

央、国务院《关于全面加强新时代大中小学劳动教育的意见》（以下简称《意见》）已经作出了全面深入的阐述和部署。准确理解、贯彻这一意见，需要特别注意以下几大要点。

1. 从新时代教育使命的高度准确把握加强劳动教育的重要意义

新时代的教育使命，首先是指中国特色社会主义教育性质决定中国教育的宗旨之一是培养有劳动素养的时代新人。马克思主义经典作家特别强调要通过"教育与生产劳动相结合"的方式培育全面发展的人，在工人阶级取得政权后，"教育与生产劳动相结合"则应当有更为自觉、水平更高的教育安排。因此劳动者当家作主的社会主义社会强调劳动教育理所当然。正如《意见》所指出的那样：劳动教育是中国特色社会主义教育制度的重要内容，直接决定社会主义建设者和接班人的劳动精神面貌、劳动价值取向和劳动技能水平。

2. 在新时代历史坐标上深刻理解劳动形态的演变与劳动精神的坚守

新的时代，人类劳动的形态已经发生了巨大的变化。因此站在新时代历史坐标上深刻理解劳动形态的演变，就显得十分重要。一方面，我们不能简单重复20世纪温饱问题尚未解决时期对于劳动及劳动教育概念的理解，将劳动教育等同于"学工学农"，而对脑力劳动、消费性劳动、创造性劳动等的重要性熟视无睹；另一方面，我们又不能简单否定体力劳动、体力劳动者的重要性。《意见》强调"以体力劳动为主，注意手脑并用、安全适度，强化实践体验，让学生亲历劳动过程，提升育人实效性"，在这个意义上具有教育实践的针对性。

此外，在新时代历史坐标上深刻理解劳动形态的演变，一定要与劳动精神的坚守相统一。人类历史川流不息，劳动形态会一直演变下去。但是无论形态如何改变，劳动创造历史、劳动创造美好生活的真理从未改变。新时代的劳动教育一定要准确把握这一变与不变的辩证关系，把准劳动教育价值取向，引导学生树立正确的劳动观，崇尚劳动、尊重劳动，增强对劳动人民的感情，报效国家，奉献社会。

3. 用专业、创新的教育形式强化劳动教育的实效

劳动教育和全部教育工作一样，都是专业性的事业，离不开对于教育规律的尊重。加强劳动教育一定要尊重各学段儿童心理发展的实际、学习生活的实际、社区环境的实际，"大呼隆""一刀切"的形式主义教育不可能有任何理想的效果。专设劳动教育的课程（如《意见》规定的中小学每周一课时劳动教育课），固然是劳动教育重要着力点，应当引起高度重视，但是劳动教育又应该有更为广阔的加强空间。比如道德与法治、语文、历史、地理、艺术、体育，甚至数学、物理、化学、生物学等自然学科都可能蕴藏着大量劳动教育的素材，各学科领域教学因而也都有因势利导、润物无声地开展劳动教育的可能性。又比如，师生互

动、校园环境、课业评价、学校制度等教育生活的方方面面，也都应当增强劳动教育的自觉性。只有劳动教育有机融入全部教育生活，劳动教育才能取得真正的实效。

此外，当代社会的劳动教育乃至全部教育，都只有在与全媒体、自媒体所传播的教育信息形态的激烈竞争中才能取得胜利。当代社会的少子化人口结构又使得今天的教育对象有着特别突出的个性或自主性。没有以理服人的互动模式，没有生动活泼的教育形式，劳动教育就不可能真正受到教育对象的欢迎。既然时代不同了，教育对象已经处在一个全新的时代环境之中，劳动教育就理应不断创新形式。故探索与时俱进的劳动教育新形式，应当成为新时代全体教育工作者的重要使命。

（资料来源：檀传宝，《培养有劳动素养的时代新人》，《光明日报》，2020 年 3 月 27 日，有删减。）

思考： 试论中小学应如何加强劳动教育形式创新。

第五章　劳 动 素 养

【学习目标】

　　1. 理解中小学生劳动素养相关概念，掌握中小学生劳动素养的特征。

　　2. 加强对劳动素养结构的认识，了解中小学生劳动素养核心结构要素。

　　3. 把握中小学生劳动素养培育的核心意义，了解中小学生劳动素养培育的影响因素与路径。

　　在 2018 年 9 月举行的全国教育大会上，习近平发表重要讲话，提出"培养德智体美劳全面发展的社会主义建设者和接班人"，强调了劳动教育的重要性。贯彻落实好新时代劳动教育，培育中小学生劳动素养是核心指向，是全面提升中小学生综合能力与素质的重要途径。

第一节　中小学生劳动素养概述

　　劳动素养是新时代社会主义建设者和接班人的必要素质。理解中小学生劳动素养概念首先要掌握劳动素养的基本概念，在此基础上，结合中小学阶段的学生特征进一步理解中小学生劳动素养的内涵。

一、劳动素养与中小学生劳动素养的概念

（一）劳动素养的概念

　　"劳动素养"一词最早由苏联教育家苏霍姆林斯基提出，他认为，劳动素养不只是包含完善的实际技能和技巧，还包含劳动活动在一个人的精神生活中的作用和地位，以及劳动创造中充实的智力内容、丰富的道德意义和明确的公民目的性[1]。劳动素养是个体在劳动实践过程中形成的与劳动有关的人的基本素养，包括劳动意识、劳动价值观、劳动知识与技能、劳动习惯与品质、劳动精神等。

---

[1] 苏霍姆林斯基. 帕夫雷什中学 [M]. 赵玮，王义高，蔡兴文，等译. 北京：教育科学出版社，1983：362.

（二）中小学生劳动素养的概念

2020年7月，教育部印发的《大中小学劳动教育指导纲要（试行）》（简称《纲要》）中指出，劳动教育的总体目标是使学生树立正确的劳动观念、具有必备的劳动能力、培养积极的劳动精神、养成良好的劳动习惯和品质。可见，劳动素养主要包括劳动观念、劳动能力、劳动精神、劳动习惯和品质。同时，《纲要》分别就小学、初中、普通高中及其他学段的劳动教育要求作了明确阐述，从中可以看出中小学生劳动素养与其他学段学生劳动素养并不完全相同，中小学生劳动素养更侧重于劳动素养下的基础的劳动观念、劳动能力、劳动精神、劳动习惯与品质等。综上可知，中小学生劳动素养主要是指处于中小学阶段的学生在日常生活劳动、生产劳动、服务性劳动过程中形成的与劳动有关的核心素养，是劳动观念、劳动能力、劳动精神、劳动习惯与品质等几个方面的综合体现，是判断中小学生综合素质的重要依据，是促进中小学生全面发展的必要因素。

《义务教育劳动课程标准（2022年版）》也对劳动素养的概念进行了界定，认为劳动素养主要是指学生在学习与劳动实践过程中逐步形成的适应个人终身发展和社会发展需要的正确价值观、必备品格和关键能力，是劳动课程育人价值的集中体现，主要包括劳动观念，劳动能力、劳动精神、劳动习惯与品质等。

二、中小学生劳动素养的主要特征

中小学生劳动素养是时代发展与个体成长双重需求下的产物，是学生全面发展的重要组成部分。在新时代背景下，中小学生劳动素养具有时代性、综合性、实践性和发展性等特征。

（一）时代性

劳动形态会随社会生产力的变革而发生变化，进而也影响着劳动素养的内涵结构，以及劳动教育的目标与内容。大数据、数字技术及人工智能等技术不断革新，促进社会生产力高速发展，劳动方式发生改变，也对人们的劳动能力和劳动价值观提出了更高更新的要求。这种新的时代背景，要求劳动素养在内涵和结构上必须紧跟时代趋势，把握时代特点，树立新的劳动观念，使劳动观念和行为与社会发展需求相适应。随着时代的发展，全社会脑力劳动的比重不断增加，新形态的劳动不断形成，中小学劳动教育也应该依据劳动形态的演进与时俱进。

（二）综合性

中小学生劳动素养具有综合性。一方面，中小学生劳动素养的综合性表现在其内容与外化行为的多样性。在内容上，涵盖了劳动观念、劳动精神、劳动能力和劳动品质等多项内容，是全方面的素养，是新时代学校劳动教育课程内容多样性的体现。另一方面，劳动素养的综合性表现为它是一种身心合一的素养，并非是单方面价值观教育或体力训练的结果。身心合一是中小学劳动教育的逻辑起点[1]，是促进中小学生劳动素养培育的途径。中小学生劳动素养的综合性要求打破学科界限，突破学科知识体系，建立不同学科知识间的内在联系，以及学科知识与中小学生真实生活情境的联系，直面真实的综合问题，综合运用知识与经验分析解决实际问题，完成活动任务[2]。

（三）实践性

中小学生劳动素养具有实践性，实践性是中小学生劳动素养的一种重要属性。劳动素养不仅是思想领域的问题，更是实践范畴的问题。中小学生劳动素养是从中小学生的劳动实践活动中凝结生成的。同时，中小学生需要在劳动实践中熟悉与锻炼劳动技能，验证劳动知识，并形成具体的劳动能力；需要在劳动实践过程中形成积极的劳动意识，在身体力行中提升对劳动的整体认识并形成正确的劳动价值观。社会发展对高素质劳动人才的客观需求与中小学生的实际发展现状的矛盾，要求学校增加中小学生的劳动实践机会，使其在切身体验中提高劳动实践能力。

（四）发展性

中小学生劳动素养具有发展性。中小学生劳动素养不是一成不变的，而是随着时代的发展、人类的物质生活及社会总体趋势的变革而不断发展变化的。在历史的长河中，新形态的劳动不断涌现，人们对劳动素养的理解不断更新，劳动素养的概念与内涵也在不断丰富。与此同时，中小学生劳动素养的培育方式也依据劳动形态的演进而与时俱进，各培育主体努力创造条件让中小学生参加服务性劳动、创造性劳动等，形成当代中小学劳动教育的新方向和劳动素养培育的新形式。

第二节　劳动素养的结构体系

在新时代背景下，劳动教育及劳动素养的研究日益受到各界重视，中小学生劳动素养的结构要素得以不断丰富和完善。依据国家的相关政策、会议文件及学者们的相关研究，归纳总结出劳动素养的核心结构要素，对构建中小学生劳动素养培育路径和评价策略，指导中小学劳动教育的实施具有重要意义。

一、劳动素养结构概述

（一）劳动素养结构划分的政策依据

《关于全面加强新时代大中小学劳动教育的意见》（简称《意见》）和《纲要》等

---

① 王泉泉，刘霞，陈子循，等. 核心素养视域下劳动素养的内涵与结构 [J]. 北京师范大学学报（社会科学版），2021 (2).
② 李雅洁. 核心素养视角下小学劳动教育研究 [D]. 长沙：湖南师范大学，2020.

政策文件，为劳动素养结构要素的分析提供了政策导向。相关政策主要从观念、能力、品质、精神等方面对劳动素养的内涵和结构进行了划分和界定，并根据不同学段学生理解力、执行力等方面的差异对相关内容和要求作出了不同的规定。在观念上，强调劳动最光荣、劳动最崇高、劳动最伟大、劳动最美丽等思想观念的树立和对普通劳动者的尊重；在品质上，强调自觉自愿、认真负责、安全规范、坚持不懈、诚实守信、吃苦耐劳等品质和习惯的养成；在能力上，强调从简单到复杂的基本规律遵循，从体验参与到创新创造的渐进发展；在精神上，强调勤俭、奋斗、创新、奉献等精神的形成，对中华民族勤俭节约、敬业奉献的优良传统的继承，以及对劳动意义价值的领悟。

《义务教育劳动课程标准（2022 年版）》则从课程体系的实践视角，为中小学生劳动素养的养成提供了依据。该课程标准围绕劳动教育的核心素养，坚持了育人导向，注重挖掘劳动在立德树人、强体增智等方面的育人价值，将培养学生的劳动精神、劳动观念贯穿于课程实施的全过程，引导学生树立正确的劳动价值观；构建了以实践为主线的课程结构，围绕日常生活劳动、服务性劳动和生产劳动，根据不同学段的学生基础和发展需要，以劳动项目为载体，以劳动任务群为基本单元，以学生参与、体验、感悟为基本要求，形成了一体化的课程结构，并通过倡导丰富多彩的实践方式，强调亲身经历、知行合一、手脑并用和协创融通，倡导做中学、学中做，激发学生参与劳动的主动性、积极性和创造性，提升学生的劳动素养；加强了与学生生活和社会实际的联系，重视培养学生社会责任感，注重选择体现中华优秀传统文化和工匠精神的手工劳动内容，强调适当引入体现新技术、新形态、新工艺等的现代劳动内容。同时，其也更注重对学生劳动素养的综合评价，强调评价方法多样、评价内容多维、评价主体多元，强调定量和定性评价相结合，平时表现与综合评价相结合，教师评价与学生、家长评价相结合，不仅关注劳动知识技能的掌握，也关注劳动观念、劳动精神和劳动习惯和品质的形成，不仅关注劳动成果，也关注劳动过程的表现。

（二）劳动素养结构体系的研究概述

在政策指导下，诸多学者纷纷展开了对劳动素养内涵和结构的分析与探索，主要聚焦于劳动素养结构要素解读与细化、劳动素养培育路径与策略等方面。在劳动素养结构要素的解读与细化方面，主要存在两种不同的处理方式。一种是对政策文件中所提及的劳动素养结构要素进行深入解读，细化内容。如有学者对《意见》与《纲要》中提出的劳动素养结构内容进行了细化解读，认为劳动观念是劳动素养体系之重心，是学生劳动意识、劳动思想和劳动态度的表达；劳动能力是劳动素养体系之基础，主要包含劳动创新、劳动技能、劳动知识；劳动习惯和品质是劳动素养体系之关键，主要包含劳动自主、劳动诚信、劳动责任；劳动精神则是劳动素养体系之核心，主要包含劳动奋斗、劳动奉献、劳动勤俭等基本劳动精神风貌。四者相辅相成，共同构筑了中小学生劳动素养结构体系[①]。

另一种则是在解读政策文件的基础上，对劳动素养的结构要素进行了重新理解或构建。例如，有学者根据《意见》与《纲要》的指导思想，在国内外文献分析和国际比较研究的基础上，提出劳动素养包括三个不可或缺、相互联系的关键成分，即劳动观念、劳动能力、劳动习惯与品质。其中，劳动观念是劳动素养在认知、情感、价值观层面的体现，对学生的劳动实践具有积极的指导作用。劳动能力是保障学生顺利完成相应劳动任务的胜任力，是个体的劳动知识技能、思维行动方式、劳动创新创造等在劳动实践活动中的综合表现，是核心素养框架下劳动素养不可或缺的一个维度。劳动习惯与品质不仅是衡量学生劳动素养发展水平的关键指标，也是保障学生坚持不懈参与劳动实践活动的重要条件，二者相互促进，由外及内，构成了劳动素养的重要组成部分。劳动观念、劳动能力及劳动习惯与品质这三个关键成分，全面反映学生在劳动学习与实践过程中逐步实现的精神与价值观、必备品格和关键能力的发展状况[②]。也有研究结合"构建德智体美劳全面培养的教育体系"的时代背景，以及人与社会发展的需求，认为中小学生劳动素养的结构体系主要包括劳动意识、劳动认知、劳动情感、劳动意志、劳动行为习惯、劳动创造力六大基本构成要素。其中，劳动意识是中小学生劳动素养发展的前提，劳动认知是中小学生劳动素养发展的基础，劳动情感是劳动素养发展的动力，劳动意志是中小学生劳动素养发展的保障，劳动行为习惯是中小学生劳动素养发展的关键，劳动创造力是中小学生劳动素养发展的核心[③]。

总体而言，梳理近年来人们对劳动素养结构要素的探讨，主要集中在如下几个维度：一是观念维度，表述方式包括劳动观念、劳动价值观、劳动态度、劳动认知、劳动心态等；二是精神维度，表述方式包括劳动精神、劳动意识、劳动意志等；三是能力维度，表述方式包括劳动能力、劳动知识、劳动技术、劳动技能、劳动实践、劳动创新等；四是品质维度，表述方式包括劳动习惯与品质、劳动行为习惯、劳动习惯和品格等。

二、中小学生劳动素养的核心结构要素

国家相关政策文件对劳动素养概念和维度的界定，以及学者们对劳动素养的解读和分析，为界定中小学生劳动素养的结构要素体系奠定了坚实的政策依据和理论基础。据此，我们认为中小学生劳动素养的核心结构要素主要包括劳动观念、劳动能力、劳动习惯与品质和劳动精神等几个方面。

① 纪德奎，陈璐瑶. 劳动素养的内涵、结构体系及培养路径［J］. 天津师范大学学报（基础教育版），2021（2）.
② 王泉泉，刘霞，陈子循，等. 核心素养视域下劳动素养的内涵与结构［J］. 北京师范大学学报（社会科学版），2021（2）.
③ 赵志慧. 小学生劳动素养现状及教育对策研究［D］. 武汉：华中师范大学，2020.

（一）劳动观念

劳动观念主要是指一个人在思想上对于劳动的态度、看法、认识和价值观等。《纲要》指出，中小学生要树立正确的劳动观念，包括能正确理解劳动是人类发展和社会进步的根本力量，认识劳动创造人、劳动创造价值、创造财富、创造美好生活的道理，尊重劳动，尊重普通劳动者，牢固树立劳动最光荣、劳动最崇高、劳动最伟大、劳动最美丽的思想观念。这不仅明确了劳动观念的基本内涵，也指明了劳动教育的重要目标。

此外，《义务教育劳动课程标准（2022年版）》也从认知、态度和情感方面对劳动观念进行了描述，认为劳动观念主要是指在劳动实践中逐渐形成的对劳动、劳动者、劳动成果等方面的认知和总体看法，以及在此基础上形成的基本态度和情感。从认知上看，包括学生能尊重劳动，尊重普通劳动者，了解不同职业劳动者的辛苦与快乐，理解"三百六十行，行行出状元"的道理，能正确理解劳动对于个人生活、家庭幸福、社会进步、国家富强和人类发展的意义，懂得劳动创造人、劳动创造财富、劳动创造美好生活的道理；从情感和态度上看，包括学生能崇尚劳动，牢固树立劳动最光荣、劳动最崇高、劳动最伟大、劳动最美丽的观念。此外，课程标准对不同学段学生的劳动观念培育提出了不同的要求，例如，在1—2年级阶段，强调在力所能及的劳动实践中体会劳动的艰辛和快乐，初步形成喜欢劳动、积极参加劳动的态度等；在3—4年级阶段，强调初步形成服务意识和社会责任感，具有主动承担力所能及的劳动的意识，初步养成热爱劳动的态度等；在5—6年级阶段，强调形成主动服务、关心社会、扶助弱势、热心公益、关爱生命、热爱自然的意识，在劳动过程中初步形成劳动效率意识和劳动质量意识等；在7—9年级阶段，强调形成初步的职业意识和生涯规划意识，进一步增强公共服务意识和社会责任感，在劳动过程中注重劳动效率和劳动质量等。

劳动观念包括了人们对劳动价值的认识、对劳动的情感态度和价值取向、对个人劳动与社会劳动之间价值的认识等，是个体的主观认识，也是引导中小学生进行劳动实践的先决因素。劳动观念作为一种意识形态，对人们的劳动选择和劳动行为起着引导和支配作用，培养学生正确的劳动观念，就是培养学生对劳动价值的正确主观评价。例如，树立正确的劳动观点，正确认识劳动并理解劳动价值，懂得尊重劳动、劳动人民和劳动成果，用积极的态度对待劳动等，都是中小学生劳动观念培育的重要内容。习近平在全国教育大会上也对新时代劳动价值观的定位作出了明确的阐述，即劳动最光荣、劳动最崇高、劳动最伟大、劳动最美丽。新时代中小学劳动教育应紧紧围绕这个劳动价值观定位，促进中小学生全面发展，在劳动中感悟真善美。具体实践中，学校可以通过设置相应项目主题的方式帮助中小学生树立正确的劳动观念。

（二）劳动能力

劳动能力主要指掌握基本的劳动知识与技能，是中小学生劳动素养的重要组成部分，是中小学生进行劳动实践和提高劳动效率的基本前提。其中，劳动知识主要是指在长期的社会环境中，个体所掌握的与劳动有关的符合自然发展和人文发展规律的科学认识，它既包括劳动相关理论知识，也包括劳动实践知识；劳动技能则主要是对个体实际操作技能的要求，着重考察个体的动手实践能力和问题解决能力，主要包括日常生活技能、社会服务技能、劳动制作技能、劳动生产技能、职业体验技能等。

《纲要》指出，学生应掌握基本的劳动知识和技能，正确使用常见劳动工具，增强体力、智力和创造力，具备完成一定劳动任务所需要的设计、操作能力及团队合作能力。《义务教育劳动课程标准（2022年版）》则从日常生活劳动、生产劳动、服务性劳动等层面对劳动能力的内涵进行了解读，认为劳动能力主要是指顺利完成与个体年龄及生理特点相适宜的劳动任务所需的胜任力，是个体的劳动、知识、技能、行为方式等在劳动实践中的综合表现。此外，课程标准对不同学段学生的劳动能力培育提出了不同的要求，例如，在1—2年级阶段，强调初步掌握基础知识、基本步骤和操作方法，在简单的劳动中初步掌握简单的手工技能，会使用简单的工具，能照顾身边常见的动植物等；在3—4年级阶段，强调能在日常生活劳动中发现存在的问题，选择和运用恰当的劳动技能加以解决，形成生活自理能力，在学校、社区的服务性劳动中，初步形成关爱他人、积极参与学校和社区建设的劳动意识和能力等；在5—6年级阶段，强调能发现日常生活劳动中存在的问题，综合运用生活基本技能解决问题，初步具备从事简单生产劳动的能力，在服务性劳动中运用已有劳动技能服务他人、学校和社区等；在7—9年级阶段，强调在日常生活劳动中能熟练运用家政技能，提高生活自理能力，能在生产劳动中发现存在的需求和问题，综合应用劳动技能解决问题，发展创造性劳动能力，在服务性劳动中，能够初步掌握现代服务业劳动的基本知识与技能，提升服务他人、学校、社区的基本能力等。

劳动知识的积累、劳动技能的掌握可以完善中小学生知识结构体系、提升其劳动能力，并为劳动品质与劳动习惯等素养的形成奠定基础。学生需要亲身体验、感受真实的劳动活动，习得一定的日常生活劳动、服务性劳动和生产劳动技能，在实践中激发创新精神，培养团结协作能力、创新创造能力，培养学生与他人、与社会和谐相处的能力，树立终身学习的意识，以更好的姿态迎接未来社会的挑战。

（三）劳动习惯与品质

劳动习惯与品质是中小学生劳动素养发展的关键。劳动习惯与品质主要是指个体在实践活动中所表现出的持续的、稳定的劳动行为，以及在该过程中所体现的品质[①]。劳动习惯与品质不仅是衡量学生劳动素养发展水平的关键指标，也是保障学生

---

① 王文静. 中职学生劳动素养培养现状及路径研究［D］. 南京：南京师范大学，2020.

能够坚持不懈参与劳动实践活动的重要条件，二者构成了劳动素养的重要组成部分[1]。劳动习惯与品质主要是在后天环境中通过实践适应并逐渐养成的不易改变的劳动行为，体现为日常的自觉化劳动行为与思考方式，是从个体内在思维、思想到外在行为表现的素养展现。劳动习惯和品质主要包括劳动自主、劳动诚信、劳动责任等。劳动自主是指中小学生能够自觉主动、积极自愿地投入劳动中；劳动诚信是指学生养成尊重劳动事实、遵守劳动规范的行为品格；劳动责任是指学生要在各阶段发展过程中形成各类劳动实施责任感[2]。

《纲要》指出，中小学生良好的劳动习惯和品质主要包括能够自觉自愿、认真负责、安全规范、坚持不懈地参与劳动，形成诚实守信、吃苦耐劳的品质。珍惜劳动成果，养成良好的消费习惯，杜绝浪费。《义务教育劳动课程标准（2022 年版）》中认为劳动习惯和品质主要是指通过经常性劳动实践形成的稳定性行为倾向和品格特征，主要表现为：学生具有安全劳动、规范劳动、有始有终等习惯；养成自觉自愿、认真负责、诚实守信、吃苦耐劳、团结合作、珍惜劳动成果等品质。同时，课程标准也对不同学段学生的劳动习惯和品质培育提出了不同的要求，例如，在 1—2 年级阶段，强调懂得珍惜劳动成果，遵守劳动纪律和安全规范，初步养成自己的事自己做、认真负责、有始有终的劳动习惯和品质等；在 3—4 年级阶段，强调遵守劳动纪律和安全规范，养成自觉自愿、认真负责、专心致志、有始有终的劳动习惯和品质等；在 5—6 年级阶段，强调在劳动过程中吃苦耐劳，主动承担力所能及的劳动，养成安全劳动、规范操作、坚持不懈，以及诚实劳动、合法劳动的劳动习惯和品质；在 7—9 年级阶段，强调在劳动过程中持之以恒，诚实守信，有责任担当，养成自觉遵守劳动规范、劳动法规的习惯，形成认真负责、吃苦耐劳的劳动品质。

促进中小学生养成良好的劳动习惯与品质，有利于中小学生在日常生活与学习中积极动手和动脑，参与劳动实践，促使中小学生在劳动实践中不断完善自己的劳动体验，磨炼自己的劳动意志。在具体实践中，教育部门需要结合学科内容特点，有机渗透劳动教育，让学生养成良好的劳动习惯与品质，并通过学科相应知识点的实践活动和探究活动，发现学科与劳动的联系，延伸学科与相应产业、工种的联系，渗透劳动习惯与品质的培养。

（四）劳动精神

劳动精神主要指人们对劳动的热爱态度，以及劳动者在劳动过程中体现出来的积极人格气质[3]。劳动精神是提高中小学生劳动素养的动力，是中小学生劳动素养培育过程中不可忽视的关键因素。《纲要》指出，劳动精神主要包括领会"幸福是奋斗出

① 王泉泉，刘霞，陈子循，等. 核心素养视域下劳动素养的内涵与结构 [J]. 北京师范大学学报（社会科学版），2021（2）.
② 纪德奎，陈璐瑶. 劳动素养的内涵、结构体系及培养路径 [J]. 天津师范大学学报（基础教育版），2021（2）.
③ 檀传宝. 劳动教育的概念理解：如何认识劳动教育概念的基本内涵与基本特征 [J]. 中国教育学刊，2019（2）.

来的"内涵与意义，继承中华民族勤俭节约、敬业奉献的优良传统，弘扬开拓创新、砥砺奋进的时代精神等内容。《义务教育劳动课程标准（2022年版）》对劳动精神的内涵也进行了界定，认为主要是指在劳动观念、劳动能力、劳动习惯和品质的培养过程中形成和发展的，在劳动实践中秉持的关于劳动的信念信仰和人格特质，主要表现为：学生能领会"劳动是一切幸福的源泉""幸福是奋斗出来的"的内涵与意义；继承中华民族勤俭节约、敬业奉献的优良传统；弘扬开拓创新、砥砺奋进的时代精神；感知爱岗敬业、甘于奉献的劳模精神；培育百折不挠、艰苦奋斗的革命精神，以及精益求精、追求卓越的工匠精神等。同时，课程标准也对不同学段学生的劳动精神培育提出了不同的要求，例如，在1—2年级阶段，强调能在劳动过程中不怕脏、不怕累；在3—4年级阶段，强调形成勤俭节约、不怕困难的精神；在5—6年级阶段，强调初步形成不畏艰辛、积极探索、追求创新的精神；在7—9年级阶段，强调劳动中能精益求精、不断追求品质，树立奋斗、勤俭、奉献、创新的劳动精神。

劳动精神不仅可以宣扬中华优秀传统文化，而且可以为塑造合格的时代新人提供保障。一方面，劳动精神是个体思想、意识、思维等心理认知的凝集与升华，它指导与规范着个体外在劳动行为的表现；另一方面，劳动精神也是指引中小学生劳动品质与劳动观念形成的核心力量，是促使学生在社会公益劳动、日常生活劳动及生产劳动等活动中学会自立自强、勤奋坚强、克服困难、乐于奉献的动力源泉。促进中小学生脑力劳动和体力劳动的贯通，提高学生发现劳动美、欣赏劳动美、创造劳动美的能力，引导学生形成坚韧不拔的劳动精神和劳动品质，进而促进学生全面发展，是中小学劳动教育的核心要义。具体实践中，教育部门也需要结合学科内容特点，在不同的学科教学中渗透劳动教育，培育中小学生的劳动精神。

第三节　中小学生劳动素养的培育

劳动素养既是个人成长进步的基础素养，更是当今中小学生综合素养的重要组成部分。中小学生劳动素养的培育，在培养新时代社会主义建设者和接班人、提升学生综合素质、促进学生全面发展、摒弃错误劳动观念及营造良好社会氛围等方面具有重要意义。

中小学生劳动素养培育事关立德树人根本任务的达成，关于新时代培养德智体美劳全面发展的社会主义建设者和接班人的目标实现。国家、社会、学校、家庭、个人等因素都会影响中小学生劳动素养培育的质量。从国家层面而言，中小学生劳动素养培育任务要想真正贯彻落实，离不开国家和政府的引领。国家对于中小学劳动教育的重视程度、相关政策文件的出台、督导检查机制的建立等会影响中小学生劳动素养的培育质量；从社会层面而言，社会对中小学生劳动素养培育的积极性与合作性等在一定程度上影响着中小学生劳动素养培育质量；从学校层面而言，学校劳动设施的建设、劳动教育教师队伍的建设、劳动课程的开设、劳动素养评价工作的开展等会对中小学生劳动素养培育质量产生影响；从家庭层面而言，家长的劳动观念及家庭环境会潜移默化地影响孩子，家庭是影响中小学生劳动素养培育质量的重要因素；从个人层面而言，学生个人的主观能动性、学生自身发展的特殊性、学生的自我要求等因素均会影响中小学生劳动素养的培育。中小学生劳动素养的培育是一个整体的过程，必须综合国家、社会、学校、家庭及学生个人等各影响因素的作用，将理论与实践紧密结合起来。

一、国家层面

为更好地落实中小学生劳动素养培育任务，国家须在思想上重视，在行动上支持，大力弘扬和倡导新时代中小学生劳动教育。具体来说，国家可以从以下几方面入手：明确劳动教育总体目标，做好顶层设计；提升劳动教育支撑保障能力，加强组织领导；加强对劳动教育的专业研究与指导，强化督导检查。

（一）明确劳动教育总体目标，做好顶层设计

劳动教育总体目标，是国家开展中小学劳动教育所要求达到的基本要求，它既反映了国家对于中小学劳动教育的总体指导思想和落实的质量要求，也指明了衡量中小学生劳动教育开展效果的标准和尺度。只有明确了中小学开展劳动教育的总体目标，劳动教育才有方向，中小学生劳动素养培育才有落脚点。国家在《意见》中明确提出了劳动教育的总体目标，通过劳动教育，使学生能够理解和形成马克思主义劳动观，牢固树立劳动最光荣、劳动最崇高、劳动最伟大、劳动最美丽的观念；体会劳动创造美好生活，体认劳动不分贵贱，热爱劳动，尊重普通劳动者，培养勤俭、奋斗、创新、奉献的劳动精神；具备满足生存发展需要的基本劳动能力，形成良好劳动习惯。同时，国家层面也要做好劳动教育顶层设计，研究制定相关劳动教育指导政策，提出劳动教育的目标、内容、途径、方式、评价标准等，为地方政府和各级各类学校实施劳动教育、培育中小学生劳动素养提供方向性的指导与支持。

（二）提升劳动教育支撑保障能力，加强组织领导

在中小学生劳动素养培育上，国家需要着力提升劳动教育支撑保障能力，推动中小学生素养培育顺利进行。首先，多举措加强教师人才队伍建设，保障劳动教育师资质量。把劳动教育纳入教师培训内容，开展全员培训，强化每位教师的劳动意识、劳动观念，提升实施劳动教育的自觉性，对承担劳动教育课程的教师进行专项培训，提高劳动教育专业化水平。其次，建立健全对劳动教育的经费投入保障机制，保障劳动教育经费投入。需要统筹中央补助资金和自有财力，多种形式筹措资金，加快

建设各地校内校外劳动教育实践基地，加强各地学校劳动教育设施标准化建设，建立学校劳动教育器材、耗材补充机制，为中小学劳动教育的实施、劳动素养的培育创造必要条件。最后，加强对劳动教育实施的组织领导，保障劳动教育有序进行。国家要把劳动教育提上重要议事日程，出台相关的政策措施，切实解决劳动教育实施过程中的重大问题，各省级政府也要加强对劳动教育的统筹协调，设置机构或明确相关部门负责劳动教育的规划设计、组织协调、资源整合、过程管理、总结评价等，推动建立全面实施劳动教育的长效机制，构建中小学生劳动素养培育的机制体制，为进一步提升中小学生劳动素养提供保障。

（三）加强对劳动教育的专业研究与指导，强化督导检查

劳动教育的顺利实施与中小学生劳动素养培育任务的落实，离不开国家的指导与监督。一方面，国家要继续加强专业研究指导。支持劳动教育研究，鼓励和支持相关机构设立劳动教育研究项目；设立一批试验区或实验学校，开展专项研究和实践探索，注重开展跟踪研究、行动研究；在全国范围内举办论坛讲座，营造良好学术氛围，促进劳动教育整体实施水平提高，促进中小学生劳动素养培育。同时，国家层面也要组织开展中小学劳动教育课程资源研发，基于中小学劳动教育教学的需要，组织编写相关指导手册、相关教材，为全国范围内开展中小学劳动教育、开展劳动素养培育工作提供指导意见。另一方面，国家也要强化劳动教育督导检查，对地方及学校组织劳动教育情况进行督导，强化反馈与指导。国家不仅要制定相关政策指导中小学劳动教育的实施，也要对其实施情况进行监督检查，督促各地区各学校落实中小学生劳动素养培育任务。国家要把劳动教育纳入教育督导体系，完善督导办法，对地方各级政府和有关部门保障劳动教育情况及学校组织实施劳动教育情况进行督导，督导结果向社会公开，同时作为衡量区域教育质量和水平的重要指标，作为对督导部门和学校及其主要负责人考核奖惩的依据；开展劳动教育质量检测，强化实践反馈与指导，以此不断督促各地各校重视开展中小学劳动教育，促进中小学生劳动素养培育。

二、社会层面

一所学校所掌握的劳动教育资源是有限的，必须借助社会的力量。社会要充分发挥在开展劳动教育中的支持作用，为中小学生劳动素养培育提供多样化的劳动实践平台，加强社会宣传引导，营造良好的社会氛围，突出地方特色，全方位推行特色劳动教育模式。

（一）搭建多元劳动实践平台，发挥培育与支持作用

中小学劳动教育需要理论与实践相结合，中小学生劳动素养的培育必须紧紧依靠社会力量，力求从社会中获取更多的劳动教育资源。对于中小学生劳动素养的培育，社会要切实承担起责任，充分挖掘与开发各方面的资源，为中小学开展劳动教育提供

必要的保障。例如，各企事业单位和社会机构可以为中小学提供劳动教育服务的先进事迹，搭建并开放实践场所，支持中小学组织学生参加力所能及的生产劳动，参与新型服务性劳动，让中小学生与普通劳动者一起经历劳动过程，让中小学生在实践中体验到劳动的价值，增强其劳动素养培育意识。高新企业可以为中小学生体验现代科技条件下劳动实践新形态、新方式提供支持，让学生在劳动素养培育过程中感受科技的力量。工会、共青团、妇联等群体组织，以及各类公益基金会、社会福利组织应组织动员相关力量，搭建活动平台，共同支持中小学生深入城乡社区，让中小学生获得多样化的劳动经历。社会要鼓励学生参与校外实践和社区志愿服务，积累丰富的劳动实践经验；让中小学生可以在劳动实践过程中增强劳动意识，掌握劳动知识与技能，真正体会到劳动创造带来的喜悦。

（二）加强社会宣传引导，营造良好社会氛围

社会可以采取多种宣传方式，引导学生家长树立正确的劳动观念，支持、配合学校开展劳动教育；宣传推广劳动教育典型经验，积极宣传企事业单位和社会机构提供劳动教育服务的先进事迹；创作更多以歌颂普通劳动者为主题的优秀作品，大力宣传辛勤劳动、诚实劳动、创造性劳动的典型人物和事迹；同时，可以在媒体平台、宣传栏设立劳动教育专栏，宣传展示劳动典型、劳动技能和师生劳动教育成果，营造全社会关心和支持劳动教育的良好氛围，让中小学生在日常的生活与学习中感受到劳动的重要性，激发中小学生自身劳动素养培育的主观能动性。

（三）结合地方特色，推行特色劳动教育模式

劳动教育要落实好，不仅要有完整和科学的课程体系作为基本保障，还要突出地方特色，通过结合自身特色和实际情况开展多种形式活动，使劳动教育观念深入人心。例如，黑龙江省的"五色"劳动教育模式便具有典型性，从红色"基因传承教育"、绿色"生态文明教育"、蓝色"科技教育"、金色"农业实践教育"到银色"冰雪文化教育"，涵盖了不同领域的劳动教育内容，而且均能结合自身特色，从基础知识掌握、劳动意识培养、劳动习惯养成到具体劳动实践，使学生既能在学习中理解劳动教育观念，又能从生活实践中得到成长。

三、学校层面

学校在中小学生劳动素养培养过程中应为其提供一定的学习条件、实践条件等。

（一）构建科学劳动教育课程体系，发挥培育主导作用

促进劳动教育发展，促进中小学生劳动素养的培育，学校的首要措施就是要构建完整科学的劳动教育课程体系[①]，学校要切实承担劳动教育主体责任，发挥学校在中

---

① 赵志慧. 小学生劳动素养现状及教育对策研究［D］. 武汉：华中师范大学，2020.

小学生劳动素养培育过程中的主导作用。首先，学校必须独立开设劳动教育必修课，并明确规定劳动教育课程课时，用于指导各类劳动教育课程开展，同时要对通用技术和地方课程、校本课程等有关内容进行统筹，从而保障和体现劳动教育课程在中小学课程体系中的重要地位。其次，学校要在学科学习中有机渗透劳动教育。另外，学生身心发展具有阶段性的特征，学校在对中小学生实施劳动教育的过程中还应设置过渡性活动课课程，注重做好学段衔接。再次，学校要安排中小学生劳动实践，从课程学时、活动形式等方面下功夫，可采用专题讲座、主题演讲、劳动技能竞赛、劳动成果展示、劳动项目实践等形式进行，针对不同学段的学生设置相应的课程体系和实践活动；同时，灵活设置劳动实践活动的时间，可在学年内或寒暑假安排，以集体劳动为主，由学校统一组织实施，集中落实中小学生劳动素养培育要求。

（二）加强劳动教育师资队伍建设，做好安全风险防范与管理

教师队伍是推进劳动教育深入发展的第一资源和重要保障，直接决定中小学生劳动素养培育的成效。这里所说的教师队伍，不仅指教学中不同学科的教师，还包括学校行政人员。在中小学生劳动素养培育上，教师要树立"以人为本"的学生观，看到中小学生的发展性、独特性以及独立性，充分利用自身的专业知识与技能，帮助中小学生更好地成长为一名德智体美劳全面发展的社会主义建设者和接班人。

中小学应根据劳动教育需要，明确劳动教育责任人，加强劳动教育师资培养，配齐劳动教育必修课教师，保持教师队伍的相对稳定性。另外，学校应充分发挥教职工特别是中小学班主任的作用，保障劳动课教师与其他专任教师享受同等待遇，必要时配备专职教师，建立劳动课教师特聘制度，鼓励聘请能工巧匠、专业技术人员担任劳动教育课教师，推进职业院校实践指导教师到中小学授课交流，等等。同时，学校要把劳动安全教育与管理作为组织实施的必要内容，完善劳动教育安全联动机制，强化教师与学生的劳动安全意识，建立安全教育与管理并重的安全保障体系，创设一个安全的劳动教育环境，保障中小学生劳动素养培育工作顺利向前推进。学校也应根据学生的个体差异，合理安排劳动教育活动，密切关注安全问题，做好劳动实践活动的安全风险评估，在开展劳动实践活动前注意做好安全隐患排除工作，做到防患于未然，在活动过程中保护好学生安全。只有在保障学生安全的前提下进行的劳动实践活动，才能成为中小学生劳动素养培育的有效途径。

（三）开发劳动教育资源，形成劳动共育合力

劳动教育资源在一定程度上决定了中小学劳动教育实施的效果，决定了中小学生劳动素养培育的效果。为更好地推进中小学劳动教育的实施，推进中小学生劳动素养的培育，学校必须开发更多的劳动教育资源，如实践场地资源、课程资源、教师资源、财力资源等。中小学要推动建立以学校为主导、家庭为基础、社区为依托的协同培育机制，形成共育合力。学校可以加强与社会力量合作，为劳动实践基地的打造创造条件，与相关社会实践基地共同开发并实施劳动教育课程。通过多种形式的活动引

导家长参与到劳动教育培育过程中来，使家长树立正确的劳动观，进而明确家长的劳动教育责任，让家长主动指导督促孩子完成家庭、社区劳动任务。学校通过整体优化中小学生劳动素养培育的综合影响因素，使社会、家庭等力量成为学校劳动教育的有效补充。

（四）促进五育融合发展，开展劳动素养评价工作

劳动教育与德育、智育、体育、美育之间有着密切的联系，劳动可以树德、可以增智、可以强体、可以育美，通过劳动教育可以将其他四育联结起来。要提升中小学生劳动素养，实现人在德智体美劳等方面全面发展绝不是仅仅依靠一门课程就能够实现的，而是需要不同学科、不同活动之间的相互交叉与融合。学校应建立起劳动教育与其他学科教育之间的联系，以学科交融的方式深化中小学生的劳动认知，从基础知识着手，让中小学生逐步形成劳动意识，培养其良好的劳动行为习惯，提升其劳动创造力，真正做到理论与实践相结合。《纲要》指出，学校在评价方面也要下功夫，将劳动素养纳入学生综合素质评价体系，以中小学生劳动素养的核心内容作为指标内容，重点聚焦在劳动观念、劳动知识与技能、劳动习惯与品质及劳动精神这几个方面，将过程性评价与结果性评价结合起来，做好中小学生发展性评价工作。另外，学校应健全和完善中小学生劳动素养评价体系，确定评价标准、评价内容、评价程序以及评价方法，充分利用大数据、物联网等现代信息技术手段，从中小学生培养目标的实现出发构建合理的中小学生劳动素养评价指标体系，保证劳动教育效果，推动中小学生劳动素养培育工作有效开展。

四、家庭层面

习近平在 2018 年 9 月的全国教育大会上强调："家庭是人生的第一所学校，家长是孩子的第一任老师，要给孩子讲好'人生第一课'，帮助扣好人生第一粒扣子。"家庭是促进学生全面发展的要素之一，中小学生劳动素养的培育离不开家长的言传身教，离不开良好家庭氛围的熏陶。

（一）创造良好的家庭环境，发挥培育基础作用

良好家庭环境的创造是中小学生劳动素养培育的关键环节。家庭要深化对中小学生的直接影响，更好发挥家庭在培育中小学生劳动素养上的基础作用，树立崇尚劳动的良好家风。具体来说，家长首先要提升整体素质，保持理性的爱，不能过度袒护或溺爱自己的孩子，不能过分地迁就和忍让，要在家庭生活细节上慢慢培养孩子的动手能力、实践能力和创新能力，从而提高学生劳动素养；在日常生活中要求孩子打扫自己的房间，适当参与他们力所能及的事情。其次，家长要摒弃社会不良风气的影响，认识到劳动教育对孩子成长的重要性，通过网络、与他人交流等学习途径获取相关劳动教育资料，在日常的家庭劳动中向孩子讲解相关劳动知识。再次，家长要时刻关注

孩子知识的获得和能力的提升，多参与孩子的成长过程，在对孩子进行劳动素养培育时要学会尊重和肯定他们，提高孩子的家庭劳动体验。最后，家长要营造一个和谐友爱的家庭环境，让孩子感受到父母对自己成长的关注与关心，让孩子感受到家庭劳动过程中带来的幸福感、满足感。

（二）发挥家长榜样作用，鼓励学生参与劳动实践

人们的行为起初是通过模仿习得的。中小学生的这一年龄阶段的学习模仿能力非常强。父母是孩子的第一任老师，也是孩子最信赖、接触最密切的人，家长的一言一行都会影响孩子的行为。因此，在培养中小学生劳动素养过程中，家长要以身作则、言传身教，发挥好榜样作用。同时，家长也要有意识地引导孩子做一些力所能及的日常生活劳动，鼓励孩子利用节假日参加各种公益活动等社会实践，让孩子在实践中锻炼自己，提升自己的服务意识与奉献精神，形成对劳动成果的正确认识。

（三）构建合理的激励机制，增强学生的劳动实践意愿

家长应在孩子对劳动教育有所了解的基础上注重激发孩子主动参与劳动实践活动的动机，进而增强其对劳动重要性的认知，形成正确的劳动意识，养成良好的劳动习惯。例如，在孩子主动性较差，环境创设和榜样示范无法影响孩子的行为时，家长可以通过适当的激励机制来吸引孩子，增强孩子付诸行动的动机和决心，从而使家庭层面的劳动教育达到基本目标。

五、个人层面

国家、社会、学校、家庭面向中小学生的劳动教育要达到提高学生劳动素养的预定目标，离不开中小学生个人的主观努力。

（一）培养自觉主动的学习精神，提升劳动能力

劳动教育的效果与学生有着密切的关系，中小学生要在日常的学习和生活中培养自觉主动的学习精神，积极学习与劳动相关的理论知识，提高参加劳动实践、接受劳动锻炼的自觉性和主动性。学生通过学习社会宣传中的典型人物和事迹，培养不畏艰险、百折不挠、敢于担当的高尚品格；通过在学校、家庭中对相关劳动教育知识的学习，做到崇尚劳动、尊重劳动；通过在劳动实践中的学习，训练自身劳动技能，提高自身劳动能力，培养吃苦耐劳的意志品质，促进自身劳动素养提升。

（二）积极参与劳动实践，在劳动中实现社会价值

中小学生要想真正提升劳动素养水平，离不开参与劳动实践，且中小学生对自己亲自参与的事情，会表现出更多的关注与兴趣。中小学生在接受劳动教育、培育劳动素养过程中，必须做到"理论与实践相结合"，将劳动教育观念内化于心，外化于行，提高自身动手能力和实践技能。中小学生要在自己的劳动实践中逐渐体会到劳动素养提升与自身健康成长、全面发展的内在联系，积极参加学校组织的劳动锻炼，并积极

寻找社会实践、公益实践等劳动机会，在劳动实践过程中提升自己的劳动能力，为社会贡献出自己的一份力，感受劳动创造带来的幸福感、满足感，在劳动中实现自己的社会价值。

 思考题

1. 中小学生劳动素养的特征主要有哪些？请结合实际谈谈这些特征的具体体现。

2. 中小学生劳动素养培育对个人、家庭、学校、社会、国家有何意义和价值？并举例加以说明。

3. 国家、社会、学校、家庭、个人等主体在中小学生劳动素养培育中分别起着什么作用？各主体应如何充分发挥自身作用促进中小学生劳动素养培育？

拓展阅读

劳动素质与劳动素养

在《辞海》中，"素质"一词有三种定义：一是人的生理上的原来的特点；二是事物本来的性质；三是完成某种活动所必需的基本条件。素质可分为八种：政治素质、思想素质、道德素质、业务素质、审美素质、劳动素质、身体素质、心理素质。

在日常生活中，人们对于劳动素质与劳动素养常常交叉使用，但是，"劳动素质"与"劳动素养"其实是两个不同的概念。"劳动素质"一般是指人本身所具有的与劳动有关的性质，其具有先天性；而"劳动素养"则是指人的日常修养，主要指向后天养成的与劳动有关的人格品质。"劳动素质"是中性的、描述性概念，"劳动素养"也具有描述性，但常常是规范性概念，具有价值的正面性[1]。当人们说某人没有"劳动素质"的时候，其实并非是说这个人缺乏先天的劳动品质，而是指其正面的"劳动素养"不够。

思考：如何培育劳动素养？

---

[1] 檀传宝. 劳动教育的概念理解：如何认识劳动教育概念的基本内涵与基本特征 [J]. 中国教育学刊，2019（2）.

第六章　劳动教育形式

【学习目标】

1. 熟悉劳动教育形式的基本内涵，为新时代劳动教育形式转变树立科学态度。

2. 了解劳动教育形式多元化的意义和价值，增强实现劳动教育形式多元化的自主意识。

3. 在掌握中小学劳动教育形式基本特征的基础上，了解中小学劳动教育形式创新的基本思路和思维方式。

《大中小学劳动教育指导纲要（试行）》中指出："继承优良传统，彰显时代特征。在充分发挥传统劳动、传统工艺项目育人功能的同时，紧跟科技发展和产业变革，准确把握新时代劳动工具、劳动技术、劳动形态的新变化，创新劳动教育内容、途径、方式，增强劳动教育的时代性。"因此，劳动教育形式要在以往的基础上进行创新，根据学生身体发育情况，科学设计课内外劳动项目，采取灵活多样的形式，激发学生劳动的内在需求和动力。

第一节　劳动教育形式的内涵与特征

劳动教育形式关乎劳动教育内涵的丰富、劳动教育质量的提升，以及劳动教育综合育人目标的实现。劳动教育形式必须与时俱进，符合当代社会的发展。教育形式旨在为掌握教育内容创造条件，进而提高学习效率。劳动教育形式作为教育形式的一个分支，是对劳动教育活动方式的认知，是劳动教育的组织形式。新时代劳动教育不应只是简单的体能性或技能性活动，而应该在技术性、体验性、创新性劳动体验和实践活动中帮助学生树立正确的劳动观念、感悟高尚的劳动精神和提升必要的劳动能力。劳动教育在家庭生活之中体现为自理、自立的独立生活活动，在社会生活中体现为丰富多样的为社会作贡献的公益性活动，在学习中则体现为具体的与学科知识相联系的实践活动，以及动手操作的、能够化知识为能力与智慧的相关活动[1]。劳动教育不是家庭、学校、社会某一方面的事情，也不存在于某一具体学科、具体领域中，而是存

---

[1] 陈理宣，刘炎欣. 劳动教育与德智体美教育的基础关联和价值彰显 [J]. 中国教育学刊，2017（11）.

在于各种教育渠道中，渗透于各学科、各领域中，是一种整体性的教育。新时代劳动教育的呈现形式主要有以下特征。

一、跨界融合的综合性

新时代劳动教育在先前通过劳动教育培养学生的劳动技能、劳动精神的基础上，更加重视培育学生正确的劳动价值观、综合劳动素养等。其主要体现为：一方面将单独开设劳动课程与在各学科课程中渗透劳动教育相结合；另一方面在横向上与其他学科知识进行整合的同时，在纵向上也注意各个学段间的渐进性，实现贯通设计[①]。同时，新时期劳动教育不是孤立存在的，而是积极与其他四育融合，通过以劳树德、以劳增智、以劳强体、以劳育美、以劳创新，促进学生德智体美劳全面发展，实现五育并举。

二、显著的实践性

实践体验是劳动教育的主要形式。新时代的劳动教育特别重视学生实践过程，无论是体力劳动活动设计还是脑力劳动活动设计，都试图让学生亲自参与劳动活动、经历整个劳动过程，在体验、探究、设计、创作、反思的过程中建立起热爱劳动、热爱劳动人民的真实情感，树立正确的劳动价值观和劳动态度。

三、协同育人的整合性

新时代劳动教育通常采用"家庭、学校、社会"三位一体的协同育人形式，整合三方不同的育人功能，充分发挥劳动教育的作用。其中，家庭作为劳动教育的萌生之地，发挥基础作用；学校作为劳动教育的重点发展之地，发挥主导作用；社会作为劳动教育的实践之地，发挥支撑作用。协同育人形式，注重劳动教育实施过程中学生的主体地位、老师的主导地位、各社会组织的参与作用。各方密切关联，促使学生在劳动教育活动中建立广泛的相互联系，体现了劳动教育的整合性。

四、形式多元的创新性

随着社会的进步，以先进生产力为代表的工农业生产劳动逐渐摆脱了传统工农业

---

① 唐烨伟，陆淑婉，赵一婷，等. 跨界融合视域下劳动教育课程体系研究：内涵、路径与模型构建 [J]. 中国电化教育，2021（5）.

生产劳动的大一统模式，向个性化、定制化方向发展。在常规的简单劳动、手工劳动、机械劳动等体能性劳动之外，现代社会中增加了技术劳动、科学劳动、智慧劳动等创造性劳动。这一背景下，劳动教育被赋予个性化的创新性特征。劳动教育形式也由单一的课程劳动，向融合式劳动、协同式劳动转化，更关注学生综合劳动素养的培育，进而实现身心共教。

　　劳动教育不是一种单方面的思想道德灌输和价值观教育，更不是单一的体力劳动训练，而应是一种知行合一、身心共建的综合性学习活动。只有将学习和创造融入劳动教育的过程之中，将劳动作为一种学习和创造的方式，与实际生活相联系，才能适应科技高度发达的未来社会，真正促进教育的发展与进步。新时代背景下，劳动教育不应该仅仅被理解为"通过劳动去教育"，只重视劳动的结果，而是应当在劳动的过程中去培养学生的生命意识、美感意识，同时让学生感受劳动的意义。时代在前进，教育处在一个不断变化的环境之中，劳动教育的价值观也随之发生改变。探索与时俱进的劳动教育新形式，充分发掘劳动教育的育人价值，应当成为新时代全体劳动教育工作者的重要使命。

第二节　中小学劳动教育的基本形式

　　我们应对新时代劳动教育形式进行整体设计，推动建立全面实施劳动教育的长效机制，贯穿家庭、学校、社会各方面，把握育人导向，遵循教育规律，创新体制机制，注重教育实效。

一、传统劳动教育形式

（一）校内劳动教育

　　校内劳动教育作为主要的劳动教育形式，长期影响学生的劳动认知与行为。校内劳动教育的形式多样，除了课堂上的教学活动，还有在校园中开展的实践活动。

1. 工艺活动中的劳动教育

　　中小学生的劳动教育以培养学生的综合劳动素养、使学生获得积极的劳动体验为主要目的，注重发展学生的创造力。工艺活动所强调的"工匠精神"及审美价值正好契合劳动教育的发展和社会对未来人才的需求。工艺活动是中小学生学习制作、加工工艺品的劳动活动，是一种基于培养学生工程思维和技术意识的学习方式，是学生围绕一定的需求和任务，运用各种工具、工艺技术进行设计、动手操作，将自己的创意、方案付诸现实，转化为物品或作品的过程。在这个过程中，工艺劳动还充当了学生发现美的媒介。学生通过工艺活动发现美，在发现中感受美，提高对美的认知，陶冶审美情操。

因此，以工艺活动的形式开展劳动教育，具有必要性。其一，我们要将工艺活动融入劳动课程中。以实践为基础，根据自身地域资源，多方位、多角度地开展实践性的工艺劳动。其二，工艺活动要引领学生挖掘工艺中的精神元素，在劳动教育中培养学生的"工匠精神"。其三，工艺活动要实现在劳动教育中渗透审美教育，深化学生对劳动价值和意义的认识。

2. 校园义务活动中的劳动教育

校园义务活动指的是在保证学生正常的学习时间和空间下，组织学生参与的校园内的日常劳动，包括打扫卫生、整理课桌、浇花打水等基本活动，以及学校组织的植树、社区帮扶等专门的实践活动。校园义务劳动教育是指围绕学生上述劳动所进行的劳动教育。

校园义务活动一般是以班级为单位开展的集体活动，有利于激发学生的劳动热情，让学生体会劳动的艰辛，认识劳动的价值。师生之间、同学之间的互相帮助和团结协作，有利于增进彼此感情。学生能明确自己的责任与义务，有益于增强自我生存的能力。

学校是中小学生接受教育的主阵地。学生养成良好的劳动意识和培养所需的劳动能力，离不开学校劳动教育。在校内劳动教育中，我们应该根据学生的年龄水平和发展程度，让各阶段学生有区别地进行适当的劳动活动。低年级的学生，应以完成简单的劳动为主，注重学生的劳动体验。老师直接指导和帮助学生，做到师生共同参与、共同劳动；高年级的学生则要更注重劳动意识和劳动责任的培养，需要老师起模范带头作用。

（二）校外劳动教育

校外劳动教育作为校内劳动教育的延伸，包含自我、家庭、社会等方面的劳动体验活动，以丰富中小学生劳动教育形式，积极培育学生的劳动素养。

1. 自我劳动教育

自我劳动即自我服务劳动，是为自己服务的简单日常劳动。自我劳动教育是劳动教育的一种基础形式。苏霍姆林斯基说："劳动教育一般都从自我服务开始，而且日后不管每个人从事何种生产劳动，自我服务都将成为他的义务和习惯。"[①]

自我劳动教育有助于培养学生的自觉意识和独立意识，养成自己的事情自己做、自觉做的习惯，帮助他们提高独立生存的意识和能力。中小学生在每个不同阶段都应该有相应的自我劳动范围，每个阶段要按照阶段性特征，完成相应的劳动内容。这种自我服务劳动的常规化、习惯化，应成为所有学生自觉履行的义务。

2. 家庭劳动教育

家庭劳动教育是劳动教育中以家庭为主要场所，父母为主要教育者的教育活动。

---

① 苏霍姆林斯基. 帕夫雷什中学 ［M］. 赵玮，王义高，蔡兴文，等译. 北京：教育科学出版社，1983：425.

家庭劳动教育的基础性作用，主要表现在培养孩子自立、自理、自强的意识与能力，全面促进孩子的健康发展。因此，家庭劳动教育一定程度上决定了学生基本的劳动能力及社会实践能力。

家庭劳动教育具有多样性。开展家庭劳动教育不仅要倡导孩子在家庭中进行体力劳动，掌握基本劳动技能，更要让学生热爱劳动、辛勤劳动、诚实劳动、尊重劳动。

家庭劳动教育具有引导性。家庭的生活方式、父母的生活状态都对孩子身心健康成长至关重要。在对孩子的劳动教育中，家长首先是一种榜样的存在，孩子最初的学习始于模仿，家长的行为习惯会潜移默化地影响孩子对于事物的认知态度。因此，在劳动过程中，家长需要通过鼓励等积极方式给予回应，对孩子进行教育引导。

值得注意的是，不能为了劳动而劳动，过度重视劳动而忽略了其教育性。家庭劳动教育旨在对中小学生发挥教化作用，培养中小学生的劳动意识和劳动情感，提高其生活自理能力。家庭教育应与学校教育相结合，以更好地开展劳动教育。

3. 社会公益劳动教育

社会公益劳动教育意在让学生利用知识、技能等为他人和社会提供服务，从而使他们树立服务意识，在公益活动、志愿服务中强化社会责任感。中小学生的社会公益劳动教育是指学生在学校外参加的，并且有利于他人的社会行为，包括社区志愿服务等各类社会实践活动。

社会公益劳动教育具有育人导向。"以劳明德、以劳养德、以劳树德"应当成为劳动教育的共识。公益劳动是培养学生劳动意识、责任意识、爱心意识的重要途径[1]。首先，学校应鼓励学生参与校外的各项公益活动，使其养成热爱劳动的行为习惯，塑造和增强学生对社会和他人的责任感和奉献精神。其次，学校在组织中小学生参与社会公益劳动时，应带有一定的教育性，做好学生的思想教育工作，引导学生正确看待公益劳动、积极参与公益劳动，培养学生正确的劳动意识、劳动情感、劳动态度和劳动价值观。

二、新时代中小学劳动教育形式的创新

随着科学技术的发展，特别是经济领域新业态的发展，劳动新形态也如雨后春笋般不断生长。密切关注劳动形态的变化，与时俱进地创新劳动教育形式，促进学生全面发展、健康成长，是学校的使命。

（一）劳动教育新形态与新趋向

步入信息化和数字化的后工业社会，人类劳动的形态不断演进，劳动结构也在发生改变。体力劳动和脑力劳动之间的区分和联系因为科学、技术、文化和政治等因素

---

① 江兴龙，沈奕霏. 公益劳动教育"三注重"[J]. 思想政治课教学，2021（1）.

的飞速发展而逐渐变化。除了传统形式的劳动，社会出现了新形态劳动。所谓劳动新形态，一方面指向以社会为依托的服务性劳动，另一方面指向具有信息化特征的智能劳动、数字劳动、创造性劳动等。

劳动教育新形式立足于新形态劳动。教育者要根据新形态劳动赋予劳动教育新形式，不仅仅要教会学生传统的劳动技能和理论知识，给学生树立健康的劳动价值观念，更要培养学生的创新思维和实践能力，使学生能更好地适应新的时代环境。

1. 服务性劳动

服务性劳动是指利用知识、技能、工具、设备等，为他人和社会提供服务，增进国家和社会公共领域和个人福祉的劳动[①]。

在服务性劳动教育中，我们要让学生学会利用知识、技能等为他人和社会提供服务。在服务性岗位上见习实习，树立服务意识，实践服务技能；在公益劳动、志愿服务中强化社会责任感。其一，定期开展校内外的服务性劳动，让学生初步形成对学校、社区负责任的态度和社会公德意识。其二，适时给学生提供一些与服务性岗位相关的体验活动或课程，让学生真实体验服务工作。其三，鼓励学生自主积极地参与社会公共服务活动，强化责任意识和奉献精神。

2. 数字劳动

意大利学者泰拉诺瓦开创性地提出了"数字劳动"的概念，此后数字劳动便作为新的劳动形态不断延伸发展。数字劳动是提供数字媒体技术、数字产品和数字服务的各种生产创造性劳动。数字劳动不再局限于物质劳动，"非物质化"劳动成为其主要形态。数字化生产所使用的大量劳动对象、劳动工具等，都依托于信息技术搭建的虚拟空间中的"非物质化"的形式存在[②]。数字劳动使劳动者可以以数据为中介，更加迅速、更加高效地完成任务，从繁重的体力劳动和脑力劳动中逐步解放出来，并能更好地创造和实现人类的劳动价值。

3. 智能劳动

伴随云计算、虚拟现实等现代人工智能技术的高速发展，部分就业岗位被机器替代，同时人工智能技术也带动了许多新兴职业和服务行业的发展，极大地提高了社会生产力。智能劳动在劳动主体、劳动对象和劳动资料上都对传统劳动力理论和劳动价值论有所创新。在智能劳动中，人们可以利用各种新兴的智能技术和工具，从机械化、重复化的脑力和体力劳动中逐步解放出来，进而帮助自己减轻繁重的工作，从而能够投身于更有价值的工作中。

这些变化也对劳动教育提出了新的要求。在人工智能背景下，我们应当利用智能技术助力劳动教育融入课堂，丰富劳动教育内容，优化劳动教育介体，创新劳动教育

---

① 王飞，徐继存. 三类劳动的划分依据及其育人价值 [J]. 人民教育，2020（8）.
② 孙万兵. 数字经济时代数字劳动的基本特征及其当代价值 [J]. 现代交际，2021（12）.

实践，进一步提升人工智能背景下学生劳动教育的实效性。此外，由于互联网和现代人工智能技术的推广和普及，教育者还应注意对学生劳动价值观念的引导，避免其产生"机器可以替代人的劳动""人不再需要劳动"等不正确的劳动观念，从而影响劳动教育的目标和效果。

4. 创造性劳动

创造性劳动是通过人的脑力劳动产生技术、知识、思维的革新，从而高效提升劳动效率、产生出超值社会财富或成果的劳动形式。新时代劳动教育的重点之一在于创新，创造性劳动教育将成为新时代学校劳动教育的重要内容。创造性劳动能力是学生适应未来社会发展的核心素养之一。越来越多的重复性劳动、简单劳动将被机器取代，劳动者也将随之越来越多地从事创造性劳动工作。因此，学校需要充分发掘学生创新潜力，发展学生的创新个性，提高其创造性劳动的能力。

例如以"设计制作活动"的形式开展劳动教育。2017 年 9 月 25 日，教育部印发了《中小学综合实践活动课程指导纲要》，以"设计制作"活动的新形式对劳动技术的内容重新进行统筹规划。设计制作活动即劳动技术综合活动，是一种旨在提高未来社会成员基本劳动素养和技术素养、开发人的潜能、促进人的思维发展的教育活动，是素质教育实施的重要内容。活动开展的过程中，要求学生通过创意设计，完成选择活动材料或工具、动手制作、交流展示物品或作品、反思与改进等内容的实践活动。设计制作类综合实践活动需要学生深度参与实践性设计、协作学习，充分调动学生的设计思维、工程思维、创造思维等，激发和培养学生的创新精神和实践潜力[1]。

（二）形式创新

新时代中小学劳动教育不仅要适应科技、经济、社会、政治和文化的迅猛发展及其带来的挑战，不断创造与时俱进的劳动教育新形式，还要结合中小学生的特点，将二者综合而论。

劳动教育形式的创新要顺应中小学生劳动特性的发展。作为正在成长发展阶段的青少年，中小学生的劳动本身具有游戏性和生活性。教育者可以设计一些适宜的游戏来模仿人类劳动的场景，会逐渐影响学生对劳动的价值态度[2]；让中小学生能够通过游戏和劳动结合，充分发挥想象力和创造力，构建自己的梦想之境，在游戏中感受生活，认识客观世界。

劳动教育形式的创新还应考虑对中小学生职业发展的引导。以职业体验活动为载体开展劳动教育是新时代深化中小学劳动教育的创新举措。2015 年，《教育部关于深化职业教育教学改革全面提高人才培养质量的若干意见》提出："把提高学生职业技能和培养职业精神高度融合。积极探索有效的方式和途径，形成常态化、长效化的职

---

[1] 彭缨. 校外活动中心设计制作类实践活动的问题及思考 [J]. 基础教育课程，2019（15）.
[2] 李敏，高峰. 新时代的劳动教育属于生活 [J]. 人民教育，2019（7）.

业精神培育机制，重视崇尚劳动、敬业守信、创新务实等精神的培养。"小学阶段是学生职业生涯教育的启蒙阶段，应以校内体验为主，通过设计简单的职业探索劳动课程，让学生对各职业有初步的体验和理解。中学阶段则应以实际情境体验为主，引导学生开展校外实践，通过实境体验，让学生在劳动过程中关注不同职业的发展情况，感受不同职业的需求与职责；再通过讲座、交流评价、生涯规划劳动课程等形式，培养学生职业生涯规划的意识与能力；最终帮助学生树立正确的劳动价值观和职业意识，形成劳动自觉，实现在劳动中成长的教育目标[①]。

在这一过程中，学校既是劳动教育的实施主体，又是职业体验活动的重要设计者。以学校为中心确定各阶段的教育培养目标，既能够通过职业体验活动促进学生未来的职业发展，又能让学生在这种劳动过程中提高自身综合素质，真正实现融劳动教育于职业体验活动的过程中。

社会快速发展带来了学习方式的革新，主题式、沉浸式的实践活动开展也推动着中小学劳动教育教学方式的创新。近年来兴起的教育戏剧，就是围绕某一活动主题，通过学生角色扮演进行的综合型实践活动。教育戏剧的育人价值根植于实践，服务于实践，并在实践活动中不断发展。以教育戏剧为载体进行劳动教育，不仅可以提高学生对劳动的兴趣，还能通过学习表演、表达，反复练习，提高学习的系统性。

第三节 新时代中小学劳动教育形式的基本特征

新时代背景下，单一形式的劳动教育已经难以承载新时代劳动教育功能实现的期望，劳动教育形式从单一形式向多元形式转变，并呈现出融合式、协同式、体验式三大新特征。教育者需要以新时代劳动教育形式作为发挥劳动教育功能的载体，激发学生的劳动意识，提升学生劳动意愿。

一、融合式中小学劳动教育

新时代中小学劳动教育呈现各要素融合的特征，具体表现为身心融合、学科融合、五育融合与校本融合。基于此，教育者需要结合融合式特点对劳动教育形式进行设计，进而聚焦培养和提升学生适应未来变化的能力和素养。

（一）身心融合

中小学劳动教育不仅在于谋求学生劳动技能的提升，更在于通过劳动教育改善学

---

① 郭炳宏.职业体验具身化：初中劳动教育的增进之道：以"青梅"劳动教育实践活动为例 [J]. 江苏教育，2021（15）.

生的认知结构，开发学生的潜能，丰富学生的情感情操，提升学生的思想境界。劳动教育只有融合心智，体现劳心与劳身的结合，变得更具有创造性，才能真正被学生接受。

1. 融合心智

劳动教育中如果仅有重复性的体力劳动，没有心智教育的融入，就会使学生缺乏道德品质和精神上的学习和提升，甚至使学生更加厌烦劳动，产生负面的道德情感；但若只是纯粹地向学生灌输劳动美德与精神，也同样是不可取的。这种情况下身体只是承载道德的容器，缺乏了体验与实践的过程，劳动教育就会失去实践性，背离最初的教育目的。中小学生正处于成长的关键阶段，身体素质和个人意识的可塑性都较强。融合心智的劳动教育形式对于引导学生形成正确价值观有重大意义。因此，摆脱单一的、纯粹的体力劳动教育，将心智教育融入劳动教育中，实现劳心与劳身的结合，是劳动教育的重要实施策略。

2. 融合创造力

新时代，加强劳动教育不能局限于简单劳动，还要重视创造性劳动。劳动本身作为一种学习和创造性的过程，是一种满足自身需求和应对环境变化的活动。创造性的劳动教育培养学生具有敢于改变、勇于创新的品格，具有运用科学技能、学科知识进行劳动的能力，使学生能够在劳动中发现真实问题并创造性地加以解决，能够积累劳动经验并使其结构化，进而有所发现、有所创新。

（二）学科融合

《大中小学劳动教育指导纲要（试行）》明确提出："在学科专业中有机渗透劳动教育。""道德与法治（思想政治）、语文、历史、艺术等学科要有重点地纳入劳动创造人本身、劳动创造历史、劳动创造世界、劳动不分贵贱等马克思主义劳动观……数学、科学、地理、技术、体育与健康等学科要注重培养学生劳动的科学态度、规范意识、效率观念和创新精神。"学科融合的劳动教育形式意在把劳动教育融入学科教学中，淡化学科界限，多渠道整合学科教学方式。

学科融合式劳动教育，要求各科教师在劳动教育与所教学科相关联之处发挥教育作用。借学科课程之力，在知识上实现相互融合，在实践形式上实现相互补益。对于劳动教育在学科专业中的有机渗透，最重要的是要有针对性。教师要根据学科的特点及学生所处年龄段的特点，选择不同学科与劳动之间的交叉点和融合点，关注各个学科对学生在此方面的知识、能力和素养要求。各学科与劳动的融合，不仅可提高学生的劳动素养，还可以培养学生运用多学科知识解决问题的能力，使学生做到学以致用、学以善用。

（三）五育融合

中共中央、国务院发布的《关于全面加强新时代大中小学劳动教育的意见》（简称《意见》）提出要把劳动教育纳入人才培养全过程，要"与德育、智育、体育、美育相融合，紧密结合经济社会发展变化和学生生活实际，积极探索具有中国特色的劳动教育模式"。人是一个整体，教育则是培养人的社会活动，德智体美劳五育是不可分割的。五育作为统一体，是有机联系在一起的。我们应在"五育融合"中构建具有开放性、包容性的新时代的劳动教育体系。

苏霍姆林斯基认为"离开劳动，不可能有真正的教育"。劳动教育作为五育融合的基础，更是融通其他"四育"的重要渠道，承担着教育枢纽的作用。"以劳树德、以劳增智、以劳强体、以劳育美、以劳创新"是新时代中国特色社会主义劳动教育的重要特征，更是新中国成立以来劳动教育的实践结晶。

以劳树德，提升素养。在劳动教育实践中，教师要培养学生正确的劳动观念，使其养成良好的劳动习惯、良好品德行为，这也是实现"立德树人"教育目标的重要任务之一。"德"乃立人之本，德育的核心是把握知、情、意、行，做到提高道德意识，把握道德情感，坚定道德意志，形成道德习惯。劳动教育与德育相结合，要让学生具备为社会而劳动的道德意愿。这有助于学生勤劳品质的发展。

以劳增智，创造智慧。劳动教育是社会实践的一种形式，学生参加劳动实践有助于培养综合能力（独立工作能力、协调合作能力、沟通交流能力、解决问题能力等），进而提升智慧。

以劳强体，强健体魄。教育实践中，劳动教育与体育教育都需要身体力行，付出体力，付出汗水，都能锻炼人的坚定意志。事实表明，积极参加劳动的人往往体魄健壮。体育与劳动教育的关系密切，二者具有相互转化的可能，劳动教育也因此成为体育的重要形式。劳动教育的体育价值体现在以下两点：第一，丰富学生体育锻炼的机会；第二，培养学生的体育习惯。

以劳育美，陶冶情操。热爱劳动是一种美德。劳动是愉快的、自主的、美好的，是人们外在美与内在美的统一。劳动教育的美育价值是学界关注比较少的内容。事实上，劳动与审美有着密切的关系。根据普列汉诺夫的美学理论，审美起源于劳动。普列汉诺夫从人类学、考古学等大量文献资料出发，论证了音乐、舞蹈、诗歌等艺术形式的劳动起源说，为劳动教育中美育价值的开发提供了理论前提。首先，劳动教育对于学生的审美观具有一定的规范作用。劳动教育能够让学生树立正确的美丑观念；其次，劳动教育有助于提升学生的审美能力。古今中外，反映劳动的艺术作品为数不少，如法国画家米勒的《拾穗者》。劳动教育能够让学生从单纯的美术技巧欣赏中解放出来，深入作品的思想内涵。

在"五育融合"的教育形式下，学校需要重新构建多维教育格局。其一是目标的融合。明晰各阶段"五育融合"的功能定位和育人目标，把各阶段分立的目标统筹到全面发展的范围内，强调劳动教育与其他四育的同等重要性，在目标系统之间实现有机的联系与衔接，形成具有鲜明中国文化和教育特色的教育目标体系。其二是素质的融合。学校要将五育贯穿于教育教学的全过程，渗透到每个学科中，推进"五育融合"教育进文化、进课堂、进评价，实现科学化、系统化，全面培养学生的综合素养。此外，学校必须同步提升教师的育人素质。教师既要具备"五育融合"的育人意识，更要具备"五育融合"的课程开发能力、协同教学能力等，要以灵活多样的教学方式，培养学生的学习能力，实现"五育融合"的全面教育。

（四）校本融合

2001 年，《国务院关于基础教育改革与发展的决定》明确规定，中学教学实行国家、地方、学校三级课程管理，鼓励学校在执行国家和地方课程的同时，结合本地区优势及学生需要，开展和选用适合本校的课程。这一指示给广大教育工作者的实践活动指明了方向，也推动了校本课程的开发。校本课程与劳动教育相结合，顺应了时代的教育发展趋势。

1. 劳动校本课程应融入文化特色

学校应充分挖掘文化资源，开设一系列校本课程，并以丰富多样、特色鲜明的主题活动贯穿学生学习的全过程，从而助力劳动教育的深入开展，实现校园劳动教育与本土文化有机融合。

2. 劳动校本课程应充分利用环境资源

每个学校都有异于其他学校的环境优势。校本课程开发者要对本学校赖以生存的自然环境及社会环境进行客观的分析，充分利用环境资源。

其一，劳动校本课程应充分利用自然环境优势。自然环境富有巨大的教育价值。自然环境中的地理空间，以及作为生产资料和劳动对象的各种自然条件，一方面，能够成为课程的直接或间接的素材或来源；另一方面，在很大程度上决定着课程的实施范围和水平[①]。

其二，劳动校本课程应充分利用社区环境资源。由于条件的限制，专门为劳动教育设置劳动场室（场景）、劳动基地的学校并不多。在这种情况下，劳动教育很容易成为"纸上谈兵""走过场"，学生无法将劳动知识与技能用于实践。因此，学校在实施校本劳动课程时，必须根据地方实际和学校课程资源，有机融合社区资源，使其真正为劳动教育服务。

其三，劳动校本课程应源于学生的生活环境。开发中小学劳动教育校本课程项目应基于学生的真实生活。一方面，以生活作为本源。即从生活中的现实、生活中的需要、生活中的困惑出发，打破中小学生生活世界和劳动世界的壁垒。另一方面，让劳动实践服务于生活。在生活中教育，在教育中生活。

建设劳动校本课程有利于增强学生的劳动素养，提高学生的科学实践能力，也能培养学生的艺术审美情趣。除此之外，在校本融合形式的劳动教育中，教育者还应注意强调学生学习的自主性和个体发展的差异性；在学校、教师和学生的互动中满足不

---

① 赵娅倩. 新时代中小学生劳动教育的实践探析［D］. 长春：吉林大学，2020.

同学生的发展需求，形成教学相长的发展模式。

二、协同式中小学劳动教育

《意见》指出："家庭要发挥在劳动教育中的基础作用。学校要发挥在劳动教育中的主导作用。社会要发挥在劳动教育中的支持作用。家庭劳动教育要日常化，学校劳动教育要规范化，社会劳动教育要多样化，形成协同育人格局。"新时代中小学劳动教育呈现各要素协同的特征，具体表现为主体协同与家庭、学校、社会协同。

（一）主体协同

主体协同就是改变劳动教育单兵作战的格局，构建学生主体、教师主导、社会参与的教育新局面。劳动教育开展的过程中，一定要强调以学生为主体的协同模式，让学生通过日常学习和生活中的实践活动，获得实际劳动体验，从而在参与知识形成的过程中，积累劳动经验，并能够有所运用和分享；在教师的引导和社会各方的支持中，让劳动教育由课堂走向生活，为中小学生全面发展创造更大的价值与意义。

（二）家庭、学校、社会协同

劳动教育具有连续性、长时性等特征，尤其是对学生习惯的培养，他们的行为习惯很容易出现反复，只是依靠学校的教育很难实现劳动教育目标。

其一，家庭、学校、社会都要正确认识多方协同开展劳动教育的重要性。家庭要发挥基础作用，注重日常养成；学校要发挥主导作用，注重系统培育；社会要发挥支撑作用，注重实践体验：从而构建三位一体的劳动教育模式，协同发挥劳动教育的育人作用。

其二，家校之间应进行充分的沟通与合作。中小学校教育者，尤其是班主任，要引导家长进行家庭劳动教育。学校应根据学生所处的教育阶段，布置相应的家庭劳动任务，对于低年级学生而言，可以让其独立完成对生活垃圾的处理等；对于高年级学生而言，可以让其在家独立完成一次烹饪活动等。家长应积极配合班主任，确切落实学校的要求，为学生的居家生活营造良好的劳动氛围，培养学生正确的劳动价值观和行为习惯，使学生产生对劳动的积极情感，提高学生劳动的自主性与积极性。为了更好地发挥双方的协同作用，一方面，我们可以完善沟通渠道，提高家校交流的时效性。学校引导家长积极参与到学生的劳动教育中，同时家长要积极反馈教育情况，双方共同推动劳动教育的发展，为劳动教育的深入开展提供保障。另一方面，学校要做好家长教育工作，充分实现家长在学生劳动教育中的引导、监督、激励作用。

其三，政府、企业和社区等主体共同助力，支持劳动教育。各社会组织应积极履行社会责任，不仅要协同家校，为劳动教育的开展提供多种多样的实践基地，更要弘扬劳动精神，营造良好的劳动社会风气，使"劳动最光荣、劳动最崇高、劳动最伟大、劳动最美丽"的劳动理念深入人心，成为社会的价值共识。政府引导、企业助力、社区支持，有利于构建劳动教育强有力的社会支持系统[①]。

三、体验式中小学劳动教育

劳动教育具有显著的实践性，新时代劳动教育呈现出明显的体验式特征，因此，必须面向真实的生活世界，引导学生以动手实践为主要方式，在认识世界的基础上，获得有积极意义的价值体验，塑造自己，建设世界。

（一）体验式劳动教育的内涵

体验式劳动教育在具体体验阶段，要求学生在劳动实践活动中通过体验获得直接的经验；在反思观察阶段，要求学生就具体的体验经历进行反思观察，在对劳动活动的总结中建立起正确的劳动价值观、劳动态度等；在抽象概括阶段，要求学生在前两个阶段的基础之上，将实践经验进行抽象概括，进而升华成理论性的概念；在行动应用阶段，要求学生将上一段理论性的概念应用于下一次的劳动实践活动的过程，同时检验上一段实践活动的体验结论是否正确。

体验式劳动教育，就是要注重学生对劳动投入的个人情感，让学生在劳动中获得真实的体验，在分享这些体验的过程中建立正确的劳动习惯、情感、观念和精神。

（二）体验式劳动教育的特点

首先，体验式劳动教育以个体的实践为基础。对于个体来说，劳动作为一种激发创造性的实践活动，并非简单的肢体动作的模仿与运动，而是学生将自身的身体、智力、知识、技能与情感和意志等都投到人与劳动对象的互动过程。中小学可以通过举行有教育意义的劳动活动，例如校园绿化活动等，使学生在劳动实践中获得劳动体验。这不仅能够提高学生相应的劳动素养，还能使学生内心充实而满足。

其次，体验式劳动教育注重个体情感的参与。教育者应当关注学生当下的情感体验，让学生带着主体意识与情感去体验劳动学习的过程，并能真正喜欢劳动的过程。例如在志愿者日，学校可以组织中小学生参与志愿劳动，让学生在活动中体会奉献感和责任感。

最后，体验式劳动教育鼓励学生创新创造。中小学生作为正在成长中的个体，正处于向成人世界发展的阶段，身心孕育着发展的潜力。中小学劳动教育要注重引导的作用，尊重和鼓励学生自由创造。实践能力越强，思维的活跃性越高，他们就越容易去创新创造。体验式劳动教育提供了创新创造的可能性。

（三）体验式劳动教育的措施

个体从"被动接受"走向"积极体验"是多方面交织的复杂过程。教育者应当引导学生在劳动体验中从自身的内在需要出发，让学生全身心投入劳动。学生通过在劳

---

① 吴玉剑. 新时代学校劳动教育的"三位"困境与矫正策略［J］. 理论建设，2021（2）.

动过程中的实际操作和体验，认知、体味、感悟和理解劳动，并在知、情、意、行的交织中获得积极的情感态度、崭新的知识技能，从而提升自身的独立性、自信心、创造力和成就感，激发学生持续探索劳动的欲望和兴趣。

劳动教育是具有社会生活意义的实践活动。其核心在于解决现实中存在的问题。因此，以解决问题为中心的实践活动应是劳动教育的主要实施形式。在劳动教育中，学生不仅要学会如何"做"，还要学会如何智慧地、创造性地"做"，培养解决实际问题的能力。这正与中小学劳动教育最终指向实践的目标一致。此外，创造性是劳动教育得以继续的动力。只有通过创造性劳动获得的快乐体验和自我满足与自我实现感，才能让学生喜欢并愿意继续进行劳动。

新时代背景下，劳动教育开始走向整合性的实践道路，通过学科、价值观等各层面的融合共教，家庭、学校、社会等各主体的协同合作，以实现劳动教育在课程、活动等方面资源的有机整合。特别是学校，要从人才培养的角度去审视劳动教育，正确认识其是对身体素质和心智的双重教育，是理论与实践结合的教育。新时代的多元劳动教育形式将有效地把专业知识转化为学生的实际需求，助力学生健康成长。

 思考题

1. 劳动教育形式多元化对学生个人、学校、社会和国家有何意义？
2. 我们可以从哪些方面进行劳动教育形式创新？

 拓展阅读

以劳动教育树时代新人

劳动是一切成功的必经之路，劳动教育是成长成才的题中之义。

中共中央、国务院印发的《关于全面加强新时代大中小学劳动教育的意见》，强调劳动教育是中国特色社会主义教育制度的重要内容。劳动教育，植根于中华优秀传统文化，承载以劳动立德树人理念，对推动劳动创新、建设教育强国意义重大。

热爱劳动是中华民族的优秀文化基因。《孟子》中就有"后稷教民稼穑，树艺五谷；五谷熟而民人育"的记载。勤劳创业、耕读传家是中国教育的重要内容，"劳"与"学"在历史上从未分离过。著名教育家陶行知曾提出，儿童劳动教育应谋求手脑相长。长期以来，劳动教育融入改造自然、创造历史、发展自我的过程中，发挥了兴国利民的重要作用。

应该看到，近年来一些青少年中出现了不珍惜劳动成果、不想劳动、不会劳动的现象，劳动的独特育人价值在一定程度上被忽视，劳动教育被淡化、弱化。在学校课程的实施中，存在"口头上重视、课程上忽视"等情况，劳动教育内容大多以活动的方式呈现；社会和家庭对劳动教育在人的全面发展中的重要意义，也存在认识不足问题。推动全社会重视劳动教育，就要使家庭劳动教育日常化、学校劳动教育常规化、社会劳动教育多样化，形成劳动树人、协同育人的格局。

家长是孩子的第一任老师，家庭是实施劳动教育的重要场所。《意见》强调，"家庭要发挥在劳动教育中的基础作用"，鼓励孩子利用节假日参加社会劳动，树立崇尚劳动的良好家风。《意见》同时提出，"学校要发挥在劳动教育中的主导作用"，包括开齐开足劳动教育课程，统筹安排课内外劳动实践时间，有序安排学生集体劳动，等等。而从社会角度看，企业公司、工厂农场可以开放实践场所，工青妇、公益基金会、社会福利组织等可以搭建多样化劳动实践平台。

社会在推动树立辛勤劳动、诚实劳动理念的基础上，更应倡导创造性劳动。当前，日益激烈的国际竞争，归根结底是人才特别是创新型人才的竞争。这就要注重生活实践、社会实践、劳动实践的锤炼，培养孩子们的实践能力、批判性思维和创新思维。近年来在全面深化教育领域综合改革中，全面提高义务教育质量，推进普通高中育人方式改革，出台《中国高考评价体系》等，就是着眼于适应科技发展和产业变革的需要，培养创新型人才，强化诚实合法劳动意识，培养科学精神。一切劳动者，只要肯学肯干肯钻研，练就一身真本领，就能在劳动中体现价值、展现风采，更能在劳动中拓宽个人成才、国家发展的广阔天地。

马克思说："劳动已经不仅仅是谋生的手段，而且本身成了生活的第一需要。"中华民族是勤于劳动、善于创造的民族。广大青少年是社会主义的建设者和接班人，要推动他们从小接受劳动教育，感受劳动之美，养成崇尚劳动、尊重劳动、辛勤劳动、诚实劳动的习惯，从而以劳动教育树时代新人，用劳动之手创造幸福生活。

（资料来源：吕文利，《以劳动教育树时代新人》，《人民日报》，2020 年 4 月 28 日。）

思考：为什么说家庭、学校、社会都要正确认识多方协同开展劳动教育的重要性？

第七章 劳动教育方法

【学习目标】

1. 了解教育方法和劳动教育方法的内涵。

2. 掌握中小学劳动教育的主要方法；应用专业知识和教育方法完成劳动教育实践。

3. 熟悉新时代劳动教育方法的创新情况。

4. 能够综合所学知识推陈出新，从实践中挖掘劳动教育资源，丰富新时代劳动教育方法的新形态，推动新时代劳动教育的落实。

劳动教育作为五育中的重要一环，不论其教育内容还是教育形式，都有着独特的育人价值。劳动教育作为一种教育实践活动，需要相适应的教育方法来推动其教育实效的落地；良好的、适切的教育方法是教育工作者实现育人目标的有利条件，能达到事半功倍的效果。教育方法是随着教育实践的落实不断总结而形成的系统方法体系，劳动教育方法更是中小学劳动教育体系中的重要组成部分。随着时代的发展，劳动形态的演变和丰富，新时代劳动教育尤其是中小学劳动教育在劳动教育对象、劳动教育内容、劳动教育形态等方面都有着鲜明的时代性，因此，立足教育方法，了解劳动教育方法及其在中小学劳动教育实践中的实施，进而结合时代背景讨论新时代劳动教育方法的新形态是本章的主要内容。

第一节 劳动教育方法的内涵

教育方法主要是指在一定的教育思想指导下，在教育活动中形成的为实现教育目的而实施的策略性途径、方式和手段的总和，包括教师直接指向教育内容的教学方法、学生的学习方法、家庭的教育方法等。教育方法是教育的客观规律和现实物质条件融合的具体体现，也是教育时代性的一种表征，对提高教学质量，实现教育目的，完成教育任务有着重要的意义。教育方法是顺利完成教育活动的手段，方法得当与否直接关乎教育的效果与质量。教育部《大中小学劳动教育指导纲要（试行）》（简称《纲要》）着重强调，推进劳动教育需讲究方法。

劳动教育方法作为新时代劳动教育体系中一个不可或缺的部分，是各级各类学校在实施劳动教育内容、开展劳动教育活动、实现劳动教育目标、培养全面发展的人的过程中所采取的方式、手段等。它关系着劳动教育实施的效果，是劳动教育落实的重要一环，更是连接新时代劳动教育思想与劳动教育实践的桥梁。

在劳动教育方法方面，颜元把劳动教育划分为小学与大学，小学为"常功"，"洒扫学堂、注砚，盛夏汲水、冬然火，敛仿进判，俱三日一班"。大学为研修，传授了有关生产劳动的众多科目，如农学、水学、火学、工学等，"西第二斋东向，曰'艺能'；课水学、火学、工学、象数等科"；除了将观察、实验、测验等纳入具体方式当中，甚至包含了一些近代科学技术的内容[①]。陶行知生活教育理论中的"教学做合一"强调劳动教育的逻辑为"行—知—行"，强调通过实践活动获取真知，打破课堂文化教育的单向传输，实现实践与认知的双向互动。苏霍姆林斯基针对劳动教育的开展、原则和方法，也提出了启发性意见：第一，劳动教育必须兼顾个性发展和全面发展，即注重劳动教育与德育、智育、体育、美育的结合；第二，强调劳动教育的创造性和手脑并用；第三，注重劳动教育的普遍性、经常性和连续性，即劳动教育应从学生生活实际出发，贯穿学生生活的方方面面，让学生能够在生活中无形接受劳动教育；第四，注意劳动的量力性。苏霍姆林斯基认为儿童劳动教育不仅要关注体力负担需符合儿童的身体状况，而且要把体力劳动与脑力劳动恰当地交替进行，劳动教育的类型要多样化[②]。

马克思和恩格斯在阐述职业技术教育、综合技术教育与普通教育三者的联系时，其教育思想中已初现劳动教育渗透学科教学中的劳动教育方法论。马克思认为在现代普通教育的数、理、化、生等学科的教学中，可以部分地实施综合技术教育[③]。习近平继承并发展了马克思劳动思想的根本观点，形成了新时代具有综合性、人民性、科学性和现实性的劳动教育论述。以此为基础，地方教育部门和各级各类学校纷纷探索了新时代的劳动教育方法，如认为新时代劳动教育不只是掌握现代生产技术的基本技能，更应关注个体内心精神财富的创造，在劳动教育方法上应将理论与实践锻炼充分结合，在社会实践中渗透劳动理论并进行总结升华，注重劳动教育的具身性，以更加贴近中小学生个性特点和实际需要的方式开展劳动教育。

概括而言，劳动教育方法主要是指在劳动教育思想的指导下，以提升受教育者的劳动素养为目标导向，由不同主体采取的单一或复合联动性的有助于促进受教育者掌握劳动知识与技能、养成良好劳动习惯与品质、形成正确的劳动价值观并深刻领悟劳动精神的教育途径或方式。中小学劳动教育方法则是指各级各类学校在落实政策文件精神的背景下，以中小学生为对象，旨在培养学生正确的劳动价值观及促进劳动素养

① 娄立志，广少奎. 中国教育史 [M]. 济南：山东人民出版社，2008：34-40.
② 苏霍姆林斯基. 帕夫雷什中学 [M]. 北京：教育科学出版社，1983：58-70.
③ 曾天山，顾建军. 劳动教育论 [M]. 北京：教育科学出版社，2020：104-105.

的发展，在劳动教育的设计、开发、实践、评价的过程中所采取的方式、手段、程序和形式的总和。

第二节　中小学劳动教育的主要方法

我们必须重视对劳动教育方法的研究。目前普遍运用于中小学劳动教育的方法主要包括讲授法、"从做中学"法、情景体验法和探究法等。

一、讲授法

讲授法，又称口述教学法，是教师通过口头语言向学生进行知识传授的一种教育教学方法。讲授法在班级授课形式中占据重要地位，一直是中小学各学科教学中运用最广泛的一种教学方法，具有直接、高效、省时的特点，对中小学劳动教育同样适用。中小学劳动教育虽然具有较强的实践性，但其中学理性、经验性的劳动知识仍需通过教师系统地传授给学生；加之中小学学生自身生活经验尚显不足、心智发展也还不成熟，教师由浅入深的讲授更利于学生接受劳动知识，形成正向的劳动认知。它主要包括讲述法、讲解法和讲演法等三种形式，讲述法是指教师用语言生动形象地论述教学内容；讲解法是指教师用语言对知识进行解释、说明；讲演法是指教师用语言和相关设备对教学内容进行分析和演示。

（一）讲授法在劳动教育中的功能

讲授法作为教育领域普遍适用的一种教学方式，对提高劳动教育效率具有重要作用。讲授法使教师的主导作用发挥得最充分，从通俗化的角度来看，开展劳动教育需要向学生讲授劳动教育基本知识及其与其他学科之间的内在联系，使学生了解劳动主体、劳动客体、劳动对象、劳动工具等的基本情况及相互之间的关系，而教师的讲授能使抽象的属性和联系变成具体形象、浅显通俗的知识，让相关知识由繁变简，有助于学生接受、消化、吸收，使劳动教育知识的学习成为真正可能和轻松的事情。从直接性来看，劳动教育中的讲授内容包括劳动过程中的程序性知识，使学生掌握技能理论以供劳动实践所用，而讲授法直接向学生传递知识，避免了认知过程中的许多不必要的曲折和困难，这比学生自己去摸索知识可少走弯路。具体而言，讲授法在劳动教育中呈现如下功能和特点：

1. 知识传授的系统化和高效性

教材作为学生接收知识的首要来源，是学生学习学科知识体系的一个蓝本，往往汇聚着学科知识和其他有价值的拓展性知识。对学生来说，劳动知识本身具有一定的难度，加之其所潜藏的内涵不易发现，教材由于书面形式和版面承载的字数限制，无法形成系统化的知识体系。教师闻道在先、术业有专攻，更能够系统、高效把握教材编写意图和学科知识要点，因此，借助教师的讲授和分析，学生才能更为系统、高效地掌握相关劳动知识，进而领会劳动教育思想观点、思维方法等。

2. 教师教学过程的主导性

中小学学生心智发展尚不成熟，需要教师在劳动教育中充分发挥主导作用，引导学生养成正确的学习习惯和学习方法，完成启蒙阶段的知识储备工作。讲授法要求教师充分结合自身学识、修养、情感、态度、语言艺术等，基于教材又不局限于教材，满足学生对劳动教育方面的求知渴望。从教师教的角度来看，教师的讲授是大多数教学方法的基础；从学生学的角度来看，学生只有学会了听讲，学会在教师讲授中获取知识，才有可能将劳动教育内化于心，转变为自己的劳动行为和素养，真正体会到劳动教育的价值。

3. 应用范围的广泛性

劳动教育具有极强的实践性、生活性和开放性。在各种常用的教学方法中，讲授法具有极强的适切性，无论是综合实践活动的开展，还是劳动知识的学习，都离不开教师的指导，其他的教育方法更是结合讲授法而进行的。

（二）讲授法在劳动教育中的应用

随着现代教育理念的发展，讲授法的功能和价值受到了各方面的质疑，但作为一种在教育领域长期占据主导地位的教育方法，讲授法无疑具有其存在的意义。因此，结合新时代的教育理念和劳动教育特征，在劳动教育中实施讲授法时，应注意以下两点。

首先，在劳动教育中应当避免讲授法的机械使用。讲授法的机械使用，是指教师在学生未能理解的情况下机械地向学生传递知识，让学生被动接受，死记硬背。在机械地使用讲授法进行劳动教育时，教师尽管能够较有条理地把相应劳动知识"讲解"出来，但由于教师的讲解与学生的学习基础、思维水平并不同步，使学生没有时间和机会对教师所讲解的内容进行独立思考与消化吸收，不能自主建构起稳固的具有自我生长功能的知识结构。长此以往，学生不但难以有效地学习劳动知识，而且会严重挫伤学习的积极性与参与劳动的主动性。因此，教师在使用讲授法进行劳动教育时，应当注重联系学生以往相关劳动知识，在原有知识的基础上，通过多种教学方式的适当整合，不断激发学生的学习兴趣，进一步传授劳动知识，并帮助学生建立劳动知识理论框架，引导学生对劳动知识内容进行积极思考和深入理解，形成正确的劳动价值观。

其次，在劳动教育中应当避免讲授法的过度使用。讲授法的过度使用，是指教师在教学中讲解过度，学生一直处于被动接受的状态，对相应劳动知识难以进行自我体验与自主建构，长此以往，将会严重影响学生在接受劳动教育过程中本应有的体验性、建构性与独立性，降低其参与劳动实践的积极性与主动性。因此，教师应当注重讲授法的适当使用，采用理论知识学习及实践运用相结合的方式，促进学生在劳动过程中主动参与和积极思考，从而达到良好的劳动教育效果。当前许多中小学都在有序进行劳动教育探索，在这过程中，学校劳动教育内容的设置倾向于采取"课内讲解、巩固练习，课外拓展练习"的模式。这种模式下的劳动教育便是学校把握适度讲解的具体探索。

结合上述谈及的讲授法实施注意事项，讲授法在劳动教育中的实施策略如下。

第一，教师在讲授时需引导学生对劳动的本体性知识进行整体掌握。目前，劳动教育课程还缺少严密的学科知识结构和教材体系，因此，运用讲授法讲述劳动本体性知识时，教师应做到以下四点：一是有组织地讲授材料。引导学生掌握知识结构时，教师要注意围绕主题有组织地进行讲授；依据主题组织教学内容，并指出各内容的内在结构和相互关系。例如，教导学生"整理床铺"属于自我服务性劳动，"扫地、拖地"属于家务性劳动，"植树造林、打扫社区卫生"属于社会公益服务性劳动。二是教师运用讲授法时，应保持讲授内容的进阶型。例如，教师应当根据学生身心发展的阶段性特征，着重关注讲授内容是否符合学生的认知结构。三是教师要引导学生关注劳动教育内容的整体结构，帮助学生厘清各个知识点之间的内在联系。例如，在进行"体力劳动"课程教学时，教师要教会学生如何选择及使用劳动工具，怎样与小组成员和谐合作，怎样提高劳动效率，等等。要做到这一点，教师就需要联系管理学和心理学等相关学科知识，以提高学生的劳动综合素质。四是要充分达到明理的效果。教师在进行劳动教育时，要让学生对劳动教育和培养社会主义建设者与接班人之间关系等知识体系有一个清晰的认知，把劳动教育作为立德树人的重要抓手。

第二，教师在讲授劳动的经验性知识时，要关注帮助学生建立起新旧知识联结点的方式与过程。在奥苏伯尔看来，学习者学习效果的好坏，主要取决于学习者认知结构中有没有与当前新学习内容相似的原有观念、相似的角度，以及程度如何。因此，教师应联系学生先前已经掌握的知识和认知结构，以更好地帮助学生理解与之相关的新知识与技能。

第三，教师在讲授时，应以不同的方式呈现教学内容。信息加工心理学关于图式和长时记忆信息编码的研究成果显示，以多种形式向学生呈现同一信息，他们理解、识记和提取所学知识的可能性就会大。因此，要想有良好的讲授效果，教师在讲授时就要以不同的方式呈现教学内容。图表、照片和物质模型等直观教具的使用可以以感性的方式启发学生思维，解释概念，说明新观点。

二、"从做中学"法

"从做中学"由美国现代著名实用主义教育家杜威提出。"从做中学"理论最核心的思想就是强调学生的"做"，以及明确"做"与"学"的关系。在这过程中，杜威还强调了活动和经验在教育教学中的重要性，由此，"从做中学"可以根据实际教学过程中的要素参与理解为"从活动中学"和"从经验中学"。

（一）"从做中学"法在劳动教育中的功能

不同于其他学科教育，劳动教育具有很强的实践性和生活性。"从做中学"法的核心是"做"，寓学于"做"，让人与环境形成相互作用，重视学生在实践中的所学所得。《纲要》中提到，"强调身心参与，注重手脑并用"是劳动教育的基本理念，即劳动教育过程中应注重实践品格的培养，"从做中学"显著的实践性为劳动教育提供了启发。"从做中学"不再一味重视教师的主导作用，而是将学生自身的主观能动性视为教学过程中的重要影响因素，只有让学生真正接触劳动、走进劳动，才能达到劳动教育的良好效果。

1. 实现劳动教育的实践性

传统教育把知识和实践在一定程度上割裂开来，校内学习与校外生活之间存在隔阂，学生无法在实际生活的情境中从事有价值的学习活动。"从做中学"关注学生当下的现实生活，将劳动教育与生活实际相结合，基于学生已有的生活经验，引导学生在具体的日常生活实践中完成劳动教育目标，如在家庭中完成日常生活技能和劳动习惯的培养，掌握洗衣、做饭、打扫卫生等基本生活自理能力，实现初级劳动能力的培养；在校园内接受劳动知识的传授教育，借助校内实践平台提升劳动技能，形成正确的劳动认知，完成进阶的劳动教育目标；在解决特定的疑难困境过程中，通过具体行动，将知识转化为自身的能力，积累经验，培养浓厚的劳动情感与全面的劳动素养，实现高层次的劳动教育目标。这些都需要通过"做"来发挥作用，"从做中学"让学生动起来，让劳动教育落实于具体行动，实现劳动教育实践性与学生主观能动性的结合。

2. 发挥学生的主体性

"从做中学"并不是简单的身体活动，而是注重学生思维的践行，以及情感、意义的参与和生成，体现的是在劳动实践中"学生整个人"的投入。杜威"从做中学"教学理论转变了以往的教育价值观和师生关系，始终把学生放在发展的主体位置，重视学生的主体性，包括创新意识和主观能动性的发挥等，让学生在"做"中得到自身的发展，并在劳动教育实践过程中让学生获得快乐的劳动学习体验。"从做中学"的教学方式和教育方法让学生在自主学习中探究真理，既能满足学生的学习欲望，也能提高学生参与的积极性。

（二）"从做中学"法在劳动教育中的应用

第一，充分发挥"做"对"学"的反馈和提升作用，让学生获得充分的体验。"做"的过程重在经验重组和对劳动者的改造，因此，在劳动教育中，教师要充分借助丰富多样的劳动形式，让学生的感官获得充分的体验，引导学生的成长和发展，使学生在劳动的过程中获得成长。例如，普及校园种植，开辟专门区域种植花草树木或农作物，让班级、学生认领绿植或"责任田"，并予以精心呵护；大力开展与劳动有关的兴趣小组、社团、俱乐部活动，进行手工制作、电器维修、班务整理、室内装饰等实践活动；广泛组织以劳动教育为主题的班团队会、劳模报告会、手工劳技展演活动等，从中提高学生的劳动意识。

第二，使劳动能够源于生活、服务社会。杜威强调，"教育即生活"，"以实际生活为出发点，用实际遇到的问题引发学生做事"。生活中需要大量的劳动，劳动过程也蕴含着丰富的具身体验。学校应当给学生提供更多的实践机会，鼓励他们离开自己的"舒适区"，积极参与实践活动，并通过沟通和交流，学会自主处理现实问题。此外，劳动教育还能服务社会，如学校应将校外劳动纳入学校的教育工作计划，充分利用劳动教育实践基地、综合实践基地和其他社会资源，组织学生参加公益劳动与志愿服务，从而达到劳动教育的良好效果。

第三，身体力行的"做"是劳动教育的主要形式。无论是日常生活劳动、生产劳动还是服务性劳动，都应当通过"做"来建立与自我、他人及社会直接的劳动关系。

第四，注重不同学段的衔接性。杜威的儿童中心论将儿童分为不同的认知阶段，基于儿童中心论的"从做中学"法也注重不同阶段学生的具体"做"法，遵循学生的认知发展规律。劳动教育的实施注重大中小学各阶段的衔接和内在发展逻辑，不同学段的劳动教育目标的实施内容存在区别。结合认知发展的不同阶段目标，学校劳动教育能更好划分各年级、各学段的劳动教育目标，让学生在"做"中实现劳动素养的增强和知行合一。

三、情境体验法

劳动教育因其特殊的教育内容和教育形式，需要创设教育情境，使受教育者身体、理智和情感三者之间发生交互关系。情境体验是让学生在贴近生活的情境中进行体验，从而使学生在劳动中直接感受情境中的氛围，主动联系自己的生活，以此达到劳动教育的目的。情境体验法能有效解决教学中理论与实践脱节的问题，让学生在实践中以最具体的形式感知并通过老师的引导解决学习上的困惑，使学生身心发展受益，教学质量稳步提升。

（一）情境体验法在劳动教育中的功能

情境体验法的核心在于激发学生的情感认同，实施情景体验法需要教师以教学内容和真实生活情境为基点，引导学生顺利进入情境，激发他们的情绪，为学生带来积极健康的情感体验。劳动情感是新时代劳动素养体系中的组成部分，也是劳动素养体系中较为高阶的目标层次，同样需要学生导入自己的情绪，并在具体劳动教育过程中形成正确的劳动价值观等。因此，情境体验法在劳动教育实施中具有如下功能。

1. 知识与生活的桥梁

开展劳动教育需要建构真实的劳动场域。劳动教育是在特定场域中进行的，需要通过真实的劳动过程来实现。能够开展劳动教育的场域有很多，诸如农场、工厂、社会服务场所、劳动实践基地等，它们提供了目标和任务、对象和资源等情境要素。学校、社区、家庭等也是开展劳动教育的重要场所，其所提供的环境具有生活性和普遍性特征。此外，学生还可以在网络空间、实验室、虚拟空间等场所利用所学知识进行创造性劳动。

2. 具身化的体验

"具身"可看作"离身"的反义词，是一种强调身体学习、身体经验、认识方式与环境融为一体的认知培养方式[①]。"具身化"认为人的认知和心智发展以具体身体为基础和前提，身体又寓居于环境之中，实际上强调教育需落实于身体力行的实践之中，让现象学意义上的身体与环境产生互动，而非局限于课堂；对于中小学劳动教育而言，则是追求整全的身体在劳动教育综合实践活动中实现回归[②]。

劳动教育需要提供具身化的体验活动。以劳树德、以劳增智、以劳强体、以劳育美、以劳创新。可见，劳动在实现人的全面发展中具有基础性、融通性的基本定位。因此，劳动教育强调学生要亲临劳动场域，有亲身的劳动经历、亲近劳动的情感，也就是注重学生对劳动的"具身认知"。如此一来，环境、身体、心智之间的交互关系在劳动教育中将变得越来越紧密，而且能通过复杂、多维的互动机制，促使学生对劳动教育的认知及劳动技能进行重新探索[③]。

3. 为劳动教育提供有效范式

情境体验法为劳动教育提供了一个有效范式。首先，情境体验让学生对劳动产生积极的情感。情境体验充分激发学生的学习需要和动机，让学生更好地学习，获得学习的智慧。孔子强调"知之者不如好之者，好之者不如乐之者"，夸美纽斯在《大教学论》提及"愉快教育"，都体现了情感和动机在学习过程中所能发挥的积极作用。只有喜欢劳动乃至热爱劳动，觉得劳动有趣，才不会在劳动中怕苦怕累，才不会轻视劳动者及其创造的价值。其次，情境体验使劳动具有了动态生成的教育价值。劳动实践和情感活动构成了有意义的劳动教育情境。只有建构一个有意义的劳动教育情境，劳动才真正具有教育意义。劳动教育的情境在一定程度上决定着劳动教育的生成和发展。教师在实施劳动教育的过程中，有目的、有计划地精心设计的"情境"，能够架起一座从直观到抽象、从感性到理性、从教材到生活的桥梁，而"体验"正是知行融合的逻辑起点，是认知结构重组的前提。具有教育意义的劳动才能促进新认知的生成和发展。

---

① 叶浩生. "具身"涵义的理论辨析 [J]. 心理学报，2014（7）.
② 熊晴. 指向具身认知的中小学劳动教育课程实施研究 [D]. 重庆：西南大学，2020.
③ 顾建军. 劳动教育要抓住灵魂科学实施 [N]. 中国教育报，2018－11－28（9）.

（二）情境体验法在劳动教育中的应用

情境体验法在劳动教育中，必须做到导航明确，即目标性与价值性的融合。劳动教育成为学生成长过程中的必修课，情境体验式劳动教育的设计要依据新时代立德树人的根本任务和促进人的全面发展之总体目标，因此必须增强情景体验法在劳动教育中的目标性，帮助学生形成正确的劳动价值观。情境体验式劳动教育的目标是树立学生正确的劳动价值观，因此必须做到目标性与价值性的相互融合。

第一，注重劳动教育活动的层次性。基于不同年级的中小学生心理特点相差较大的现状，主题劳动教育活动的开展必须有层次性。劳动教育需要符合不同年级段及不同学生的认知结构与心理水平，才能激发学生主动参与劳动实践活动的意愿，达到预期效果。

第二，注重劳动教育活动的系统性。学生劳动知识结构的形成、劳动行为习惯的养成、劳动能力的发展是一个渐进系统工程。由于中小学生身心尚未成熟，自我控制能力有限，由外部的感知到内化于心需要一定的时间，在具体的劳动教育情境中获得的体验可能得不到及时深入转化，因此教育者必须首尾一贯、锲而不舍，不可操之过急、拔苗助长，注重劳动教育活动的系统性。

第三，注重劳动教育活动的体验性与生活性。情景体验法在劳动教育的实践中，需要学生体验后进行探索、思考，让每一位学生都能参与其中，加强学生之间的交流。劳动教育需要打破知识的单向传输模式，打造良好的双向互动交流平台。为此，一方面要在课堂上建立和加强师生互动，让师生共历情境、共同体验成果。教师在运用情境体验法进行教学时，必须让"课堂焕发出生命的活力"，让学生在课堂上"动起来"，激发学生的积极性、主动性和创造性，充分发挥学生的主体作用和教师的主导作用。教师是课堂的组织者和引领者，要引领学生通过多种方式自主地探究问题，主动获取劳动知识，提升学生在劳动实践中分析问题和解决问题的能力。另一方面要提高教师素质，提升学生情境体验的深度和广度。要想创设好的劳动教育情境，使学生有好的体验，劳动教育过程就要展现出开放、民主、生成等特点。这就要求教师不断更新教育理念，以先进的教育理念引领劳动教育教学过程，也以自己的行为影响和教育学生。

四、探究法

探究法是"从做中学"法的发展和继承，倡导教学过程中学生的参与和合作，加强对学生创新创造能力的培养。教师往往只是向学生阐述一些事例和问题，学生通过自己的阅读、思考、讨论、总结等探究活动发现并掌握相应知识体系。随着新课改理念的普及，探究法在各类学科中得到了更为广泛的运用，形成了较多的探索性经验和成果。在劳动教育中，讲授劳动科学知识，强调"从做中学"以及情境体验等，都与培养学生在劳动方面的探究能力有关。因此，教师在进行劳动教育的过程中，也须运用探究法。

（一）探究法在劳动教育中的功能

中小学劳动教育不仅包括向学生传递劳动基本知识，还涉及劳动习惯、意识、技能、情感、认知、价值观等方面的培养，也蕴含着明显的德育功能。探究法在劳动情感塑造、劳动意识培养和劳动实践落实三方面都具有很大的作用。

1. 劳动情感塑造

探究法实施的重要步骤之一便是创设情境，激发学生自主探究欲望，这与情境体验法有着异曲同工之妙。学生的学习活动围绕问题展开，自主探究可以由单个学生自己完成，也可以由小组合作来完成，学生能在这个过程中深刻感受劳动教育的魅力，培养自己的团队合作和创新能力。任何情感的形成和塑造都是从实践中来的，中小学学生由于心智发展尚不成熟，无法从事过度耗费精力的劳动实践，目前劳动教育实践大多以探究形式呈现，这便成为中小学生劳动情感塑造的重要途径。

2. 劳动意识培养

探究法为学生与劳动教育实践相互作用提供平台，孕育出学生对劳动教育的主观体验和判断，加之探究过程中教师有目的的引导，学生能在亲身实践中提高解决问题的能力，并体会和学习劳动教育方法，培养劳动意识。

3. 劳动实践落实

学生的学习取决于学生自己做了些什么，而不是教师教了什么，中小学劳动教育也是如此。探究法是中小学开展劳动教育的重要方法，注重学生独立思考和合作探究的过程，要求学生联系生活实践对劳动问题提出个人看法，强调从实践中来到实践中去。如以家务劳动为主题的探究式劳动教育中，教师提出打扫卫生是否有小技巧时，经验丰富的学生会分享个人技巧，而缺乏经验的学生便可以将技巧运用到具体的家务劳动实践中去验证，在此过程中，学生也会尝试找到属于自己的技巧方法。

（二）探究法在劳动教育中的应用

运用探究法进行劳动教育，必须重视劳动问题的提出、问题探究模式的开展，以及教师与学生的互动问题。

第一，提出真实的劳动问题，避免问题探究流于表面。在劳动教育中，教师应当提出真实的劳动问题，激发学生的好奇心。创设一个不确定、有疑惑的劳动情境可有效激发学生关于劳动实践的好奇心、探究欲和求知欲，培养学生有关劳动实践的内在兴趣。目前，部分教师在课堂上运用问题探究模式时流于表面，探究效果不尽如人意。教师应让学生不断产生主动积极的学习欲望，提出真实的有意义的问题，真正凸显培养学生问题意识的重要性。

第二，尊重学生的主体地位，形成民主学习氛围。民主和开放的课堂氛围能让学生充分交流和热烈讨论。教师在课堂上鼓励学生"有话可说，有话能说，有话敢说"，有助于促进学生积极参与课堂教学，拉近学生和教师的距离。探究法的运用是一个相互质疑和相互释疑的过程，除了教师的提问，学生的提问也非常重要，只有知道学生的疑问，教师才能一击即中地解决学生的疑问，而学生在发现、提出和解决问题中也能更好地学会独立思考和自主学习，提高学习的有效性。为此，首先，教师的教要具有研究性。在运用探究法进行劳动教育时，教师不应该将劳动知识或劳动技能灌输给学生，而应该通过创设真实的劳动问题情境，让学生通过探究与互动，基于证据自主建构新的知识。教师要引导学生成为一个主动的探究者和学习者，自己就应先成为一个研究者，认真研究劳动教育的对象、内容、方法、途径与手段等。其次，在运用探究法进行劳动教育时，教师要引导学生进行探究性的学习，要关注学生问题解决过程中的学习感受和体验，让他们在探究过程中体验劳动知识与生活的联系、劳动知识的价值及获得劳动知识的快乐，从而不断激发他们学习劳动知识的兴趣和自主能动性。最后，教师要努力提高学生在劳动方面的合作能力。教师可通过设置较为复杂的劳动任务或有待解决的复杂的劳动问题，组织学生分组研讨或在实践中进行探索等，发挥每个学生的智慧，帮助学生有效解决依靠个体力量难以解决的复杂劳动情境中的具体问题。

第三，适时打造开放课堂，形成多元途径。探究法的实施不能局限于课堂，这是探究法实施的关键。教师首先需要根据劳动教育目标帮助学生拟定合理的探究计划，选择合适的方法，并在探究过程中给予及时、正确的指导。例如，在学习劳动榜样人物时，教师可以联系生活实践对社会主义核心价值观进行情境创设，组织学生进行小组讨论，列举不同时期、不同领域的劳动榜样人物及事迹，在赋予文字故事趣味性的过程中，让学生感悟其带来的正能量；课程结束后进一步开辟"第二课堂"，如开展"寻找身边的最美劳动者"主题式课外探究，让劳动教育实现课堂内外的衔接与过渡，贯穿学生学习和生活实际。

第三节　新时代中小学劳动教育方法的创新

劳动形态的演变要求劳动教育方法与时俱进。进入新时代以来，劳动教育的地位和独特育人价值日益得到重视。新时代中小学劳动教育呈现出融合式中小学劳动教育、协同式中小学劳动教育、体验式中小学劳动教育等新形式，由此，新时代中小学劳动教育更加需要把握并运用符合新时代劳动教育目标的劳动教育方法，系统化促进学生树立正确劳动价值观，培育优良劳动素养。

劳动教育方法是针对劳动教育内涵而采取理论化、系统化的实施措施、教学方式等，并随其内涵和特征的变化而变化。

目前来看，将学生内心的知识世界与外在的生活世界联系起来的课程化劳动教育是中小学劳动教育常态化实施的有效路径选择[①]。新时代中小学劳动教育方法需注意劳动教育的联系性、多样性和差异性等特点，它是在新时代劳动教育方针的指导下，以提升学生劳动素养、培养正确劳动价值观、实现全面发展为目标，在劳动教育的设计、开发、实践等过程中发挥不同参与主体的教育作用和融合社会各方面教育资源的方式、手段、程序、形式的总和，并且在融合式、体验式和协同式中小学劳动教育新形势下呈现出新趋势。

学校劳动教育体系主要涉及的是体力劳动、社会劳动、生产劳动等传统劳动形态。新时代的背景下，劳动教育的内容和形态更丰富。针对新时代劳动状况，以及教育过程中各主体作用的发挥等，融合式、体验式、协同式中小学劳动教育新形式下的教育方法应运而生，旨在提高新时代中小学生创造性的劳动素养。

一、融合式中小学劳动教育新形式下，教育方法趋于融合

新时代劳动教育更加重视劳动素养的培育，从内涵、价值和实施策略各方面均强调了对学生的全面培养。从教育方法的选取方面来看，单一的劳动教育方法的使用难以满足劳动教育综合育人的需求，需将讲授法、"从做中学"法、情境体验法、探究法等多种劳动教育方法综合运用，以真正实现劳动教育的综合育人价值。从具体劳动教育方法的实施来看，新时代劳动教育应在其他学科教学中有机融入劳动教育内容，加强劳动教育课程化建设，坚持独立设课与学科融通渗透相结合；教育工作者更要具备全面发展视角，打破学科壁垒、课堂内外和校园内外的边界，充分实现课程育人功能。

除此之外，新时代劳动教育是五育融合的关键枢纽。首先，劳动对人的发展有至关重要的作用，不仅能够创造生活所需的生活资源，还能使人的身体得到有效锻炼。马克思曾指出生产劳动与体育、智育的结合不仅能提高生产力，还能造就全面发展的人。其次，劳动能促进儿童养成珍惜资源、艰苦奋斗的良好品质。另外，劳动教育还能促进儿童智力、体力、审美能力的发展，使人保持良好的精神状态和健康的审美情趣。在五育融合的要求下，新时代中小学劳动教育方法的选择和具体实施更趋于融合，以期实现最大的劳动教育实效。

二、体验式中小学劳动教育新形式下，教育方法更具校本特色

我国幅员辽阔，各地经济状况、教育水平发展不一，且地方文化各具特色，仅靠

---

① 王清涛. 中小学劳动教育课程化：价值意蕴、现实困境与路径选择 [J]. 教育导刊，2020（4）.

国家统一的宏观政策文件规定较难实现劳动教育的落细落实，各地各学校应积极转变观念，结合自身实际情况，挖掘地方文化等教育资源，丰富劳动教育实施途径，因地制宜，大胆探索多元化的劳动实践项目。劳动教育的实施需要系统思维，需要融通课内与课外、家庭与社会的多种资源，更需要规范的活动设计及实施。对于校外劳动实践活动而言，研学实践作为新形态劳动教育方法之一，通过任务驱动、情境探究、实践检验、协作分享等方式，引导学生主动参与劳动实践，合作制订劳动方案，记录过程，交流感想，把观察、阅读、数据采集、资料检索、研究设计、作品创制、劳动作业、沟通协作、问题解决、创新创造等融为一体，并在提出问题和解决问题的过程中体悟劳动的价值，实现培养核心素养的目标[①]。

三、协同式中小学劳动教育新形式下，教育方法需要多方联动

综合实施是新时代大中小学劳动教育的基本原则之一。《关于全面加强新时代大中小学劳动教育的意见》指出新时代劳动教育需加强政府统筹，拓宽劳动教育途径，整合家庭、学校、社会各方面力量。家庭劳动教育要日常化，学校劳动教育要规范化，社会劳动教育要多样化，形成协同育人格局。劳动教育是一项长期的系统工程，只有建立政府专责、家庭首责、学校主责、社会重责，发挥家庭的基础性作用、学校的主导作用和社会的支持作用，才能有效激发劳动教育活力，确保新时代劳动教育取得实质性成效。因此，家庭、学校、社会协同，整合多方资源是推进劳动教育的根本渠道和途径。

劳动教育在顶层设计上构建多方协同的运行机制成必需。劳动教育是联通教育世界、生活世界和职业世界的重要桥梁[②]，要打破现实世界中劳动教育"在学校中被弱化、在家庭中被软化、在社会中被淡化"的窘境；要建立并落实多方协同、互惠共赢的运行机制，使学校与校外利益主体间的优势资源互补，保证双方共同利益的实现，使多方合作路径从模糊走向清晰，多方协同的实施从松散走向系统[③]。

协同育人的系统实施成必然，各主体联动、资源整合已成必需。系统实施的互联网络中，政校协调是前提，国内外实践证明，政府在劳动教育的规范指导、师资队伍建设、资源整合、组织保障等方面都发挥着重要的作用；家校协同是关键，习近平在全国教育大会上强调"家庭是人生的第一所学校"；校社联通是保障，要打通学校与社会的联系，利用社会各方面的力量拓展劳动教育资源和创新劳动教育模式。家庭、学校、社会在推动劳动教育的过程中，发挥着不同的作用，家庭是基础，家长要树立正确的劳动观念，从小培养孩子的劳动能力，关注孩子劳动品质和劳动习惯的养成。

① 张文静. 研学旅行：打造劳动教育校外实践的新形态 [J]. 山东教育，2020（49）.
② 徐长发. 新时代劳动教育再发展的逻辑 [J]. 教育研究，2018（11）.
③ 曾天山，顾建军. 劳动教育论 [M]. 北京：教育科学出版社，2020：363.

学校是主导，教师要有意识地培养学生的劳动能力，塑造其基本劳动品质，使其掌握基本劳动知识与技能，帮助学生养成爱学习、爱劳动的正确观念，体现劳动教育的系统性、规范性和制度化。社会是重要的实践场域，在社会中，学生可以将自己所学的劳动知识和技能加以运用，提升劳动能力，树立奉献精神并形成正确的劳动价值观。

 思考题

　　1. 中小学劳动教育方法有哪些？结合教育情景简要说明中小学劳动教育方法各自的特点及实施要点。

　　2. 新时代中小学劳动教育有哪些新方法？如何在具体劳动教育实践中融入这些新方法？

　　3. 协同育人格局需要学校、教师、家长和社会各主体分别扮演什么角色，以及承担什么责任？

 拓展阅读

让新时代劳动教育起好步

　　劳动教育的政策与法规已完整提出，并获得广泛赞誉与期待。政策与法规的预期目的或目标，只有在执行过程中才能实现。所以如何实施好新时代劳动教育就成了我们当前的重要任务。笔者结合近几年一些地方和学校在加强劳动教育方面进行的实践和探索，谈一点粗浅的认识。

1. 准确把握新时代劳动教育的教育目标

　　新时代劳动教育的根本目的，就是要培养学生树立正确的劳动观念和思想，培育积极的劳动精神，让学生具有必备的劳动能力，养成良好的劳动习惯和品质。之所以提出这一主题，是因为在劳动教育目标的设置与实施过程中，存在着比较重视劳动教育与经济、生产、职业的关联，关注劳动产品和市场效益的倾向。开设劳动教育课程是要推崇以劳树德、以劳增智、以劳强体、以劳育美、以劳促创，促进学生形成良好的劳动习惯、劳动品质，促进学生的全面发展。教育部印发《大中小学劳动教育指导纲要（试行）》（简称《纲要》）明确指出：劳动是创造物质财富和精神财富的过程，是人类特有的基本社会实践活动。劳动教育是发挥劳动的育人功能，对学生进行热爱劳动、热爱劳动人民教育的活动。

　　在《意见》和《纲要》中，劳动教育内容有明确要求，如要求小学生完成个人物品整理、清洗，进行简单的家庭清扫和垃圾分类，等等，这只是劳动教育的形式，而目的是要求小学生树立自己的事情自己做的意识，提高生活自理能力。

劳动教育的教育方式和教育内容都是为劳动教育目标服务的。

2. 积极探索新时代劳动教育的有效模式

《意见》和《纲要》中明确提出，劳动教育本身具有自身的特点。首先，劳动教育具有社会性。其次，劳动教育具有显著的实践性。

由此启发我们劳动教育的教学方式必须具有自身的特点和独到的方式。我们提出了适合劳动教育的体验式、项目式、契约式、探究式等教育方式。实践证明，这些方式不仅更有效、更准确地实现了劳动教育目标，也对教师实现新时代劳动教育起到了积极的引领这作用。

第一，劳动教育的体验式教学，是通过劳动体验用全部的心智去感受、关注、欣赏、评价某一事件、人物、事实、思想，让学生获得态度、形体、情感、知识上的体验。

第二，劳动教育的项目式教学，是在老师的指导下，将一个相对独立的项目交由学生自己处理，信息的收集、方案的设计、项目实施及最终评价，都由学生自己负责，学生通过该项目的进行，了解并把握整个过程及每一个环节中的基本要求。

第三，劳动教育的契约式教学，包含从诊断学情确定目标、制订计划到实施学习、完成学习契约、评估学习成果完成劳动教育任务等环节。

第四，劳动教育的探究式教学，即从科学或现实生活中选择或确定研究专题，在这样的学习中，教师巧妙地引导学生不断提出问题，尤其是提出科学假设，使学习过程变成学生不断提出问题、大胆预设、选择或创新方法技术、解决问题的探索过程。

3. 新时代劳动教育对教师提出新需求

新时代的劳动教育被赋予了新的时代内涵，对劳动教育教师提出了新的挑战。新时代劳动教育的有效实施，需要建设一支高素质、专业化的劳动教育师资队伍。从目前学校的实际情况来看，劳动教育教师数量相对有限；由于对"劳动教育相关专业"缺乏清晰界定，新时代劳动教育师资队伍存在的另一个问题是劳动教育教师专业水平不高，不能满足新时代劳动教育的需要。

第一，教师要引导学生从思想上意识到劳动的目的和价值，树立"劳动最光荣""劳动最高尚""劳动最伟大""劳动最美丽"的崇高理念，理解和形成科学的劳动观，热爱劳动，感受劳动的幸福；在生活实践中锻炼劳动能力，尊重社会上的普通劳动大众。

第二，教师应该深度挖掘劳动教育课程中隐藏的育人因素，根据学生的年龄特征和课程特点，将劳动教育课程目标具体划分为不同的更精细的教育目标。例如，对小学生而言，教师应该重点关注他们的卫生习惯和劳动习惯，让他们感受到从事劳动的乐趣和获得感；对初中生而言，教师要着重培养学生的劳动品质，要培养学生不怕苦、不怕累的崇高的劳动品质，引导学生初步习得基本的劳动知识和劳动技能；针对普通高中生，除了培养学生基本的劳动技能，还应该设法让学生体会劳动的价值，感受劳动可以服务他人、服务社会、服务国家的家国情怀，等等。

总之，新时代劳动教育是建立在新的理念、新的内涵之下的新教育领域，它具有此前劳动教育的影子，也是当下劳动教育的基础，却不是新时代劳动教育的全部。我们必须明确对新时代劳动教育的本质认识，把握好新时代劳动教育目标任务；依据新时代劳动教育任务要求，基于新时代劳动教育的社会性和实践性特点，完善科学、高效的劳动教育模式；关注劳动教育专兼职的教师队伍的专业化建设；让新时代劳动教育起好步，少走或不走弯路，不负新时代赋予我们的重任。

（资料来源：时俊卿，《让新时代劳动教育起好步》，《人民日报》，2021 年 6 月 22 日，有删减。）

思考：

1. 在劳动教育校本课程建设中如何更好地融入体验式教学方法和理念？

2. 为成为能够满足新时代劳动教育新需求的教师，我们应该怎么做？

第八章　劳动教育评价

【学习目标】

1. 了解劳动教育评价的目的，提升参与劳动教育评价的自主意识。

2. 熟悉劳动教育评价的种类和内容，认同劳动教育评价的基本要求。

3. 认识劳动教育评价的主体，掌握劳动教育评价的程序和方法。

4. 能够综合所学知识策划一项创新的中小学劳动教育评价活动。

劳动教育评价是劳动教育体系的重要组成部分，有利于保障劳动教育的教育教学效能，助推劳动教育综合育人目标的实现。2020年3月，中共中央、国务院《关于全面加强新时代大中小学劳动教育的意见》（简称《意见》）指出："健全劳动素养评价制度，将劳动素养纳入学生综合素质评价体系，制定评价标准……把劳动素养评价结果作为衡量学生全面发展情况的重要内容，作为评优评先的重要参考和毕业依据，作为高一级学校录取的重要参考或依据。"也就是说，劳动教育评价主要以学生劳动素养评价为核心要点，其评价结果会成为真正督导学生、家长、学校和社会共同落实劳动教育的利器。

第一节　劳动教育评价概述

一、劳动教育评价的含义

结合教育评价学的理论和劳动教育的实际，劳动教育评价可以泛指在一定教育价值观的指导下，依据确立的劳动教育目标，通过使用科学的技术和方法，对劳动教育所实施的各种教育活动、教育过程和教育结果进行价值判断，从而为不断优化劳动教育和为劳动教育决策提供依据的过程。

二、劳动教育评价的目的

（一）宏观上落实立德树人的根本任务

劳动教育评价是对劳动教育的整体过程进行监测和督导，对劳动教育成果进行检验的重要手段；劳动教育评价的成果，对保障劳动教育的成效、引导劳动教育的发展走向，促进劳动教育的目标实现具有非常重要的意义。在 2018 年全国教育大会上，习近平重点强调了劳动教育的意义，同时指出了要扭转不科学的教育评价导向，坚决克服唯分数、唯升学、唯文凭、唯论文、唯帽子的顽瘴痼疾，从根本上解决教育评价指挥棒问题。在此背景下，劳动教育评价作为新时代劳动教育体系建设的重要组成部分，有利于深化教育体制改革，健全立德树人的落实机制，从而促进良好教育生态的形成。

（二）中观上实现劳动教育的综合育人功能

劳动教育对于建设全面发展教育体系的重要性再次被强调，成为坚持中国特色社会主义教育发展道路的关键环节。《意见》指出，将劳动素养纳入学生综合素质评价体系，健全劳动素养评价制度是全面构建体现时代特征的劳动教育体系的重要组成部分。此前国家教育督导部门也已将劳动教育纳入各级省政府履行教育职责的评价内容中，提出将"加大劳动教育实施的保障力度，建立健全'五育并举'的各级各类教育质量保障机制"的落实情况作为重要评价内容之一。由此可见，从评价组织和评价者的角度，劳动教育评价有利于及时督导"五育并举"教育方针，尤其是劳动教育综合育人功能的落实情况，有助于充分认识劳动教育对学校人才培养的积极作用，进而防范劳动教育边缘化，也有助于学校管理者、教师、学生等社会成员共同提高认识，充分重视各级各类学校劳动教育的实施问题，保障劳动教育成为"树德、增智、强体、育美"目标的重要抓手和构建多元教育评价体系、实现人才全面发展的重要举措。

（三）微观上促进学校教育教学质量的提升

学校劳动教育质量是检验劳动教育成效的重要指标，学校劳动教育评价的应然意义在于提高劳动教育质量，培育学生良好的劳动素养，保障劳动教育综合育人的实际成效。劳动教育的评价过程就是监督学校劳动教育质量的过程，能及时发现教育教学过程中学校行政人员、教师和学生存在的问题，促进学校教职人员及相关部门成员进行教育教学反思，及时提出针对性的解决方案，是进行劳动教育理念探索、创新劳动教育路径的重要方式；同时也为劳动教育师资的发展指明了方向，是促进劳动教育落地生根的重要措施。此外，2020 年 10 月，中共中央、国务院印发的《深化新时代教育评价改革总体方案》明确指出要"加强过程性评价，将参与劳动教育课程学习和实践情况纳入学生综合素质档案"，此举措明确了劳动教育评价走向制度化和合理化的必要性，并通过在劳动教育评价中全面推广过程性评价的方法，进一步完善学生综合素质档案建设工作，为未来更高层次的教育教学机构更全面更客观地了解和认识学生打下良好基础。

三、劳动教育评价的功能

劳动教育评价的功能，指的是劳动教育评价体系所能发挥的积极影响或者特殊功效。一般而言，劳动教育评价的功能主要有诊断功能、监督与导向功能和发展功能。

（一）诊断功能

诊断功能是所有教育评价工作最基本的功能，是指通过评价能科学判断教学质量和学生发展状况。劳动教育评价的诊断功能，主要表现在：一方面，能帮助学校及时了解劳动教育教学存在的问题和困难，以及时寻求改善方案，为改进劳动教育实施过程提供现实依据；另一方面，劳动教育评价的自我评定和小组评定过程是学生自我反思的契机，有利于学生及时客观地认识自我，同时也为培育劳动兴趣和劳动志向打下良好基础。

（二）监督与导向功能

鉴于教育评价本身的价值判断属性，劳动教育评价拥有监督与导向功能。一是通过评价，上级主管部门可以对被评价的学校、教师的劳动教育工作成效有整体的认识和判断，及时开展监督与指导工作，解决劳动教育实施过程中积极性不高、内在动力不足等问题，保障劳动教育成效；同时评价结果可作为衡量该区域教育质量和水平的重要指标。二是劳动教育评价工作必须依据一定的评价标准，具有明显的价值导向，被评价对象，尤其是学校会将评价标准作为对被督导部门和主要负责人考核奖惩的重要依据，引导和激励教师调整工作进度并逐步落实到日常教育教学工作中。

（三）发展功能

发展功能是当前教育评价领域中较为关注的内容，劳动教育评价也不例外。它是指评价的目标、内容、程序和方法都应以促进被评价者的发展为目的，注重被评价个体的个性化和多样性等特征。促进学生全面发展，目前已经成为当代学生评价的重要价值取向。针对劳动教育评价，"发展性"的功能应同时拓展到促进学校发展、教师成长层面，通过评价对教师发展水平、发展潜力作出综合评估，注重过程性评价，关注个体差异，从而促进劳动教育师资队伍的发展，助推劳动教育的整体发展。

第二节　劳动教育评价的类型、原则与内容

劳动教育评价作为发挥教育功能的重要手段，要为评价目标服务。

一、劳动教育评价的类型

劳动教育评价因标准的不同而有多种分类，以下主要介绍两种常见的分类方式。

（一）以评价主体的差异来分类

根据教育评价主体的不同，劳动教育评价可分为自我评价、他人评价和综合评价三类。自我评价是指在劳动教育实施过程中，评价对象根据一定的标准对自身取得的成果作出的评价。根据评价目标的不同，自我评价又可细分为学生自主评价、教师自

主评价和学校自主评价。自我评价能促使评价对象进行自我反思和总结，提升自我认识，但由于缺乏严谨客观的评价标准，需要增加其他类型的评价以保障评价的专业性和科学化。他人评价是指由评价对象以外的人员或者组织对评价对象进行的价值判断。综合评价则是结合了自我评价和他人评价的综合性的价值判断方法。

聚焦到学生劳动素养评价方面，学生自主评价是学生基于经验，对自身的劳动实践进行评定的过程，常常以日常观察的记录、劳动的心得、劳动成长档案记录表等方式体现。他人评价则涉及劳动实施方案的优劣、劳动技能的习得、家校协同教育状况等，有小组内互评、家长评价、教师评价等打分和给予等级等多种质性评价的方式。综合评价则将自我、他人，包括评价团队的优势充分利用起来，能促使评价结果更加全面和客观。一方面，学生劳动素养评价在看重学生对劳动知识、技能习得程度的同时，更关注学生在现实劳动情境中的问题分析和问题解决等表现；另一方面，以素养为导向的劳动教育评价贯穿整个教育教学过程，需要自主评价和他人评价相结合，通过过程性评价加以支撑和落实。此外，基于劳动教育具身性和综合实践性的特点，劳动评价需突出评价内容、方法和操作等多方面，以促进学生劳动素养和综合素质发展为目标，兼顾学生为未来生活的准备和潜在能力发展的价值[①]。

（二）以评价技术的差异来分类

依据采取的评价技术的不同，劳动教育评价可以分为定量评价和定性评价两种。

定量评价也称量化评价，是指运用调查问卷、实验、测量和统计等量化的方法收集和分析劳动教育评价资料，对评价对象作出价值判断的过程。定量评价的关键在于研究设计，即在此阶段将问卷设计、实验条件等控制在符合评价目标、满足科学化和可行性的范围之内，保障评价的信度和效度。在以往的教育管理实践活动中，定量评价方法因可靠性和便利性被广泛运用，但在劳动教育评价领域，目前对劳动教育评价的量化评价仍处于讨论和探索的阶段，尚未形成统一的量化评价模式。

定性评价也称质性评价，是指在自然的情境下，通过对评价对象采用"质"的分析，即使用归纳法、观察法等质性研究方法来分析资料和整理评价信息，以此得出描述性价值判断的过程。在劳动教育评价领域，定性评价方式主要有中小学劳动实践活动纪实、学生的劳动自我鉴定、劳动课程的成果展示、小组或教师对学生劳动表现的评语等，是真实反映劳动教育教学过程，深入了解学生成长规律的重要参考。相较于定量评价，劳动教育的定性评价更为主观化，但也更贴近以学生发展为本的评价理念。在实际工作中可将二者相互结合，取长补短，对学生的劳动教育成效进行更为全面和多维的发展性评价。

---

① 曾天山，顾建军. 劳动教育论［M］. 北京：教育科学出版社，2020：381－401.

二、劳动教育评价的原则

要做好劳动教育评价工作，必须有一定的工作准则和依据，体现人们对劳动教育评价的期望。基于我国劳动教育评价的特点和工作规律，可凝练为科学性、客观性、教育性和可行性四个原则。

（一）科学性

科学性原则是劳动教育评价的首要原则。所谓"科学性"，就是指劳动教育评价的过程和结果都是科学有效的，是以客观规律为依据且经得起推敲的，最好还能被模仿和推广。只有保障了劳动教育评价的科学性，评价的结果才真实有效，才能真正落实教育评价的目标和愿景。如根据儿童的身心发展特点，不同年龄阶段的儿童个性和心理特征明显不同，劳动教育评价应有针对性地制定不同学段的评价标准，否则就有可能违反科学性原则。

（二）客观性

客观性原则是强调劳动教育评价要坚持实事求是的态度，评价过程中不主观臆断或者掺杂私人感情，避免评价的随意性、偶然性和主观性，切实做到公平和公正。为了保障劳动教育评价具有客观性，需要评价组织者坚持采用科学的评价方法和技术，充分利用教育信息技术，以劳动教育教学实践中的具体问题为导向，尽量减少评价者个人主观因素或外界因素对评价的干扰与影响，做到公开透明，公正严谨。

（三）教育性

教育性原则强调劳动教育评价的方向性问题，这是劳动教育评价工作的重要原则也是其特殊性的一种体现。劳动教育评价实质上是一种教育管理手段，对学校、教师、学生的发展起到正面的引导和激励作用。因此，劳动教育评价的过程和结果都应为促进师生发展、改进劳动教育实施的评价目标服务，并以此为导向，科学设计评价标准，细化评价指标与权重，制订合适的评价方案，选择适当的评价方法，同时充分尊重和信任评价对象，将自评与他评等多维评价方法结合起来，及时反馈评价结果。

（四）可行性

可行性原则是对劳动教育评价从实践层面上提出的基本要求，强调评价时要具备圆满完成评价工作的主客观条件，这是开展劳动教育评价的保证。该原则主要应考虑以下几点：第一，客观条件。如评价所需要的人力、物力和时间等资源是否具备。第二，主观条件。如评价组织和人员，尤其是参加评价工作的工作人员是否具有劳动教育评价所需要的知识、能力和经验等方面的基础和背景。第三，时机条件。如评价所选择的时机是否成熟，被评价者是否已经领会了此次评价工作的目标和要求，在精神上是否作好了准备，等等。

三、劳动教育评价的内容

劳动评价内容一般包括对活动计划、实施过程和教育结果的价值判定。在教育实践过程中，由于不同场域的教育目标差异导致实践的导向不同，因此其评价内容也应有所区分和变化，以下列举几类情况以供思考。

（一）针对教育内容开展的具体评价

2020年7月，教育部印发了《大中小学劳动教育指导纲要（试行）》（简称《纲要》），明确指出了劳动教育主要包括日常生活劳动、生产劳动和服务性劳动中的知识、技能与价值观。由此，劳动教育评价也应针对日常生活劳动、生产劳动和服务性劳动的不同劳动教育内容而开展与之相对应的评价。

日常生活劳动教育主要涉及个人生活事务处理等内容，注重劳动生活能力和良好卫生习惯的培养。其评价主要在于了解学生对基础劳动知识的认知情况、对基础生活技能的掌握情况，以及从情感和态度上，评价学生是否尊重劳动、热爱劳动，是否已逐步树立自立自强意识。生产劳动教育则主要是让学生了解和认识工农业生产的财富创造过程，掌握相关技术，感受劳动创造价值过程，增强产品质量意识。因此，以生产劳动为主要内容的劳动教育评价要以评价认同劳动价值为重点，一方面评价教师开展学生劳动实践活动的组织能力和创新性开发教学的能力，另一方面评价学生体悟珍惜生产劳动成果和初步掌握生产技术的程度。服务性劳动教育强调让学生利用知识、技能等为他人和社会提供服务，通过让学生在由学校和社会共同创设的服务性岗位等平台上进行见习实习，使其树立服务意识，实践服务技能，增强社会责任感。因此，针对服务性劳动的教育评价，需要以学生的服务体验为基础，重视对学生服务意识和社会责任感等劳动情感、态度和观念等内隐因素的测量与评价，分层次提出评价要求，不搞评价"一刀切"，要逐步改变以往以劳动成果为主的简单量化考核方式，关注学生的真实成长体验，切实让学生在评价的过程中有获得感，让教师在评价的组织中有成就感。

（二）针对不同学段的纵向评价

《深化新时代教育评价改革总体方案》强调劳动教育评价要明确不同学段、不同年级劳动教育的目标要求，通过探索建立劳动清单制度，明确学生参加劳动的具体内容和要求。也就是说，不同学段的劳动教育目标和要求是不同的，其劳动教育评价内容也应有所区分，对于学校的评价内容则主要是评价学校的基础建设、资源配给、队伍配置、投入时间等劳动教育支持项目。

依据《纲要》，小学区分低年级和中高年级。小学低年级的劳动教育以个人生活起居为主要内容，注重培养学生的劳动意识和安全意识，使学生懂得人人都要劳动，感知劳动乐趣，爱惜劳动成果。因此，小学低年级学段的劳动教育评价，应以培养学

深化新时代
教育评价改
革总体方案

生的劳动兴趣为阶段目标，评价内容以简单的家庭清扫、垃圾分类等生活自理活动、力所能及的班级集体劳动为主，重视劳动意识的启蒙，劳动兴趣等情感的评价。小学中高年级的劳动教育以校园劳动和家庭劳动为主要内容展开，引导学生形成劳动光荣观念，尊重普通劳动者，初步养成热爱劳动和热爱生活的良好态度。因此，小学中高年级学段的劳动教育评价，应以家具清洁、收纳整理活动、校园卫生保洁、垃圾分类处理、简单的种植体验活动、手工制作活动，以及简单的社区环保和卫生等活动为载体，关注学生的劳动技能和劳动态度的养成情况，不强调劳动成果的量化展现。

初中学段的劳动教育内容兼顾家政学习、校内外生产劳动和服务性劳动。学校需创造条件为学生开展职业启蒙教育，引导学生体会劳动创造幸福生活，初步养成吃苦耐劳的劳动品质，培育公共服务意识和社会担当精神。因此，初中学段的劳动教育评价要依托更有挑战性的家庭劳动、校园活动、社会服务、生产活动等，例如烹饪、家居美化，进行校园包干区域的定期美化，以及电工、金工等职业体验项目课程活动的实施，增加劳动认知的评价内容，注重学生责任意识、劳动品德等情感态度的评价，适当鼓励劳动成果的自主展示，强调劳动项目的过程性体现。

普通高中学段的劳动教育注重开展服务性劳动和生产劳动，指导学生理解劳动创造价值，创造条件让学生丰富体验、接受锻炼、磨炼意志，培育劳动自立意识和主动服务他人、服务社会的情怀。因此，高中学段的劳动教育评价要以持续的日常生活劳动，真实的服务性劳动和生产劳动实践过程为评价载体，对学生劳动认知、劳动情感的培养提出更高的要求，即不仅仅评价基本劳动常识的知晓度和劳动情感的认同度，而且细化劳动意志和信念的内化程度等级，同时重视学生劳动创意物化能力的养成，以此增强学生生涯规划的意识和能力。

普通高等学校的劳动教育以强化马克思主义劳动观教育为重点，重视劳动教育与专业教育的融会贯通，尤其鼓励学生参加创新创业劳动，培育创造性劳动能力和诚实守信、合法合规的劳动意识。因此，高校学段的劳动教育评价，要借助高校丰富多彩的第一课堂的专业认知活动、第二课堂的社会实践活动和公益活动，以及实习实训等生产锻炼活动的多样化实践平台，评价教师和学生关于劳动项目活动的各类体认过程的纪实情况，关注学生积极的劳动价值观和劳动品质的养成状况，同时将劳动创新精神的培育状况作为重点评价内容。此外，基于高校兼具专业性强和社会服务功能的育人特点，目前不少高校的劳动教育逐步在专业教育中体现了相应劳动知识、技能和情感等综合劳动素养的培育，因此，与此相对应的劳动教育评价内容也应结合高校各学科各专业的人才培养目标，关注专业技能与劳动素养相结合的培育状况和各类特色表征，以评促建，力争达到劳动育人与专业育人功能的有效结合。

（三）针对不同学校类型的导向评价

学校发展实况不同，理应有不同的评价导向，即通过不同的评价内容来把握劳动教育的育人方向。

目前，根据学校类型进行分类，我国大中小学各学段可分为普通中小学学校教育、高职高专学校教育和普通高等学校教育这三类。依托人才培养方案和劳动教育课程的设置要求，普通中小学学校教育的评价以每周不少于 1 课时的劳动教育课为基础，适当对学校要求的学生每天的课外校外劳动时间进行跟踪评定，重视对学生的劳动课程参与度、劳动意识和劳动态度培育程度的质性评价。职业院校的劳动教育则以实习实训课为重要载体，其中劳动技能和劳动精神的教育原本就是其人才培养方案中规划的主要工作，因此，该类型学校的劳动教育评价内容主要为考核劳动精神、劳模精神、工匠精神的专题教育落实情况，以及实习实训课对职业劳动技能和劳动精神的培育成效，以此增强高职高专学生的职业荣誉感和责任感，培育积极向上的劳动精神和认真负责的劳动态度。普通高等学校的劳动教育主要依托相关课程的融合来实施，目前教育部要求各高校要结合学科、专业特点，在本科阶段开设至少 32 学时的劳动教育课程。除此之外，各高校根据实际情况在每学年设立劳动周或者劳动月，可在学年内或寒暑假自主安排，以集体劳动为主，集中落实劳动教育课程的实施要求。因此，普通高等学校劳动教育的评价内容，要注意结合学科发展和专业特点，发挥普通高校校内外实习实践基地的资源优势，结合"三支一扶""大学生志愿服务西部计划""青年红色筑梦之旅""三下乡"等社会实践活动开展服务性劳动，结合"挑战杯""互联网＋"等创新创业活动开展专业活动和生产劳动相融合的锻炼，重点考核大学生新时代劳动价值观教育的实施保障和培育成效，关注大学生创新劳动精神和合法劳动意识的培养状况，强化大学生公共服务意识和面对重大灾害等危机时主动作为的劳动奉献精神，鼓励大学生树立正确的择业观、就业观和创业观，到艰苦地区和各行各业扎根奋斗，实现全面发展。

第三节　劳动教育评价的主体、程序与方法

劳动教育的评价主体要根据价值主体的需要，判断价值客体是否满足价值主体的需要，以及满足需要的程度如何，及时进行诊断处理并反馈给相关价值客体，以提高其满足价值主体需要的能力[①]。劳动教育评价是兼具科学性和专业性特点的教育评价，只有严谨地按照一定程序和方法进行，才能切实保障评价结果的有效性和教育性。

一、劳动教育评价的主体

劳动教育评价具有多元化主体，一般而言，评价主体可以是学生、教师、家长、

---

① 褚宏启，张新平. 教育管理学教程［M］. 北京：北京师范大学出版社，2013：509－521.

各级教育部门或社会组织。但主体的多元化特点不代表劳动教育评价没有主次之分，他们之间在地位上相互依存，在功能上相互补充，共同构成劳动教育评价的一体化模式。

（一）学生

现代教育质量观提倡以学生为主体开展教育评价，劳动教育评价作为学生综合素质评价的重要组成部分也理应如此。在以学生为主体的劳动教育评价中，学生自身知识储备、价值观和对劳动教育评价标准的认识等因素都会影响最终的评价结论，因此除了自我评价，有必要引入小组内部的横向评价、小组间的纵向评价等方式，将学生自我评价与他人评价相结合，更能保障评价过程的科学性与合理性。一方面，自我评价为最终评价者提供了更全面的解释和表征，有助于形成更合理的结论；另一方面，同伴评价提供了不同的评价视角，也有助于同伴之间互相促进和激励，促进学生劳动学习共同体的构建，发挥知识溢出效应，引发劳动素养与其他学生核心素养的同创共生。值得一提的是，长期以来，以学生为主体的评价工作因其科学性和专业化不足受到质疑，在劳动教育评价工作中，应充分发挥质性评价的优势，将劳动教育的量化评价放在次要地位，这样既能弥补劳动教育评价科学性的不足，又能发挥劳动教育评价工作者的主观能动性。

（二）教师

教师这一主体在劳动教育评价中起着主导作用，其负责劳动教育评价的具体组织和开展，教师评价是关乎评价工作成效的重要一环。首先，作为学校建设的中坚力量，教师在学校劳动教育质量评价过程中充当执行和反馈的角色，需要积极配合评价工作的开展，根据评价目标和学校不同阶段的发展需要不断改进行动，用行动履行"评价是为了促进发展"的取向。其次，教师在学生劳动素养评价活动中充当组织和督导的角色，教师要根据评价工作实施方案安排和指导学生有序参评，不因个人主观情感过多干涉评价程序而影响整体评价结果；同时根据后续评价者反馈的评价结果精准分析学情，因材施教，促进学生全面健康成长。最后，教师在劳动教育教学质量评价活动中充当自我评价和反思的角色。教师及时开展自我评价，有助于促进教师对课程实施情况的反思，不断完善和提高课程实施的水平，同时也在一定程度上克服了"唯分数、唯升学"的倾向，从侧面促进了"双师型"教师队伍的发展，从而形成更好的劳动教育生态。

（三）家长

现代教育背景下，家长是学校管理的重要参与者，从劳动教育评价的角度看，孩子在学校关于劳动教育方面的表现是其综合素质评价的重要组成部分，理应得到家长的充分重视。已经建立了家委会的学校，可通过家委会参与制定学生劳动教育相关评价内容和操作细则的方式，让家长明晰评价内容和考核项目，共同制定更为客观和全面的评估标准；尚未建立家委会的学校，家长可通过班主任、劳动教育任课教师的传达，及时了解学校劳动教育评价的相关实施方案，更好地发挥评价的主体作用。家长了解学校劳动教育的新作为，参与孩子所在学校的劳动教育评价活动，一方面能充分调动家长参与学校管理的积极性，逐步介入学生的劳动教育评价工作；同时也能逐步转变家长对劳动教育的传统观念，积极为学校劳动教育实施提供资源，合力开展职业启蒙教育，逐步让家长成为孩子家务劳动、社会劳动的指导者和协助者，并与学校合作，形成劳动教育的协同育人机制，助力孩子全方位健康成长。

（四）各级教育部门

各级教育部门作为评价主体开展的劳动教育评价，即为主管部门评价，是在获得授权的情况下对学校劳动教育的教育教学管理工作进行整体评价和指导，并向政府及其教育行政部门回馈有关信息，为科学决策提供依据，同时督导学校加强劳动教育和优化学校管理的评价方法[①]。此类型的评价集中在学校劳动教育的质量评价层面，关注学校在劳动教育的内容体系设计、教育载体创设、师资队伍培养、教育空间营造、创新特色塑造等方面的状态和水平，突出评价的诊断和导向功能，其评价结果可作为对学校奖惩、政策支持、资源配置和考核校长的重要依据之一。

（五）社会组织

学校的发展长期受到社会政治、经济、文化和环境的影响，而且由于劳动教育活动的综合性，相比其他学科活动的评价，劳动教育评价与社会组织直接接触和交往的频率更高，需要社会参与评价的需求程度也就更高。让劳动教育活动中的社区工作人员、政府等社会各界相关人士对劳动教育教学管理进行评价，可以有针对性地改进劳动教育评价体系和学校工作，提升办学治校和实施素质教育能力；此外，也有利于宣传劳动教育的综合育人功能，从侧面提升学校劳动教育的社会影响力，从而逐步形成"师生共同评价、家长介入评价、学生自我评价与同伴互评、社会参与评价"的多元主体评价模式，多维度构建、全方位创设积极向上的劳动教育文化，最终反哺劳动教育发展本身。

二、劳动教育评价的程序

一般情况下，劳动教育评价程序包括构建评价组织机构，分析评价背景，设计评价实施方案，收集评价信息，以及整理和反馈评价信息五个步骤。

（一）构建评价组织机构

在劳动教育评价的整体活动中，构建评价组织机构是首要环节。劳动教育评价通过组织相关人员成立劳动教育评价领导小组或评价委员会等评价组织机构，保障评价工作有序进行。该组织机构主要任务一般是：聘请具有相关劳动教育评价知识和技能

---

① 褚宏启，张新平. 教育管理学教程［M］. 北京：北京师范大学出版社，2013：521.

专业背景的相关专家设计评价方案，及时指导和解决评价实施过程中遇到的实际问题。有效处理和利用评价成果，公布评价结构和接受评价监督。实践过程中，劳动教育评价领导小组要结合实际工作需要配备处理具体事务的工作人员，负责问卷收发、统计数据、文件起草等基础工作，配合整体进度来推进劳动教育评价工作。

（二）分析评价背景

分析评价背景既是劳动教育评价开展的基础工作，也是不可或缺的关键环节。其主要任务是深入了解当前劳动教育现状，尤其是了解劳动教育评价的主流价值观，确定该次评价活动要解决的重要问题，重点落实劳动评价工作的目标导向。背景分析主要包括社会背景分析、评价委托人需求分析、被评价对象心理分析和教育发展现状分析等内容，在针对学生的劳动素养评价中，重点要关注学生的劳动素养现状，以及不同类型、不同学段学生的个性心理特点，这样才能做到有的放矢，提升劳动教育评价工作的针对性和实效性。

（三）设计评价实施方案

设计评价实施方案是劳动教育评价工作最为关键的一环，一般包括制定劳动教育评价的对象和目标，组织评价的组织机构和相关人员，完善评价指标体系，明确评价方法和程序，确定评价的时间安排和评价的注意事项，等等。需要指出的是，评价目标和评价指标体系是不一样的，前者相对宏观，后者是前者的具体表现。从劳动教育的角度来看，评价目标主要是从国家、学校和社会层面的需要出发，以提升大中小学生的劳动素养为核心评价理念，促进构建大中小学劳动教育体系，全面落实党的教育方针；而评价指标则是将这些评价目标分解和细化，体现在学生的劳动态度、劳动认知、劳动技能和劳动精神等具体维度，而且正规和专业的劳动教育评价需要构建具有指标权重的评价指标体系，即将每项评价指标希望达到的程度用等级或量化的分数表示出来，以此为尺度来衡量评价对象是否达到评价指标的要求。

（四）收集评价信息

收集评价信息是正式开展劳动教育评价后持续进行的基础工作。因为劳动教育的综合性和实践性等特点，劳动教育评价提倡过程性评价，所以收集评价信息的工作从评价开始持续到评价的最后一刻，教师、学生的每一个表现都能够成为评价的重要素材。劳动教育评价的工作人员不仅需要全面、准确地收集信息，还要认真细致地观察劳动教育实践活动过程中学生的情感、态度的变化，及时通过文字、录音、录像等多种方式做好记录，尽量避免主观和随意，为获取更为准确有效的评价结果做好基础工作。

（五）整理和反馈评价资料

整理和反馈评价资料是劳动教育评价工作的最后一道程序，是反映工作成果，关乎整个评价工作成功与否的重要环节。整理评价资料主要指严谨地分析和整理之前收集的所有评价信息，一般包括归类、分析审核和建档等步骤。根据评价目标的不同，每次评价分析的重点可能会有所不同，工作人员要以充分发挥劳动教育评价的发展功能为首要目标，多听取评价专家小组的意见。在处理评价结果的过程中，反馈评价结果的环节往往容易被基层评价人员忽视，但这是发挥劳动教育评价功能的重要程序，因此，应从设计评价实施方案一开始就将反馈作为必要的工作环节固化下来，同时避免评价反馈工作的"形式主义"和主观性定论，多从科学和专业的角度给予劳动教育评价对象有针对性和建设性的意见和改善的方案，并对其开展匿名问卷调查和定期回访，以期形成良性循环，提升劳动教育评价实效。

三、劳动教育评价的方法

厘清劳动教育评价的方法，一方面有利于保障劳动教育评价的有序进行，另一方面也有利于提高劳动教育评价的科学性和创新性，尽可能地引导新时代的劳动教育评价向着"以学生发展为本"的方面纵深发展。

（一）确定评价理念的方法

教育评价理念是指导教育评价活动的思想。劳动教育评价理念的确定，关乎劳动教育评价的导向问题，体现了评价者对于劳动教育评价的价值期望，具有一定的历史性和综合性。确定劳动教育评价理念，需要充分了解当前教育理论，尤其是教育评价理论、教育质量发展理论等相关领域的理论发展和实践状况，综合运用价值判断的构建方法，例如行为主义心理学的"行为目标模式"、人本主义心理学中"以人为本"理论，以及整体印象评价法、操行评定评价法等评价方法。

（二）构建评价指标体系的方法

构建评价指标体系是一个系统工程，由于所有的教育评价都受到社会因素和教育规律的制约，所以首先需要了解劳动教育评价指标制定的主要依据，一般包括教育政策和方针，例如《关于全面加强新时代大中小学劳动教育的意见》《大中小学劳动教育指导纲要（试行）》和《深化新时代教育评价改革总体方案》等；教育理论和知识，例如劳动价值观理论、劳动教育史、教育评价理论等；教育规律，例如生产劳动与教育相结合，教育发展受到政治、经济和历史发展的影响，等等；还有教育工作实际，例如劳动教育工作与综合实践活动长期相融通的实际情况。在此基础上制定相对上位的劳动教育评价目标以后，可以运用层次分析法、德尔菲专家法等方法来逐步构建评价指标体系。德尔菲专家法是指反复多次运用分发"专家咨询表"的形式，征询专家小组成员的意见，将专家的意见经过几轮征询，最后使专家小组的意见趋于一致，得出针对劳动教育评价指标的结论的研究方法。层次分析法是指将复杂的决策目标分解成若干组成要素，然后按照要素的相互支配关系，构成有序的递阶层次结构；同时通过运用数学计算的方法两两比较判断每一层次中要素的相对重要性，并确定权重，最后得出目标重要性的顺序，为劳动教育评价指标体系的标准制定提供理论依据。

（三）收集评价资料的方法

劳动教育评价提倡过程性评价，其收集评价资料阶段需要全面而准确地掌握相关信息，因此，可以尝试运用文献研究法、问卷法、观察与访谈法、案例研究法等多种方法来收集资料，具体要根据评价目标和实施方案来适当加以选择。问卷法是较为普适的资料收集方法，有利于大范围、多维度地收集被评价者的相关信息。观察与访谈法多运用于质性评价，是对于问卷调查法的深度补充，建议在劳动教育评价中多加运用，有利于培育以生为本、多元评价的劳动教育评价文化。案例研究法关注具体的生活情境，以一个或几个典型案例为素材进行具体分析和深入解剖，广泛运用于实地研究当中，一般可分为多案例研究和单案例研究。对于较难用量化评价的劳动精神、劳动情感与态度等的劳动教育评价，案例研究法不失为收集和分析评价资料的较好方法。

（四）分析整理评价资料的方法

分析和整理评价资料，是将整个劳动教育评价工作对外呈现，展示评价监督和发展功能的关键环节。不同类型的评价资料分析整理的方法是不同的，尤其是对数据进行分析整理的方法。一般情况下，针对前期大规模的问卷调查背景下收集的评价资料，优先采用统计与测量法进行整理和分析，可以运用现代测量理论与方法等当前先进的统计与测量方法和 SPSS、LISREL、ConQuest 等软件进行问卷数据的分析和处理。值得注意的是，劳动教育评价提倡对学生的劳动素养开展质性评价，建议在工作前期就通过建立"劳动教育清单""学生劳动素养评价指南"等表格将评价意图明确植入，引导评价资料收集工作"对号入座"，这样后期分析和整理资料的难度就会大大降低。此外，数据的录入尽量不要让他人代劳，一旦输入错误，后期就较难查找到错误的源头，会直接影响评价结果的有效性。

第四节　中小学劳动教育评价

中小学劳动教育是指在高中、初中和小学阶段组织实施的劳动教育，这一阶段的劳动教育关乎学生世界观、人生观、价值观的形成与塑造，影响德育、智育、体育和美育的共同发展。因此，中小学劳动教育评价监督中小学劳动教育质量，有利于促进中小学劳动教育实践问题的解决，是劳动教育评价整体工作中的核心环节。中小学劳动教育评价可从其内涵、现状与问题出发，从劳动素养角度评价中小学劳动教育，构建中小学劳动素养评价体系。

一、中小学劳动教育评价概述

中小学劳动教育评价是全面实施劳动教育的关键环节，梳理中小学劳动教育评价的内涵、存在问题，有助于全面了解中小学劳动教育的实施状况，为改进中小学劳动教育评价工作明确努力方向，并采取相应措施。

（一）中小学劳动教育评价的内涵

中小学劳动教育评价是评价主体在一定教育价值观的指导下，运用科学有效的技术和方法，系统搜集有关信息，对中小学校劳动教育中所实施的教育活动、教育过程和教育结果进行价值判断的过程。发挥劳动教育评价的诊断、监督与导向、发展功能，可以更全面地了解中小学劳动教育的实施困境，有针对性地提供解决策略和发展导向，切实保障中小学劳动教育的育人成效。

（二）中小学劳动教育评价存在的问题

中小学劳动教育评价对于中小学劳动教育现状的评估和发展具有重要价值和意义，但纵观以往中小学劳动教育评价的历史沿革，结合当前教育实践的现状，我国中小学劳动教育评价仍然存在以下三个方面的问题。

1. 价值取向多元化，评价理念不统一

尽管国家各级各类政策文件多次强调中小学劳动教育的重要性，但具体到劳动教育评价这一教育实践上时，基层仍存在不少畏难情绪。从校方的角度看，目前中小学教育仍以学科教育为主导，劳动教育的评价成果只是关乎学生的综合素质培养成效，对于小升初、中高考等选拔性考试的影响不大。因此，部分学校仍坚持"劳动教育只是学科教育的助推手段"的陈旧评价理念，观念上没有与时俱进。从教师的角度看，有部分教师深受传统应试教育思想的禁锢，没有挖掘劳动教育"体脑结合"的创新教育优势。

2. 理论研究不够深入，科学化支持不足

近几年关于劳动教育评价的研究得到了学者们的重点关注，学者们对此问题有了较为系统的研究，研究内容和研究视角也有了一定拓展，取得了一些突破性发展，但评价的指导思想不统一，规范性和科学性方面并不完善，相关研究的深度和广度还略显不足，直接导致对中小学劳动教育评价的科学化支持不够系统和深入。

3. 基层教育实践走样，操作过于形式化

鉴于中小学劳动教育评价理念尚未统一，部分学校在劳动教育评价实践中呈现出质量走样、操作形式化等问题。首先是评价主体单一化。劳动教育是一个需要家庭、学校、社会各个方面积极参与和合作共赢的过程，劳动教育评价也需要将各个参与主体作为评价团队中的组织者和实施者，这样形成的评价才会更加客观有效。当前中小学劳动教育评价主体主要是教师，教师掌控了劳动教育评价的主导权，而其他主体较少参与劳动教育评价过程。其次，评价内容较为单调刻板。受传统应试教育思想的影响，当前中小学劳动教育评价内容较多注重学生的劳动技能与知识的积累，忽视了对学生劳动情感、劳动价值观和劳动行为的整体性关注。再者，评价方法简单量化。当前，多数评价者倾向于在单一量化的基础上评价劳动教育成效。不少学校以量化的方

法来进行评价，量表评价成了劳动教育评价的主要方式，劳动教育评价结果仅以简单的等级或分数呈现，劳动教育评价也因此丧失了自身的科学性和教育性，这种做法明显不利于有效实现劳动教育的综合育人目标。最后，评价功能被严重弱化。

二、基于劳动素养的中小学劳动教育评价

新时期中小学劳动教育实践，其价值取向是培育中小学生良好的劳动素养。因此，劳动素养是当前开展劳动教育评价的良好载体。

（一）中小学劳动素养评价的内涵

《意见》明确提出，"全面构建体现时代特征的劳动教育体系，应健全劳动素养评价制度。"因此，为切实推动劳动教育实践，需要关注中小学劳动素养的评价，研究、制定出学生劳动素养外显化的评价载体和呈现形式，并逐步将其纳入中小学生综合素质测评考核内容。

新时期中小学劳动素养评价是指根据一定的评价标准和评价方法，由评价主体针对学生的劳动素养（包括劳动态度、劳动情感、劳动价值观和劳动行为与习惯等多方面）进行价值判断，并据此反馈提升劳动教育成效的建议和措施的整体过程。该评价注重将过程性评价和结果性评价相结合，充分利用大数据、云平台、物联网等现代信息技术手段，开展劳动教育过程监测与纪实评价，评价结果也将作为衡量学生全面发展情况的重要内容，评优评先的重要参考和毕业依据，以及高一级学校录取的重要参考。

（二）中小学劳动素养评价体系的构建要点

中小学劳动教育评价的目的是促进学生劳动素养的提升和综合素质的全面发展。以劳动素养为核心，建立全面而创新的劳动教育评价体系很有必要。

1.强化价值取向，以素养为核心

劳动素养在日常生活、生产实践、职业劳动和社会参与活动中得到体现，并融入人的观念、习惯、品质、能力之中。劳动素养取向的劳动教育评价，区别于单一的劳动德育，也不同于单一的劳动知识与技能教育，是以学生的成长与发展为评价取向，有利于促进教育现实问题的有效解决和劳动育人功能的加强，促进大中小学劳动教育体系的构建，全面落实党的教育方针[①]。

2.优化评价内容，在创新中落实

由于劳动教育的综合性和实践性，以劳动素养为核心的评价体系不该以简单的书面考试形式来考察劳动知识与技能等情况，或者组织一两次劳动实践的测验就敷衍了事，应该将评价内容结构化，渗透劳动教育的阶段性目标，结合不同学段、不同类型

---

① 顾建军.加快建构新时代劳动素养评价体系［J］.人民教育，2020（8）.

学生的特点加以评价。同时，创新评价形式，充分利用学生的过程性表现来衡量，充分体现劳动素养评价的形成性和发展性。此外，劳动素养评价的范畴既包含抽象的劳动观念，又涉及隐形的劳动态度、劳动情感和劳动精神等内容，因此，将劳动评价内容具象化是劳动教育评价实现目的性与有效性统一的关键。对此，应把一些不易测量、容易混淆的情感性目标内容，如劳动价值、劳动情感、劳动态度、劳动精神等转化为具象的劳动表现、劳动行为、劳动习惯等具体内容，用简单和形象的语言表述清楚。

3. 提倡多元主体，发挥协同作用

劳动素养评价是一个多元主体参与的评价过程。教师是活动的设计者和组织者，学生是学习的主体，而家长以及其他与劳动教育相关的人员都是劳动教育的参与者，都以直接或者间接的方式参与劳动教育，对劳动教育过程产生一定的影响。因此，中小学劳动教育评价也需要将教师、家长、学生等主体考虑在内，使得参与者也成为评价主体，这样才能有效提升劳动教育评价的准确性和客观性。

首先，我们要充分尊重学生劳动教育评价的主体地位，倡导学生自评、生生互评，使学生在评价自己、评价他人的过程中获得最真实的体验，在取长补短中提高其劳动素养。其次，我们要充分发挥教师在劳动教育评价中的引导作用，摒弃传统教育评价中教师权威的错误观念，使教师努力成为学生劳动素养提高道路上的引路人、鼓励者。再次，我们要充分发挥劳动教育评价中的家校资源优势，构建家庭、学校、社会各方面齐抓共评、协同评价的机制。主体协同评价，可以充分利用各类劳动教育资源，为劳动教育提供更为多元和宽广的外部环境[①]。

4. 构建指标体系，助推评价落地

为更好地将劳动素养纳入学生综合素质评价体系，有必要构建以劳动素养为核心的评价指标体系，助推中小学劳动教育评价落地，真正发挥新时代劳动教育综合育人功能"指挥棒"的导向作用。值得一提的是，劳动素养是多维度的。如何将这些评价要素放在学生劳动素养评价目标的理论背景下，细化为具有实践性的可观察、可监测的评价指标，同时兼顾不同类型学校、不同年级的劳动评价目标，设置具体化、可操作性的评价目标和权重，需要仰仗教育工作者长期的努力和实践，重点从学校劳动教育实践体系建构与中小学劳动素养内化相结合的方向不断着力，逐步构建科学化和个性化的中小学生劳动素养评价指标体系[②]。

（三）中小学生劳动素养评价指标体系

中小学劳动素养评价指标体系的构建，首先要明确中小学劳动素养的内涵，中小学劳动素养是时代发展与个体成长的双重需求，是学生全面发展的重要因素。新时代背景下，其具有综合性、实践性、社会性和创新性等主要特征。

① 赵雨佳，马勇军. 中小学劳动教育评价：历史沿革、现实问题及改革举措 [J]. 教师教育论坛，2021（3）.
② 刘茂祥. 基于实践导引的中小学劳动教育评价研究 [J]. 教育科学研究，2020（2）.

　　基于中小学劳动素养的内涵及评价体系的构建要求，综合考虑国家教育方针政策的要求和哲学、教育学及心理学的理论依据，同时兼顾育人活动整体性、人的素养整体性和人的全面发展的整体需求，我们可以从以下几种视角构建中小学生劳动素养评价指标体系。

1. 五育并举视角的劳动素养评价指标体系

　　劳动具有综合育人功能，美德的教育、智慧的教育、康健的教育、艺术的教育和创新的教育均受益于劳动的教育，由劳动教育培育的劳动素养也离不开德、智、体、美、创新这五个关键要素。

　　因此，五育并举视角的中小学劳动素养评价指标体系可以由"德性劳动，智慧劳动，健康劳动，美感劳动和创新劳动"五个一级指标组成，如表8-1所示[①]。

表8-1　五育并举视角的中小学劳动素养评价指标体系框架表

一级指标	二级指标	主要评价要素
德性劳动	劳动价值观	树立"四最"劳动价值观（劳动最光荣、劳动最崇高、劳动最伟大、劳动最美丽），摒弃好逸恶劳、不劳而获的心态，理解不同职业特点和价值，认同公益劳动的价值
	劳动美德体验	尊重劳动、劳动者和劳动成果
	美德劳动行为	自强自立，按要求完成劳动作业等方面的技能和行为习惯
智慧劳动	理性科学的劳动知识技能	掌握基本劳动技术，尊重和利用客观规律，有目的、有组织、有计划地进行劳动
	积极向上的劳动态度	积极、自信、乐观地参与劳动
	关注劳动成效的行为习惯	在家庭、学校、社区的劳动中合理使用工具手段，积极发现问题和解决问题，注重劳动成效，劳动成果符合实际需要
健康劳动	寓劳于乐	发展劳动兴趣，劳动过程中积极乐观
	劳动保护	熟知劳动安全保护知识，懂得量力而行参加劳动
	优化状态	遵守规范，劳逸结合，懂得自我调节
美感劳动	认识美	能够在劳动中认识美、欣赏美
	感受美	具有劳动情趣，体悟劳动的文明礼仪，展现乐于助人和创新向上等富有美感的劳动形象
	创造美	通过劳动创造美好作品，提供美好服务，创设美好环境

[①] 曹飞. 中小学生劳动素养评价指标体系探析［J］. 劳动教育评论，2020（1）.

续　表

一级指标	二级指标	主要评价要素
创新劳动	创新方法技术	了解人工智能等新技术和新方法，创新思维方式，具有产品意识，以及独立应变和反思批判能力（重点关注高中学生）
	创新氛围	能融入合作、创新的劳动氛围
	自我实现	感悟劳动的幸福；在劳动中充分激发自身潜能，争取自我实现

2. 内在心理品质视角的劳动素养评价指标体系

从心理学的角度看，素养的结构包含知识与技能、情感态度与价值观、行为习惯等维度的心理变量，强调内在心理品质在特定情境下的行为结果。同理，劳动素养可运用心理学这一普遍的结构框架，关注劳动的认知、情感和外在行为表现，并以此观察、判断和分析。

内在心理品质视角的中小学劳动素养评价指标体系可由知识观念技能、情感态度与价值观和行为习惯三个一级指标组成，每个维度都包括德、智、体、美、创新五个方面的二级指标，如表 8 - 2 所示[①]。

表 8 - 2　内在心理品质视角的中小学劳动素养评价指标体系框架表

一级指标	二级指标	主要评价要素
知识观念技能	劳动美德观念	树立"四最"劳动价值观；树立未来用辛勤劳动和创新劳动来实现自我，以及建设国家的劳动观念
	智慧劳动技能	掌握各学段基本的劳动技能，在各类劳动教育活动中能在合作中解决问题，收获劳动成果
	健康劳动知识	熟知劳动安全保护知识，会使用常用工具，掌握一定的技术设计等动手操作能力
	美感劳动认知	能够在劳动中认识美、欣赏美
	创新劳动技术方法	拥有独立思考和善于反思的劳动思维及创新意识，以及创造性劳动的能力
情感态度与价值观	体验劳动美德	热爱劳动，尊重劳动、尊重劳动人民和劳动成果，感恩劳动创造世界
	积极智慧劳动	自觉参加各种形式的劳动，积极，自信与乐观

---

① 曹飞. 中小学生劳动素养评价指标体系探析 ［J］. 劳动教育评论，2020（1）.

一级指标	二级指标	主要评价要素
情感态度与价值观	健康劳动情感	量力劳动，快乐劳动，坚韧不拔参与劳动
	劳动文明情趣	体会到劳动的艰辛，对劳动感兴趣并乐于分享劳动喜悦
	追求劳动幸福	拥有劳动责任感和劳动竞赛的荣誉感、成就感，愿意创建和谐和合作的劳动氛围，理解劳动价值，认同通过劳动创造追求幸福感
行为习惯	美德劳动	养成热爱劳动、乐于助人、自理自立的劳动习惯和诚实守信、吃苦耐劳的优良品质，主动参与孝亲、敬老、爱幼等方面的劳动
	科学劳动	运用沟通与探究能力参与和创造劳动
	健康劳动	拥有诚实合法、健康向上的"劳动创造成功生活"的意识和行动
	美感劳动	崇尚劳动，积极创建劳动的文化美
	创新劳动	注重劳动过程的团结协作，创新创造

3. 实践导引视角的劳动素养的评价指标体系

当前，中小学劳动教育评价研究还存在认识上的缺失。为推进中小学劳动教育实践，应当对劳动教育评价进行实质性探索，促进学校劳动教育实践困难的解决。建构中小学生劳动素养的评价要点，形成学校劳动教育实践评价的指标，探索中小学劳动教育评价的实践导引策略，是推进新时代中小学劳动教育工作的重要举措。中小学劳动教育评价的实践导引，应引导学校树立新时期正确的劳动教育价值观，把劳动教育作为一种价值召唤，强化激励性与基础性，突出主体性与责任性，建构各级各类劳动教育方面的制度；应将学校劳动教育实践体系建构与中小学生劳动素养内化结合起来，把握不同教育阶段劳动教育的侧重点，最终促进基础教育形成各阶段、各年级相互衔接与层递推进的教育内容体系，切实解决学校劳动教育的实践困境。

因此，实践导引视角的中小学劳动素养评价指标体系可以由劳动认知、劳动情感、劳动习惯、劳动能力和劳动精神五个一级指标组成，如表 8-3 所示[①]。

---

① 刘茂祥. 基于实践导引的中小学劳动教育评价研究 [J]. 教育科学研究，2020（2）.

表8-3　实践导引视角的中小学劳动素养的评价指标体系框架表

一级指标	二级指标	主要评价要素
劳动认知	劳动观念	认同用辛勤劳动和创新劳动来实现自我、建设国家的观念
	劳动知识	掌握基本的劳动技术知识和技能，熟悉安全保护知识，能在合作中解决问题，收获劳动成果
劳动情感	劳动态度	积极参与劳动创造，体悟劳动艰辛，主动分享劳动喜悦，摒弃好逸恶劳、不劳而获的态度
	劳动兴趣	能根据自身特点培育劳动兴趣，勇于探索
劳动习惯	劳动意识	主动劳动，热爱劳动和创新劳动的意识
	劳动行为	将劳动行为与自我发展、社会需要联系起来，拥有诚实合法、健康向上的劳动习惯和品质
劳动能力	劳动技能	掌握生活技能，熟知职业技能，养成问题发现和解决能力
	劳动创造	主动运用创新能力参与劳动教育活动和开展劳动创造
劳动精神	劳动韧性	勤俭奋斗、坚韧不拔、团结协作的劳动品质
	劳动价值	拥有"四最"劳动价值观，勤俭节约、敬业奉献的优良传统

　　以上三种劳动素养的评价指标分类仅是作为各类评价分析视角的例子。在实际操作中，需要依据中小学劳动素养的整体评价框架，对学生的具体劳动任务制定评价指标，并在实践操作的子领域中落实，细化为可观察、可监测的评价指标。同时，评价实践中需兼顾不同年级的劳动评价目标，设置具体的子领域及相对应的评价子目标。

　　随着劳动新形态的发展，中小学劳动教育的内涵不断丰富，与之相对应的劳动素养评价体系将在发展中优化，寻求在评价理念与形式上的不断突破。一是以劳动素养为核心的劳动教育评价在内涵上不再局限于传统意义上的学业成绩或考试分数。基于劳动素养的评价，不仅关注劳动观念、劳动知识技能的习得，更关注学生在不同的劳动情境中的问题解决能力和创新能力；不仅考查学生的学业成就，更关心学生通过课堂提问、小组讨论和作业所指向的整体表现，以及成长档案、成果展示等多元化的测评方式所涵盖的学习结果。二是以劳动素养为核心的劳动教育评价应贯穿整个学习或教学过程。在新型的劳动素养评价工作中，我们需强调关注学生的学习过程。劳动的实践性本身就是强调劳动个体与各种情境的持续的社会性互动，需要教师随时评估和了解每个学生的认知和疑惑，并根据学生的表现和教学成效及时调整。因此，在此理念指导下的评价不再是教学过程结束后的任务，而是伴随着整个劳动教学过程，旨在促进学生劳动素养的发展①。

 思考题

    1. 如何看待劳动教育评价的功能？

    2. 中小学劳动素养评价体系的构建要点有哪些？

 拓展阅读

劳动教育亟须构建评价体系

    劳动是人类最基本、最普遍的活动形态，人类文明史就是一部劳动发展史。中华民族是一个勤于劳动、善于创造的民族。热爱劳动是中华民族的优秀文化基因。但在教育教学实际工作中，却存在着劳动教育的育人价值被忽视，劳动教育被淡化和弱化的问题，劳动教育成了全面发展教育中的短板和痛点。

1. 离开劳动就没有真正的教育

    新华社记者在部分省份采访了解到，中小学生自理能力缺失与劳动意识淡薄现象普遍存在，劳动实践、劳动能力"双赤字"情况突出。甚至在一些青少年中存在不珍惜劳动成果、不想劳动、不会劳动的现象，劳动教育的育人价值在一定程度上被忽视。

    究其原因，有应试教育的影响，劳动教育不属于必考科目，与考试关系弱，导致学校和家长不够重视，劳动教育处于被边缘化和被削弱的地位。也有更深层次的劳动观念的影响，一些人存在着落后的劳动教育观念，看轻或歧视体力劳动，奉行"劳心者治人，劳力者治于人"的错误劳动观。而热爱劳动是中华民族的优秀文化基因，勤劳创业、耕读传家是中国教育的重要内容。没有劳动教育的教育，是不全面、不完整、不成功的教育。苏联教育家苏霍姆林斯基认为，"离开劳动，不可能有真正的教育"。

    党的十八大以来，习近平总书记立足新时代的历史方位，对劳动和劳动教育作出一系列重要论述。2018年全国教育大会上，习近平总书记明确提出构建德智体美劳全面培养的教育体系，明确指出要在学生中弘扬劳动精神，教育引导学生崇尚劳动、尊重劳动，懂得劳动最光荣、劳动最崇高、劳动最伟大、劳动最美丽的道理，长大后能够辛勤劳动、诚实劳动、创造性劳动。这实质上是要求把劳动教育纳入培养社会主义建设者和接班人的总体要求之中。

---

① 曾天山，顾建军. 劳动教育论［M］. 北京：教育科学出版社，2020：392－393.

劳动教育在每个时期承载着不同的时代使命，具有重要的时代意义和价值。而劳动教育评价是引导劳动教育发展，充分发挥劳动教育价值的重要抓手和关键一环，新时代亟须建立具有中国特色的劳动教育评价体系。2020 年 3 月 20 日，中共中央、国务院颁布了《关于全面加强新时代大中小学劳动教育的意见》，指出劳动教育是中国特色社会主义制度的重要内容，直接决定社会主义建设者和接班人的劳动精神面貌、劳动价值取向和劳动技能水平，提出全面构建体现时代特征的劳动教育体系，而健全劳动素养评价制度是其中的重要方面。2020 年 7 月 7 日，教育部印发《大中小学劳动教育指导纲要（试行）》，特别指出：将劳动素养纳入学生综合素质评价体系。以劳动教育目标、内容要求为依据，将过程性评价和结果性评价结合起来，健全和完善学生劳动素养评价标准、程序和方法，鼓励、支持各地利用大数据、云平台、物联网等现代信息技术手段，开展劳动教育过程监测与纪实评价，发挥评价的育人导向和反馈改进功能。

2. 劳动教育需要以评价为引导

劳动教育被弱化和忽视的现实状况决定了进行劳动教育评价势在必行。同时，劳动教育与德、智、体、美各育相比，其实施和评价都具有独特性。而劳动教育具有综合育人的作用，充分把握劳动教育的育人价值，需要评价的正确引领和导向。

劳动教育的独特性决定了进行劳动教育评价的必须和必要。一是劳动教育具有鲜明的实践性。二是劳动教育具有广泛的融合性。三是劳动教育具有充分的社会性。

劳动教育效能的充分发挥亟须评价的引领与导向。一方面，在国家层面规定设立劳动教育必修课程，是对补齐劳动教育短板的有力保障。但劳动教育本身的独特性决定了劳动教育课程不可能像智育的学科课程那样通过书面考试或分数来评判学生劳动意识、劳动精神和劳动情感等的养成。另一方面，如果学生不参加劳动实践，如果劳动教育的实施只有学校教育，而缺少家庭教育和社会教育的协调和配合，很难培养出学生的劳动意识，唤起学生劳动精神。更难形成劳动最光荣、劳动最崇高、劳动最伟大、劳动最美丽的社会风气。因此，要构建起劳动教育评价体系，通过劳动教育评价引领劳动教育课程实施和实践开展，以评价引领劳动教育繁荣发展。

3. 评价体系要以劳动素养形成为核心

劳动教育评价对新时期树立正确的劳动观、破解劳动教育实践困境和建立健全劳动教育制度以及提升劳动教育的地位具有价值导向作用。但当前我国的大中小学劳动教育评价体系尚未构建起来，评价机制的功能尚不能充分发挥。那么，在构建中小学劳动教育评价体系时，我们应该把握哪些关键点？

　　首先，教育评价是对教育过程和结果的描述与价值判断。没有科学的评价就没有科学的管理，什么样的教育评价决定什么样的办学导向。教育评价在教育发展中具有重要战略地位，具有诊断、导向和激励的作用，发挥着指挥棒和风向标的功能。劳动教育评价主要涉及劳动教育课程评价、劳动素养评价和对各级各类教育机构实施劳动教育情况的评价。从价值理念上，我们要把握住其核心要义是要培养学生的劳动素养，使广大学生能够提升劳动认知、增进劳动情感、养成劳动习惯、提高劳动能力、弘扬劳动精神。因此，在劳动教育评价方面，一是以习近平总书记关于劳动教育的重要论述为根本遵循，认识劳动的重要性，树立新时代劳动教育观。二是以《深化新时代教育评价改革总体方案》为纲领，落实关于加强劳动教育评价的总体要求。

　　其次，教育系统中的所有人员、事物、组织机构都是教育评价的对象，进行教育评价的主要目的是选拔、监测和引导。在构建劳动教育评价体系的过程中要坚持以下指导原则：一是坚持立德树人，为党育人，为国育才。进行劳动教育评价的最终指向是养成学生良好的劳动素养，以评价引领价值导向，培养全面发展的人。二是坚持问题导向，解决关键问题。当前劳动教育在实践中还存在着被轻视、弱化和虚化的现象，在进行劳动教育评价过程中要直指劳动教育课程和实践中的关键问题，合理引导，最终促进劳动教育繁荣发展。三是坚持多元评价主体和评价方式相结合。劳动教育自身的特殊性，更加需要社会、学校和家庭等多元主体来进行评价，采取定性和定量相结合的多元评价方式才能更加全面有效地对劳动教育进行评判。四是统筹兼顾，建立中国特色劳动教育评价体系。坚持专门的劳动教育开发和在学科中进行劳动教育渗透，坚持统筹兼顾原则，构建以学生发展为中心、符合我国学生发展实际的劳动教育评价体系。

　　最后，我们要建立的是由政府主导、各级各类教育部门为主体，各级各类学校广泛参与的外部评价体系和学校内部评价体系相结合的劳动教育评价体系，各部门各司其职，相互配合，共同推动劳动教育的实施。对于评价结果的应用，除了将劳动素养的评价列入学生综合素养评价之中，还需将对各级各类学校的劳动教育评价纳入对学校的综合考评之中，加快建立学校实施劳动教育评价指标体系和管理实施办法。

　　（资料来源：王雪双、相福军，《劳动教育亟须构建评价体系》，《光明日报》，2022年2月8日15版，有删减。）

　　思考：劳动教育需要以评价为引导，请结合拓展阅读材料，谈谈如何理解劳动教育评价的必要性和重要性？

下篇

中小学劳动教育的
课程开发与实践设计

第九章 劳动教育课程开发的基本理论

【学习目标】

1. 识记劳动教育课程目标、内容、实施、评价的内涵，劳动教育课程目标的作用、课程内容属性、课程实施价值取向，以及课程评价的特点。

2. 理解劳动教育课程目标设计的典型理论、课程内容选择与组织的原则、课程实施的模式，以及课程评价的模式。

3. 能对劳动教育课程案例进行分析，熟练使用劳动教育课程开发相关原理和方法对各要素进行设计，能够独立开发劳动教育课程。

课程开发理论的掌握与应用，直接影响课程开发的科学性与有效性。劳动教育课程的实践性要求高，开发者往往侧重关注对劳动实践内容的挖掘，而容易忽视对课程开发理论的应用，为加强读者对劳动教育课程的理解，依据卡斯威尔和坎贝尔的《课程开发》、泰勒的《课程与教学的基本原理》等经典著作提出的课程开发或编制阶段，本书从课程目标设计、内容选择与组织、实施和评价四方面阐述劳动教育课程开发的基本理论。

第一节 劳动教育课程的目标设计理论

劳动教育课程的目标首先是育人，主要包括培养学生正确的劳动态度和养成良好的劳动习惯，提高学生劳动技能，提升学生劳动素养，树立学生正确的劳动价值观。

一、劳动教育课程目标概述

（一）劳动教育课程目标内涵

实施劳动教育的重点是在系统的文化知识学习之外，有目的、有计划地组织学生参加日常生活劳动、生产劳动和服务性劳动，让学生动手实践、出力流汗，接受锻炼、磨炼意志，培养正确的劳动价值观和良好的劳动品质。中共中央、国务院《关于全面加强新时代大中小学劳动教育的意见》（简称《意见》）从思想认识、情感态度、能力习惯三个方面面向全体学生提出了劳动教育总体目标，而劳动教育课程是实现劳动教育目标的主要渠道，劳动教育的总体目标指导着劳动教育课程目标的形成，可以从以下几个方面理解：

1. 形成正确的劳动思想， 全面提升认知水平

思想是行动的先导，只有引导学生形成正确的劳动观念，学生将科学的劳动价值观深化为共识，才能全面提高劳动认知水平，自觉参与劳动并把劳动作为立身之计，最终达到教育认知层面，实现劳动教育的价值。"劳动"在马克思主义的整体理论框架中占据十分重要的地位，劳动创造历史是马克思历史唯物主义基本原理，也是马克思主义的核心价值观所在，人人参与劳动，共同为社会创造财富，共同分享财富，是马克思主义劳动观的重要精神实质和基本价值取向，同时也是社会主义核心价值观的主要内容和重要原则。正确理解劳动是人类发展和社会进步的根本力量。教育者要引导学生认识劳动创造人、创造价值、创造财富、创造美好生活的道理，尊重劳动，尊重各行各业的劳动者，牢固树立劳动最光荣、劳动最崇高、劳动最伟大、劳动最美丽的思想观念。[①]

2. 培养积极的劳动情感， 形成良好的劳动态度

教育者要在日常生活劳动、生产劳动和服务性劳动的过程中关注学生的体验和感悟，引导学生感受劳动的艰辛和收获的乐趣，增强获得感、成就感和荣誉感，对劳动者产生崇高的敬意；在长期知识积累的基础上，鼓励学生学习和借鉴他人丰富经验、技艺，尝试新方法、探索新技术，打破僵化思维方式，代之以创新的方式，在创新性劳动思维能力和问题解决能力的提高过程中收获成就感、满足感、尊严感，让"劳动最崇高"的观念变得更加立体和鲜活。同时，教育者应教育引导学生正确看待劳动分工，不论是体力劳动还是脑力劳动，不论是从事简单工作还是复杂工作，也不论是从事重要工作还是一般性工作，都没有高低贵贱之分，都值得尊重。

3. 培养良好的劳动习惯， 掌握基本的劳动技能

劳动教育强调通过劳动教育使学生养成良好的劳动习惯，掌握基本的劳动技能，学会做人做事。

日常生活劳动教育立足个人生活事务处理，注重生活能力和良好卫生习惯培养，提升学生生活自理能力和生存技能，树立自立自强意识。生产劳动教育是让学生在工农业生产过程中亲身经历物质财富的创造过程，体验从简单劳动、原始劳动向复杂劳动、创造性劳动的发展过程，学会使用工具，掌握相关技术，感受劳动创造价值，增强产品质量意识，体会平凡劳动中的伟大。服务性劳动教育让学生利用知识、技能等为他人、社会和国家提供服务，在服务性岗位上见习实习，树立服务意识，实践服务技能；在公益劳动、志愿服务中强化社会责任感。让学生在亲身实践过程中发现问题、探究问题、解决问题，手脑并用，培养其社会实践能力和创新精神，激发学生对美好生活的愿望。

---

① 李红婷. 新时代劳动教育课程评价：导向问题与策略 [J]. 现代教育，2021（7）.

（二）劳动教育课程目标来源

1. 对学生的研究

劳动教育课程是劳动育人的重要媒体，劳动教育课程实施的目的在于促进学生发展。因此，在课程开发过程中，课程目标的设计也要建立在对学生研究的基础上。

课程是面向学生的课程，学生是发展的个体，课程目标确定时既要结合学生已有的发展状况和条件，又要预测学生未来发展的最大可能。不同年龄段的学生有不同的特点，课程目标的设计应考虑学生身心发展的阶段性和顺序性，为不同群体的学生设计不同水平的课程目标。

2. 对社会生活的研究

学生既在学校中接受教育，也在社会中接受教育。在劳动教育过程中，家庭、学校、社会对学生劳动价值观的形成发挥着重要的影响作用。同时，劳动教育也会反过来对社会产生影响，因此当代社会生活的需求也应当成为劳动教育课程目标的来源之一。

3. 对相关思想的研究

劳动教育思想历史悠久，无论是古希腊教育体系，还是中国"六艺"课程中的相关内容，都蕴含着丰富的劳动教育思想。当今，我国结合优秀传统劳动教育思想，形成了新时代中国特色社会主义劳动教育思想。因此，劳动教育课程目标的确定一定要认真研究古今中外劳动教育思想，汲取其中的养分，结合时代准确理解和定位新时代劳动教育课程目标。[①]

（三）劳动教育课程目标的作用

1. 指导课程内容的设计和课程实施的进行

真正发挥劳动教育在促进学生全方位发展方面的育人作用，离不开课程目标的制定与指导。在 2021 年全国教育工作会议上，教育部原部长陈宝生强调："要发挥劳动教育的综合育人作用。推动各级各类学校准确把握新时代劳动教育特点，把劳动教育清单丰富起来，把教育目标和内容衔接起来。"因此要正确遴选并设计学校劳动教育课程的内容，实现学校劳动教育课程的顺利开展。

2. 作为课程评价的重要依据和准绳

作为一种方式、方法、手段、工具，课程评价要"评什么"，需要以课程目标为准绳。课程评价可以驱动学习，促进每个学生的进步和发展。劳动教育课程评价以劳动教育目标、内容要求为依据。我国劳动教育从思想认识、情感态度、能力习惯三个方面面向全体学生提出了劳动教育目标，这也决定了进行劳动教育课程评价时要将过程性评价和结果性评价结合起来，及时评价，注重学生在接受劳动教育过程中的监测与纪实评价。

---

① 张志勇，杨玉春. 深刻认识新时代劳动教育的新思想与新论断［J］. 中国教育学刊，2020（4）.

（四）劳动教育课程目标的演变

1. 从"生产"到"能力"再到"核心素养"

学生和社会是设立劳动教育课程目标的重要依据，新时代社会发展对劳动教育的要求是不断发展的，劳动教育的目标也在不断发展，从过去的为"生产"服务到为"能力"准备，再到现在的注重"核心素养"培育，形成了劳动教育目标的迭代发展。

2. 价值演变

劳动教育课程以促进人的全面发展为价值旨归。回顾新中国成立七十多年来劳动教育课程的发展历程，其课程目标在这一价值引领下，呈现出从追求工具性价值到追求兼具工具性与存在性价值的演变逻辑，即当代劳动教育对于个体而言，不仅具有工具性的外在价值，更具有存在性的内在价值[1]。

二、劳动教育课程目标设计的典型理论

（一）加涅的学习结果分类理论

美国著名心理学家加涅将科学心理学的内容融合进教育实践中，提出了学习结果分类理论，该理论将人类习得的性能分为言语信息、智慧技能、认知策略、动作技能和态度五大类，这对劳动教育中课程教学目标的设计有重要启示作用。加涅在学习结果分类的基础上，还对教学目标进行细分并提出"五成分目标"法，所谓五成分是指行为发生的情境、习得性能的类型、行为的对象、学生应用性能时采取的具体行动，以及与作业有关的工具或特殊条件[2]，这为劳动教育课程目标设计中目标层次、顺序的划分和安排提供了依据。

（二）布鲁姆的教育目标分类学

美国教育心理学家布鲁姆针对课程目标的设计开发了教育目标分类系统，对劳动教育课程目标的设计有着重要的指导意义。布鲁姆将教育目标分为认知、情感、动作技能三个领域，认知领域包括知识、领会、运用、分析、综合、评价六大层次；情感领域包括接受、反应、形成价值观念、组织价值观念、价值体系性格化五个亚类；动作技能领域包括知觉、模仿、操作、准确、连贯、习惯化六个亚类[3]。布鲁姆的教育目标分类学具体规定了认知、情感、动作技能三个不同维度可以达到的水平和应该表现出的行为，能让劳动教育课程目标的设计更全面、更快、更准确。

（三）三维目标设计理论

2001 年，教育部颁布的《基础教育课程改革纲要（试行）》首次提出"知识与

---

① 朱德全，熊晴. 我国劳动教育课程的演进逻辑与重建理路［J］. 教师教育学报，2020（6）.

② 马晓丹，张春莉. 两种教育目标分类系统的比较研究及其启示［J］. 教育研究与实验，2018（2）.

③ 党韦强，吕宜平. 布卢姆教育目标与我国三维目标的比较：兼谈对我国高中教学的启示［J］. 教学与管理，2014（30）.

技能、过程与方法、情感态度与价值观"的三维目标。劳动教育课程目标并不仅仅是让学生掌握一定的劳动知识和技能，更为重要的是让学生具备正确的劳动价值观和良好的劳动习惯，培养热爱劳动、珍惜劳动成果的品质。因此，设置课程三维目标对于充分发挥劳动教育的育人价值有重要作用，在劳动教育课程目标开发过程中坚持以劳动知识为载体，以劳动过程和劳动能力为主线，始终贯穿劳动教育的情感态度与价值观教育，从而促进学生劳动素养的不断提升，实现德智体美劳的全面发展。

三、劳动教育课程目标设计的典型模式

（一）泰勒的目标模式

泰勒是课程理论家和评价专家，泰勒模式被称为目标模式课程开发的典范。目标模式产生后，一直在课程开发的理论研究及课程实践领域居主流地位，曾是二十世纪五六十年代课程开发的唯一模式。泰勒认为课程目标的确定有三个来源和两道过滤网，三个来源是学习者本身、当代校外社会生活和学科专家的建议；两道过滤网是指教育哲学和心理学。按照泰勒的目标模式，劳动教育课程目标的设计可以从学习者本身、学校实际情况、校外社会生活，以及劳动教育领域的研究专家、国家政策文件入手。

（二）惠勒的过程模式

惠勒是英国的课程理论专家，1967 年，在《课程过程》一书中，他将泰勒的直线式修改为圆环式。当评价的结果与预期目标不符时，能够有所回馈，检查不当之处而重新设计。这一模式仍以目标的选择为起点，然后选择学习经验，选择学习内容，组织和综合学习经验和内容，最后是评价，再回到目标。相比于泰勒的目标模式，惠勒的过程模式更侧重评价的结果反馈，劳动教育课程目标的设计可以通过构建目标、实施与评价反馈的循环系统，重新设计劳动教育课程目标模式，以更好地发挥劳动教育的育人价值。

（三）朗特里的技术目标模式

20 世纪 80 年代初，朗特里从技术角度进一步改良泰勒的目标模式，促使课程开发模式具有动态性，课程要素间有较多的互动[①]。朗特里模式包括四个流程：确定目标、设计学习、评价和改进。确定目标即根据课程设计符合要求的目标。设计学习指对第一步骤中确定的目标进行细分，并确定各个小目标的最适当的"学习顺序"。第三步是评价，即对学习设计的反馈，评价由学生进行。学习设计是否都能有效达成确定的目标，需要学生学习后进行反馈。最后是改进，主要是课程开发方根据评价对课程不断进行检讨和修订。相较于惠勒的过程模式，朗特里模式增加了改进改良环节，

---

① 汪霞. 课程开发的目标模式及其特点 [J]. 外国教育研究，2002（6）.

让劳动教育课程目标经过评价反馈后能进一步得到改进。

第二节　劳动教育课程的内容选择与组织理论

　　劳动教育课程的有效实施和课程内容、参与主体、实践场地、活动形式等多种变量密切相关，其中劳动教育课程内容的多元化、生活化对劳动教育育人价值的发挥有着重要的作用。实现劳动教育课程内容的多元化需要鼓励多元主体（教师、学生及家长）参与劳动教育课程开发，并整合家、校、社会三方资源，开展面向生活各个方面的劳动教育主题活动。

一、劳动教育课程内容概述

（一）劳动教育课程内容的来源

1. 课程内容来源于学科

　　《意见》突出强调其他课程有机融入劳动教育内容和要求。充分发挥新时代的劳动教育功能，需要实现课程、活动等资源的有机整合。劳动教育课程的融合分为横向融合和纵向融合两个部分，在横向融合方面，要与其他学科进行整合。学科教材为劳动教育课程提供了丰富的劳动教育情境和素材，素材中涉及的劳动种类和劳动知识极为丰富，贴近学生的生活实际，准确掌握、利用学科内容中一些相关的劳动教育资源，是开展劳动教育的重要前提。在学科教学中开展劳动教育，可以在学科教学之中培养学生的劳动观念和劳动态度。如数学、物理等自然学科课程中的科学原理可以帮助学生掌握劳动技能；语文、历史等人文学科可以培养学生的劳动价值观。

2. 课程内容来源于学生

　　劳动教育课程内容应该从学生中来，要充分考虑学生的需要。劳动教育课程内容要遵循学生的发展规律，要根据学生的需要和身心发展规律选择课程内容。劳动在培养学生社会实践能力和使之适应现代社会生活方面发挥了重要作用。其次劳动教育课程应来源于学生生活，因为生活不仅蕴藏着丰富的实践性劳动教育课程资源，而且也蕴藏着能够促进学生精神成长的隐性教育资源。一方面，生活中的劳动实践和劳动资料能够作为学校劳动教育的直接素材，帮助学生认知、体验、领悟真实的劳动内涵和劳动过程；另一方面，真实生活中的劳动场所和劳动情境能够为劳动教育课程提供条件性资源，现实生活也能为学校劳动教育课程的实施提供广阔的自然空间和实践平台[①]。

---

① 卢丽华，于明业.基于新时代构建中小学劳动教育课程［J］.中国德育，2020（2）.

3. 课程内容来源于社会

劳动教育课程的内容从社会中来，劳动教育是教育体系中的一种，必然要适应社会生活和生产的需要。劳动教育的内容取决于社会生产力发展水平，劳动教育同时也会适应并促进社会的发展。新时代也对劳动教育课程的内容变革提出了新的要求，社会对人才的需求在很大程度上决定了劳动教育课程的内容选择。

（二）劳动教育课程内容与资源

劳动教育的课程内容选择、组织与课程资源开发密切相关，课程内容的展开依托于课程资源的开发。广义的课程资源涵盖各种有利于实现课程目标的因素，狭义的课程资源仅指教学内容的直接来源。在劳动教育课程开发的过程中不仅需要广义的课程资源，也需要狭义的课程资源，从劳动教育的属性出发，课程资源要积极与科技活动、校园文化建设、校外实践体验三方面相结合。

1. 课程资源与科技活动相结合

科技活动能激发学生的创新兴趣，也能培养学生的创新意识和动手能力，可以将科技活动作为劳动教育的课程资源，让学生在教师的指导下自己动手，自己实践，在实验过程中学习知识，锻炼能力。

2. 课程资源与校园文化建设相结合

校园是学生学习的重要场所，校园内的场地、花草树木都可作为劳动教育课程的资源，学生在清理、布置与维护的过程中，获得劳动实践与体验的机会。除了校园的常规打扫和美化，校园内可以开辟生态园，学生可以在生态园中种植花卉等植物。

3. 课程资源与校外实践体验相结合

劳动教育可以利用综合实践活动校外体验基地，让学生参与一些适当的劳动，这些劳动不仅可以使学生的身体形态、生理机能得到较好的发展，还可以提高学生运动能力和对外界环境的适应能力。课程资源也应当与社会实践、社区服务相结合，学生应该走出教室，参加家庭劳动、社区劳动和社会实践等，在获取直接经验的同时，发展实践能力。劳动教育应该充分利用社会各方面的资源，如政府机关、事业单位、企业、农场等社会资源，为学生提供贴近社会的实践劳动机会。[①]

（三）劳动教育课程内容的属性

1. 课程内容具有时代性

劳动教育内容需紧跟时代发展步伐，把握时代发展脉搏，不断更新发展。新时代劳动教育内容围绕党的教育方针进行设置。新时代的劳动教育内容要以日常生活劳动及生产劳动、服务性劳动为主要内容，要体现时代特征，凸显时代性。

2. 课程内容具有社会性

劳动教育具有一定的社会性。劳动教育课程不但促进人的身心全面发展，而且也

---

① 肖金良. 综合实践活动课程框架下小学劳动与技术教育的现状及其思考 [J]. 新课程研究（基础教育），2010（6）.

促进个体和社会的协调统一，在社会责任、合作交往等方面起到社会性发展作用。

3. 课程内容具有综合性

劳动教育课程内容应该体现综合性。2019 年，中共中央、国务院印发的《关于深化教育教学改革全面提高义务教育质量的意见》提出要坚持"五育并举"，全面发展素质教育，明确要充分发挥劳动的综合功能，要借助劳动教育将人培养成全面发展的人。

二、劳动教育课程内容选择与组织的原则

（一）劳动教育课程内容选择的原则

学校劳动教育是一个庞大的系统，内容涉及各个领域与各个方面，受到学生认知水平、受教育时间的限制。学校的劳动教育课程不可能将所有的劳动知识、劳动技能教给学生，劳动教育课程内容的选择至关重要。

新时代劳动教育课程内容的选择不仅要激发学生对现代新技术和新生活的兴趣，更要有效拓展学生的科学视野和社会视野。在选择劳动教育课程内容的时候应该遵循一定的原则，包括以下几方面。

1. 价值性原则

所谓价值性原则就是在挑选劳动教育课程内容时要注重劳动教育的价值导向。劳动教育课程的目的不只是教授简单的劳动知识或劳动技能，更要培养学生的劳动精神，使其形成良好的劳动习惯，正确的劳动价值观，以适应社会经济快速发展的需要。在挑选劳动教育课程内容的时候，要突出内容的价值性，遵循价值性原则。

2. 层次性原则

层次性原则指的是在选择劳动教育内容的时候要根据学生的年级制订相应的教育方案和教育内容，分层次进行劳动教育。把握层次性原则就要做到把握学生特点，要结合学生的年龄特点，选择符合年龄特性的劳动教育知识，构建具有年龄特色的劳动教育体系，明确各个年龄段的教育目标。我们要打造有特色、有层次性的劳动教育体系，增强劳动教育的实效性。

3. 时代性原则

时代性原则指的是劳动教育课程选择的知识要凸显劳动教育的与时俱进。劳动教育课程的内容选择要遵循时代性原则，选择具有时代性和前瞻性的劳动教育内容以适应社会的发展要求，提升劳动实践的质量和效率。

（二）劳动教育课程内容组织的原则

劳动教育课程内容组织是为了学习劳动知识，积累劳动经验，实现预期的劳动教育课程目标而对学习的经验内容加以安排、联系和排列先后次序，以形成一定的课程结构。在学校劳动教育内容选择确定之后，如何对其进行有效的组织是劳动教育课程

需要关注的重点。一般来说，学校劳动教育课程内容组织的形式分为课堂教学和劳动实践。在课堂教学中，除了开设劳动教育必修课，还可以在学科专业中渗透劳动教育相关内容。劳动实践要求学生在实际的劳动体验中掌握基本的劳动知识和劳动技能，形成健康正确的劳动观。总体而言，为了提高学校劳动教育内容组织的全面性，在劳动教育课程的组织过程中要兼顾课程教学和劳动实践。

1. 整合性原则

整合性是指劳动教育课程内容与其他学科内容之间的横向联系，建立这种联系有助于学习者获得相互整合的统一观点，并将自己的行为与所学的课程内容统一起来。各个课程内容要素之间存在内在联系，在教学过程中可能会根据需要分成不同的板块，但是各个知识点的讲解应该是有关联的，是具有系统性的。教师在教学过程中要引导学生自主发现知识的相通性，让学生意识到培养劳动教育技能是学生学习全部能力的一部分。劳动教育课程的内容组织要打破学科的界限和传统的课程知识体系，在组织过程中采用灵活多变的组织方式，使学习者有机会更好地承接之前学习的知识，在学习的过程中不断形成自己的知识体系。只有形成属于自己的劳动知识技能体系，才能让学习者感受到劳动教育对其学习、工作、生活的重要意义，进而使学习者进一步认识到课程内容的现实意义，认识到劳动教育的重要性。

2. 目的性原则

目的性原则指的是对课程内容的组织要在一定的目标指引之下进行，首先是要明确教育目的，所有的教育活动都应该以教育目的为导向，课程内容的组织也应该符合教育目的。其次是要明确学校的培养目标，不同类型、不同层次的学校，针对劳动教育所要达到的培养目标也是不同的，课程内容的组织也要根据学校的目标进行调整。第三是要明确课程目标，组织劳动教育课程内容要以劳动教育课程目标为基础，课程内容是实现课程目标的手段，课程目标的确立就必然要求选择与之相符的内容来保证课程的实施。在内容组织的过程中，我们要在课程目标的指引之下进行分析[①]。

3. 连续性原则

连续性原则强调的是课程内容组织的纵向关系，在对各级各类学校的课程内容进行组织的过程中，内容应当彼此衔接、互相沟通。首先，各级各类学校的课程之间要衔接自然，学习的内容各层次之间既不能重叠又不能缺漏。其次，顺序性强调后面学习的内容要基于前面学习的内容，在前面内容的基础上更加深入、广泛地组织劳动教育知识。内容的组织可以按照直线式和螺旋式两种，要根据劳动教育本身的系统和内在的联系，在逻辑上组成一条前后相联系的线。在组织过程中，教育者要将课程内容与学习者校外经验相联系，在了解学生学习情况的基础上逐渐扩大范围和加深程度，

---

① 蔡其勇，向诗丽，谢霁月，等．新时代劳动教育课程的价值与建构［J］．当代教育科学，2020（9）.

从而使学生的劳动知识形成一个知识网络。

三、劳动教育课程内容设计

（一）劳动教育课程内容设计的指导思想

1. 重视劳动教育的育人价值

劳动教育是全面育人体系的组成部分。在对课程内容进行设计的过程中，教育者要重视劳动教育的育人价值，要将劳动教育与其他四育相结合，实现"以劳育德、以劳增智、以劳强体、以劳育美"的教育目的。①

2. 重视劳动教育的情境

劳动教育课程天然地与实践相联系，实践发生于环境之中，课程与环境相互契合。学生劳动价值观的形成、劳动情感的培育、劳动行为的养成都与所处的环境密切相关。真实的环境有利于唤醒学生的内部经验，促进学生新旧经验的联结，促进学生与环境实现信息的动态交互。新时代的到来，科技迅猛发展的同时，劳动教育的形态也开始逐渐变化。这种社会背景更要求劳动教育课程走出教室，真正地走到实践世界之中。学生只有在真实的情境中才能真正地体验问题并学会解决问题，情境化的体验促进学生提升劳动素养，让学生的全面发展成为现实。

（二）课程内容设计的步骤

1. 选择课题主题

首先要从生活中发现相关的劳动问题，结合中小学具体学科与学生生活经验，选择具有实际意义的课题主题，选择主题中与课本知识和生活知识相符合的课程内容。其次要分析课程主题的目标与学情，分析课题主题的可行性与可操作性。在分析之后及时对课程内容进行调整，保证课程内容的系统性和完整性，要使课题具有连贯性和相关性，加强学生对知识的理解，增强学生综合应用知识与劳动技能的能力。②

2. 丰富课题，组成项目

内容设计的第二步就是在确立课题方向之后，要及时丰富课题。学生可以在完成课题的过程中探讨更多的知识点，产生学习的好奇心，学会克服困难。丰富课题可以系统地整合成一个完整的项目，形成较为稳定的课程结构。学生在学习的过程中也能逐步提升自己的认知能力，不断提高自己的自我效能感。课题的丰富也为劳动教育项目化提供了一定的基础，确保设计的项目尽量覆盖所有基础知识和劳动技能。

---

① 王鹏. 小学开展劳动教育应坚持四个回归 [J]. 教学与管理，2020（14）.
② 袁磊. 张昱昕. 学科课程项目化、STEAM 课程内容设计 [J]. 开放教育研究，2019（1）.

第三节　劳动教育课程的实施理论

劳动教育的实施需要结合现实需要、学生需要、学校育人需要及适应未来社会需要等统筹安排。教育者要对劳动教育课程的实施进行价值取向的构建，以及对课程模式进行探讨。

一、劳动教育课程实施概述

（一）劳动教育课程实施的内涵

从广义的角度分析，课程实施指"一个预期的课程如何在实际中运用的过程"，其基本研究范围包括课程方案的落实程度，学校和教师在执行过程中对课程的调适情况，课程实施各要素在这一过程中的特征，以及决定这些表现的因素，学生对课程实施的投入程度，以及他们的需要等[①]。从狭义的角度研究，课程实施是教学的主要任务，是指教师对课程改革计划或新课程付诸实践的过程，是课程改革的核心环节[②]。劳动教育课程实施是指以全面提高学生劳动素养为目标，将预设的课程计划付诸具体教学实践的过程。

（二）劳动教育课程实施的几种价值取向

学界一直都在探讨"课程实施"取向，但还是以美国学者辛德、波琳和朱沃特所提出的价值取向为主。他们认为，可以从三种不同的角度去分析课程实施，即忠实观、相互调适观和创生观。人们将这三种视角下的课程实施称为"课程实施的三种取向"，即忠实取向、调适取向和创生取向。

1. 忠实取向

忠实取向认为课程实施就是按照课程计划执行教学活动，以达到预期的课程实施目标。如果在课程实施过程中，实践者接近原先课程设计者的课程计划，那么课程实施基本上就是以忠实取向为主。如果对预定的课程计划的实现程度高，那么课程实施成功；实现程度低则课程实施失败。在我国，教师通常都是依据教学大纲进行课堂教学，并且已形成一种默认的规范，教师不会过多地考虑教材的开发与设计，只需教会学生教材中的内容。同时，受应试教育的影响，学校在教育过程中注重学生学业成绩，教师更加注重教材的使用。因此，教师在实际教学中产生了一定程度的教材依赖性。

---

① 谢翌，马云鹏. 关于课程实施几个问题的思考［J］. 全球教育展望，2004（4）.
② 李文送. 综合实践活动的课程内涵、特点及实施［J］. 教育与教学研究，2012（2）.

2. 调适取向

调适取向认为，在课程实施过程中，课程开发设计者与课程执行者要相互适应。由于教学对象的主体差异性，以及课程实施的动态变化，在课程实施中不可避免地需要对课程作出修改。在这个过程中，需要课程开发设计者与课程执行者相互适应，教师应根据自身情况对课程内容进行部分调整，在实践过中不断地修改使其符合现实要求。这种调适之后的课程更能适应学校的教育情境。因此，调适取向十分强调教师在课程实施中的作用，鼓励教师自主开发课程。

3. 创生取向

创生取向认为，真正的课程是教师与学生联合创造的教育经验，课程实施本质上是在具体教育情境中创生新的教育经验的过程，既有的课程变革计划只是供这个经验创生过程选择的工具而已[①]。课程实施就是不断发展新的教学内容的过程，在其中，师生共同参与课程实施，在具体的教学情境中对课程不断修正，创造出更多教育经验。随着教育改革的发展，这一取向已成为课程实施中的新兴取向。

二、劳动教育课程实施的模式

新时代对劳动教育的实施提出了更高的要求，单一形态的劳动教育实践已经难以承载新时期劳动教育功能的实现。因此，新时期劳动教育课程实施方式趋向多样化，应对课程资源进行创新与融合，依据不同的整合形式与程度选择相适应的方法、手段进行劳动教育实践。

（一）劳动教育课程内部不同领域相结合

《意见》指出，要根据教育目标，针对不同学段、类型学生特点，以日常生活劳动、生产劳动和服务性劳动为主要内容开展劳动教育。而日常生活劳动、生产劳动和服务性劳动等都属于劳动教育课程的内容，彼此相互联系、相互重叠。将劳动教育中的生产劳动、服务性劳动与校园文化建设相结合，或者将服务性劳动与社会服务结合的综合课程，既丰富了中小学生的劳动体验，提高了劳动能力，又能有效培养学生的公德心，实现校园文化建设与社会建设。

（二）劳动教育课程与某一学科课程、专业课程相结合

劳动教育与语文、数学、英语等学科课程结合，以某门学科课程内容为主进行课程整合，通过挖掘各学科课程中所包含的劳动教育元素，借助学科教育实施劳动教育，有利于促进"五育"融合，提高学生实践能力。这种渗透课程根据各学科的教学内容，把握课程间的个性与共性，将课堂教学与劳动实践有机结合。如在语文课上，教师可以单纯地从中小学语文题材当中挖掘更多相关"显性"的劳动教育资源，把握

---

① 张华. 论课程实施的涵义与基本取向 [J]. 外国教育资料，1999 (2).

相关"隐性"的劳动教育资源，潜移默化地提高学生的劳动意识，树立良好的劳动审美观。因此，劳动教育课程可与某一学科、专业课程相结合，挖掘各学科课程中所包含的劳动教育元素，将劳动教育观念、知识、技能与学科教育有机融合，有针对性地将劳动教育内容融入学科或专业课程教学中。

（三）劳动教育课程与某一学科领域相结合

劳动教育课程与人文学科或自然学科领域相结合，往往会以主题活动为实施载体进行劳动实践，学科领域的知识可以在劳动教育课程中得到延伸，劳动教育课程所获得的体验等都可以在各学科领域中得到拓展。因此，劳动教育课程在课程实施方面要不断地探索与不同学科领域整合的"主题式"或"项目式"的活动形态，打造主题驱动的劳动教育课程，开展综合开放的劳动教育主题活动。如以"劳动创造美好生活"主题活动为例，语文课以有关辛勤劳动的课文学习为主，品德课以歌颂劳动者的章节学习为主，科学课以简单手工制作为主；同时，教师定期带领学生到劳模育人示范基地观摩学习、开展志愿服务等。由此，学生不仅能够基于不同学科视角深入学习劳动知识，提升自主学习能力，还可以促进劳动经验的积累，激发自身参与劳动实践的兴趣[①]。

第四节 劳动教育课程的评价理论

课程评价的缺失是中小学劳动教育实施过程中面临的困境之一，也是一个急需突破的难题。课程评价在促进劳动教育课程建设及其实施中发挥着重要的导向作用，是完善和改进劳动教育课程的重要依据，也是推进劳动教育在中小学有效开展的重要保障。因此，在劳动教育课程开发过程中，劳动教育课程评价体系开发是不容忽视的重要部分。

一、劳动教育课程评价概述

（一）劳动教育课程评价的概念

目前，国内学术界对劳动教育课程评价的概念尚未有相对明确的界定。综合学者们对劳动教育课程评价的理解与思考，广义的劳动教育课程评价是指依据一定的评价指标对劳动教育课程的结果进行评估的过程，主要指对课程实施效果的评价，对教师劳动教育能力和学生劳动素养是否有所提升的评价，等等。狭义的劳动教育课程评价则侧重于对学生劳动素养发展的评价，主要评估学生通过学校劳动教育课程能否树立正确的劳动观念和劳动态度，能否掌握一定的劳动知识和劳动技能，能否形成良好的劳动习惯，等等。

（二）劳动教育课程评价的特点

劳动教育课程评价自身具备即时性、激励性、多维性和发展性等主要特点[①]。即时性体现在劳动教育课程实施过程中，教师要根据学生在劳动实践活动中的实时表现进行观察和记录。激励性即教师要在劳动教育课程中，对学生的劳动行为进行言语上或行为上的肯定。多维性是教师要根据具体的劳动教育课程内容和学生的个性化特点，进行多维度、全方位的评价。发展性即在实际的劳动教育课程中，教师要针对不同阶段的学生，设定不同层次的评价标准，以发展的眼光看待学生各方面的转变。

二、劳动教育课程评价的主要理论

（一）发展性评价理论

发展性评价理论是在素质教育和多元智能理论等的影响下形成的，对学生学习和教育变革起到了重要的促进作用。该评价理论比较注重多元评价的运用，强调评价内容、形式和主体反馈的多元化呈现，并且评价反馈形式和结果也呈现多元化发展态势。发展性评价理论和劳动教育课程评价适切性高，劳动教育课程评价中评价内容和评价主体都呈现出多元化的特点，与发展性评价理论的多元化呈现是相符的，二者的结合有助于实现课程评价的价值。

（二）加德纳多元智能理论

多元智能理论由美国教育学家和心理学家加德纳博士提出，是一种全新的人类智能结构理论。加德纳认为智能是多元的，每个人身上至少存在七项智能，即语言智能、数理逻辑智能、音乐智能、空间智能、身体运动智能、人际交往智能、自我认识智能。结合劳动教育在"五育"中的重要地位和作用，劳动教育作为促进学生全面发展的主要途径之一，强调"以劳树德，以劳增智，以劳强体，以劳育美，以劳创新"。因此学校劳动教育课程评价可以融合多元智能理论，凸显其综合性特点，通过多种形式的劳动实践活动促进学生各项智能的发展。

（三）后现代主义

后现代主义在理论上具有反传统倾向。后现代主义的教育思想强调多元，崇尚差异，主张开放，重视平等，推崇创造，否定中心和等级，去掉本质和必然。后现代主义注重过程的思想、注重目的与手段统一的观点均认为个体是在活动的过程中得以不断发展的[②]。后现代主义带给劳动教育课程评价的启示是：每个学习者都是独立的有

---

① 马春晖. 基于综合评价的劳动教育课程评价机制建构［J］. 福建教育，2021（6）.
② 邱天爽. 网络课程教学评价设计的研究与实践［J］. 云梦学刊，2008（S1）.

意识的个体，课程评价不能以绝对统一的尺度去衡量每一位学生的学习深度和发展水平，要给学生长处和优点的发挥提供空间。因此，劳动教育课程评价不能局限于对结果的评价，更应注重对学生劳动过程的评价。

三、劳动教育课程评价的模式

（一）多元化评价模式

多元化评价模式的理论基础是加德纳提出的多元智能理论。多元化评价从学生发展的动态性和多样性角度出发，对各评价主体进行整合与协调，运用多样化的评价方法，多视角、多层次、多侧面地对学生的学习进展、行为变化、情感态度进行全面评价。多元化评价不仅包括评价主体多元化、评价内容多元化，还包括评价方法多元化、评价标准多元化，这与劳动教育课程评价的多样性特点不谋而合。学校可以将多元化评价模式运用到劳动课程评价中，对学生在劳动教育课程中的表现、收获及课程效果进行评价，确保劳动教育课程评价的作用得到最大发挥。[①]

（二）发展性课程评价模式

发展性课程评价是建立在规范性评价与超规范性评价双向互动的基础上，以促进学生的全面发展、教师不断提高、课程不断发展为目的的课程评价系统[②]。劳动教育课程开发可以结合发展性课程评价模式，通过多种评价方式，注重对"过程"的评价，将学生在活动过程中的表现及解决问题的过程、方法作为评价的主要依据，促进学生的全面发展和教师劳动教育教学水平的提高，同时发挥课程评价的反馈功能，以更好地改善劳动教育教学工作。

（三）"一核五维、四轮驱动"评价模式[③]

"一核五维、四轮驱动"这一评价模式是由学者祝波等人提出的，其中"一核"是指对学生劳动评价应该从"劳动促进全面发展、提升生命品质、实现幸福生长"这一核心效能出发。"五维"是指学生劳动意识的培养、劳动知识的习得、劳动技能的获取、劳动习惯的养成、劳动品质的提升五个维度，要将这五个维度构筑成为一个常态化、综合化、动态化的体系。"四轮驱动"主要是指充分联动"教师—同伴—家长—社区"，开展多元评价。劳动教育课程评价包括学生自评、同学互评、教师评价，同时也应该将家长和社区评价纳入评价系统之中，紧密结合家庭教育与社区教育，共同构建完整的劳动课程评价体系。这个模式也强调评价主体与评价内容的多元化等。

---

① 陈颖，姚昌楳，向上.基于混合式教学的多元化评价模式探讨［J］.重庆电力高等专科学校学报，2020（4）.

② 马思腾，薛筠.发展性课程评价：保证课程公平的有效评价［J］.才智，2012（13）.

③ 祝波，闫瑾，张利平，等.幸福劳动教育课程的建构与思考［J］.教育科学论坛，2020（20）.

思考题

　　1.劳动教育课程目标的设计如何体现时代的发展？

　　2.如何在社会实践中选择劳动教育课程的内容？

 拓展阅读

泰勒《课程与教学的基本原理》导言

　　这本小书试图阐明一种基本原理，用于观察、分析、诠释教育机构的课程及教学计划。它并不是一本教科书，因为它并没有为一门课程提供综合指导和参考读物；它也不是一本课程编制手册，因为它并没有细致描述和阐述某个学校或学院为构建一门课程需采取的步骤。本书阐述了一种思路，即将教学计划视为教育的有效手段之一。本书鼓励学生去审察其他基本原理，并就有效课程所包含的要素及其相互关系形成自己的看法。

　　这里要揭示的基本原理，将从定义四个基本问题开始，它们是在制订任何课程及教学计划时候都必须回答的问题，即：

　　1.学校应力求达到何种教育目标？

　　2.要为学生提供怎样的教育经验，才能达到这些教育目标？

　　3.如何有效地组织好这些教育经验？

　　4.我们如何才能确定这些教育目标正在得以实现？

　　本书提出了研究以上问题的一些方法，但并不试图解答，因为对不同层次的教育、不同的学校而言，答案会有某种程度上的差别。本书虽然没有回答问题，却阐明了回答这些问题的步骤，由此构成一种基本原理，以考察课程和教学计划中的问题。

　　（资料来源：泰勒，《课程与教学的基本原理》罗康、张阅译，北京：中国轻工业出版社 2008 年版。）

　　思考：根据泰勒的四个基本问题思路，学校应该如何更好地开发劳动教育课程呢？

第十章　小学劳动教育课程开发

【学习目标】

1. 识记小学劳动教育课程目标、内容、实施、评价的概念。
2. 理解小学劳动教育课程的目标设计、内容选择与组织、实施、评价的方法。
3. 能够使用小学劳动教育课程开发相关原理和方法对各要素进行设计，独立开发小学劳动教育课程。

小学劳动教育通过实施丰富多彩的劳动课程达到最终的教育目的。小学劳动课程的开发有其自身的特点，它立足于实践。在理论指导下，通过课程目标设计、课程内容选择与组织、课程的实施与课程评价四个步骤实现。

第一节　小学劳动教育课程的目标设计

小学劳动教育课程目标指在小学阶段实施劳动观教育课程后预期达到的结果，表现为培养具有一定劳动素养的时代新人。小学劳动教育的基础目标是培养学生热爱劳动、尊重劳动者的情感，塑造学生热爱劳动的意识与态度，强化学生诚实劳动与美好劳动的家国情怀，使学生初步掌握必备的劳动知识与技能，为学生综合素养的全面提升打好基础。小学劳动教育的终极目标是回归人的主体，实现人的全面发展。劳动教育的基础目标和劳动教育的终极目标，是相互联系、相互依存、辩证统一的[①]。

一、小学劳动教育课程目标概述

（一）小学劳动教育课程目标的功能

确立课程目标是课程设计与实施的首要环节，课程目标对课程编制具有重要的指导价值，是课程内容设计、课程实施、课程评价的重要依据。同时，作为教学目标的上位概念，课程目标也对教学产生很大影响。小学劳动教育课程目标的功能主要表现在以下两个方面。

---

① 侯红梅，顾建军. 我国小学劳动教育课程的时代意蕴与建构［J］. 课程·教材·教法，2020（2）.

1. 导向功能

正确遴选并设计小学劳动教育课程内容，推动小学劳动教育课程的顺利开展，真正发挥劳动教育在促进学生全方位发展方面的育人作用，离不开课程目标的制定与指导。在小学劳动教育实施过程中，教学内容的组织、课程与教学过程的具体步骤、教学方法的选择、课程与教学评价方式的确定等，都在一定程度上受到课程目标的限制。

小学阶段的劳动教育属于小学生的劳动启蒙阶段，目的是让小学生参加力所能及的劳动，引导学生从小养成热爱劳动的好习惯，体会劳动的价值，将尊重劳动镌刻在心灵深处①。在教育目标的牵引下，小学劳动教育的课程目标也具有实践性，课程与教学设计过程中都应注意结合劳动实践。课程教学内容的组织要结合实际生活经验，教学场所可选在实践劳动基地，课程与教学过程中涉及的具体环节要注意基础性、参与性。另外，小学劳动教育课程目标中涉及的劳动思想、劳动情感、劳动习惯都更注重过程性、持续性，在进行评价时要将过程性评价和结果性评价结合起来。②

2. 标准功能

小学劳动教育课程与教学目标规定了学生的学习结果应达到的要求和水准，以此来测评学生的学习状况以决定教学进程③。课程本身的效果既表现在学生的学习效果上，也表现在课程的构成要素上。选择课程内容时判断"什么知识最有价值"，组织课程时选择"组织什么类型的课程"，进行课程评价时确定"根据什么进行评价"，这些都以课程目标作为基本标准或重要依据。

小学劳动教育课程旨在提高小学生的劳动素养，包括学会基本劳动技能、树立劳动意识、懂得尊重劳动、养成基本的劳动习惯等。基于这一标准，在小学课程组织形式上，既要独立开设劳动教育必修课用于劳动技能指导、劳动心得交流，也要在道德与法治、语文、历史、艺术等学科专业中有机渗透劳动教育；既要在课外校外活动中安排劳动实践丰富小学生的劳动体验，使其深化对劳动价值的理解，也要在小学校园文化建设中融入劳动习惯、劳动品质的养成教育，营造劳动光荣、创造伟大的良好劳动氛围。在劳动教育方式上，教育者要从提高小学劳动教育效果出发，将讲解说明、项目实践、榜样激励、淬炼操作等相结合，根据不同阶段的课程目标特点选择适宜的方式展开教育。

（二）小学劳动教育课程目标的演变

1. 在内容结构上：从"单一" 走向"综合"

小学劳动教育课程目标是在劳动教育目标的指引下确立的，小学劳动教育课程目标的内容结构在不断丰富与完善，呈现出从"单一"走向"综合"的趋势。新中国成立之初，我国开展劳动教育的主要目的在于改造学生重知识轻劳动的旧思想，通过简

---

① 赵健杰，刘向兵. 论新时代高校劳动教育的课程建设 [J]. 北京教育（高教），2020（2）.
② 骆明艳，刘任丰. 基于档案袋评价的中小学劳动教育评价 [J]. 湖北科技学院学报，2021（6）.
③ 黄甫全. 现代课程与教学论学程：下册 [M]. 北京：人民教育出版社，2006：432

单的体力和手工劳动树立社会主义新思想，为更好地培养有社会主义觉悟的文化劳动者作铺垫[①]。随后劳动教育的重点转移为使学生掌握基本劳动知识和劳动技能以满足生产需求。改革开放时期为了使学生适应社会的发展，我国劳动教育除了学生的思想和劳动知识、技能培养，还开设了劳动技术课以提高学生的技术水平。新时期劳动教育旨在提高学生的劳动素养，实现学生的全面发展。

2. 在价值取向上：从工具性到兼具工具性和存在性

劳动教育课程以促进人的全面发展为目标。回顾新中国成立七十多年来劳动教育课程的发展历程，其目标呈现出从单一追求工具性价值到追求兼具工具性和存在性价值的演变。如今的劳动教育课程除了强调工具性，更加关注学生的多方面发展需求和课程的素养本位，强调在劳动体验过程中使学生树立劳动价值观，发扬劳动精神，当前小学劳动教育课程的最终目标回归小学生，表现为培养具有劳动素养的时代新人。[②]

二、小学劳动教育课程的目标设计方法

（一）小学劳动教育课程三维目标及其设计方法

小学劳动教育课程三维目标包括知识与技能、过程与方法、情感态度与价值观三方面。小学劳动教育课程目标可从劳动课程任务分析、劳动课程起点确定和劳动课程目标分析与表述三个基本部分进行分解（图 10-1）。

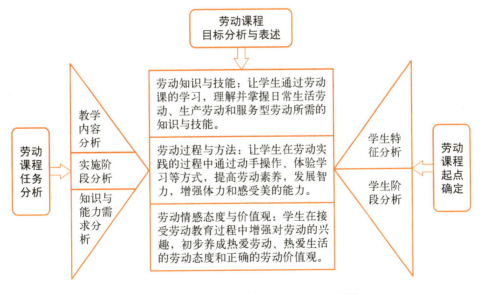

图 10-1 小学劳动教育课程三维目标设计图

① 骆贵平，汪欢. 我国各时期中小学劳动教育目标的比较探析［J］. 课程教学研究，2020（2）.
② 朱德全，熊晴. 我国劳动教育课程的演进逻辑与重建理路［J］. 教师教育学报，2020（6）.

1. 小学劳动教育课程任务分析

我们需要对课程目标进行任务分析，进一步细化小学劳动教育课程目标。我们需要对学生所学习的知识、技能、情感、态度与价值观等内容及其相互关系进行深度剖析，通过分析小学劳动教育的教学内容，进一步细分小学劳动教育课程在真正实施过程中需要培养的各阶段、各单元目标，不断探究小学生在每一阶段的劳动教育课程学习中，要获得规定的知识与能力需要哪些基础能力，从三维目标出发一步一步深挖，一直剖析至劳动教育课程教学的起点。

2. 小学劳动教育课程起点确定

课程目标是对学生预期结果的描述，要设计出合适的小学劳动教育课程目标，确定劳动教育课程教学的起点，必须对学生进行分析，分析学生已有的与学习任务有关的劳动知识、劳动技能、劳动情感等。

一般来说，要确定好小学劳动教育课程的教学起点，我们必须对学生在劳动教育方面的社会特征、预备技能和目标技能进行分析，了解学生在学习习惯、学习态度、智力发展水平、学习技能水平等方面的情况。小学阶段学生的身心处于一个快速发展的时期，不同年级的学生在身心发展方面存在较大的差别。为了确保不同阶段的学生都能获得良好的劳动教育，我们必须根据学生的特点分学段确定课程目标的起点。比如，低年级学生的劳动教育课程目标可以注重培养劳动意识和劳动安全意识，使学生懂得人人都要劳动，感知劳动乐趣，爱惜劳动成果。中高年级学生的劳动教育课程目标可以适当提升发展，让其能够在劳动课程中体会到劳动光荣，尊重普通劳动者，初步养成热爱劳动、热爱生活的态度。

3. 小学劳动教育课程目标分析与表述

在进行小学劳动教育课程目标设计时，我们要对学生通过每一阶段的知识技能学习之后应达到的状态和能力进行精准的描述，并且可将这些表述通过三维目标，即知识与技能、过程与方法、情感态度与价值观三方面进行描述，体现小学劳动教育课程目标的全面性和层次性。比如，在知识与技能目标方面，让学生理解日常生活中的基础性劳动技能，学会使用劳动工具。在过程与方法目标方面，让学生在劳动实践过程中感受劳动创造美，提高劳动能力、智力和体力。在情感态度与价值观目标方面，让学生通过劳动教育形成良好的劳动态度和正确的劳动价值观。

4. 小学劳动教育课程目标分解

小学劳动教育课程目标首先要在明确劳动教育总目标的基础上进行分解，可以从三维目标层面，即劳动知识与技能、劳动过程与方法、劳动情感态度与价值观三个层面进行分解，确定具有学校特色的、有针对性的学校教育目标；接着应该继续对学校劳动教育的目标进行分解，基于新时代小学劳动教育发展的要求、学校劳动教育目标理念、不同层次学生劳动教育水平等方面的综合分析，明确小学劳动教育课程目标要具有层次性、全面性和甄别性，在劳动教育中培养既有个性又能够全面发展的新生代儿童。

（二）小学劳动教育课程三维目标的设计

1. 知识与技能的课程目标设计

这一层面要使学生掌握基本的劳动知识和技能，正确使用常见劳动工具，增强体力、智力和创造力，具备完成一定劳动任务所需要的设计、操作能力及团队合作能力。细化到小学劳动教育的课程目标层面，就要让学生通过劳动教育课程的学习，理解并掌握各阶段劳动所需的知识与技能。由于小学生整体学习生涯中会出现明显阶段性的发展特点，所以具体的课程目标应该注意分学段制定，以1—2年级为低年级组，3—6年级为中高年级组。在低年级组，劳动教育课程应该重视劳动意识与劳动安全意识的培养，让学生学会处理个人的生活事务，正确使用各种劳动工具，提高生活自理能力。在中高年级则要重视培养生产劳动和服务性劳动知识技能，引导学生利用所学的知识和技能为他人和社会提供帮助，培养创造力，提高实践服务技能、团队合作能力和社会责任意识。

2. 过程与方法的课程目标设计

在劳动教育课程学习过程中，小学生动手操作、体验学习、反思交流，提高劳动能力，同时促进德智体美的全面发展。在低年级组，以个人生活起居为主要内容开展劳动教育课程，通过劳动课程和动手实践，锻炼小学生的能力，养成良好的劳动习惯和品质，使学生懂得人人都要劳动，感知劳动乐趣，爱惜劳动成果。在中高年级组，主要引导学生自觉自愿、认真负责、安全规范、坚持不懈地参与劳动，在劳动过程中形成诚实守信、吃苦耐劳的良好品质，珍惜劳动成果，养成良好的消费习惯，杜绝浪费。

3. 情感态度与价值观的课程目标设计

学生在接受劳动教育过程中，劳动知识得到增长，劳动能力得到提高，对劳动的情感有所增强，从而形成正确的劳动价值观。在低年级组，通过劳动教育课程学习，增强小学生对劳动的兴趣，体会劳动过程中的艰辛，学会珍惜和保护劳动成果。在中高年级组，则要通过劳动教育，以校园劳动和家庭劳动为主要内容，引导学生形成坚强的意志品质，增强学生的抗压能力，引导学生不摒弃、不厌恶劳动，初步养成热爱劳动、热爱生活的态度；体会劳动光荣，尊重普通劳动者，愿意贴近广大劳动群众，为个体的良好发展奠定基础，让个人价值的实现始终贴近人民群众、贴近实际，形成求真务实的态度品质。

第二节　小学劳动教育课程的内容选择与组织

小学劳动教育课程的内容是指在小学劳动教育中特定的事实、观点、原理和问题及其处理方式，它是学习的对象，它源于社会文化和实践，并随着社会文化和实践的发展而不断发展变化。在小学劳动教育课程内容选择与组织中要深刻理解小学劳动教育的本质内涵，把握新时代劳动教育的育人要求，注重在课程内容的选择、组织和设计中凸显小学的阶段特征。

小学劳动教育课程内容具有三个属性：一是课程内容的实践性，小学劳动教育课程内容要注重学生的实际和实践情况，在实际生活中具有可操作性和延伸性；二是课程内容的社会性，小学劳动教育应该根据劳动形态的演进而发展，伴随社会发展而演进，劳动教育具有一定的社会性；三是课程内容的综合性，在小学阶段，劳动教育是以劳动意识的启蒙、劳动习惯的养成为主，劳动课程具有综合性的内容。[①]

一、小学劳动教育课程内容选择的依据

（一）课程目标

小学劳动教育课程目标是课程要达到的预期结果，新时代小学劳动教育课程目标即要培养具有一定劳动素养的时代新人。课程目标是课程开发的出发点与归宿，直接受到劳动教育目的和培养目标的影响。课程目标是课程编制的重要依据，对课程内容的选择起到重要的指导作用。内容的选择必须根据课程目标，牢牢把握住小学劳动教育课程目标的三个层面，课程内容要能引导小学生树立正确的劳动观念，形成积极的劳动态度，帮助学生掌握劳动知识与劳动技能，实现知行合一；也要促进小学生培养良好的劳动习惯，注重培养小学生主动劳动、热爱劳动的良好品质。

（二）学科发展

劳动教育内容具有综合性，在选择劳动教育内容的时候可以从其他学科中综合选择课程内容。不同学科教师要基于自身的学科基础知识展开合作与协同，选择合适的劳动教育课程内容。在课程内容的选择之上，学校要给教师更多的自主权和更大的支持，鼓励教师根据各方面的情况选择最合适的劳动教育课程内容。

（三）实践需要

劳动课程需要让小学生在实践体验的过程中进行学习。学校可以结合本校已有的特色实践活动，以及劳动产业，从本校特色出发挖掘、选择劳动教育课程内容。首先，学校可以依托项目式劳动课程学习的内容板块选择相应的课程内容；其次，学校可以根据劳动周的安排选择劳动教育课程知识，让小学生在"真实体验"中获取知识，学校在选择内容的时候也要体现其真实性，帮助小学生直观地了解劳动情境，让小学生真实体验到劳动的快乐；最后，开展以农业生产、工业生产等生产活动为主题的研学活动，能够为学生提供综合运用学科知识解决真实问题的社会生产活动情境，让学生体验生产劳动的过程并感悟生产劳动的价值。

---

① 张荣晋. 新时代小学劳动教育课程化的原因、价值意蕴与实践路径［J］. 教育观察，2020（35）.

二、小学劳动教育课程内容的组织示例与组织形式

（一）日常生活劳动

小学的生活劳动教育宗旨是教会学生掌握基本的生活技能，养成相应的生活习惯并提高学生的适应能力。小学生应该更加积极参与自己衣食住行方面的生活劳动，基本能在劳动教育课程的学习中做到生活自理。

课程开发实例 10 - 1

快 乐 实 践

课程主题：快乐实践

课程目标：通过让学生在学校和家庭两个层面参与不同类型的劳动，培养学生积极参与劳动的热情，养成爱劳动及自己的事情自己做好的习惯，并能够珍惜他人的劳动成果。

课程的主要内容：

低年级（1—2年级）：

（1）知道"谁知盘中餐，粒粒皆辛苦"的含义，并能做到自己的餐桌上没有一粒剩饭（菜）。

（2）学会自己穿衣服、系鞋带、整理书包。

（3）学会帮助家长做一件力所能及的家务。

中年级（3—4年级）：

（1）知道两个全国劳模的名字和他们的事迹。

（2）学会帮助家人扫地。

（3）和爸爸妈妈一起对自己的家进行一次卫生大清扫。

（4）做一份"劳动最光荣"手抄报，每班上交五份。

高年级（5—6年级）：

（1）在父母的协助下，会蒸米饭，学会做一道菜等。

（2）学会整理自己的"小天地"。

（3）"我和妈妈换一天岗"，做一天妈妈每天要做的家务活，体验劳动的甘苦。

分析： 小学生劳动教育课程的内容选择与组织不仅要关注小学生的学情特点，还要关注劳动教育课程的培养目标。该课程内容的选择与组织按不同的年级段划分，从家庭和学校方面入手，强调学生在家庭中日常劳动的创造性，突出新时代发展的要求。课程能够引导学生形成正确的劳动认知，以及劳动认同感，为树立学生正确的劳动观打下良好的基础。

思考：

1. 如何理解日常生活劳动中家庭和学校之间的角色关系？

2. 结合以上实例，思考小学劳动教育校本课程如何组织日常生活劳动内容？

（二）生产劳动

对于小学生来说，目前学校组织的劳动教育课程普遍是在教室内开展，劳动实践的课程内容相对比较少，学生没有真正到户外进行劳动实践。为提升小学生的动手实践能力和初步明确劳动的社会意义，教师应该更加注重小学劳动课程的实践性。学校可以创新相应的劳动教育模式，提供能够帮助小学生提高自己生产活动能力的机会，引导学生在生产劳动之中激发自身的创造力和想象力，提高学生的实践能力。

课程开发实例 10－2

我的"田园"我做主

课程主题：我的"田园"我做主

课程目标：

（1）学生通过亲身参与，对生产劳动有一个充分的认知，知道劳动不易，要在日常生活中珍惜劳动成果，提高相应的劳动意识。

（2）通过此次活动，学生培养相应的劳动能力，掌握简单劳动工具的使用方法，减少浪费食物等不珍惜劳动成果行为的发生。

课程内容：

（1）依托"禾园"，开展种植养殖劳动教育。将空地建设成生态田园劳动实践基地，取名"禾园"。所有师生参与清理地砖、更换土壤、施有机肥等工作。每个班级都有自己的劳动实践区域，采取"我的'禾园'我做主""六自"原则实施劳动教育，即：学生自己思、自己种、自己收、自己管、自己查（资料）、自己评。种植前精心谋划，种植中用心呵护，种植后开心分享。三月为"播种希望月"，购种育苗，进行种植；四五月为"快乐成长月"，精心管理，认真记录；六七月为"幸福收获月"，组织采摘，快乐分享。

（2）依托"和轩"，开展生活技能提升劳动教育。建成十几个生活劳动技能提升课程教室，取名"和轩"；实施洗漱、穿衣、烹饪、手工、插花、拼图等生活技能劳动教育，学习生活技能，然后在家庭中和值日时应用，知行统一，学以致用；定期组织"生活技能大比拼"等，使学生都成为生活自理的能手。

（3）依托"荷廊"，开展种荷养荷劳动教育。在校园近三百米的甬道上摆放五十多口大水缸，栽上荷花，形成"荷廊"；由学生进行种植、浇水、除草等管理，使"荷廊"成为学校一道亮丽的风景线。

（资料来源：潍坊教育发布公众号。）

分析：该课程针对学生比较陌生的生产劳动进行一定的课程设计，借助学校的劳动实践基地，让学生能够真正进行劳动实践。学校在进行生产劳动课程设计的时候，要更多地结合自己的校情、学生的学情，以及教学目标，挖掘相应的教学资源，开展相应的活动。该课程充分让学生锻炼自己的劳动生产能力，学生通过自己的双手能够收获相应的劳动成果，掌握实用的生活技能，切实感受到劳动的快乐。

思考：

1. 结合以上实例，思考小学劳动教育校本课程的特点是什么？

2. 结合以上实例，思考小学劳动教育校本课程如何组织生产劳动内容？

（三）服务性劳动

学生在进行服务性劳动的过程中能感受到劳动意义和价值，获得劳动幸福感。服务性劳动具有重要的育人功能，小学生能够在服务性劳动中体验为人服务的快乐，进一步了解和认识社会。小学组织服务性劳动的时候可以采取以下两种方式：一是校内公益活动，学校可以组织多种形式的校内劳动，如校园保洁和绿化美化等活动，让学生根据自己的兴趣加入相应的公共活动；二是社会公益劳动，学校可以积极拓展校外服务，与社区共建，组织学生参与志愿服务活动和社会实践活动。比如，组织"环保小卫士"活动，在公园等多个场所进行垃圾清理、污渍清除等劳动实践；组织"爱心小天使"活动，节日里组织学生走进养老院、托养院等，参与公益劳动，争做"爱心小天使"，让学生在更广阔的平台实现更高层次的追求。

课程开发实例 10-3

橘园助农志愿服务

课程主题：橘园助农志愿服务

课程目标：

（1）引导学生崇尚劳动、尊重劳动，懂得劳动最光荣、劳动最崇高、劳动最伟大、劳动最美丽的道理。

（2）让学生在劳动实践中真实生长，体验劳动带来的乐趣，感受劳动者平凡中的伟大。

课程内容：

（1）橘园的负责人讲解橘子的采摘方法，帮助学生掌握正确的采摘方式。

（2）橘子搬运、分装。学生自己动手进行采摘，负责搬运、分装的同学陆续将同学们采摘的橘子慢慢运下山。

（3）橘子义卖。负责义卖的同学，充分发挥自己的聪明才智及动手能力，不仅制作漂亮的义卖海报，还摆好橘子义卖的摊位。

（资料来源：西陵区教育局公众号。）

分析：服务性劳动内容有利于小学生从小树立乐于助人的意识，以及培养社会责任感。该实例主要是让学生参与到助农的活动之中，让他们认识到农民劳动的辛苦和金钱的来之不易。小学生通过助农志愿服务，掌握了相应的劳动技能，体会到了劳动的快乐。

思考：如何更好地在服务性劳动过程中培养学生的服务意识？

（四）课程内容组织形式

1. 理论式：通过介绍劳动教育的知识背景，加深小学生对课程的总体了解

很多中小学生对劳动教育了解甚少，家长和教师没有及时普及有关劳动教育的知识，造成了劳动教育被忽视的现象。在组织课程内容的时候，教师要向小学生全面介绍知识背景，帮助小学生掌握整个课程的结构体系。在组织过程中，教师要注意各个部分的内容的独立与联系，让知识在学习者的意识中呈系统化的网格。知识背景的介绍还有利于小学生学习新知识，有利于实践的开展，能有效地提高教学效果。

2. 实践式：以实践为主，培养小学生的能力

劳动教育的知识对于小学生来说比较抽象，除了要和其他学科结合，也要与"应用"联系在一起才能变得更加具体，才能让小学生更好地理解和掌握。在课程内容的组织过程中，我们要将利用实践基地与实际问题的描述、表示和分析产生关联，让小学生更加深入地体会劳动的乐趣，培养小学生的课程兴趣。在这个过程中，小学生不仅实践能力得到较大的提升，还可以不断地增强创新意识。劳动课程内容的组织也要求教师具备较为丰富的实践经验，能够在教学过程中发挥自己所学的知识和技能，培养小学生解决问题的实践能力和创新能力。

3. 整合式：以统整"家、校、社会"资源，确定课程内容组织

小学劳动教育课程的内容组织还应该实现家庭、学校、社会中劳动教育资源的系统整合，构建既面向学生现实生活又能促进学生未来发展的课程内容。学校要根据地方和自身的特色，充分开发可利用的场地和资源，在课程内容的组织过程中，在挖掘学校资源的基础上，要善于挖掘校外的资源。一方面，学校可以通过家长委员会、家访等方式与家长密切结合；另一方面，学校在组织课程内容的时候可联合社区，例如组织中高年级的小学生到福利院、博物馆等场所开展公益性、服务性的劳动，培育学生勤劳务实、开拓进取的劳动精神。

三、小学劳动教育课程内容的设计

（一）小学劳动教育课程内容的要素构成与阶段划分

1. 课程内容的要素构成

依据劳动的分类，小学劳动课程内容的要素可以分为日常生活劳动、生产劳动和

服务性劳动，不同的劳动类型所采用的课程内容也不同。日常生活劳动立足学生的个人生活事务处理，涉及衣食住行用等多个方面，注重培养学生的生活能力和良好卫生习惯，树立自理、自立、自强意识；生产劳动让学生在工农业生产过程中亲身经历物质财富的创造过程，体验从简单劳动向复杂劳动、创造性劳动的发展，淬炼生产劳动技能，体会物质产品的来之不易，认识劳动与自然界的基本关系；服务性劳动让学生利用知识、技能等为他人和社会提供服务，在公益劳动与志愿服务等活动中认识社会，树立服务意识，体悟劳动中人与人、人与自然、人与社会的关系，强化社会责任感。教师应该要根据自身学校的实际，自主选择确定各个年级的学习内容，有条件的学校可涵盖三个劳动课程内容，全面提高小学生的认知水平和技能水平。在实际教学的过程中，教师应该做到分析学情、利用教学资源，以及合理创设情景。

2. 课程内容的阶段划分

依据小学认知发展规律，小学劳动教育按照年龄阶段可以划分为低学段、中学段和高学段；不同年级学生的认知发展过程也处在不同的阶段，相应分为萌发期、转变期和成立期三个阶段。一、二年级的学生因为年纪小、注意力容易分散，自我意识开始萌发，注重自我意识、自我独立的发展。教师在劳动教育过程应该要以引导为主，在内容设计中可以设计培养学生探究意识的内容。而三、四年级的学生逐渐开始关注自己的社会环境。教师要帮助学生更好地了解社会生活。五六年级的学生心理发展较为成熟，开始追求独立，想要自己独立地完成操作实践活动。教师应该适当地为学生提供动手机会，设计能培养学生自我独立探索能力的内容[①]。

(二) 小学劳动教育课程内容选择与组织的流程

1. 定位小学劳动课程目标

课程内容的选择与组织要满足实现课程目标的需要，满足小学生兴趣及发展的需求。课程内容的选择与组织坚持面向小学生、面向实践能力、面向家庭和社会，遵循小学生的身心发展规律；不应该只是为完成教学任务的预设，而是要让学生真正地在活动中增长自己的学识，成为学习的主体，为学生的进一步发展和学习打下坚实的基础。

2. 筛选课程内容素材

学校首先要就小学劳动教育课程情境进行具体分析，即通过对学校劳动教育所处的社会环境、劳动教育课程现状、劳动教育发展的历史、学校或地方劳动教育课程资源的优劣势等因素的分析，为课程内容选择与组织打下基础；其次要从众多的素材资源中进行筛选和分层，针对不同类型和不同特点的小学生，利用综合化的劳动教育，丰富劳动教育内容。[②]

① 刘晓博. 小学低学段综合实践活动课程内容设计与实践 [D]. 长春：东北师范大学，2019.
② 曹守明. 新时代小学劳动教育课程体系构建策略 [J]. 新课程，2020（48）.

3. 分工落实编排任务

学校要研究确定小学劳动教育课程内容编排的体系和体例，成立课程内容选择与组织小组并落实任务，培训课程内容编排人员。在这一阶段，课程内容编排大纲的审定极为重要，小组成员之间一定要充分研讨、反复论证；在编排过程中针对出现的新问题和新想法，要及时进行沟通、集思广益，在不断修改的过程中提高课程内容的质量，注意课程内容章节细节的编排，把握小学劳动教育的特殊性，活动、项目、流程都要纳入教材整体质量的视野中。在此过程中要运用现代信息技术及互联网思维模式来审视劳动教育，对劳动教育和实践活动的目标进行整合，作出系统化的编排。

4. 课程内容评价与反馈

课程内容评价是对课程内容作出的价值判定，要从满足学生个人发展的需要和社会对小学生人才培养的需要，形成评价标准。评价大体包括以下内容：一是课程内容目标的评价，即目标是否既符合学生当前的心理发展水平，又对他们的心理发展有促进作用，是否有一定的弹性，可以满足不同特色的小学生的发展需求；是否符合社会发展的需要，是否符合政策的内容要求，反映劳动教育的新进展。二是课程内容选择的评价，劳动教育内容的广度与深度能否做到符合小学生的实际，并为他们所理解，能否做到为不同特点的学生提供发展空间；是否联系职业生活与社会实际。三是课程内容的编排评价，课程内容的编排体系是否符合小学生的认知规律，便于小学生理解和掌握；编排是否符合教学规律，能否有效发挥劳动教育的功能，等等（图 10 - 2）。

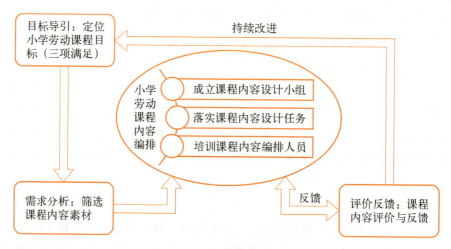

图 10 - 2　小学劳动教育课程内容的开发流程

案例 10 - 1

劳技特色教育　提高科技含量

上海市刘行新华实验学校地处上海北郊，是一所典型的农村学校。学校充分调动学生学习积极性，发扬其乐于动手的长处，确定了以"劳技教育"为特色的学校品牌。作为宝山区劳动教育基地，刘行新华实验学校不断完善劳技教育的硬件条件，不断扩大劳技教育的活动领域，不断提升劳技教育的科技含量，不断丰富学生各种劳技制作的实践活动，将劳技教育活动开展得广泛、深入且持久，学生们能够在动手动脑的过程中学会劳动，体验成功，感受创造，发展个性。

在全面推进学校素质教育的进程中，学校成立了科技、劳技教育领导小组，制订了有利于发展劳技教育的各项制度和计划。针对科技、劳技教育，刘行新华实验学校提出了三个"优先"，即设施优先添置，教师优先配备，课时优先落实。学校有组织、有计划地开展诸多课外科技、劳技活动，组织工艺木工制作、机械木工、头脑奥林匹克、机器人车模、无线电测向等课外科技、劳技兴趣小组，为爱好不同的学生提供了多种选择的途径。劳技特色教育被打造成了学校特色教育的一张响亮的名片。

（资料来源：新劳动教育微信公众号平台。）

案例分析：新时代劳动教育课程内容的选择不仅要激发小学生对现代新技术和新生活的兴趣，更要有效拓展小学生的科学视野和社会视野。多类型的活动为有不同爱好的学生提供了多种选择的途径，在活动的参与过程中，学生提升了自己的劳动技能，以及创新能力。

思考：结合案例，思考小学劳动教育校本课程如何进行课程内容设计？

第三节　小学劳动教育课程的实施

劳动教育课程实施是劳动课程育人的关键环节。小学作为形成良好习惯的重要阶段，更应高度重视劳动教育独特的育人价值，整合小学所有劳动教育资源，为小学劳动教育的真正落地提供支撑。因此，在小学劳动教育课程实施的过程中，要把握小学劳动教育课程及其实施特点，探索符合小学特征的劳动课程教学模式。

一、小学劳动教育课程实施概述

小学劳动教育课程实施是指在小学阶段，针对学生具体情况，以培养学生正确的劳动价值观和良好的劳动品质为目标，依据一定的标准或方案执行小学劳动教育课程计划并不断优化的动态过程。

由于小学劳动教育课程实施会面对许多不确定性的问题，如可能出现预先设计的小学劳动教育实施方法不适合儿童发展需要的情况或者受到实施场地、条件等多方面因素的影响，其课程目标与实施效果可能与预期有所偏差。小学劳动教育课程的实施无法按照原计划直线式地进行下去，在教学过程中应根据实际情况不断作出变化和调整。因此，课程实施一直处于动态状态，呈现非线性发展态势。

不同学段、不同年龄的学生身心发展特点存在着差异，课程实施要考虑学生的年龄和身心发展等特点，随着学段的变化设置不同的课程目标与内容，有所侧重又纵向递进。小学劳动教育课程实施一方面要针对实际情况，结合当地和小学的实际，依据需求让学生拥有劳动体验，同时实现校园文化建设与社会建设；另一方面，要适应小学生的身心发展特点，与小学生的现实生活相联系。

二、小学劳动教育课程的实施策略

（一）基于一定的外部条件与教师自身能力

小学劳动教育课程的实施需要依赖具体的环境，使学生能够在实践的基础上进行系统化学习，而要满足这个条件，需要政府的政策支持和学校自身劳动教育基础设施建设，以保证劳动教育的有效开展，教师可根据具体的情况实施劳动教育；同时，在小学劳动教育课程实施的设计中，要注重教学情景设计，以小学生劳动意识的培养和学生个性发展为目标，设置学习性的课程任务或项目。

（二）注重学生需求

小学劳动教育在实施过程中必须关注学生的年龄特点，根据学生需求进行劳动教育，让学生从小就领略到人和劳动的统一，身体和思想的统一，个体发展和社会发展的统一。课程实施设计者要学习先进的课程理念，在理论指导下，根据情况深入思考小学劳动教育课程实施的目的、内容、过程等，并充分吸收与利用日常生活中可能的教育因素，关注劳动教育价值，构建新时代小学劳动教育体系，加强学生与实践的联系，实现学生的全面发展。

（三）以任务为中心

劳动教育主要呈现"主题式"或"项目式"的活动形态，因此，在实施劳动教育课程内容时，可以以活动中的任务为核心进行设计，这一任务应该是从工作任务中转化而形成的学习任务（可以是问题、项目、案例分析等），是学生应该完成的具体事物或者应该解决的问题[①]。在以任务为中心的设计中，劳动教育主题活动可以通过小组合作的形式，让学生参与劳动教育课程，并共同完成学习任务。为此，学校应该要有足够的场地、条件进行劳动教育。教师要准备好担任不同角色，适应不同角色的变化，因为以任务为中心的教师需要设计或指导整个课程，还需以整合的方式进行劳动教育。教师应该多向劳动教育领域的专家请教，了解劳动教育的最新动态，以有效开展小学劳动教育。

---

① 郭炳，祝智庭. 教育技术视野下的职业教育课程开发方法研究 [J]. 电化教育研究，2010（12）.

案例 10－2

强化综合实施，形成协同化育人格局

临沂市兰山区把劳动教育作为五育融合的突破口，纳入人才培养全过程，贯通基础教育各学段，贯穿家庭、学校、社会各方面，探索形成区域化、特色化、多元化、协同化的劳动教育新模式，全面提升育人质量和效益。

区政府成立了全区劳动教育工作领导小组，定期研究解决中小学劳动教育落地难题；成立了劳动教育指导委员会，负责全区中小学校劳动教育工作的推进、评价、研究和指导工作；配备专职劳动教研员，组建专兼职劳动教师队伍，形成了区、校、班三级教研网络，并挂牌成立劳动教育名师工作室。尤其是组建了"区域劳动教育新样态"研究项目组，将其作为年度改革创新重点项目予以推进，形成的劳动教育"七步教学法"，已在实际教学中初见成效。各校推行轮流值日制度，实行全员参与的劳动任务分工管理；开展"家务劳动岗"活动，让学生参与家庭劳动，并且每年学会1至2项家庭生活技能；与家庭、社区密切合作，持续开展学生劳动评价序列活动，包括"自己的事情自己做""校内的事情积极做""田园种植大家做""家里的事情主动做""公益活动一起做"等，培养学生的劳动意识，调动学生自觉劳动的积极性；充分发挥现代企业、美丽乡村、农业公园、文明社区等方面的资源优势，加强校外劳动教育实践基地建设，打造校外实践大课堂，定期组织开展志愿服务、公益劳动与职业体验等社会化劳动，强化学生的社会责任意识和奉献精神。

（资料来源：摘自《临沂市兰山区组合拳探索新时代劳动教育新路径》，http：//edu. shandong. gov. cn/art/2021/7/1/art＿11972＿10291094. html，2021 年 7 月 1 日。）

案例分析：小学劳动教育课程的实施要借助一定的外部力量，充分利用各类资源贯通基础教育各学段和家庭、学校、社会各方面，探索形成区域化、特色化、多元化、协同化的劳动教育新模式，全面提升育人质量和效益。

思考：在劳动教育协同化育人格局中，政府、学校、家庭、社会各扮演着什么角色？

三、小学劳动课程实施的设计

（一）理论式劳动教育的课程实施设计

劳动教育不单单只有劳动，还应重视劳动教育理念和思想。在劳动教育过程中，教师可以充分利用主题班会的形式，围绕劳动教育相关主题，结合学生的实际情况，对学生进行正向引导，帮助学生更好地理解劳动的意义。但值得注意的是，小学阶段的学生年龄比较小，难以理解深层含义，因此，针对某一主题进行教育教学时，单纯借助语言引导很难达到原本的目标。基于此，教师应采取灵活有趣的方式，以游戏、视频等多种方式引导学生积极参与主题班会。

在传统文化中有许多劳动元素，其中，二十四节气是劳动人民为了农业生产上的需要而创造的，跟劳动息息相关，学生可以在节气学习与实践中积累劳动知识与技能。

教师还可以举办学习劳模主题活动，组织学生阅读劳动故事，学习劳动楷模，并让学生分享自身的学习感受，以此弘扬劳模精神、劳动精神、工匠精神，引导学生尊重劳动、崇尚劳动、热爱劳动，进而在行为上践行。

（二）实践式劳动教育的课程实施设计

小学教师在强化学生的劳动教育效果时，不能单单局限在课堂教学中，应结合小学生的身心发展特点，开展实践型劳动教育活动，引领学生获得丰富的劳动体验，让学生在实践参与的过程中，感悟其中蕴含的乐趣，获得丰富的劳动技能等。

班级值日劳动是学校最基本的劳动教育形式，也是涉及面最广、参与率最高的活动，要尽量确保学生参加。在小学劳动教育实施过程中，学生需完成桌椅清洁、整齐摆放等任务，但由于1—2年级学生年龄较小，在这一学段应开展简单劳动，如清扫地面，擦桌椅等。同时，班级采用值日组长负责制，值日组长负责分配值日任务，督促检查值日情况，做好值日情况记录[①]。为了更好地为学生提供锻炼机会，值日组长还可以采取轮流制。教师还可以组织学生美化教室，营造干净舒心的学习环境。

除了班级内部的卫生，学校还可以让学生参与校内各类劳动实践活动，如校园卫生工作，可以按照班级划分打扫区域，让每个班级固定负责该区域的卫生工作，在此过程中，学生也能更好地感受到清洁的不易，并从自身做起，不乱扔垃圾，自觉维护校园卫生。

课程开发实例 10-4

一起参与校园种植实践

课程主题：一起参与校园种植实践

课程目标：通过课程项目，从认识、种植、管理、采摘和收获几方面开展果蔬种植实践活动，学生在其中了解劳动知识和劳动技能，感受劳动的乐趣。

课程实施：

（1）从校方的角度：在校园里为学生开辟出一块菜地，让每个班级都负责一块区域。

（2）从教师的角度：组织学生开展种植活动，引导学生记好种植笔记，使学生学会一些种植的劳动技能，体会种植的乐趣。

（3）从学生的角度：

① 1—2年级学生：认识植物，了解种植与自然界的紧密关系；

---

① 张随学. 小学劳动教育的实施途径［J］. 教学与管理，2019（26）.

② 3—6 年级学生：可以自主决定菜地种植的品种，选择常见的蔬菜进行种植，并且负责日常的种植养护，体验蔬菜种植的一般过程与方法；认真阅读学校的课程要求，关注校园劳动工作的具体划分；积极参与劳动实践，做好植物种植笔记，并在课堂上分享。学生还可以将自己种植出来的菜带回家，享受自己收获的果实，这样不仅能使学生理解农民的艰辛，更好地感受劳动的意义，还可以让学生通过自身的努力得到收获，明白劳动价值。

分析： 在实施劳动教育过程中，要不断探索创新劳动教育的新形式，使得劳动教育具有趣味性、激励性。校园作为小学生日常劳动的主要场域，是学生养成劳动习惯的主战场。学校通过精细安排劳动实践活动，打造劳动教育的常态场，可以帮助学生掌握基本的生活劳动技能，提升自理能力。教师要不断挖掘生活中的劳动教育课程资源，探索符合学生实际的劳动教育实践方式，为学生提供参加劳动实践的机会，丰富学生劳动体验。劳动实践既能磨砺学生吃苦耐劳的意志品质，还能激发他们对劳动持续热爱与探索的兴趣。

思考： 实践式劳动教育课程实施设计的注意事项是什么？

（三）整合式劳动教育的课程实施设计

学校劳动教育课程资源单一，为了进一步加强小学劳动教育，劳动教育的实施可以整合家庭、学校、社会各方面力量，搭建劳动教育实践平台，创设真实劳动教育场景，增加学生在服务家庭与社会的劳动实践中运用所学技能的机会，进一步提高劳动教育的实效，满足学生劳动体验的需求，促进学生劳动素养的提升。

学校可以针对小学高中低三个学段的学生特点，科学设计家庭劳动教育任务，指导学生的家庭劳动教育，如 1—2 年级的学生可以整理自己的物品、参与简单的家庭烹饪劳动，如择菜、洗菜；3—4 年级的学生可以尝试清洗或收纳自己的物品，使用简单的器具对食材进行切配，初步掌握家庭常用小电器的使用方法；5—6 年级的学生则可学会整理自己的学习与生活空间，掌握简单的烹饪方法与家庭常用电器的功能特点和使用方法。同时，家长也可以协助学校开发社会劳动教育资源，将劳动教育的空间从学校、家庭拓展至社会。

第四节　小学劳动教育课程的评价

为了更好地促进小学劳动教育课程的落实，我们必须构建完善的评价机制，同时必须结合小学生的年龄阶段特征，设计合理、科学的劳动教育课程评价体系。

一、小学劳动教育课程评价概述

（一）小学劳动教育课程评价的内涵

小学劳动教育课程评价是指按照一定的评价标准对小学劳动教育课程的目标、计划及实施等方面进行评价的过程。其通过对小学生的劳动观念、劳动态度、劳动能力、劳动习惯等方面的评估，考察劳动课程是否实现其既定目标、实现的程度等，并作出改进劳动教育课程的决定。

（二）小学劳动教育课程评价的内容

学校劳动教育课程评价的内容需要根据劳动教育的目标进行设置。

1. 评价劳动观念

评价小学生的劳动观念可以从考察小学生劳动意识、劳动精神等方面入手，对学生在劳动教育课程中的具体表现与劳动思想观念的转变进行多维度、全方位的评价，也可以针对高、低年级的小学生设计不同的评价量表。

2. 评价劳动态度

评价小学生的劳动态度可以从考察小学生劳动责任感、劳动行为等方面入手，结合学生平时在学校、家里参与劳动实践活动时的表现，对学生在面对需要自己负责的劳动任务时的态度与面对小组集体劳动时的态度、学生对待自己与他人的劳动成果时的态度进行综合评价。

3. 评价劳动能力

评价小学生的劳动能力可以从考察小学生的劳动知识与技能等方面入手，将小学生在劳动课中的劳动成果或作品完成情况作为参考评价内容。

4. 评价劳动习惯

评价小学生的劳动习惯可以从考察小学生的劳动自觉性、主动性和积极性等方面入手，对小学生在校与在家劳动参与情况相结合进行综合评价。对小学生在校劳动参与情况的评价可以通过教师评价、同学互评与学生自评实现，而对学生在家劳动参与情况的评价可以通过家长评价和教师评价实现，由教师和家长进行观察并给予评价。

二、小学劳动教育课程评价的原则

（一）评价主体体现多元化

小学劳动教育课程评价在设计上坚持评价主体多元化，倡导多主体共同参与，但要坚持以学生为主，注重学生的主体性。教师在劳动教育课程实施过程中需要根据小学生的身心发展特点，科学地引导学生学会自我评价，以及同伴之间的相互评价，让学生通过自我评价和同伴评价发现自己在劳动方面存在的问题和不足。而教师作为一方主体，需要充分发挥其评价作用和指导作用，指导学生发现自己在劳动中存在的不足，提升学生的劳动素养。除此之外，小学劳动教育尤其强调家校共育，因此小学劳动教育课程评价不能仅仅局限于学校，应该拓宽范围，让家长和社区参与到劳动教育课程评价中，实现"教师—同伴—家长—社区"四轮驱动。

（二）评价方式体现多样性

小学生的可塑性和待挖掘的潜力比较大，思维活跃敏捷，在劳动过程中学生的能力可能以各种不同的方式呈现出来，教师应该注重对学生的表现给予正确的评价和激励，因此教师在课程评价设计的过程中也要更注重评价方式选择上的多样性。小学教师在劳动教育课程评价方式的选择上可以发展性评价和形成性评价为主，采用定性评价（如学生成长记录袋、档案袋、劳动日记等）和定量评价（如对学生的劳动作品或结果进行评分等）相结合的形式，对学生劳动过程的评价要坚持评价方式灵活多样，合理运用不同的评价方式，采用激励性评价、展览性评价、评语性评价、对比性评价等多种方式对小学生劳动过程中的表现进行评价。

（三）评价标准体现实践性和综合性

小学劳动教育课程评价设计时应该注重评价标准的实践性和综合性。小学教师在对学生进行评价时，要注意对小学生劳动过程中的各种实际表现进行评价。[1]

（四）评价内容体现全面性

小学劳动教育课程设计在评价内容上要体现全面性，充分发掘学生多方面的潜能，了解学生的发展需求。劳动课程评价涉及课程计划的全部组成部分，包括课程目标、课程内容、课程实施和课程结果[2]。教师应将小学生的劳动技能、劳动习惯、劳动态度和价值观、劳动知识等方面纳入评价内容之中，充分发挥劳动教育课程评价的反馈功能，从学生的表现中反思课程目标、内容、计划实施，以及结果是否达到预期，对劳动教育课程的整个实施过程进行评价。除此之外，教师在对学生进行评价时，也可以将学生在劳动过程中表现出来的合作精神、创新能力、探究能力等其他方面纳入评价内容。

（五）评价过程体现发展性和连续性

新时代呼唤新劳动教育，也带动着劳动教育课程的更新，而劳动教育课程评价作为劳动教育课程的重要组成部分也需要不断变化发展，跟上时代的脚步。因此，学校、教师等在劳动教育课程评价设计中应该坚持发展性原则，主要体现在评价标准、评价内容、评价方式的变化发展上，从而发挥劳动教育课程评价的发展功能，以评价

① 严从根，徐洁.劳动教育拓展性课程开发的意义、困境与对策［J］.广西师范大学学报（哲学社会科学版），2021（2）.
② 蔡其勇，向诗丽，谢霁月，等.新时代劳动教育课程的价值与建构［J］.当代教育科学，2020（9）.

促发展。同时，小学劳动教育课程的评价需要一段时间的连续追踪，才能发现课堂教学的偏差和不足，才能发现小学生劳动认知等各方面的变化，最终不断改进学校劳动教育课程的实施效果，为推动小学劳动课堂教学保驾护航。

三、小学劳动教育课程评价的设计

（一）低年级阶段：侧重评价学生的劳动意识与个体日常生活技能

小学低年级阶段主要是指小学1—2年级，这一阶段劳动教育课程对学生的主要评价内容包括：对学生劳动意识与个体日常生活技能的评价，即判断学生是否形成良好的劳动意识，以及学生是否掌握基本的个体日常生活技能，例如个人清洁与卫生、整理与收纳等能力。评价方法方面，1—2年级可采取画五角星、画漫画、谈体会等方式进行交流评价，或鼓励学生使用劳动日志、劳动清单打钩等方式记录劳动过程与劳动感受。评价主体方面，为考虑低年级学生的劳动安全，1—2年级劳动教育课程的开展主要以校内活动为主，所以评价主体主要包括学生自评、同学互评、家长评价，以及教师评价（《义务教育劳动课程标准》）。

课程开发实例10－5

"劳动·爱生活"劳动教育校本课程

课程主题："劳动·爱生活"劳动教育校本课程

课程目标：

（1）通过主题劳动实践活动，学生学会日常生活自理，习得简单的劳动技能，懂得自己的事情自己做的道理，养成良好的劳动习惯。

（2）在日常劳动和主题实践活动中，感受劳动的艰辛和劳动创造的快乐，初步形成热爱劳动观念。

（3）在观察、实践过程中培养学生发现问题、主动解决问题的能力，初步树立劳动创造美好生活的观念。

实施对象：一年级学生。

课程内容：从家庭、班级、校园、劳动创造四个维度入手设计四章内容，分别为"居家小能手""班级小主人""校园小管家""创造小达人"，且每章包含四个不同主题的课时。课程融知识、操作、创作为一体，重视学生在实践活动中直接体验、科学劳动观念的建立，以及学生劳动情感态度的发展。

课程评价：包括劳动基础知识、实践操作，以及态度、情感、价值观的评价三部分内容。评价方式以发展性评价为主，综合运用教师评价、学生自评、同学互评、家长评价等方式，对学生的劳动情况作全面的考查。评价方式可多样化，包括课堂观察、行为分析、课后访谈、成才记录、活动报告等。下附学习评价表（表10-1）。

表 10-1 学习评价表

学习评价表					
姓名：	班级：	课程主题：	日期：	备注：	
项 目	评 价 量 规		学生自评	同学互评	教师评价
1.基础知识	了解简单的绿植养护知识		◇◇◇	◇◇◇	◇◇◇
	知道垃圾分类的标准		◇◇◇	◇◇◇	◇◇◇
2.实践操作	会整理书包，坚持自己背书包上下学		◇◇◇	◇◇◇	◇◇◇
	能自己起床、穿衣、刷牙、洗脸		◇◇◇	◇◇◇	◇◇◇
	会整理衣物、叠被子，简单整理房间		◇◇◇	◇◇◇	◇◇◇
	会主动帮家长做简单的家务		◇◇◇	◇◇◇	◇◇◇
	会擦拭课桌，保持课桌整洁		◇◇◇	◇◇◇	◇◇◇
	会使用劳动工具主动参与教室值日		◇◇◇	◇◇◇	◇◇◇
	能随手关灯，学会节能环保		◇◇◇	◇◇◇	◇◇◇
	会给绿植浇水、晒太阳		◇◇◇	◇◇◇	◇◇◇
	餐前分发餐具，餐后整理好餐具餐桌		◇◇◇	◇◇◇	◇◇◇
	爱护图书，学会整理图书		◇◇◇	◇◇◇	◇◇◇
	会将垃圾分类		◇◇◇	◇◇◇	◇◇◇
	能保持校园整洁		◇◇◇	◇◇◇	◇◇◇
	会清洗水果，做简单的水果拼盘		◇◇◇	◇◇◇	◇◇◇
	会搓元宵		◇◇◇	◇◇◇	◇◇◇
	会用树叶画装饰教室		◇◇◇	◇◇◇	◇◇◇
	会编网袋装饰教室		◇◇◇	◇◇◇	◇◇◇
3.态度、情感、价值观	积极参与课程，参与劳动		◇◇◇	◇◇◇	◇◇◇
	尊重劳动，热爱劳动		◇◇◇	◇◇◇	◇◇◇
	乐于创新，乐于奉献		◇◇◇	◇◇◇	◇◇◇

注：达到要求的同学，给予三星评价。

分析： 针对低年级学生年龄小，劳动意识、劳动习惯还没有养成，生活自理能力还有待发展的现实情况，劳动教育校本课程评价应侧重考查学生是否具备日常生活自理能力与简单的劳动技能，是否形成正确的劳动观念。在课程评价中采用发展性评价方法，实现评价主体多元化，评价方式多样化、简单化和趣味化，强调正面评价，以激发学生参与课程的积极性和热情，使之形成良好的劳动习惯和科学的劳动价值观。

思考： 评价的内容与方式多种多样，你认为针对 1—2 年级学生的劳动教育评价，应该侧重哪一方面的评价内容和方式？

（二）中年级阶段：侧重评价学生的劳动习惯与基础劳动技能

小学中年级阶段主要是指小学 3—4 年级，在这一阶段劳动教育课程对学生的主要评价内容包括：对学生劳动习惯与基础劳动技能的评价，即判断学生是否养成良好的劳动习惯，以及学生是否掌握基础的劳动技能，例如生活自理能力、认识并使用常用劳动工具的能力等。评价方法方面，3—4 年级可鼓励学生采用多种方式记录劳动过程与感受，如劳动周记。评价主体方面，3—4 年级可走进社区等校外场所，劳动教育课程的开展范围扩大到社区，因此评价主体在学生自评、同学互评、家长评价与教师评价的基础上增加社区评价，实现对学生全方位、综合性的评价。

课程开发实例 10-6

自理能手——整理我的房间

课程主题：自理能手——整理我的房间

课程目标：结合学生生活实际，开展系列主题式劳动教育课程，贯穿家庭、学校、社会各方面，将劳动教育与德育、智育、体育、美育相融合，引导学生学习日常生活自理，做好个人清洁卫生，主动分担家务劳动，学会与家人合作劳动。

实施对象：三年级学生

课程实施过程：学校开展线上劳动教育课程，着重围绕学生劳动意识的启蒙、劳动习惯的养成、劳动技能的掌握、劳动实践的物化进行教育。课程实施主要包括教师课堂讲解，教师引导学生设计与主题相关的方案，学生进行劳动实践，教师总结分析，活动评价，等等。

课程评价：综合运用学生自评、家长评价与教师评价等方式对学生的劳动表现展开多方面的评价，同时鼓励学生完成"总结分享表"，记录自己的体会与收获。下附本次主题劳动课的总结分享表（表 10-2）。

表 10-2　总结分享表

总结分享	
	姓名：
我收获的整理归纳小技巧	
我还可以提升	
我还想了解哪些劳动技能	
我想说给同学们听	
我想说给爸爸妈妈听	
劳动时的照片	

　　分析：小学中年级学生相比低年级学生身心都有所发展，开始从活动的效果、动机等多方面评价自己和他人，更在意学习的成果和外界的鼓励与赞赏。劳动教育课程评价要结合学生特点，运用总结分享式的评价方法，帮助学生记录自己的劳动过程和劳动体会，自主总结评价劳动行为，加深学生对劳动的理解，使学生具备一定的劳动技能，形成良好的劳动习惯。

　　思考：教师应该如何引导学生正确看待他人对于自己劳动表现的评价？

（三）小学高年级阶段：侧重评价学生的劳动观念与基本劳动技能

　　小学高年级阶段主要是指小学 5—6 年级，在这一阶段劳动教育课程对学生的主要评价内容包括：对学生劳动观念与基本劳动技能的评价，即判断学生是否形成正确的劳动观念，以及学生是否掌握基本的劳动技能，例如综合运用生活基本技能解决问题的能力，从事简单生产劳动的能力，以及运用已有劳动技能服务他人的能力，等等。评价方法方面，5—6 年级可采取写劳动周记、劳动打卡等方式记录自己的任务完成情况与收获，学生也可以通过展示自己制作的劳动作品，让同学与教师对其作品进行评价。评价主体也会随着劳动空间范围的扩大而不断增加。

课程开发实例 10-7

厨艺达人——学做美味三明治

　　课程主题：厨艺达人——学做美味三明治

　　课程目标：岐山一校综合实践组教师以学生居家学习为契机，通过深度调研、整理问题、确定主题、线上指导、推送资源的方式，结合学生生活实际，开展了系列主题式劳动教育课程，贯穿家庭、学校、社会各方面。本次课程主要是培养学生掌握基本的劳动技能，学会使用厨具和简单的烹饪技巧，在这过程中让学生体会到劳动的乐趣，激发对劳动的兴趣，通过自己的努力最后品尝劳动的果实。

实施对象：五年级学生

课程实施：本课程采用教师线上指导、学生线下劳动实践的方式开展课程，学生的劳动过程与劳动作品通过家长拍摄照片或视频的方式发送给教师，教师将其收纳进学生的劳动档案袋中。

课程评价：在本次主题劳动教育课程中，主要采用劳动任务清单、"我的收获"等方法记录学生的劳动过程与收获，同时采用学生自我评价与小组评价的方式对学生的劳动表现与劳动成果进行客观评价。下附本次劳动课的评价表（表10-3）。

表10-3　"制作美味三明治"评价表

"制作美味三明治"评价表	姓名：	
知识的学习	自我评价	小组评价
了解三明治中不同食材所富含的营养成分	◇◇◇◇◇	◇◇◇◇◇
掌握制作三明治的知识与技能	◇◇◇◇◇	◇◇◇◇◇
能力的获得	自我评价	小组评价
收集处理信息的能力	◇◇◇◇◇	◇◇◇◇◇
发现问题和解决问题的能力	◇◇◇◇◇	◇◇◇◇◇
操作能力	◇◇◇◇◇	◇◇◇◇◇
情感态度和价值观	自我评价	小组评价
热爱家庭劳动，树立正确的劳动观念	◇◇◇◇◇	◇◇◇◇◇
懂得珍惜劳动成果，爱惜粮食，有真切的情感体验	◇◇◇◇◇	◇◇◇◇◇
养成良好的劳动品质，形成积极的生活态度	◇◇◇◇◇	◇◇◇◇◇
我的感悟		

注：达到要求的同学，给予五星评价。

分析： 小学高年级学生逐渐从顺从他人的评价转为对自我有独特的见解，对自我的评价也从对自己表面行为的认识逐渐转向对自己内心品质各方面进行评价。因此高年级的劳动教育课程评价内容应该从知识的学习、能力的获得、情感态度和价值观三个维度出发设计评价指标。

思考：教师要如何引导学生在确保自身安全的情况下顺利完成任务？

 思考题

1. 小学劳动教育课程目标设计的方法是什么？
2. 小学劳动教育课程实施策略是什么？
3. 如何开发一节小学劳动教育课？

 拓展阅读

线上线下小学生家务劳动课程开发

　　家务劳动教育不仅应该停留在家庭，更应成为学校劳动教育的重要组成部分，形成家校教育合力。为了避免小学生家务劳动教育活动碎片化、体系模糊化等，我在班级实施过程中，尝试通过线上线下融合，系统推进小学生家务劳动教育，让学生在劳动中动心动情、出力流汗、磨炼意志，培养出具有勤俭、奋斗、合作、创新、奉献品质，正气、大气、雅气、灵气的少年。

　　为了了解班级学生的家务劳动现状，我们利用"问卷星"制作调查问卷，掌握学生参与家务劳动的时间、已掌握的家务劳动技能、对参与家务劳动的态度等。为了找准孩子们适合做的家务劳动，激发学生的主观能动性，争取家长的支持与配合，我们利用"晓黑版"应用软件组织"孩子适合学做的家务劳动"小调查，让孩子和家长一起选择本年段孩子适合学做的几项家务劳动。班主任对问卷和调查结果进行分类汇总，将推荐度较高的几个项目留下，再融入学校、班级教育思路和目标，为班本课程的设计提供依据。

　　为了避免因家务劳动项目太难、太多造成碎片化，基于学生年段特点、能力发展的规律，我们每学期精选两至三项家务劳动项目，设计序列化家务劳动清单。我们尊重学生心理、年龄和动手能力的实际情况，将家务劳动具象化、系统化，为学生提供明确指引，提升学生家务劳动能力。

　　家务劳动教育需要课程支撑，我根据班级实际情况，设计丰富有趣的"小当家"课程。确定课程目标，构建班级家务劳动课程体系，与其他学科有机融合；树立参与家务劳动光荣的主人翁意识、观念；培养勤俭、奋斗、创新、奉献的劳动精神；具备基本家务劳动能力；形成良好的劳动习惯。我们班级设计了"班级劳动小岗位"课程。在家庭，我们利用线上平台设计"厨房劳动小当家""家务达人小挑战"等课程，分时段、分地点、分层次指导学生做力所能及的家务劳动，提高其劳动意识，使其通过参与家务劳动，成为家里和班级的小当家。将班级教育与家庭教育相融合，将线上线下相融合，优势互补，形成我班特色。

（资料来源：张敏，《线上线下"三融合"，推进小学生家务劳动教育》https：//mp. weixin. qq. com/s/dYM4QNanP9T_Buy5Y8pDkg，2021 年 7 月 16 日。）

思考：在劳动教育课程中，如何根据不同学生的年龄段特点进行课程设计？

第十一章 初中劳动教育课程开发

【学习目标】

1. 了解初中劳动教育课程的目标设计原则和实施原则。
2. 掌握初中劳动教育课程开发的内容选择和组织要点。
3. 学会运用初中劳动教育课程开发的理论与方法，在未来教学实践生涯中开发劳动教育课程。

劳动教育课程作为开展劳动教育的主要载体，是关乎劳动教育成效的关键指标。做好劳动教育课程开发工作，有利于让学生在求学时代便崇尚劳动，热爱劳动，感受到劳动的愉悦感和成就感，从某种意义上也是促进社会和谐发展的重要手段。

第一节 初中劳动教育课程的目标设计

初中劳动教育课程的目标设计主要阐述劳动教育课程本身要实现的目标和意图，能指导课程开发的方向，助力实现立德树人的教育目标。

一、初中劳动教育课程目标概述

初中劳动教育课程目标是指初中学段的劳动教育课程活动需要达成的基本规范和价值要求，要综合考虑初中生和社会发展的需要，并依据教育的立场和价值取向来制定。

教育部《大中小学劳动教育指导纲要（试行）》（简称《纲要》）针对初中学段，指出劳动教育"要兼顾家政学习、校内外生产劳动、服务性劳动，安排劳动教育内容，开展职业启蒙教育，体会劳动创造美好生活，养成认真负责、吃苦耐劳的劳动品质和安全意识，增强公共服务意识和担当精神"。初中劳动教育课程目标应重点培养初中生正确的劳动价值观和积极的劳动态度，使其形成初步的职业生涯规划意识、劳动效率意识，以及劳动质量意识，养成不畏艰辛、锐意进取、精益求精和不断创新的劳动精神，为进一步深入学校和社会打下良好的基础。

二、初中劳动教育课程目标设计原则

（一）系统开发，突出多维性

任何课程目标都是人类历史发展的产物，深受一个国家和民族在一定历史时期的社会生产和社会结构，以及社会生活方式的制约和影响，初中劳动教育的课程目标也不例外。一方面，初中劳动教育课程的目标要体现历史性和民族性，因时而新，反映时代的特点，全面而系统地开发兼具社会性和创新性的课程内容；另一方面，因劳动教育课程的特殊性，初中劳动教育课程的目标设计要时刻围绕"劳育"树德、增智、强体、育美的综合基础功能，但又不同于也不受限于学科教育和综合实践活动，融合多学科特点，突出目标内容的多维性。

（二）以生为本，体现层次性

劳动教育的培养目标在不同层次有不同要求。基于此，初中劳动教育课程的目标，一方面，坚持素养优先，在国家和学校教育目标的指导下把握好立德树人的基础价值取向，以劳动教育是培育尊重劳动、热爱劳动和全面发展的劳动者为课程追求；另一方面，坚持以生为本，强调"教学做合一"的重要性，兼顾不同学段、不同个性、不同学业水平的初中学生的兴趣和发展需求，在目标设计中体现层次性。

三、初中劳动教育课程目标的设计内容

（一）知识与技能的课程目标设计

根据教育部《纲要》对学生掌握基本劳动知识和技能的要求，细化到初中劳动教育的课程目标层面，我们需要让学生通过劳动教育课程的学习，理解并掌握几种类型劳动所需的知识与技能，具备满足生存发展需要的基本劳动能力。初一阶段的劳动教育活动课程目标设计要以适应性教育为主，即满足小学到中学的教育过渡要求，初步让学生感受劳动教育中体脑结合的重要性，因此其知识与技能的课程目标应重培育劳动兴趣。而在初二、初三年级则要重视培养生产劳动和服务性劳动的知识与技能，让学生在掌握生活技能的同时熟知职业技能，养成发现和解决问题的能力，并主动运用创新能力参与劳动教育活动，开展劳动创造。

（二）过程与方法的课程目标设计

总体上，让初中生能够在劳动中认识美、欣赏美，在各类劳动教育活动中团结协作地解决问题，收获劳动成果。初一阶段，以劳动适应教育为主要内容开展劳动教育课程，充分利用劳动教育的实践性特点，培育学生乐于助人、自理自立的习惯，主动参与孝亲、敬老、爱幼等方面的劳动。初二阶段的劳动教育活动课程目标设计可依托教育载体，尝试融入多元化的学科教育，尤其是化学、物理等科学学科的探究元素较

能吸引好奇的初二学生深入探索，培育学生吃苦耐劳、勇于创新的优良劳动品质。除了基本劳动习惯和劳动品质的养成，初三阶段的劳动教育活动课程目标设计面临着其他学科课程，尤其是智育课程的学业压力冲击，我们既要设计符合学生年龄特点、知识水平和接受能力的课程目标，又要不以牺牲其他课时为代价才能付诸实践。因此，除了课时融合，目标共通，我们可尝试将生涯规划的教育理念植入劳动教育课程，为学生进入职业高中或者普通高中，以及生涯选择提供指引，同时也为初中劳动教育开拓新的价值领域。

（三）情感与价值观的课程目标设计

《纲要》指出，通过劳动教育活动，培育初中生初步形成对学校、社区负责任的态度和社会公德意识，增强家庭责任意识，形成初步的生涯规划意识。具体到每个学段，初一年级学生以适应性劳动教育为主，重在培育学生吃苦耐劳、认真负责的劳动安全意识，珍惜劳动成果，主动分享劳动喜悦，摒弃好逸恶劳、不劳而获的行为。初二、初三阶段的劳动教育则重在引导学生形成自觉参加各种形式的自我服务劳动、家庭劳动、学校劳动、生产劳动和社会服务劳动的积极态度；拥有劳动责任感和劳动竞赛的荣誉感、成就感，认同通过劳动创造追求幸福生活。同时，在初三阶段初步植入职业生涯规划意识，引导其根据自身兴趣爱好来选择和培育劳动兴趣，为其升入高中阶段打下基础，形成良好的劳动素养。

课程开发实例 11－1

项目生活维修[①]

1. 劳动目标

（1）认识生活中一些常用的修理工具，了解其使用方法。

（2）培养学生的动手能力、综合分析能力。

（3）通过实践使学生认识到一些物品只要稍稍修理照样能用，养成勤俭节约的美德。

（4）学会使用一些简单的修理工具，能自己动手修理简单的物品。

（5）了解一些家电的结构和家电电路的组成原理。

2. 工具使用要求

使用工具：螺丝钉、螺丝刀、钳子、板材等。

使用要求：用力均匀，不能过猛伤及自身或其他物品等。

3. 安全保护要求

（1）了解安全用电常识，提高安全用电意识。

（2）关注家庭安全用电的隐患。

---

① 金正连. 劳动教育与素质养成 [M]. 北京：中国人民大学出版社，2020：180－182.

4．考核评价标准

（1）知识：小家电基本结构，常见故障及维修方法。

（2）技能：安装、使用、维修技能。

（3）态度：吃苦耐劳的精神，勤奋好学的态度。

5．劳动设计

（1）时间安排：

（2）材料、工具准备：

（3）劳动对象：

（4）劳动过程记录：

（5）劳动成果展示：

6．学生自评

7．老师（家长、师父）评价

分析： 在以"生活维修"为主题的项目活动中，设计者将该课程的劳动教育目标细化为五点，这些目标既兼顾了教育目标和学情要求，同时也使用了教师和学生都理解的语言，讲清了知识、能力和态度的三维目标，能提高学生对劳动的兴趣，引导初中生树立正确的劳动价值观，目标的设计清晰而具有操作性，值得课程开发人员借鉴。

思考： 结合以上实例，思考初中劳动教育课程如何进行课程目标的设计？

第二节　初中劳动教育课程的内容选择与组织

本节主要探讨关于初中劳动教育中课程内容的选择与组织等。

一、初中劳动教育课程内容概要

初中劳动教育课程是具有教育性的劳动活动，不同于家庭教育、社会教育中的劳动实践，初中劳动教育课程是指针对初中学段的，有目的、有计划、有基础内容和明确要求的劳动教育活动。初中劳动教育课程内容需结合初中学段的特点，课程内容不同于学科课程的知识与技能内容，更不同于一般的家庭劳动实践和社会志愿服务活动，要依据劳动教育课程目标要求，贴近初中生的真实发展需求，引导学生通过劳动教育的学习，正确认识和理解劳动创造人和创造美好生活的劳动思想，让学生产生尊重劳动的情感，养成热爱劳动的良好习惯和劳动精神。

二、初中劳动教育课程内容选择与组织的原则

（一）以学科为基础，突出融合性

一直以来，学校课程育人的主渠道还是学科育人，在初中教育阶段，随着相关课程知识分量的增加，学科类课程长期占据了学校课程的主体。在这样的教育背景下，着眼于学生的全面发展，初中劳动教育课程的内容选择与组织，有必要突出融合性，以学科教育的资源为基础来设计。其与人文学科的融合，注重中华民族传统美德及劳动价值观等方面的教育；与自然学科的融合，侧重培育学生学会创新劳动，勇于探索；跨学科的交融则可以通过社会实践让学生了解社会，提高解决实际劳动问题的能力。这样一方面有利于拓展劳动教育的课程资源，与学科教育互融共通，共同打造集科学性、趣味性和实践性于一体的课程；另一方面也有利于及时关注初中生这一时期的心理状态变化，保障学科教学的思想性，培养学生正确的劳动价值观和劳动品德，落实我国教育立德树人的宗旨。

（二）以学生为主体，体现自主性

初中劳动教育的课程目标要以生为本，注重层次性，落实到课程内容本身，则需要注重以学生为主体，体现自主性。

经过小学六年学科教育的洗礼，初中生对于劳动教育课程的内容和实施有了初步认识，对世界充满好奇心，勇于探索的他们对于偏重实践的劳动教育课程充满期待和想象。基于受教育者的学情和需求，初中劳动教育课程内容的选择与组织要注重培育学生对于劳动课程活动的兴趣，重点设计贴近生活、能让学生动手实践和走近社会的探究类课程内容。在课程内容的过程设计中，我们要增加学生自主探究的环节，提供学习方法指导，督促学生形成调查小报告、简易劳动技术作品等实践成果，并进行展示，让初中生在劳动教育课程中体验自主探究的乐趣，增强课程的获得感和荣誉感。

（三）以综合实践活动课程为载体，发挥统整性

2019 年，中共中央、国务院《关于深化教育教学改革全面提高义务教育质量的意见》发布，强调要充分发挥劳动综合育人功能，制定劳动教育指导纲要，加强学生生活实践、劳动技术和职业体验教育；优化综合实践活动课程结构。一方面，综合实践活动课程在理念上强调"价值体认"，这与劳动教育强调要"培育学生形成正确的劳动价值观"一致；另一方面，综合实践活动课程的活动方式相对灵活，常用的四种基本活动方式，即"考察探究、社会服务、设计制作和职业体验"也充分体现了实践性和生成性，这些与《纲要》中强调的劳动教育包含日常生活劳动、生产劳动和服务性劳动，要让学生动手实践、出力流汗、接受锻炼、磨炼意志的内容有交叉；加之初中学生好奇心强，以及对社会实践类活动热情度高的实际教育需求。因此，发挥统整

性，将综合实践活动课程作为初中劳动教育课程开发的重要载体，符合初中教育的实际需求，更有利于落实劳动教育树德、增智、强体和育美的教育功能。

在实际的课程内容选择与组织过程中，我们要充分利用好综合实践活动课程的优势和资源，可从原有的综合实践活动课程的教材上寻找与劳动教育的契合点，也可利用原来的综合实践活动基地的校内外课程资源，因地制宜地开发初中劳动教育课程的主题项目活动，在项目中有机融入日常生活劳动教育、生产劳动教育和服务性劳动教育的具体内容，使劳动教育的具体内容和综合实践活动的主题融为一体，逐步实现内容上的统整，助力学生劳动素养的提升。

三、初中劳动教育课程内容的设计

《纲要》指出，初中劳动教育应兼顾家政学习、校内外生产劳动、服务性劳动来安排劳动教育内容。因此，初中劳动教育课程内容可以围绕以下这几个方面来设计。

（一）日常生活劳动

我们要努力将劳动教育课程建成初中生愿意参与，同时获得感较强的课程。在初中阶段的课程内容选择与组织上，我们要注意贴近真实的生活，使学生通过完成生活中力所能及的小事，学习生命活动得以进行的必备的劳动知识，掌握生存必备的基础技能，提高生活自理能力；还可在具有一定挑战性的日常生活劳动中，进一步培育其生活自理能力和劳动习惯，尊重家政劳动，增强家庭责任和担当意识。

课程开发实例 11 - 2

家务创意小达人

课程主题：家务创意小达人

课程目标：通过课程了解家政劳动的辛苦，热爱劳动；勤于思考，培育勇于创新的新时代劳动价值观；学习生命活动得以进行的必备的劳动知识，掌握初中生日常生活劳动中的基础技能。

课程主要内容与环节：

（1）教师在课堂上阐述项目课程意义，布置课程任务：了解家务劳动的种类和内容，关注家务劳动的具体分工和工作难点，思考如何通过劳动创意小点子来提升劳动工作效率。

（2）开展为期 1 个月的家务体验和创造活动，同时家长给予及时有效的督导：例如带着"如何有效整理物品""家庭清洁卫生有安全规则吗""家庭绿植怎么培育和摆放"等问题开展创造性的家务活动。

（3）学生返校进行成果展示：以"有最难的家务活动吗""谁是家庭大忙人""家务劳动每日分工合理吗"等家庭小调查进行主题讨论，在总结过程中评选和表彰年级的"家务创意小达人"，提升学生对于家政劳动的获得感，以及劳动教育的认同感。

分析：初中生劳动教育课程内容的选择与组织不仅要关注初中生的学情特点，而且要首先保障课程目标的有效实施。该课程内容的选择与组织以创新性的家政活动为活动载体，以课程开展过程的时间线来设计课程内容引导学生在思考中来体悟劳动意义，提升劳动教育的认同感，为培育良好的劳动价值观打下了扎实的基础。

思考：结合以上实例，思考初中劳动教育的课程内容的选择与组织如何兼顾生活趣味性？

（二）生产劳动

对于初中生来说，目前学校普遍组织开展的劳动教育主要以校园内的劳动活动为主，关于工农业生产劳动的体验较少。为了提升初中生的劳动质量意识，使其体会平凡劳动的艰辛，提升社会责任感，学校有必要充分发挥劳动教育"综合实践性"这一特点，通过劳动教育课程创造机会和平台让学生们走进工厂，了解岗位，初步建立职业生涯规划意识。为此，这一类的劳动教育课程应以生产劳动的相关内容为课程基础，创造条件让学生学习和体验相关生产技术，通过真实的职业体验感悟劳动的艰辛与美好，形成传承并发扬传统工艺的意识，初步养成专心致志的劳动品质。

课程开发实例 11–3

职 业 体 验

课程主题：职业体验

课程目标：培育正确的劳动价值观。

课程主要内容与环节：

（1）教师在课堂上阐述项目课程的教学意义，布置课程任务：了解新时代背景下各类职业的岗位分类和特点；重点选择一个岗位开展小调查和实地考察，深入了解其一日工作内容，体会该岗位的工作重点和难点。

（2）开展为期 2 个月的小调查和实地体验活动，家长给予及时有效的督导：例如通过上网查找《中华人民共和国职业分类大典》了解新时代的职业分类，查看某个岗位所处行业的行业分析报告，深入了解其发展特点；去爸爸妈妈的工作单位体验一天的工作内容等。

（3）学期末，学生返校进行专项成果展示：围绕"假如我是 XXX（岗位代入）"等主题进行讨论，同时汇报与展示调查报告，在总结过程中评选和表彰年级的"职业体验小达人"，强调新时代背景下创新劳动的重要性，提升学生对于生产劳动的认同感，初步建立生涯规划意识。

　　分析：对于初中生来说，生产劳动领域是陌生而有趣的，而以生产劳动过程为课程内容的劳动教育活动是令人好奇和向往的，因此该类活动课程的心理建设相对容易实施，但在众多生产劳动中选择和组织恰当的板块作为初中劳动教育的课程内容，需要设计者关注校情、学情及阶段性教学目标，依托学科教育的资源来开发，寻找彼此互融共通的知识点。该实例组织学生通过网络调查和实地考察的研究方法体验父母工作岗位的艰辛与挑战，同时通过小组讨论和成果展示等活动引导学生争做积极向上的学生，对于初中生开启生涯规划启蒙有着很好的教育意义。

　　思考：结合以上实例，思考初中劳动教育的生产劳动课程内容选择与组织过程中如何充分利用多方资源？

（三）服务性劳动

　　苏霍姆林斯基指出："为了社会，为了未来的这种劳动，便成为陶冶孩子们品德的学校。凡在童年和少年时期就非常关心社会利益的孩子，都会养成一种义务感和荣誉感，每遇到有关社会财务的事情时，他的良心都不会使他无动于衷。一个人的童年、少年和青年时期为社会的无报酬劳动中付出的力量越多，他就越会关心看起来与他个人没有直接关系的事。"[1] 在初中劳动教育课程中，学校组织学生参加义务性的服务性劳动，可以让学生接触真实的社会，培育学生尽早形成尊重劳动和自愿劳动的观念和态度，有利于劳动教育思想目标的实现。出于学生安全、自身能力和心理发展特点的考虑，我们建议在社区范围开展社区服务，以社区保洁、美化、助残、敬老和扶弱等服务性劳动为课程内容，注重课程内容的生活性和可操作性，鼓励初中生用创新思维来开展社区服务劳动，体悟以自己的服务性劳动为他人创造便利的自豪感与幸福感，培育其社会公德意识和社会责任感。

第三节　初中劳动教育课程的实施

　　初中劳动教育课程的实施是将课程计划付诸教育实践的过程，它的开发关乎劳动教育课程的教育成效，因此，需要基于劳动教育的育人目标，保障常态化的实施规范。

　　初中劳动教育的课程实施受到价值取向和实施策略等因素的影响，需要依托初中劳动教育的特殊性，注重协调课程目标与课程实施的共生关系，课程内容与课程实施的协同关系，才能建设良好的课程生态。

---

[1] 朱永坤，倪婷. 苏霍姆林斯基教育名著导读 [M]. 长春：吉林文史出版社，2014：66-67.

一、初中劳动教育课程的实施取向

初中劳动教育课程的实施取向，即课程实施的价值取向，是指在教学范畴下，人们基于对课程观、课程改革理论的理解和认知，表现为在初中劳动教育课程实施过程中对实施形式、实施资源选择的不同倾向。

基于初中劳动教育课程的特点，一方面，其课程实施取向应关注"基于课程标准的课程实施取向"的核心思想，即要求教师"像专家一样"整体思考标准（纲要）、教材、教学与评价，并在自己的专业范围内作出妥善的课程决定，以保障劳动教育实施的专业性与系统性[①]。另一方面，初中劳动教育实施要强调课程的过程与结果相统一，使课程与实际生活及兴趣相适应；课堂教学和劳动实践同为教育主阵地，教学形式从教师讲授为主转向从实践中学。

二、初中劳动教育课程实施的原则

（一）立足育人目标，以"承上启下"为实施总原则

根据《纲要》的要求，初中劳动教育课程的育人目标可以概括为以校园劳动和家庭劳动为主要内容，适当兼顾社会服务劳动等其他形式的课程，培养初中生正确的劳动价值观和积极的劳动态度，为进一步深入社会打下良好的基础。这一育人目标为劳动教育课程的实施指明了发展方向，同时"主要内容"和"适当兼顾"的关键用语也表明，初中生的劳动教育课程实施要注意"过犹不及"，以循序渐进为工作原则，逐步推进劳动教育实施。因此，初中劳动教育课程的实施，要以"承上启下"为实施总原则。一方面，小学的劳动认知教育依然对初中生有着潜移默化的影响，而初中的学科教育压力变大，学生好奇心和自主能力变强的学情也对劳动教育有了新的要求，具体实施过程中，学校要注重课程内容创新、组织形式灵活、教师队伍团结，让初中生和教师共同觉得劳动教育课程"有意义，也有趣"。另一方面，劳动教育实施过程中要区分初中生不同学段的不同要求。初一以劳动适应教育为主，实施过程中注意课时量安排适中，内容以创新型的家政活动为主，逐步提高学生劳动认知和劳动技能；初二逐渐增加劳动教育课时量，以劳动探究活动为主，学生要多走出校园，在体验中增强劳动自信；初三学习任务加重，劳动教育课时量减少，以学科和劳动教育相结合的融通课程为主，加强劳动精神的教育，以及职业规划基因的植入。

（二）加强活动统筹，促进"家校社"深度融合

基于初中劳动教育课程以活动类、项目类课程为主的特殊性，课程实施过程中要

---

① 崔允漷. 课程实施的新取向：基于课程标准的教学［J］. 教育研究，2009（1）.

注重加强活动统筹，通过多样化的途径和方法促进"家庭、学校、社会"三者的深度融合，保障活动兼具创新性和实践性，不再流于表面形式。首先，家校双方要形成对劳动教育课程的价值共识，为初中生劳动素养的提升而通力合作，并在此基础上建立长期、稳定而有效的劳动教育课程的沟通机制，形成劳动教育促进共同体。其次，校方要利用已有劳动教育的社会保障机制，加强宣传和引导，让劳动成果可视化和可传播，及时表彰在劳动教育课程活动过程中表现突出的师生，在校园内部形成热爱劳动、崇尚劳动的良好氛围和文化①。最后，学校应充分挖掘社会资源，打造"校内＋校外"的优质劳动教育资源库，例如升级改造原有的综合实践基地，加强综合实践课程与劳动教育课程的整合，在二者的合作共建中实现课程共赢。"家校社"深度融合有助于形成具有校本特色的初中劳动教育课程体系，进一步健全社会、学校与家庭协同共进的劳动教育课程保障体系。

三、初中劳动教育课程实施的设计

（一）日常生活劳动的课程实施设计

初中阶段的日常生活劳动，更多以家庭的家务劳动，校园内的打扫卫生、生活自主管理等劳动为主，相较于小学阶段的日常生活劳动教育，初中阶段更注重对学生劳动习惯和劳动精神的培育，更关注劳动的创新性与挑战性。开展这类劳动教育课程实施的设计，要注重课程活动中质的提升，以及引导学生乐意劳动和创新劳动；同时以初中生好奇、向上的身心发展特点为基础，关注学生的自主发展需求，随着学段的变化设置不同的实施策略。

课程开发实例 11-4

一起动手"做活"家务

课程主题：一起动手"做活"家务

课程目标：通过课程引导学生了解家务劳动的辛苦，尊重家庭劳动，热爱劳动；勤于思考，提升初中生日常生活劳动中的基础技能。

课程实施：

（1）校方角度：学校给予劳动课程足够课时量支持，同时由校级教研室、同年级备课会等组成多层次的课程督导小组，进行及时有效的教学督导，并在学期教学工作总结中给予点评和表彰。教师在该项目活动的第一次课堂上清晰阐述项目课程的教学意义，布置课程任务；在项目进行过程中及时通过线上交流、线下问询等方式对学生开展及时指导；项目结束后进行多元化的评价。

---

① 朱德全，熊晴. 我国劳动教育课程的演进逻辑与重建理路［J］. 教师教育学报，2020（6）.

（2）家庭角度：家长通过学校下发的《劳动教育课程项目清单说明书》了解课程目标和内容，配合学校，创造机会让孩子体验家务劳动，和孩子一起讨论和研究如何通过劳动小制作来提升家务劳动的工作效率；同时及时与教师沟通课程项目进行过程中的困难和疑惑。

（3）学生角度：仔细阅读学校课程要求，主动了解自己家庭中家务劳动的种类和内容，关注家务劳动的具体分工和工作难点；通过上网查阅资料和家庭小调查，思考和讨论如何提升家务劳动的工作效率；最终挑选自己感兴趣和力所能及的方向开展劳动小制作，做好成果展示的准备。

分析：实例立足学生熟悉的家务劳动，不停留于完成简单的劳动任务，以提高家务劳动的工作效率为抓手，从学校、家庭、学生三方阐述实施要点和注意事项，统筹三方力量，注重了资源和信息整合，有利于更有效地开展初中劳动教育。

思考：结合以上实例，思考初中生日常生活劳动课程实施设计的要点是什么？

（二）生产劳动的课程实施设计

生产劳动的劳动教育是较好链接校园与社会的教育载体，通过规范的课程实施设计，可以确保必要的劳动体验，保障常态化的课程进程；同时提倡在新时代教育背景下提升课程整体实施设计的创新性，树立积极向上，勇于探索的课程实施理念。初中阶段的生产劳动教育，主要是创设机会和平台让学生接触社会，了解职业，认识社会生产的劳动过程，理解科学技术在生产过程中应用的表现。在该板块的课程实施设计中，学校要注重寻找便于学生理解、贴近学生生活的课程资源，创设条件让学校走出校园，在社会实践活动中体验生产劳动，尤其重视"体脑结合"的创新劳动，鼓励学生勇于创新，提升社会责任感和劳动成就感。

课程开发实例 11 - 5

我为"广绣"代言

课程主题：我为"广绣"代言

课程目标：通过课程项目了解刺绣艺术，树立文化自信；收集广绣材料，体验劳动艰辛；探究广绣技法，初步掌握劳动技能；突出创造性劳动，感受劳动创造价值；提倡多样展示方式，分享劳动喜悦。

课程实施：

（1）校方角度：学校组成校级教研室、同年级备课会、跨学科备课小组等多层次的课程督导小组，进行及时有效的教学督导，并在学期教学工作总结中给予点评和表彰。教师在该项目活动的前期，联系广绣的非遗传承人，做好学生前往非遗场馆参观和学习的相关准备工作，协调好学校、非遗文化馆、家庭等对劳动教育课程的支持工作；在首次课堂上清晰阐述项目课程的教学意义，布置课程任务；教师进行现场指导，用多种形式记录学生课程活动过程的各类表现，后期开展多元化评价。

（2）社会角度：根据校方的课程目标和内容，对学生到场参观和实践进行指导，发挥好社会资源在劳动教育中的基础作用；引导学生创新性探究广绣技法，在掌握基础劳动技能的同时感受劳动创造美好生活的真谛。

（3）学生角度：详细阅读学校课程要求，以小组为单位，参观和了解广绣非遗的传承现状，关注广绣这一传统文化传承工作的重点和难点；通过上网查阅资料和小组讨论，思考和研究全媒体时代的社会背景下，如何提高社会对非遗广绣的认同感，以及通过哪些措施可以提升广绣等非遗在文化传播中的影响力；学习广绣技法，制作广绣，最终进行成果展示。

分析：开发人员因地制宜，选择"广绣"非遗生产活动作为课程项目，有利于保证活动的可持续开展，逐渐建设学校常态化且具特色的生产劳动教育活动，促进初中生生产劳动教育课程目标的达成。

思考：结合以上实例，思考初中生生产劳动课程实施设计的要点是什么？

（三）服务性劳动的课程实施设计

初中阶段的服务性劳动，是指学生在学校的组织和指导下走出教室参与社会活动，用自身的劳动满足他人和社会需要的劳动，其强调树立学生的服务意识，实践服务技能，在劳动教育中增强社会责任感。因此，在课程实施设计中，首先要加强统筹，整合不同资源，创造条件让学生走出校园，走进社会；同时留意不同学段、不同年级学生的个性行为特征与递进发展需求，使学生利用知识、技能等为他人和社会提供服务，在真实的服务实践中践行正确的劳动态度，培育高尚的劳动精神。此外，学校要立足初中劳动教育目标，努力构建有学校特色的学生社会服务长效机制，依托学科特色和学校综合实践基地的资源，适当兼顾拓展新的劳动教育形式，为学生创造多样化的社会服务体验，保障社会服务劳动不流于形式。

课程开发实例 11 - 6

一起为敬老院办实事

课程主题：一起为敬老院办实事

课程目标：通过课程项目引导学生了解敬老院的工作内容和特点，认识国家人口老龄化越发严重的时代背景，认同劳动对社会发展的重要意义，增强学生主动参与劳动、通过创新劳动实现个人价值和社会价值的劳动意识。

课程实施：

（1）校方角度：学校对于涉及校外的劳动教育课程活动给予足够的课时量、经费、组织支持。项目课程正式开始之前，教师编制《初中生参加服务性劳动指南》；在课堂上清晰阐述课程的教学意义和目标，布置课程任务（即开展实地调研和主题讨论，了解敬老院的工作内容和工作难点，以小组为单位为敬老院"解决一个小困难""办好一件实事"，共同思考新时代背景下，如何通过青年的创新劳动实现个人价值和社会价值）；项目进行过程中，教师及时通过线上、线下多种渠道对学生开展指导，记录劳动过程中学生个人和团队的表现，最终形成评价，反哺后期的劳动教育课程教学。

（2）敬老院角度：为学生劳动提供机会，及时与负责教师沟通反馈学生的活动表现。

（3）学生角度：认真阅读课程要求和任务，以小组为单位组建项目合作团队；通过网络、实地调研等渠道了解敬老院的工作内容和工作难点，为敬老院"解决一个小困难""办好一件实事"；及时用视频、图片和文字等多种方式记录活动过程，并将相关劳动内容、调研结果和心得体会整理成课程成果，做好后期展示的相关准备工作。

分析：学校对学生如何参与社会服务活动作了详尽的指示和引导，敬老院提供了服务性劳动的平台，有效地保障了社会服务活动的实践性和教育性。

思考：结合以上实例，思考初中生服务性劳动课程实施设计的要点是什么？

第四节　初中劳动教育课程的评价

课程评价是劳动教育评价体系的重要环节，也是衡量劳动教育质量的关键指标。学生、教师和学校作为初中劳动教育课程的开发、组织、实施和管理的活动主体，其课程评价一般包括学生评价、教师评价和学校管理评价等方面。

一、初中劳动教育课程评价概述

（一）初中劳动教育课程评价内涵

初中劳动教育课程评价是指用一定的价值标准去衡量和判断初中劳动教育课程实施情况的过程。广义的初中劳动教育课程评价包括了对劳动教育的教学评价、教师评价、学生学习成绩评价和课程产品评价；狭义的初中劳动教育课程评价则仅仅指对课程产品的评价。

（二）初中劳动教育课程评价的内容

初中劳动教育课程评价内容需要依据初中劳动教育的课程目标进行设置，初中劳动教育注重初中生的学情特点，以校园劳动和家庭劳动为主要内容，适当兼顾社会服务劳动等其他形式课程，重点培养初中生吃苦耐劳的劳动品质和劳动安全意识，同时初步嵌入职业生涯意识，为进一步深入学校和社会打下良好的基础。

1. 评价劳动观念

初中阶段的劳动教育注重评价正确劳动观念的养成状况；可通过随机调查问卷，由学生评价劳动活动过程中应该采取的劳动方式和劳动态度来衡量，也可以通过同学互评、小组互评等方式，得到相关评价数据。

2. 评价劳动能力

评价初中生的劳动能力可以通过展示不同劳动教育项目的成果，具体观察和评价劳动成果或者项目的目标达成情况，综合评判学生的劳动能力。

3. 评价劳动品质

尊重劳动人民，尊重劳动成果，热爱生活，吃苦耐劳的劳动品质是对初中生劳动教育培育的要求。评价初中生的劳动品质，要注重尽量采用质性评价方式，通过自我评价、他人评价和组间评价等多种方式来综合评判，为学生养成良好的劳动品质创设向上和谐的教育评价空间和氛围。

4. 评价劳动精神

初中生的劳动精神评价重视量的评价与质的评价相结合，主要通过劳动项目中学生的个体思想、意识、思维等心理认知的表现，尤其是外在劳动行为和态度来综合评判。

二、初中劳动教育课程评价的原则

（一）学生评价：以素养提升为目标，强调过程性与多元化评价相结合

学生劳动素养作为劳动教育质量的重要依托，其评价关乎劳动教育的实施成效问题。初中劳动教育课程评价，应以学生劳动素养的提升为目标，强调过程性与多元化评价相结合。一方面，不采用纸笔测验等传统的终结性评价工具，注重对初中学生劳动素养形成和发展情况的跟踪记录和分析，充分发挥过程性评价"目标与过程并重"的育人价值，突出劳动教育目标对劳动素养评价的重要指导作用。另一方面，以初中劳动教育课程的实践性和共融性为评价基础，尊重初中生的个体差异性和多样性特征，采用开放式的成果展示途径，依托自我评价和小组评价等多样化方式，考核重点不在于学生们学到了多少知识和掌握了多少技能，关键在于以评价引导初中学生参与劳动，热爱劳动，培育劳动意识和劳动情感，处理好全面发展与个性发展的关系。

（二）教师评价：以学生发展为本，提升劳动教育工作者的获得感

在劳动教育课程评价中，教师的评价是不可忽视的重要内容，只有处理好教师评价工作，才能激励教师自省向上，进一步反哺到劳动教育课程工作当中。在以素养提升为目标的大背景下，初中劳动教育课程的教师评价，首先要倡导构建以学生发展为本的评价体系，充分发挥课程评价对于教师的管理功能，即通过评价该课程开展过程中教师的表现，作为评价教师工作质量的基本依据之一。其次，教师评价要注重评价的发展功能，即对于课程，教师评价的主要目标是促进教师的教学水平和组织活动能力的提升，而不仅限于关注学生的学业成果，督导课堂教学的成效。尤其是对于目前仍面临发展困境的初中劳动教育而言，更需要校方对于劳动教育教师的付出给予足够的肯定和支持，可尝试开展校级课堂展示、线上优课评选、教师日志评比等活动，关注劳动教育教师的日常工作和个人发展状况，整体上提升劳动教育工作者的获得感[①]。

三、初中劳动教育课程评价的设计

（一）日常生活劳动课程评价

初中阶段的日常生活劳动课程的评价要以鼓励学生"勤动手、乐参与、善思考"为评价理念，关注学生生活自理等家务劳动、校园集体劳动等课程教育内容的完成质量，更要留意学生的劳动观念，尤其是劳动兴趣的培育成效，以引导学生乐意劳动和创新劳动来开展评价设计。

课程开发实例 11-7

我的校务我担当

课程主题：我的校务我担当

课程目标：通过课程了解学校劳动的内容与分工，尊重校务劳动，热爱劳动，掌握初中生日常生活劳动中的基础技能，培育勇于创新的新时代劳动价值观。

课程主要内容：教师在课堂上阐述项目课程意义，布置课程任务：讲解校务劳动的种类和内容，关注校务的具体分工和工作难点，思考如何通过劳动创意小点子来提升工作效率；组织学生分批分时段参与为期1个月的校务体验和创造活动；开展"我的校务我担当"的主题讨论活动，在总结过程中评选和表彰年级的"校务担当创意小达人"，提升学生对于日常生活劳动的获得感，以及对劳动教育的认同感。

课程评价（表 11-1）：

---

① 蒋吉姝. 以课程建设撬动初中育人模式变革 [J]. 中小学管理，2018（7）.

表 11－1　劳动教育课程学生与小组自评表

劳动教育课程学生与小组自评表 班级：　　　小组：　　　姓名：		
评　价　项　目	评　价　内　容	评价等级
常规校务内容完成度（例如打扫卫生、倒垃圾、擦黑板、公物保护等） 35分	劳动任务按时按质完成，劳动知识掌握到位，劳动技能基本掌握	优秀（　） 良好（　） 一般（　）
创新特色 25分	工作开展有特色；具备一定创新意识（例如提出创意设想，提升校园打扫卫生的工作效率）	优秀（　） 良好（　） 一般（　）
课程成果 15分	形成小调查、案例集等成果	优秀（　） 良好（　） 一般（　）
展示效果 25分	是否采用多样化展示方式；展示效果得到班级肯定	优秀（　） 良好（　） 一般（　）

分析：该实例将生活劳动的评价内容细分为四个板块，关注劳动知识、劳动能力评价的同时也注重通过展示课程成果、评选和表彰年级的"校务担当创意小达人"等多样化的方式来全面考察初中生的劳动创新能力和小组协作意识，有利于提升学生对于日常生活劳动的获得感，以及对劳动教育的认同感，以评促教。

思考：结合以上实例，思考劳动教育课程评价如何引导学生培养勇于创新的劳动价值呢？

（二）生产劳动课程评价

初中劳动教育的生产劳动课程，目标是让初中学生了解社会生产劳动，感受新时代的创造性劳动过程，尽早植入职业生涯规划意识。这类课程的评价标准不该以是否掌握了劳动知识和劳动技能为主要评价标准，应重点关注学生的劳动兴趣状况，是否认同体脑结合的劳动形式，以及体现创新劳动的意义。主要通过创设平台和统筹资源，让学生走出校园，走近生产一线，在项目活动的体验过程中培育和评价初中学生的劳动意识和劳动品质。

课程开发实例 11－8

新 时 代 农 夫

课程主题：新时代农夫

课程目标：利用校内外农业基地资源，通过课程活动，引导学生了解在新时代科技背景下，农业生产劳动的内容与分类，促进初中生尊重劳动，热爱劳动，树立吃苦耐劳、勇于创新的劳动态度和劳动价值观。

课程主要内容：教师在课堂上阐述该项目课程的教学意义，布置课程任务；组织学生分批分时段参与该基地为期 1 个月的农场体验和创造活动；以"袁隆平的杂交水稻故事"等引入，讲解新农业背后的文化深意，开展"新时代农夫"的主题讨论活动，在总结过程中评选和表彰年级的"新时代农夫小达人"，为学生们未来参与生产劳动奠定文化基础，提升学生对于农业生产劳动的认同感，初步建立与家国情怀相结合的职业生涯规划意识。

课程评价（表 11-2）：

表 11-2　劳动教育课程学生与小组自评表

劳动教育课程学生与小组自评表 班级：　　　小组：　　　姓名：		
评　价　项　目	评　价　内　容	评价等级
农业体验活动的内容完成度（例如打扫农场卫生、种植小植物、科学技术的主题讨论活动等） 20分	劳动任务高效完成，了解劳动中的一些科学知识，掌握一些劳动技能	优秀（　） 良好（　） 一般（　）
对该行业的劳动兴趣 30分	认识新时代农业科技的发达，初步树立与家国情怀相结合的职业生涯规划意识	优秀（　） 良好（　） 一般（　）
创新特色 25分	工作开展有特色；具备一定创新意识（例如提出创意设想，提升农场的工作效率）	优秀（　） 良好（　） 一般（　）
课程成果 10分	形成小调查、案例集等成果	优秀（　） 良好（　） 一般（　）
展示效果 15分	是否采用多样化展示方式；展示效果得到班级肯定	优秀（　） 良好（　） 一般（　）

分析：该实例以"新时代农夫"为主题，不仅让学生亲身体验农业生产劳动，同时也鼓励学生参与主题讨论活动，课程评价重在观测学生的劳动兴趣和创新特色模块，通过评价的多元化引导学生主动思考和创新创造，提升学生对于农业生产劳动的认同感，初步建立与家国情怀相结合的职业生涯规划意识。

思考：如何理解"新时代农夫"的劳动价值？

（三）服务性劳动课程评价

初中劳动教育的服务性劳动课程，主要课程目标是创造条件让学生接触社会，参与公益和志愿活动，重点培育初中生的公益精神和积极的劳动态度，逐步树立新时代劳动价值观。

 思考题

1. 作为青年一代，你认为初中劳动教育课程开发的重点是什么？请结合你的学习和生活经历，谈谈印象最为深刻的劳动教育课程。
2. 如何开发一节受学生欢迎的初中劳动教育课程？
3. 如何评价初中劳动教育课程？

 拓展阅读

新时代劳动教育应为学生成长赋能

"劳动教育就是挖挖土种种菜""学校就是让学生读读劳动课本""搞劳动就是玩一玩"……近来，劳动教育中一些浮于表面的做法，引来了不少质疑的声音。劳动教育该如何让学生体会劳动的快乐和意义？

从习近平总书记在全国教育大会上提出"要努力构建德智体美劳全面培养的教育体系"，到《关于全面加强新时代大中小学劳动教育的意见》和《大中小学劳动教育指导纲要（试行）》的发布，劳动教育在全国各大中小学如火如荼地开展起来。

中国教育学会研究员时俊卿指出，劳动教育区别于劳动，也区别于劳动技术教育。它是使受教育者树立正确的劳动观点和劳动态度，热爱劳动和劳动人民，养成劳动习惯，了解劳动场景程序技术、科学享受劳动成果的教育，是人德智体美劳全面发展的主要内容之一。

山东省潍坊市峡山二七一双语小学五年级的李同学正在老师的指导下制作麦秆画。麦秆画是中国民间剪贴画的一种，是非物质文化遗产。一根根小小的麦秆，经过"熏、蒸、漂、刮、推、烫、剪、刻、编、绘"多道工序，最终成为一幅艺术品。李同学运用熨斗和剪刀，正在对麦秆做烫和剪的工序。当李同学听到劳动教育课老师说可以带着自己剪贴的麦秆画作品到校艺术节文创产品一条街进行售卖时，小姑娘眼中闪出兴奋的光芒。

麦秆易碎，制作过程不仅需要手巧，还需要耐心。用熨斗或剪刀操作时考验着孩子们面对困难的心态，但樊同学充满了斗志："熨斗真的很烫，剪刀真的很锋利，但我并不畏惧这些，我用我的耐心和细心挑战麦秆画的精细制作，只求把麦秆画的美带到更多人面前！"

劳动教育课老师说："制作麦秆画对孩子们的影响是多元的。这堂劳动课，同学们体验了传统工艺劳动，感受到了精益求精的工匠精神，真切地体会到获得劳动回报的成就感，麦秆画真的可以让生活更加美好！对孩子来说，这就是劳动情感的培养。"

"劳动教育本质上是一种教育实践，教育性是其首要属性。"山东省烟台市教科院副院长赵霞跟着学生们一起参与了这堂麦秆画制作课程，她评价道："参与体验劳动模式不能只注重引导学生获得劳动体验，更关键的是要引导学生把在真实劳动体验过程中获得的劳动感悟或理论运用到自己今后的劳动实践中去。"

"新时代劳动教育的效果，要看学生是否加深了对劳动的认识，是否增进了对劳动人民的感情，是否涵养了奋斗精神，不能流于形式。"时俊卿认为，新时代的劳动教育不能为劳动而劳动，而要发挥劳动的育人作用。

潍坊市实验中学的"校园岗位劳动体验课程"让学生们到校各个岗位体验劳动，穿校服的学生，进入校工队伍：跟着保洁阿姨扫走廊、擦玻璃；和保安大哥一整天在门口上岗值班；早上到食堂后厨择菜、做早点，为全校 6 000 多名师生准备一天三顿饭；在学校咖啡馆当服务员……

"劳动教育是学生生命成长中不可或缺的课程，通过劳动教育课程，学生不仅获得了新知，更在劳动体验中增强了心智，提升了对自我、生活、社会、未来和生命的认知高度，也反哺了学生其他学科课程的学习。"山东 271 教育集团总校长赵丰平认为，新时代劳动教育要让学生理解付出与收获的内涵，明确"劳动创造人、劳动创造幸福、劳动创造事业"的劳动价值。

（资料来源：杨飒，《新时代劳动教育应为学生成长赋能》，《光明日报》，2021年 6 月 22 日 13 版。）

思考：结合拓展阅读材料，谈谈你对"新时代劳动教育应为学生成长赋能"的理解。

第十二章 高中劳动教育课程开发

第一节 高中劳动教育课程的目标设计

高中劳动教育，要以课程作为实施劳动教育的重要形式，做好相关工作，促进高中生劳动素养的培育。高中生有自身特点，高中劳动教育课程开发应结合学生特点，立足实践进行设计。

高中劳动教育课程目标是课程教师根据时代、社会及学习者的发展需求制定的课程学习应该达到的要求，课程目标中规定高中生劳动教育课程内容、学习活动方式和预期的学习效果。

一、高中劳动教育课程目标概述

高中劳动教育课程目标的设计必须紧密联系劳动教育课程总体目标，并结合分段目标。要深度挖掘新时代劳动教育课程的独特育人价值，就必须根据不同学段学生的年龄特点和教育培养要求，分阶段细化新时代劳动教育的目标，精准定位，构建一体化、进阶性的课程目标体系。高中阶段的学生心智逐渐走向成熟，是价值观形成的重要时期，同时他们要为自己的职业发展规划作好准备，具备基本的劳动能力与劳动意识，能够根据社会的期待调节自己的行为。《大中小学劳动教育指导纲要（试行）》（简称《纲要》）提出，对于普通高中生，要"注重围绕丰富职业体验，开展服务性劳动和生产劳动，理解劳动创造价值，接受锻炼、磨炼意志，具有劳动自立意识和主动服务他人、服务社会的情怀"。高中劳动教育目标侧重于对学生职业劳动意识及职业劳动能力上的指导与培养；注重锻炼学生的劳动意志与劳动韧性；着重引导学生发挥个人能力，培养自立意识；鼓励学生在劳动中坚定为人民服务的情怀；切实提高学生参加现代社会生活的能力，为其终身发展奠定基础。

二、高中劳动教育课程目标设计的原则与侧重点

高中劳动教育课程目标的设计对课程设计、组织实施、评价有着重要的影响，需要充分遵循课程目标设计的原理。具体设计过程中有其原则与侧重点。

（一）高中劳动教育课程目标设计的原则

1. 共性与个性共存原则

高中阶段的学生处于自我意识较快发展的阶段，在高中劳动教育课程目标设计中，一是教学目标的制订既要面向全体学生，又要针对特殊学生提出适当的要求，制订具有一定弹性的教学目标体系，使得全体学生都能在劳动教育这个领域得到充分的发展。

2. 差异化与逐层推进原则

在高中劳动教育课程教学中，每节课都可能包含三个维度的教学目标，但是通常情况下，受到各种条件限制，一节课中要实现所有目标是不现实的。因此，在制订教学目标时，我们要优先选择既重要又有关键性、迫切性的目标作为主要目标，其他目标作为辅助目标；在不同年级、不同时期，要考虑学生的能力和心理水平，从知识的记忆目标，到理解和运用目标，再到发展能力、解决实际问题和情感体验目标等，既要体现劳动教育教学目标的差异化，又要由浅入深，层层递进。尤其是对高中生的劳动情感、劳动态度、劳动价值观这类目标需要制订富有层次的计划。

3. 多样性与开放性原则

高中劳动教育教学目标应具备多样性和开放性，以识别和挖掘学生劳动素质的各种潜能，培养其多元的劳动能力。高中劳动教育课程中，要关注学生的不同个性、能力类型，比如有的学生喜欢动手制作，有的学生喜欢研究知识，有的学生擅长实验，有的学生擅长社交，有的学生特别喜欢在生活实际中运用所学知识解决问题，等等。因此，高中劳动教育课程还应该通过有限的课程教育，引导学生在劳动中为自己的终身发展找到一个比较适合自己的发展方向，这个意义远远超过劳动教学本身。

（二）高中劳动教育课程目标设计的侧重点

高中劳动教育课程设计要做到依据区域的劳动文化基因，确定劳动课程目标；结合学校的实际情况，开发有特色的劳动教育项目；根据学生的身心特点，分学段确定课程目标。在设计高中劳动教育课程目标的过程中，我们需要参考高中阶段学生身心特点，以及教育目标要求，高中劳动教育课程目标设计应侧重于"为学"与"为人"相统一，"知行"与"行知"相统一。

1. "为学"与"为人"相统一

课程开发应着眼于高中生自由健全的人格塑造，高中阶段的劳动教育目标设计要让

学生既具有实践技能又具有人文素养，既具有创新精神又具有责任担当，促进学生全面发展。高中阶段劳动教育要引导学生通过自觉参加班团活动、研学活动、职业体验活动、社区服务活动等，深化劳动体验、劳动价值认同，初步体悟为学与为人应同步成长。

2."知行"与"行知"相统一

面对即将成年且随时可能走进社会成为劳动者的高中生，高中劳动教育课程比小学、初中阶段更加迫切需要给学生创设真实的劳动体验机会，让学生亲临劳动现场形成真切的劳动感官体验，学生在劳动的过程中会潜移默化地形成关于劳动的价值观，获得知识和技能；正是"在场"的劳动，打通了由"身"到"心"再到"身心合一"的劳动教育发生路径。在"身心合一"的劳动体验过程中，以劳增智、以劳促创新的目的得以实现。高中劳动教育课程目标设计应侧重"知行"与"行知"相统一，"行"指的是开展具体的劳动实践活动，目的是使学生亲临劳动实践场合，体验劳动的实际感受；"知"则是指通过课堂教学环节，使学生掌握关于劳动的知识①。高中劳动教育课程目标的设计，既要"知行"，即学生学会劳动的基本知识与理念，并在劳动实践中有所体验，能对个人感兴趣的劳动领域开展实践探索，提出具有一定深度的问题，用科学方法开展研究，增强解决问题的能力；又要"行知"，即学生在劳动实践活动中的直接体认固然重要，但是也要做到对劳动道理的感悟，对劳动知识的科学把握，学生能够积极参与动手操作实践，熟练掌握多种操作技能，综合运用劳动技能解决生活中的复杂问题，最终体悟并牢固树立"劳动最光荣、劳动最崇高、劳动最伟大、劳动最美丽"的深度认知。

三、高中劳动教育课程目标设计内容

劳动教育课程目标具有相当的概括性，需要通过一系列持续的教学活动来实现。因此劳动教育课程目标需要由教师根据具体的课程内容和学情转化成具体的可操作的系列教学目标来实现。高中劳动教育目标需要在熟悉国家对劳动教育目标要求的基础上，结合学生特点、学校具体学情及阶段性学习目标进行分类设计。

（一）知识与技能目标设计

高中劳动教育课程目标的设计，具体到知识与技能目标层面，应当更加侧重于：具备必备的劳动能力；能正确使用创新型劳动工具；能通过参与职业体验活动，正确构建职业劳动意识；能通过创新性劳动体验创新的意义与价值；能掌握服务性劳动的基本服务意识与服务技能。

（二）过程与方法目标设计

高中劳动教育课程过程与方法目标的设计，要从劳动教育的学科背景和社会生活

---

① 刘向兵，等. 新时代高校劳动教育论纲 ［M］. 北京：社会科学文献出版社，2019：81.

背景出发，通过相应的教学活动，学生学会独立发现劳动过程中的问题和处理问题，通过解决问题的过程学会劳动的基本知识与技能，发展劳动的基本能力，提升劳动素养，形成正确的劳动价值观。

（三）情感与价值观目标设计

高中生劳动教育课程目标的设计还应关注情感和价值观目标，根据不同年级和不同学科自身的特点，挖掘学科与劳动教育结合的独特价值，将劳动教育融入课程教学的各个环节，通过学科渗透融合将劳动与人文底蕴、科学精神、美学、创造创新、健康相结合，在专业知识中融入劳动要素，培养劳动精神，培育劳动情怀。

课程开发实例 12－1

水下机器人实践

北京师范大学南山附属学校秉承"个性化全面发展"的办学理念，实施"五育"并举，坚持探索有效促进学生全面发展的育人模式。2017 年 5 月，国家发展改革委和国家海洋局联合印发《全国海洋经济发展"十三五"规划》，提出要将深圳打造成全球海洋中心城市。南山区建设首批劳动技能室，学校获得经费支持建设机电设备生产体验车间，建立以"水下机器人实践"为主题的劳动技能实验室（简称水下机器人劳技室），开展以"水下机器人实践"为主题的海洋工程师职业体验课程。其课程目标设置为：通过水下机器人实践课程的学习，学生能获得未来发展、终身学习、美好生活和担当民族复兴大任所必需的学科核心素养，并成为有理念、会设计、能动手、善创造，德智体美劳全面发展的社会主义建设者和接班人。具体目标如下：

（1）技术意识。

学生在水下机器人实践课程学习中，形成对技术的亲近感、敏感性、理性精神、责任意识，以及对技术的文化感悟。

（2）图样表达和物化能力。

经历水下机器人技术设计的全过程，形成一定的方案构思、图样表达、工艺选择及物化能力。

（3）工程思维和创新设计。

学生针对水下机器人技术领域的问题进行要素分析，能够领悟基本的技术思想，形成初步的系统与工程思维，发展创造性思维，养成用技术解决实际问题的良好习惯。

（4）劳动观念和职业意识。

学生体验水下机器人技术问题解决过程的艰巨性和复杂性，培育工匠精神，增强劳动观念，培养劳动自立意识和主动服务社会的情怀，具备初步的职业规划和创业意识。

（资料来源：苏颖，《基于水下机器人实践的高中劳动教育模式探究》，《中国现代教育装备》，2020 年第 14 期。）

　　分析：劳动教育课程目标的设计体现了以亲历实践树立正确的劳动观念，以社会责任引领劳动习惯，以生产实践增强劳动能力，以创新创造丰富劳动智慧的理念，有效地引领具体课程的开发。

　　思考：结合以上实例，思考高中劳动教育课程目标设计的侧重点是什么？

第二节　高中劳动教育课程的内容选择与组织

　　高中劳动教育课程在课程内容上要达到新时代劳动教育课程"统筹兼顾三方面劳动，随学段变化各有侧重"的目的，应围绕日常生活劳动、生产劳动和服务性劳动三个方面来规划设计，统筹兼顾这三方面劳动所占比例，结合学生的年龄和身心发展特点，依据学生成长需求，随着学段的变化而有所侧重。

一、高中劳动教育课程内容概述

（一）高中劳动教育课程具体内容

　　高中劳动教育课程可分为专题性劳动教育课程与渗透性劳动教育课程。

　　一是专题性劳动教育课程模式。这种模式是从劳动教育形式的多样性出发，以校内外社会实践活动（活动课程）为载体，落实劳动育人的责任，其根本目的是把更多的社会资源有效运用到劳动教育中来。实践性劳动教育课程包含日常生活劳动、生产劳动、服务性劳动等专题性劳动教育课程活动。该模式的构建需要完成三个结合：一是劳动教育与校园文化建设相结合，引领学生自觉重视技能训练，增强自主劳动意识，提升劳动技能；二是劳动教育与学生特点相结合，通过各种劳动教育型社团组织，有序引导学生建立各种劳动教育实践基地，增强劳动技能；三是劳动教育与社会资源相结合，通过校外劳动教育实践活动，引导学生参加力所能及的生产劳动，丰富劳动体验，增长劳动技能。

　　二是渗透性劳动教育课程模式。这种模式是从"三全育人"的视角出发，强调所有课程都有育人的功能，所有教师都有教书育人的责任，其根本目的是要让每一位教师通过自身所教的课程参与劳动育人活动，实现"全员"参与劳动教育。渗透性劳动教育包括所有与高中现有学科课程内容结合的、融合渗透在不同学科课程里面的劳动教育。这种模式的构建需要满足两个条件：一是劳动教育渗透到每一门课程，每一门课程都需要根据自己的学科知识和技术技能特点，深入挖掘其内含的劳动教育元素；二是劳动教育进课程的内容实现有效衔接，应按照课程开设先后顺序，将课程中蕴含的劳动教育元素有序融入学生不同的学习阶段中，有计划、有目的、分阶段推进劳动教育进课程，实现各类课程与劳动教育必修课同向同行，强化劳动精神、工匠精神、劳模精神的培育。

专题性劳动教育课程内容基本与教育部《纲要》的内容一致；渗透性劳动教育课程的内容由于与学科课程相结合，内容范围更为广泛。但总体来讲，可以归结为劳动观念的教育、劳动精神的培养、劳动技能的教育三个方面的内容。

（二）高中劳动教育课程内容的特性

劳动教育作为新时代高中教育重要组成部分，对发展高中生综合素养起着重要奠基作用，对进一步完善高中教育体系有着无可比拟的教育功能。在具体劳动教育课程内容设计过程中，我们必须明晰其以下特性。

1. 具备劳动教育基础认知的特性

高中生劳动不以生存为目的，而是以提升综合素养为指向。高中生劳动教育内容应当以其已有经验为基础，主要包括对劳动教育本体性认知、劳动价值认知和劳动技能认知。

首先，清晰的劳动教育内涵。高中生要明确劳动在社会发展和人的发展过程中的功能，劳动教育在学校课程体系中的定位，进一步明确劳动教育发展史和时代理解，提升自身的劳动选择与判断能力。

其次，明晰的劳动教育观念。应该树立正确的劳动价值观，在努力奋斗的同时实现自身的价值，树立正确的劳动观念。高中生愿意放下手中书本，走向田野、走向车间、走向实践基地的一个根本性动因，就是愿意接受新的教育方式和成长方式，尝试通过另外一种路径体验教育的真谛。

第三，完整的"如何劳动"认知。这是劳动认知内核，高中生从劳动工具、劳动方式等方面系统学习，加强劳动观念、劳动态度、劳动习惯和品质、劳动情感、劳动知识、劳动技能（技术素养）、劳动思维（包括创新意识和创造力）等七个方面的认知，形成较为完整的劳动教育认知体系，帮助自己在劳动过程中掌握技能，理解劳动创造的价值，改善生活，提高生存本领。

2. 高度整合劳动教育内涵

高中生劳动教育内容包含脑力劳动与体力劳动，也可以包含自我服务、服务他人和服务社会的劳动等。

首先，脑力劳动与体力劳动走向有机统一的整合性。面对人工智能等技术变革对劳动者素质要求的新挑战，劳动教育必须加入新的要素。整合劳动资源，确保高中生在体力劳动中智力水平得到提升，进一步加强高中生双重实践机会，使之从不同视角认识劳动的实践价值，尊重不同劳动者。劳动教育不再是文化学习附属物，体力劳动与脑力劳动也不再对立，而是独立存在并成为高中生综合素养教育不可或缺的重要组成部分。

其次，自我服务、服务他人和服务社会的劳动系统化的完整性。这是高中生劳动教育内容的基本要求，强调自我服务就是不给别人找麻烦，现在高中生中不乏"饭来张口、衣来伸手"的现象，需要培养他们基本的生存能力，提升他们适应社会生活的能力；强化服务他人意识，主要是要求高中生要学会与人相处，在力所能及的情况下帮助他人共同提高与发展；强化服务社会意识，要求高中生提升服务社会本领，做公益劳动，走进社会救助机构、走进工厂、走进社区，不仅要帮助他们认识社会，还要指导他们在社会生活中学会如何提升服务社会、融入社会、参与社会生活的基本能力。

3. 体现劳动教育的道德性

劳动教育作为现代高中教育体系的重要组成部分，是高中生发展核心素养的重要平台，具有很强的道德性。高中生的劳动教育内容要帮助学生获得自我价值认同，塑造敬畏心，在体验中实现自我精神的愉悦，在实践中不断发掘自我存在的价值，体验自我存在的意义。

公共精神是高中生应该具备的精神品质，高中劳动教育课程应积极引导他们在劳动中相互交往、言说和行动，实现平等交往，这有助于高中生走向公共生活，形成规则意识，树立劳动自立意识，积极建构自我与世界的意义关系，体悟社会生活中的义务和权利，培养主动服务他人、服务社会的情怀，感悟生活的意义。

二、高中劳动教育课程内容选择与组织的原则

在高中劳动教育课程内容选择中，可以尝试面向三个"课堂"（课堂教学、校园活动、社会实践）。学校和教师要根据高中劳动教育课程的目标，并基于学校实际及高中学生发展的实际需求，设计活动主题和具体内容，并选择相应的课程教育方式。

高中劳动教育课程内容的选择与组织应当遵循如下原则。

（一）优先选择能体现学生自主性的活动

在主题开发与活动内容选择时，我们要重视高中阶段学生的发展需求，切实尊重学生的自主选择，优先考虑选择能体现高中生自主性的活动内容。教师要善于引导学生围绕活动主题，从劳动意识、劳动精神、劳动情怀培养等角度切入，选择具体的活动内容，并能为自己的劳动活动选择个性化的活动任务，同时教师要善于捕捉和利用课程实施中生成的有价值的问题，指导学生深化活动主题，不断完善活动内容。

（二）侧重选择具有较强实践性的活动

高中劳动教育课程强调学生亲身经历相关劳动，在实践过程中"体验劳动情怀""体悟劳动意义""体认劳动价值"，在全身心投入的劳动活动中，发现、分析和解决问题，发展劳动实践创新能力。在高中劳动教育课程内容选择中，我们要注意侧重选择具有较强实践性的活动内容。

（三）引导学生参与开放性的活动

高中劳动教育课程内容面向学生整个生活世界，具体活动内容应具有较强开放性。教师要基于高中阶段学生已有的经验和兴趣专长，打破学科界限，选择更具开放性的活动内容，鼓励学生跨领域、跨学科学习，为学生自主活动留出余地；要引导学生打破环境局限，开放性选择教育与学习区域，在与家庭、学校、社会的持续互动中，不断拓展活动时空和活动内容，使得学生的个性特长、劳动实践能力、劳动精神、服务意识和社会责任感不断获得发展。

（四）注重课程内容的整合性

高中劳动教育课程的内容组织，要结合高中阶段学生发展的年龄特点和个性特征，以促进学生劳动能力素质的发展为核心，均衡考虑高中生与自然的关系、高中生与他人和社会的关系、高中生与自我的关系这三方面的内容。课程对活动主题的探究和体验，要体现个人、社会、自然的内在联系，强化科技、艺术、道德等方面的内在整合。

（五）关注课程内容的连续性

高中劳动教育课程的内容设计应该基于学生可持续发展的要求，设计长期与短期相结合的主题活动，使得活动内容具有递进性。活动内容可从简单走向复杂，使得活动主题往纵深发展，不断丰富活动内容，拓展活动范围，促使学生综合素质的持续发展。关注高中劳动教育课程内容的连续性还要处理好学段之间、学年之间、学期之间活动内容的有机衔接与联系，保持劳动教育课程体系主题序列的科学合理。

三、高中劳动教育课程内容的设计

按照"综合性、实践性、开放性、针对性"的"四性"要求，劳动教育课程体系必然是理论与实践、课内与课外、校内与校外有机结合的立体化课程体系。

（一）高中专题性劳动教育课程内容的设计

在专题性劳动教育课程内容设计方面，高中阶段可重点开展综合性劳动实践活动，鼓励校外劳动教育内容。

1. 开展综合性劳动教育实践活动

高中劳动实践性劳动教育课程可以分为研究性学习、社会实践、志愿服务、社团活动和各类竞赛五个方面。① 开展研究性学习，通过劳动关系热点问题探析、社会就业率情况调查、劳动保障政策实施调查及跨文化劳动教育研究等课题，培养学生的劳动思维和科学素养。② 社会实践要以学农、学工、学军等为载体，为培养学生正确的劳动价值观和个人职业理想奠定重要基础。③ 志愿服务方面要积极引导学生助老助残，在维护交通安全、保护环境卫生、学习互助等方面形成尊重劳动、热爱劳动的真挚情感。④ 开展社团活动，让劳动教育渗透到以文育人、以文化人的具体实践中。社团活动注重学生体验、参与和创造，能培育学生的思维能力、应用能力、团结合作能力及创新能力，故而对于中小学生而言具有很大的教育吸引力。⑤ 各类竞赛包括学科竞赛、创新创业大赛、文体锦标赛等，这些活动能激发学生创造性的劳动热情，提升创造性劳动的水平。

2. 开展校外劳动体验为主的劳动教育

学生可以到农业劳动基地、工业劳动基地和现代服务业劳动基地，学习劳动知识，掌握劳动技能，增强校外劳动的体验感。

（二）高中渗透性劳动教育课程内容的设计

劳动教育课程应该结合本地、本校实际，以环境课程、常规课程和校园活动课程为劳动教育主渠道，将劳动教育渗透于学校日常运行之中，切实丰富学生劳动知识与技能，培育学生劳动情感与价值观。劳动教育融入学科教育时要契合学科特征、学段特征和学生的认知特点。各个学科中落实劳动教育的侧重点各有不同，需要通过深入的分析和研究，找到合适的载体、方式与途径，落实、落细劳动教育的相关要求。

例如，在语文学科中，教师可以让学生在阅读和习作中感受劳动的意义与价值，可以组织学生阅读记叙古代劳动人民及革命前辈投身劳动、无私奉献等方面内容的文章，如《大禹治水》《千人糕》《朱德的扁担》等，并通过讲解与引导，帮助学生体会劳动的艰辛与意义，感受劳动创造的价值。

语文学科中的劳动教育侧重于劳动认知，其他一些学科在劳动实践上独具教育价值。例如，在信息科技学科中，教师可以引导学生学习使用各类信息技术，学会合理选择技术工具，科学、高效地开展劳动，体验创新的劳动。高中历史课程可以结合教材分析劳动对历史发展的影响，深度挖掘历史事件背后的劳动人民所起的作用。

课程开发实例 12 - 2

"一个护士的独白"课堂设计

在讲授统编版高中政治教材必修四《哲学与文化》中的"价值的创造和实现"一课时，教师可以选取抗击新冠肺炎疫情期间一位护士不惧风险、挺身而出的事迹，在"如何创造和实现自身价值"总议题的统领下，设计"一个护士的独白——如何弘扬劳动精神，实现人生价值"的子议题，并通过科学设置问题，展开议学探究，引导学生体悟其中的意志品质。

具体内容如下：

议题：一个护士的独白——如何弘扬劳动精神，实现人生价值

议学情境材料：

汪玲是一名 1992 年出生的骨科护士，2020 年初，在抗击疫情过程中，她主动请缨去金银潭医院看护感染新型冠状病毒的重症病人。汪玲将这个决定告诉了自己的哥哥而选择隐瞒父母，而在当时连哥哥都无法理解妹妹的这个选择。直到除夕前夜，父

母在电视新闻里看到了正在接受采访的汪玲，看到那一张被口罩勒出了红印子的脸，才知道那个从小坚强、倔强的小女儿上了"抗疫"前线。

议学探究问题：

（1）如果你是汪玲，你会作出怎样的选择？为什么？

（2）汪玲作为一名医护人员，如何评价其劳动价值的大小？

（3）汪玲的做法有什么积极意义？可以从个人和社会两个角度或其他角度讨论。

（4）一个只想着自己利益的人会幸福吗？你认为怎样的人才是幸福的？什么样的生活才是幸福生活？

（资料来源：张成尧，《例谈课堂教学中劳动教育的开展策略——以高中思想政治课为例》，《教师教育论坛》，2020年第12期。）

分析： 该实例通过开展议题探究的方式，潜移默化、润物无声地在课堂中对学生进行劳动教育。课程选择了贴近生活又有深度的材料，不仅有利于学生深度思考与建构知识，还有利于学生在学习中坚定劳动意志，树立正确的劳动观；科学设计问题，有利于将学生的思考引向深处，帮助其树立正确的世界观、人生观和价值观。

思考： 结合以上实例，思考如何设计高中渗透性劳动教育课程内容？

第三节　高中劳动教育课程的实施

高中劳动教育课程的实施是课程教师在充分理解课程目标的基础上，选择和组织合适的课程内容，做好课程规划并付诸教育实践的过程。

一、高中劳动教育课程实施概述

高中劳动教育课程实施是劳动教育课程开发过程的一个重要阶段，是把设计阶段的课程方案付诸实践的过程。高中劳动教育课程的实施，受诸多因素的影响，主要包括以下几个方面：① 课程实施的文化背景。包括国家政策导向、社会价值取向、学校与社区的历史文化等。② 课程实施的主体。包括教师、学生、学校管理人员、合作单位负责人、家长、社区人士等。③ 课程方案自身。课程方案的清晰度、可懂度、课程材料的质量、课程编排的质量等，都是影响课程实施的关键前提。④ 课程实施的管理。学校等相关机构对劳动教育课程的重视程度和管理方法，直接影响了课程实施的水平。⑤ 课程实施的环境。博物馆、图书馆、志愿服务站、产学研合作机构、创新创业机构、实践基地、网络资源等周边可利用的环境，都是劳动教育实施过程中重要的资源。⑥ 课程实施的理论基础。劳动教育的理论研究、教育学理论、青少年发展心理学研究等都对课程实施产生了重大的影响。

二、高中劳动教育课程实施策略

（一）基于高中劳动教育目标，充分开发劳动教育课程

高中生劳动教育目标是培养高中生的基本劳动素养。高中生的基本劳动素养包含劳动的知识、情感、态度、价值观，以及从事劳动的基本实践能力。因此，高中需要开发劳动知识、情感、态度、价值观的劳动理论课程和培养学生劳动实践能力的体验课程两大模块。在课程开发与规划的环节，学校要平衡好理论课程与体验课程之间的关系，充分保障高中生体验和感受劳动实践过程的条件。

（二）基于不同地域学校的多样化资源，形成劳动教育课程特色

新时代高中生劳动教育课程的实施要打破传统劳动教育观念的束缚，劳动教育的形式应走向多元化。只有这样，才能呈献给学生丰富多彩的、贴近生活实践的劳动教育，才能激发学生主体的劳动创造力，让高中生在劳动教育过程中产生真切的获得感。各地各校在保证开足统一的劳动教育课程的前提下，要因地制宜地开发和利用好学校所在地的特色资源，创设富有地域特色的高中劳动教育课程。例如，各地各校可结合实际开设园艺、非物质文化遗产、农耕、养殖、剪纸、陶艺等特色课程。特色劳动教育课程的创设与实施应坚持思想性、适度性和教育性原则，要将特色劳动教育课程实施与学生的综合素质培养相结合，促进学生德智体美劳全面发展。

（三）基于劳动教育的生活实践属性，协同构建劳动教育课程

劳动教育是一种生活教育，学生可以在劳动中获得生活体验，并从劳动中获得生活的乐趣，养成一种积极的生活态度与习惯，以便更好地适应未来生活。因此，劳动教育课程内容应该主要来源于生活，课程的实施同样要基于现实的生活场域。劳动教育生活化落实到高中劳动教育课程体系中：一方面需要构建生活取向的通识型劳动教育课程，即开设专门的、独立的劳动生活体验课程；另一方面还要注重开发教育与生活相融合的协同型劳动教育课程。协同型劳动教育课程基于劳动教育的生活实践属性，打破学校教育的封闭状态，通过建立学校—家庭—社会协同育人的整合机制，将劳动教育由学校延伸到家庭、社会，家庭、社会都要承担相应的劳动育人职责。

（四）基于劳动教育的综合育人价值定位，有效开展渗透型劳动教育课程

学校劳动教育的实施要构建起一个系统完整的人才培养体系，要将劳动的价值、理念渗透到各个学科的教学及学校的日常管理活动中。在学校日常运行中渗透劳动教育，要求学校管理者和教师将高中生视为独立的劳动个体，创造条件充分调动高中生的劳动积极性，使其在力所能及的范围内参与学校的日常工作。此外，学校应大力组织与劳动有关的兴趣小组、社团活动、班队会活动等，培养学生的劳动情感，提升学生的劳动意识、劳动能力和劳动智慧。学校在学科教学过程中也要加强劳动观念和劳

动意识的渗透，这种渗透类似一种隐性的劳动教育课程，在学科知识的传递过程中渗透劳动的价值，以及劳动在创造知识、增进智慧、创造幸福生活中的作用。

案例 12－1

四 种 模 式

山东省烟台市探索出四种模式值得高中劳动教育课程实施参考，即劳动资源整合模式、"多彩实践日"校本实施模式、"一对一基地场馆开发共同体"课程开发模式和劳动实践基地电子版图服务模式。

（1）劳动资源整合模式，联合农业、旅游、文化等部门下发的文件，将其所管辖的植物园、生态种植园、农业示范园、养殖场等，植入劳动教育的功能，为学生开辟出社会实践大课堂。目前，山东省烟台市已连续开展七年，参与的社会场馆每年有120 所左右。这得益于财政专项彩票公益金的支持，100 余所社会场馆免费对中小学生开放，为中小学生提供劳动教育服务，赢得了家长和社会的赞誉。

（2）"多彩实践日"校本实施模式，鼓励教师独自或组团研发劳动教育课程，每学年开始组织"选课超市"，学生打破年级、班级界限，自主选择一门喜欢的劳动教育课程，"走班"开展劳动教育；学校每周或每隔一周，设定一天为"多彩实践日"，利用这一天中的两节课时间，将整个年级的学生集合起来，集中开展劳动教育。

（3）"一对一基地场馆开发共同体"课程开发模式，长久以来，可以提供劳动体验的社会场馆的服务对象一般是成年人，其在馆内资源的深度挖掘和广度延展方面有一定优势，但不擅长开发针对学生的劳动教育课程。为此，山东省烟台市教育局下发文件，引导学校主动与周边校外劳动场所联系，攀"亲戚"，结对子，形成基地课程开发共同体，发挥各自的优势，取长补短，共同研发校外劳动教育课程。

（4）劳动实践基地电子版图服务模式，为方便学校开展校外劳动教育，山东省烟台市于 2017 年研制推出了"烟台实践基地电子版图"手机客户端，将 100 余所社会大课堂场馆的地址、联系电话、开放时间、基地特点等信息凝聚在电子版图的"红点"上，只要点击红点，学生和家长就能清晰了解烟台市校外劳动实践场所的分布和主要信息。

（资料来源：赵霞、刘作建，《"金字塔"型劳动教育课程体系的探索与实践》，《中小学课堂教学研究》，2021 年第 4 期。）

案例分析： 本案例结合劳动教育的目标，充分调用社会资源，开发出具有地方特色又符合各方需求的劳动教育课程实施模式，值得借鉴参考。

思考： 该案例体现了哪些高中劳动教育课程实施策略？

三、高中专题性劳动教育课程的实施

高中专题性劳动教育课程的实施要抓住两个重点：首先，系统性规划学习进程，制定周期性劳动教育主题。比如研究"现代农业生产的劳作方式"，探究一粒米的成长历程，要在这一周期内给学生坚持劳动创设机会。其次，将生活当作实践场，把课堂作为试验田。对于劳动教育而言，课堂只是劳动教育的试验田或操作台，对于学生而言，面向生活的真实情境才是劳动教育的实践场。劳动教育课程来源于生活，回归生活，学生走进情境，体验技术，碰撞思维，分析案例，实践操练，把课内学习成果运用于生活中，在劳动中挑战自我、享受创造、发展乐趣。

案例 12-2

学生主体参与研学是劳动教育正确的打开方式

近年来南菁高中对接高校，开发校友资源；联系旅行公司，利用乡土人文底蕴对接企事业单位、旅游风景名胜地。通过挂授研学旅行教育基地牌匾，校校、校企合作开发研学旅项目、课程，有机融合劳动教育，打开了研学旅行中开展劳动教育的"快捷方式"。"地理大发现"研学旅行的活动全程，学生都是分组自我管理的。除完成个人的生活、学习事务外，每一位学生都要承担团队协作的管理任务和服务任务。每个人在团队中都是参与者、劳动者，如每天有人负责行程卫生事务、入住安排事务、离场清理事务以及对研学点的宏观介绍等。"地理大发现"研学旅行将"我为人人，人人为我"的劳动思想有机渗透到每一个环节中，使所有学生都主动地参与到劳动中来。

为了让学生能在研学旅行中真正提升核心素养，行前"地理大发现"研学旅行团队都会通过多学科融合深度开发研学课题，带着学生掌握考察、实验和调查等的一般方法。研学团队对预设研学课题"港珠澳大桥的建设与意义探析"进行了深度开发（表 12-1）。

表 12-1　港珠澳大桥研学课题的深度开发

问题研究	学科定位	研究切入点	劳动价值观
港珠澳大桥建设决策的形成分析	地理（交通线的区位分析）、政治、经济等	① 港珠澳地区城市集群发展的形成过程分析 ② 港珠澳地区产业结构特点分析 ③ 环伶仃洋地区的交通拥堵情况调研	港珠澳大桥是世界最长的跨海大桥，是中国建设史上里程最长、投资最多、施工难度最大的跨海桥梁项目，其建成通车，是中华民族智慧与勤劳的结晶。港珠澳大桥将连起世界上最具活力的经济区。
港珠澳大桥建设需克服的自然环境难题综合分析	地质、海洋、气象等	① 大桥所在地地质条件复杂，如何通过桥隧等有机组合攻克大跨度难题，应对可能发生的地震 ② 桥梁路基、海底隧道建设如何应对复杂的海洋环境（海浪拍打、海水侵蚀、海底高压等） ③ 桥梁设计中如何综合考虑，以抵御台风、暴雨、风暴潮等恶劣气象灾害对大桥的破坏	快速通道的建成对香港、澳门、珠海三地经济社会一体化意义深远。到港珠澳大桥研学，可以现场感受劳动

续　表

问题研究	学科定位	研 究 切 入 点	劳动价值观
		④ 建桥工人在长期建设过程中可能面临的恶劣环境研究	的光荣、崇高和伟大，可以领略劳动创造美的意境，读懂劳动的价值
港珠澳大桥高科技元素的应用分析	物理科学（力学）、信息技术、地理（交通）、地质、生态等	① 研究跨海悬索桥涉及的力学原理，通过桥梁悬索、桥面、桥墩的受力分析研究，理解物理工程力学的实用价值 ② 研究沉管对接过程中应用到的信息技术及其作用的发挥 ③ 人工岛的设计与建设研究 ④ 港珠澳大桥的施工建设是如何降低对生态环境的干预和影响的	
从港珠澳地区交通发展看中国经济发展	地理、历史、人文、经济等	① 对比分析海运、陆运的优劣，学会选择合理的交通方式，找准学以致用的学习定位 ② 研究港珠澳大桥对于区域协同发展的价值 ③ 尝试从改革开放40年内的变化看港珠澳经济的发展 ④ 从时间演变的尺度和要素综合分析的角度分析大桥建成通车的影响	

（资料来源：徐海龙，《开展研学旅行，实施劳动教育——以南菁高中"地理大发现"研学旅行课程为例》，《中学地理教学参考》，2020年第15期。）

案例分析：该案例体现了劳动教育课程设计与实施过程中的"学生主体"意识。课程的设计、执行、评价，都能够由学生作为主要执行者参与其中，能有效调动学生的学习积极性与自觉性，同时学生也在课程的实施过程中能更好体验到劳动无处不在，劳动的价值不容小觑。

思考：结合案例，思考高中专题性劳动教育课程实施要点是什么？

四、高中渗透性劳动教育课程的实施

劳动教育不是独立的教育形式，它能够将各类教育内容连接在实践中，"以劳树德、以劳增智、以劳强体、以劳育美"即对劳动教育综合育人价值的概括。基于此，学校劳动教育的实施要构建一个系统完整的人才培养体系，要将劳动的价值、理念渗透到各个学科的教学及学校的日常管理活动中。以上海明珠中学为例，学校结合劳动技术、科学两门学科，设计开发烹饪劳动项目。学生首先在学校学习，学习内容以劳动技术学科的烹饪相关内容和科学学科的营养相关内容为主；接着去职校企业实践基地拓展；然后进行家庭实践，如参与改进家庭菜谱，尝试完成一天的饮食调配，尝试制作；最后回到学校进行展示和评比，从而形成"学校—社会—家庭—学校"的实践体系[①]。

案例 12 - 3

通用技术课程中劳动教育的实施

1.顶层设计：加强劳动实践的"渐进性学习"

日常生活劳动、生产劳动和服务性劳动是劳动教育教学的主要内容，可根据学生身心发展特点进行循序渐进的设计，融合实施。

高一年级注重基础过程，通过了解技术知识，掌握基础技能，形成基本的技术经验，树立正确的劳动价值观。比如，研读劳动读物，绘制农业劳作方式变革思维导图，编制节能减排指南，了解北斗卫星导航系统的发展，调研台灯照明情况并设计台灯，等等。

高二年级注重专题性成果，发展生涯探索与职业选择能力。比如，开展"神舟"系列载人飞船专题研究，了解航天发展史、航天精神和航天应用；探究绿色生态发展方式，作为环保志愿者参加公共服务活动。这样的活动可以让学生把劳动精神、劳动意义融入实实在在的劳动过程中。

高三年级注重综合素养提升，使学生将劳动体验中获得的良好品质迁移到学科学习中。

2.过程体验：实现劳动教育过程的"做中悟"

通用技术课程以解决现实问题为导向，在具体实施时，可以问题为核心开展劳动教育。其过程体验一般由以下几部分组成：第一，学生确定劳动实践主题，从生活情境中选择劳动任务；第二，学生寻找合作伙伴，组成劳动团队，设计方案；第三，学生依照方案，走进劳动场所进行实践，教师指导学生学以致用；第四，学生结合劳动实践过程，反思实践，感悟劳动的价值意义。

以江苏省通州高级中学金丹丹老师执教班级的学生制作台灯捐赠给援疆结对学校学生为例。劳动任务设计阶段，教师让学生开展前期调查问卷，了解同龄人对台灯的需求情况；设计制作阶段，从劳动工具和材料的准备，到模型的制作，再到改进完善，全员全程参与；总结阶段，在电路设计、材料性能、外观升级、编程识别的过程中，学生克服困难，最终收获劳动成就感，在劳动过程中增长智慧，升华品德。

3.整合实施：生成劳动教育实践的"开放性作业"

通用技术课程的教育周期长且极富开放性，一个系列任务跨度可达一个月甚至一

---

① 王洋.劳动教育的上海实践 [J].上海课程教学研究，2021 (2).

学期，需要学生与家、校、社多方紧密协调互动。因此，通用技术课程的"开放性作业"可以融合劳动教育，让富有时代气息的作业带动各方协同育人。

（资料来源：金丹丹，《劳动教育与通用技术课程统整推进的路径探究——以苏教版普通高中〈通用技术（必修）·技术与设计〉为例》，《中小学班主任》，2021 年第 2 期。）

案例分析： 在学校劳动教育系统的、完整的人才培养体系中，劳动教育渗透得比较充分的学科是通用技术课程。案例中，分段式的顶层设计、"干中学、做中悟"的过程体验、开放性作业的考察设计，能有效地确保高中渗透性劳动教育课程的实施。

思考： 如何理解劳动教育中的"做中悟"？

第四节　高中劳动教育课程的评价

高中劳动教育课程评价要考虑对课程材料、教学过程、教师表现及学生学习进行评估的宗旨与办法，教学评价的指导思想要与时俱进，注重从多方面、多维度提高学生的能力。

一、高中劳动教育课程评价概述

高中劳动教育课程评价包括学生学习过程与结果和教师教学过程与效果的评估，可获得关于劳动教育学和教的状态和质量信息，以调节劳动教育的教学活动。广义的高中劳动教育课程评价包括劳动教育教学评价、教师评价、学生学习成就评价和课程产品评价，被称为课程与教学评价。狭义的课程评价仅仅指课程产品评价，指依据一定的评价标准通过系统地收集有关信息，采用各种定性、定量的方法，对课程的计划、实施、结果等有关问题作出价值判断并寻求改进的活动。为了表达方便，本章节采用狭义的高中劳动教育课程评价，它包括了对课程本身的评价与对学生学业的评价。

（一）高中劳动教育课程评价的主体

高中劳动教育应该由谁来评价，需要对评价者进行界定。在传统意义上，人们将课程评价主体视为具有课程评价方面的专门知识与经验的特殊人群。事实上，高中劳动教育课程的评价者应该是多元的，应该由与劳动教育课程开发有利害关系的人组成评价共同体。

1. 学生自身：高中劳动教育课程价值的自我认定者

高中生通过自我反省，发现课程的意义，有利于课程价值的显现。

2. 学生活动小组成员： 高中劳动教育课程价值的同伴认定者

高中劳动教育课程可多以小组形式开展学习，学生在交往中学习与发展。同伴之间的互相评价，能使学生更好地观察与反思。

3. 教师： 高中劳动教育课程的督导者与价值判断者

教师是高中劳动教育课程最直接、最经常的督导者，是课程开发价值和意义的深度理解者，只有通过教师的专业判断，高中劳动教育课程价值的整体认定才能实现。

4. 专家、学者： 高中劳动教育课程的专业判断者

高中劳动教育课程在设计、实施、评价过程中，难免涉及专业问题，如果教师、学生难以判断，完全有必要寻求专家、学者的帮助。尤其是一些开创性、价值性高的劳动教育课程，专家、学者直接参与其中，并对评价进行支持，有利于整体项目往纵深发展。

5. 社会人士： 高中劳动教育课程的"特殊旁观者"

高中劳动教育课程注重学生与社会、自然的整合，社区是学生活动的经常性范围，社会人士也参与相关活动，并非一般的旁观者，因此评价时应该考虑有关社会人士的评价。

6. 家长： 高中劳动教育课程合作的共同观察者

高中劳动教育课程的开发，将家庭融入课程中。课程主体相容，课程空间延续，课程内容共享。因此家长应该成为高中劳动教育课程评价的共同观察者。

（二）高中劳动教育课程评价的内容

1. 劳动行为评价

劳动行为评价是对高中生劳动过程中的各种表现进行评价，在关注学生劳动知识和技能习得的同时，更要关注学生劳动中所表现出来的态度和情感的发展变化。

2. 劳动成效评价

劳动教育中的成效有时表现为一种行为，有时则是完成一个任务，或者是共同完成一个劳动项目。

二、高中劳动教育课程评价的过程与原则

（一）高中劳动教育课程评价的过程

高中劳动教育课程评价程序遵循一般评价的步骤。

1. 界定课程评价对象和制定评价标准

高中劳动教育课程的课程评价对象的界定除了学生的表现，还要考虑教师的指导工作、课程资源的评价等。例如，学生在课程中的主动参与情况、合作互助情况、劳动技能表现、劳动知识的增长情况。

2. 设计评价工具

高中劳动教育课程评价可以选择量表、反思单、综合评定表等作为重要的评价工

具。高中劳动教育课程评价工具的设计中，要处理好以下三大关系。

第一，形成性评价与终结性评价的关系。评价不能仅仅重视学生活动结果，诸如展示成果、研究报告等终结性评价，还要关注学生在活动过程中的体验和收获。

第二，小组评价与个体评价的关系。高中劳动教育课程大量通过小组或集体开展。因此小组评价中要以小组为基础来考查学生个体的成绩。

第三，发展与评价的关系。高中劳动教育课程评价是为了管理和督导，而最终是为了促进学生的发展。因此，评价工具的设计要有利于诊断、考核、激励、导向功能的发挥，与管理、督导高中学生的劳动教育课程结合起来。

3. 收集评价信息和资料

除了量表、反思单、综合评定表等可以收集评价信息和资料，还可以通过以下途径收集大量有效的相关资料。

一是教师、学生、家长、社会人士座谈会。在宽松的讨论氛围中，参与人可以自由讲述自己对高中劳动教育课程的意见和想法，这些真实话语是高中劳动教育课程评价的第一手资料。

二是学生的课程日记。设计高中劳动教育课程参与日记，学生的各种体验和收获都可以通过日记的形式反映。

三是问卷调查。高中生对劳动教育课程是否感兴趣，劳动教育课程对高中生的发展有哪些影响，在参与课程的过程中有什么思考或者遇到什么挫折，得到了什么感受与收获，都可以通过问卷调查的方式收集分析。

四是观察记录单。教师可以设计劳动教育课程观察记录单，及时记录相关课程情况，作为评价的依据。

五是学生活动记录卡。活动记录卡可以事先设计好，将活动过程、活动反思及时记录下来，课后提交上来，这是高中劳动教育课程评价资料收集的便捷途径。

4. 作出个性化分析和判断

在全面掌握评价相关数据和信息后，评价小组需要汇集数据和信息，对学生参与劳动教育课程后的表现与发展进行个性化分析与判断。高中生思维活跃，理性思维发展较为成熟，他们完全可以以个体发展历史过程为参照系，自己与自己比较，从劳动知识、劳动技能、劳动情感、劳动态度、劳动价值观等维度进行评价。

（二）高中劳动教育课程评价的原则

1. 多元全面评价

高中劳动教育课程评价不仅重视对学生劳动认识情况的考察，还应对学生的劳动意识、劳动情感、劳动技能等方面作出全方位的考察。

首先，注重评价形式多元化。在对劳动的情感态度等非知识性内容进行考评时，可以运用思想汇报、调查报告等多形式呈现，将评价重点放在学科核心素养与劳动素质上，注重纸面知识性成绩的同时，更注重学生的综合能力的提高。

其次，重视评价主体多元化。开展劳动教育的主体不仅仅是教师，同伴、家长、社会人士的影响同样不能忽略。要想对学生劳动教育成效有相对客观准确的评价，应将相关的评价主体都考虑在内。

最后，建设多元评价反馈机制。建立信息反馈平台，开展校级和班级内部的劳模评选活动，定期评选先进的集体和个人，通过多种形式强化学生的劳动意识和劳动技能。

2. 注重过程考核

不同于学科教育，高中生劳动教育具有动态、长期的特点，需要全面的过程考核，因此，学校在评价上要强调过程性评价。学校要将学生在劳动教育过程中形成的资料经过公开、公平、公正的审核和公示纳入学生综合素质评价档案之中，作为学生升学择业等的重要参考依据。科学客观的考核与评价能够帮助学生形成正确的劳动观，使其尊重劳动，热爱劳动，促进学生长远发展。

3. 谨慎清晰表达

评价的目的是激励。评价小组将劳动教育课程分析结果运用高中生能够和愿意接受的语言或者方式表达出来，有利于让学生明确要点，帮助学生进步。因此要特别注意以下问题。

第一，评价结果的表述，要实事求是，无论优劣，都不能夸大其词。

第二，描述的语言要通俗易懂，可接受性强。

第三，尽量从学生发展角度，肯定成绩，查找原因。

第四，与学生群体比较，需要依据对象的心理特点，谨慎表达。

第五，自始至终，将激励学生主动参与劳动教育课程作为评价的理想追求。

三、高中劳动教育课程评价的设计

在高中劳动教育课程评价中，评价量表是课程评价中常用的工具之一，使用评价量表可以规范地进行大范围评价，统计也相对简易。

课程开发实例 12-3

观摩企业生产，参与劳动实践

"纸上得来终觉浅，绝知此事要躬行"。组织高中生走进劳动现场，观摩企业生产，亲身参与劳动实践，体验相关职业岗位的劳动，有助于理论结合实践，培养学生的实践创新意识和能力。

请以班级为单位组织一次"观摩企业生产，参与劳动实践"职业体验活动。

[过程记录]

活动内容与要点：

活动难点与解决方案：

心得体会：

［结果评价］

评价小组参考下表（表 12 - 2）对学生的职业体验活动进行评价。

表 12 - 2　职业体验活动评价表 1

评 价 标 准	分值	分数小计	评价者评价
参与活动全过程	20 分		
出色完成自己的工作任务	20 分		
积极主动参与劳动实践	20 分		
认知对应岗位的核心能力	20 分		
在实践中积极践行劳模精神和工匠精神	20 分		
总分	100 分		

学生参考下表（表 12 - 3）对自己的职业体验活动进行评价。

表 12 - 3　职业体验活动评价表 2

评 价 标 准	分值	分数小计	评价者评价
了解相关职业岗位所必需的基本知识与技能	30 分		
能从中体会职业工作的艰辛	25 分		
能从中体会职业工作的乐趣	15 分		
在劳动过程中体验劳动创造的价值	15 分		
增强了职业劳动的信念与意愿	15 分		
对自己的职业方向有所启发	10 分		
总分	100 分		

分析：以上评价维度比较丰富，内容指向明确，既可评价，也可供参与者反思。除了分数量化，还设计了主观评价部分，能在一定程度上实现个性化评价的功能。

思考：结合以上实例，思考高中劳动教育课程评价如何引导学生提升劳动智慧？

思考题

1.高中阶段开展劳动教育的必要性有哪些？

2.高中劳动教育可以在哪些方面进行创新？

3.请结合你的专业学科，从教师的角度，设计一个高中阶段的实践性劳动教育课程实施方案。

 拓展阅读

学校＋机构：创新普通高中劳动教育新模式

普通高中劳动教育是一项艰巨又充满发展潜力的系统性工程。

新时代普通高中劳动教育需要探索采用新的模式。采用"学校＋机构"的新模式来开展普通高中劳动教育能够有效克服目前存在的流于形式、缺乏条件和典型案例无法复制等问题，具有创新性的同时，也具有良好的可推广性。具体来说，"学校＋机构"的模式就是让高中和教育服务机构展开合作，由高中负责组织，教育服务机构负责制订方案，其他机构提供场地、教学人员，以及具体的劳动教育。高中和教育服务机构签订合同，高中实时监督劳动教育的完成情况，推动劳动教育作出实效。

与家政服务机构合作开展日常生活劳动教育，帮助高中学生在日常生活劳动中增强日常生活自理能力，助力学生养成良好的家庭日常劳动习惯。与农场和工厂合作开展工农业生产劳动教育，在工农业生产劳动中经历完整的工作实践过程，可以启迪高中学生的创新创造意识，还可以提升高中学生将创意转化为实物的能力，在养成高中学生吃苦耐劳、精益求精品质的同时，使学生有意识地开展职业生涯规划并且在未来工作实践中不断完善。与社区或公益性社会组织合作开展服务性的劳动教育，高中学生能通过真实的岗位工作过程获取不同职业的工作体验，培养学生对不同职业的兴趣，强化学生的社会责任意识和奉献精神。

1. 与家政服务机构合作，开展日常生活劳动教育

在日常生活当中，劳动无处不在。日常生活劳动是每一个高中学生每日都要进行的基本劳动，其重要性不言而喻。家务劳动与高中学生的动作技能、认知能力的发展及责任感的培养有着密不可分的关系。对于高中学生来说，缺乏劳动技能、生活自理能力的问题还是时有发生。而要想解决高中学生在日常生活劳动中的问题，让他们自觉参与到家务活动中来，需要的不仅仅是家长的帮助，还需要让他们有一个能够学习日常生活技能的机构，因为如果仅仅是在家庭中开展日常

生活劳动教育，高中学生所能学习到的技能十分有限，并且父母、祖父母等长辈的溺爱，经常会导致高中学生的日常生活劳动教育难以落到实处。作为一个为顾客提供日常生活服务的机构，家政服务机构无疑是最适合高中学生进行日常生活劳动、学习日常生活技能的地方。

在家政服务机构里，由他们的员工为高中的学生进行日常生活劳动技能的培训，洗衣服、做饭、打扫卫生等日常生活中每天都要做的劳动是重点教育内容。学生将在家政服务机构员工的带领下，参与到家政服务的实践中，学习如何做好家务活，把做家务当成日常生活的习惯，强化劳动自立意识，体验持家之道。家政服务机构还可以在学生学习的同时开展家务劳动竞赛，对家务劳动做得好的学生进行奖励，提高学生进行家务劳动学习的积极性。由高中来布置学生的家务劳动作业，让学生把在家政服务机构里学到的日常生活技能运用到自己家庭的家务劳动中，让家长监督完成，巩固学生的家务劳动学习成果。教育服务机构在高中开展劳动教育方面的宣讲培训，有助于唤醒家长的教育意识，转变家长的教育观念，推动家长给孩子提供日常生活中劳动锻炼的机会，让学生的日常生活劳动教育落到实处。

2. 与农场和工厂合作，开展工农业生产劳动教育

普通高中开展劳动教育必须和生产劳动相结合，实现学生的全面发展。在这个创新是引领发展第一动力的新时代，生产劳动教育能够培养普通高中学生的创新精神，为国家培养创新型人才。但是，如何开展生产劳动教育是许多普通高中面临的棘手问题，由于缺乏相应的渠道，普通高中不像职业高中那样可以直接开展校企合作，并且普通高中学生的主要任务是文化课的学习，并不要求熟练掌握生产劳动的技能，这就导致生产劳动教育在普通高中学生的劳动教育课程中容易被忽视或者流于形式，没有让学生真正参与到生产劳动中。要想让普通高中学生获得最真实的生产劳动体验，需要普通高中通过教育服务机构来实现。农场和工厂作为直接体现农业和工业生产劳动全过程的场地，可以让普通高中学生获得工农业生产劳动的真实体验，十分适合对普通高中学生开展生产劳动教育。

在农场和工厂中，学生可以在工作人员的带领下，在参观工农业生产的同时，动手从事一些简单的生产劳动。在农场中，学生可以喂养猪牛羊等，还可以在田里去播种、耕地、除草、收获蔬菜等农作物，让学生真正干起农活来，体验农业生产劳动的辛苦和丰收的喜悦。在工厂中，学生可以在工人师傅的指导下，操作一些没有危险的简单劳动工具，发挥自己的想象力，动手制作一些小零件、小产品，在提升动手能力的同时，激发学生的创造力，把创意付诸实践。

3. 与社区或公益性社会组织合作，开展服务性劳动教育

开展服务性劳动教育，可以让学生在课余时间利用自己所学到的知识、技能

等为他人和社会提供服务，不仅可以强化学生为人民服务的意识和社会责任感，还可以锻炼学生的实践服务技能。

通过"学校＋机构"的模式，高中可以教育服务机构为中介，与社区或公益性社会组织合作开展服务性劳动教育，采用个性化的方案，让学生选择适合自己的社会服务项目，更多地让学生走出校园，去社会体验真实的服务性劳动。学生不仅可以去社区进行社区服务劳动，例如帮助关爱社区老人、打扫社区卫生、参与疫情期间的志愿巡逻、为社区做宣传、讲解社区文化等，还可以在公益性社会组织的带领下进行志愿服务，例如到养老院关爱老人、到福利院照顾幼儿、关爱伤残儿童、看望孤寡老人、关爱退伍老兵等。老师和教育服务机构的工作人员全程陪同，让学生认真对待服务性劳动，养成为他人服务、奉献习惯，自觉地帮助那些需要帮助的人，在服务他人、奉献社会中形成正确的世界观、人生观和价值观。

（资料来源：杨跃，《学校＋机构：创新普通高中劳动教育新模式》，新华网，2022 年 3 月 30 日。）

思考：新时代背景下，亟须创新劳动教育模式，请结合拓展阅读材料，尝试提出更多的"学校＋"劳动教育创新模式。

第十三章　中学劳动教育课程开发实例

【学习目标】

1. 了解学校育人理念与劳动教育目标之间的内在逻辑，厘清中学推进劳动教育改革的思路。

2. 了解中学劳动教育课程体系的构建策略，以及中学学农类实践课程的开发重点。

当前，全国中小学校积极落实党的教育方针，构建德智体美劳全面培养体系，优化学校劳动育人策略，开发劳动教育系列课程，建设劳动教育实践资源，培养社会主义建设者和接班人。对于中学来说，如何结合现实情况，确立学校的劳动教育理念、目标与内容，有效落实中学课程设置新方案，构建具有学校特色的劳动教育课程体系，并有效开发校内外劳动教育资源，开出开好系列劳动教育课程，直接影响学校育人质量和劳动教育实施效果。

华南师范大学附属中学（以下简称"华南师大附中"）是广东省唯一受广东省教育厅和华南师范大学双重领导的首批国家级示范性高中。本章以华南师大附中 30 年劳动教育实践探索为实例，阐述中学如何加强劳动教育课程体系顶层设计，持续开发和迭代提升劳动教育课程，持续开展中学生劳动教育的实践经验。在改革中，华南师大附中积极增强青少年使命担当与责任意识，提升学生劳动素养，践行"培养为民族复兴而努力学习的时代新人"的学校育人理念。

第一节　中学劳动育人模式的演进

在新时代，中学教育应准确把握新形势，辩证分析社会发展的时代特征和人才培养的社会需求，把握教育改革发展的历史进程，推动劳动教育符合教育发展与人才培养的实际，科学规划劳动教育，制定科学的劳动教育实施策略，推动新时代劳动教育取得实效。国内很多学校在开展劳动教育方面进行了长期积极有效的探索，华南师范大学附属中学是其中典型代表之一。

一、建立三方协作的劳动教育管理机制

华南师大附中一直牢记自己的责任和使命,努力解放思想,谋求更有效的育人途径,并积极付诸实践。历代华南师大附中人秉承"进德修业、格物致知"的校训,遵循"以完整的现代教育塑造高素质的现代人"的办学宗旨,坚持"培养为民族复兴而努力学习的时代新人"的育人理念,形成"敢为人先、追求一流、崇尚卓越"的华南师大附中精神,不断引领中国基础教育改革新方向。

在劳动教育方面,华南师大附中积极加强顶层设计,探索劳动教育课程与实践活动改革,在省内当好中学劳动教育改革的示范校,力争走在国内中学的前列。华南师大附中在长期实践中,建立了以学校为中心,包括学校、社会和家庭三方劳动育人的协作体,分工合作,协同育人,共同推动社会实践活动的开展(图13-1)。

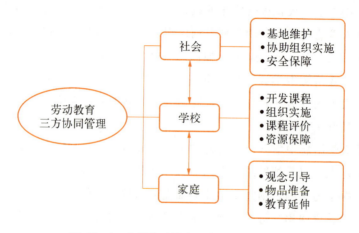

图 13-1 中学劳动教育三方协作管理机制

首先,学校是劳动教育的组织者和主导者。学校的具体职责主要包括课程开发、实施与评价、资源的调配与整合,以及与家庭和村委会等相关方的沟通与协调。其次,地方政府的支持是实践活动得以顺利开展的重要保障。华南师大附中与学农基地所在的清远市政府,及其下辖的飞来峡镇镇政府和村委会达成合作共建学农基地的协议,各级政府支持学校,完成基地农户的动员和关系维护、落户安排、督促农户按照学校的要求组织实施活动、提供必要的安全保障等。最后,家庭在推进劳动育人中发挥着不可替代的作用。学生家庭要与学校的育人理念保持一致,支持社会实践活动的开展;要配合学校,做好后勤保障和活动的动员;还要督促学生能够将劳动教育中形成的观念、养成的行为习惯,在家庭生活中延续,巩固劳动育人效果。

二、形成"耕读励志"劳动育人模式

习近平指出："道不可坐论，德不能空谈。于实处用力，从知行合一上下功夫，核心价值观才能内化为人们的精神追求，外化为人们的自觉行动。"这一论述，突出强调了社会实践在育人中的作用。华南师大附中在教育实践中总结出"让学生深入社会接受更加深刻的教育"的教育主张，长期坚持带领学生走进社会，深入农村，开展劳动实践活动，逐渐形成了"耕读励志"劳动育人模式（图 13-2）。

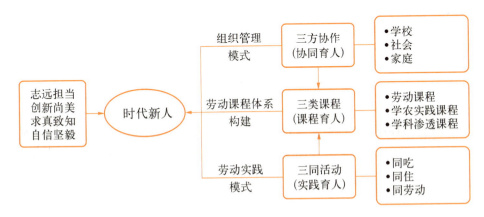

图 13-2　华南师大附中"耕读励志"劳动育人模式

为达成华南师大附中培养"志远担当、创新尚美、求真致知、自信坚毅的时代新人"的目标，"耕读励志"劳动育人模式以实践育人、协同育人、课程育人为理论基础，以"三同"活动为主要形式，以三类课程为主要载体，以三方协作为管理机制，积极推进中学劳动育人。该模式的形成经历以下发展阶段。

第一阶段为"三同"劳动实践模式的探索与实践阶段（1990 年—2000 年）。1990 年，经学校领导班子集体讨论和充分的调研和论证，学校决定与清远市源潭镇合作，在该镇大连村建立学农基地，开展农村社会实践活动。与一般中学到农村实践不同，华南师大附中要求所有学生深入农村家庭，与农民同吃、同住、同劳动，确保零距离向农民学习，零距离体验"三农"；逐渐形成了以"三同"（与农户同吃、同住、同劳动）为主要形式，以劳动教育、国情教育、意志品质教育为主要内容的育人模式。

第二阶段为"耕读励志"劳动育人模式的形成与完善阶段（2001 年—2010 年）。2001 年 6 月，随着《基础教育课程改革纲要（试行）》的颁布，我国第八轮基础教育课程改革拉开大幕，"综合实践活动课程"作为一个新事物进入人们的视野。华南师大附中在校内开设好以"综合实践活动""通用技术"为主要依托的劳动必修课程，在校外将研究性学习、志愿服务等内容纳入农村社会实践，逐步完成了师资队伍、组织管理模式和资源支持系统的建设，开发了包含理想信念课程、劳动实践课程、志愿服务课程、研究创新课程和发展指导课程五大专题的"学农实践"课程。2010 年，随着《中国教育改革和发展规划纲要（2010—2020）》的颁布，学校积极倡导学科教师挖掘学科课程中的劳动教育资源，培育学生服务国家、服务人民的社会责任感，勇于探索的创新精神和善于解决问题的实践动手能力。至此，学校初步形成"耕读励志"劳动育人模式。

第三阶段为"耕读励志"劳动育人模式的确立及推广阶段（2011 年至今）。从 2011 年开始，华南师大附中教育集团各所学校一起对"耕读励志"劳动育人模式进行长期实践检验，并在 2015 年将该模式推广到浙江省宁波姜山中学等学校。

第二节 中学劳动教育课程体系的构建

劳动教育课程化是当前劳动教育的主攻方向，这既是促进劳动教育科学化的基本要求，也是保证劳动教育常态化的实施路径。因此，从劳动教育课程化的角度出发，探索多元化劳动课程体系建设，是中学深入推进劳动教育的必然要求。

一、"三全"劳动教育课程体系

为更好体现华南师大附中劳动育人特色，为教育集团的各所附属学校，乃至省内外学校提供劳动教育改革参考样例，近年来，华南师大附中积极优化劳动教育课程体系，构建全面协同、全科融入、全过程评价的"三全"劳动教育课程体系（图 13 - 3）。

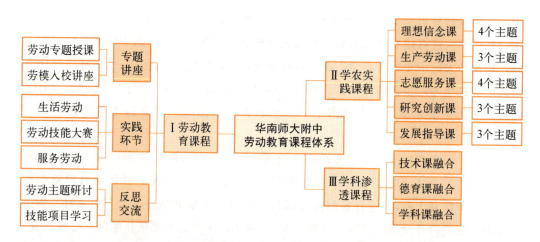

图 13 - 3 华南师大附中"三全"劳动教育课程体系

该"三全"劳动教育课程体系包含三个部分。

第1类劳动教育课程。劳动课程主要包含劳动专题讲座、实践环节和反思交流三个层次递进的教学内容，每层次的教育内容都有实施路径或抓手。其中专题讲座包含劳动专题授课、劳模入校讲座等；实践环节包含生活劳动、劳动技能大赛和服务性劳动；反思交流则包含劳动主题研讨、技能项目学习。

第2类学农实践课程。农村社会实践活动历经了30多年，起初为较为简单实施的"学农"社会实践活动，经持续开发与完善，成为校外"学农实践"特色课程，包含了理想信念课、生产劳动课、志愿服务课、研究创新课、发展指导课。

第3类学科渗透课程。学校劳动教育中的一个重要阵地是日常的教育教学，将劳动教育与德育课、技术课和学科课的教学活动结合起来，相互融合、相互促进；既丰富了劳动教育的内涵，活泼了劳动教育形式，同时又让教学鲜活起来，充分体现从生活中来，到生活中去的特点。

二、中学劳动教育课程体系的落实

华南师大附中积极将《广东省普通高中课程实施方案（2020修订）》、教育部《义务教育课程方案（2022年版）》等文件要求，落实到"三全"劳动教育课程体系，保障各类各门劳动教育课程的对应课时安排和劳动教育内容要求，建立了劳动教育课程的实施方案（图13-4），提升中学生劳动素养。

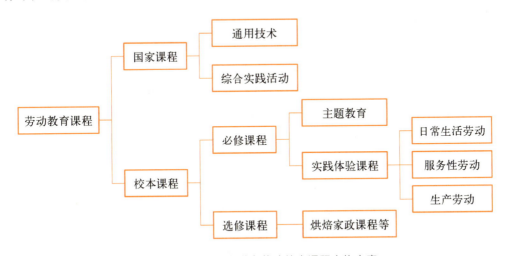

图13-4　华南师大附中劳动教育课程实施方案

首先，按照课程体系设计，开足以点带面、必修与选修双轨并行的劳动教育课程。学校在国家课程中，统筹综合实践活动、通用技术等课程实施劳动教育；在校本课程中，兼顾传承与创新，积极开发校内必修与选修校本课程，涵盖日常生活劳动、生产劳动与服务性劳动三大领域，并与德育课、技术课、学科课等多方融合。

其次，打造校外"学农实践"课程品牌。华南师大附中"学农实践"课程是最受学生和家长欢迎的特色劳动实践活动之一。

最后，广泛开展学生志愿服务性劳动。华南师大附中是首批"全国中学生志愿服务示范学校"，学校建立了以校团委为指导管理部门、"华南师大附中青协"为组织实施机构的组织管理架构。学校与多家单位共建志愿服务实践基地，开展涵盖校内外的多种志愿服务活动；出台了《志愿服务管理条例》，开发了志愿服务记录登记平台，实现了结果登记、证书打印、学分认定信息化，为志愿服务劳动提供了条件保障。

第三节　中学校内与校外劳动教育课程的开发

随着时代变化和发展，新时代的劳动内容和劳动形态也不断丰富和发展，劳动也不再仅是体力劳动和脑力劳动的简单划分，而是身体、心理、认知、情感、意志等要素全面参与、高度融合、协调统一的整体[①]，是身心和手脑的交融互动。相较过去无定式的劳动课，新时代劳动教育内容应是一个完整的系统，在结构上应该是有梯度的螺旋上升和逻辑递进关系，呈现出针对性、综合性、实践性的特点。华南师大附中立足于立德树人根本任务，通过课程、文化、活动和实践育人路径，努力培育高价值高素质高品位的时代新人。

一、校内劳动教育课程的开发与实施

（一）构建实施有灵魂的"劳动"必修课

学校组织教师学习并准确把握社会主义建设者和接班人的劳动精神面貌、劳动价值取向和劳动技能水平的培养要求，深刻理解"劳动精神""劳动品质"，从而为学生树立正确的劳动观念、培育积极的劳动精神、具有必备的劳动能力、养成良好的劳动习惯和品质做好重要师资保障。

华南师大附中的校内劳动课程设置4个校本课程学分，学生在前两年内完成，每一个学期完成1个学分，每周开设一节课（周二第9节）。4节课组成一个周期，包含1节关于劳动主题的班活动、1节大扫除（全校性保洁劳动）、1节包干区劳动（全校实验室、办公场所等清洁劳动）、1节居家日常生活劳动（走读生回家完成，住宿生统一进行宿舍大扫除）。生产劳动教育主要在初、高中二年级上学期秋收季节的"学农实践"课实施。基于此，华南师大附中构建了校内劳动课程计划安排如表13-1所示。

---

① 张磊，倪胜利.身体视域下的劳动教育：文化内涵、价值意蕴与实践路向［J］.国家教育行政学院学报，2019（10）.

表 13-1　华南师大附中校内"劳动"课程计划

序号	课时安排	对　象	内　容	负责人	评　价	备　注
1	1节/月	住宿生	宿舍清洁	宿舍老师	学生打卡制，根据劳动素养类型进行评价与激励	宿舍老师加班办法
		走读生	居家家务	家长		
2	1节/月	全校（一般全校同时进行）	大扫除	级长、班主任		老师们的加班办法
3	1节/月	全校（以年级为单位）	包干区劳动	包干区负责老师		包干负责老师加班办法、图书馆管理评价与计分奖励办法等
4	1节/月	全校（以班为单位）	劳动主题班活动	班主任、团干部		班主任的加班办法
合计	4节/月	全校覆盖				

每月一次的主题班会，均在集体备课小分队的努力下，可以用于活动策划、技能指导、练习实践、总结交流、评价分享等，也可以是以劳模入课堂等活动形式组织。其中，对于劳动技能的培养课程，运用项目学习的方式进行，学习基本过程包含讲解说明、淬炼操作、项目实践、反思交流、榜样激励等五个步骤进行。

其中，每周二下午第9节的非毕业班两个年级课表，将会有部分错峰进行，如2020—2021学年第一学期每月具体安排如表13-2所示。

表 13-2　华南师大附中"劳动"课程周程安排表

周次	高一课程安排	高二课程安排	初一课程安排	初二课程安排
第1周	大扫除	大扫除	大扫除	大扫除
第2周	包干区	劳动主题班活动	包干区	劳动主题班活动
第3周	劳动主题班活动	包干区	劳动主题班活动	包干区
第4周	宿舍清洁（或家务劳动）	宿舍清洁（或家务劳动）	宿舍清洁（或家务劳动）	宿舍清洁（或家务劳动）

注：华南师大附中"劳动教育"课定于每周星期二第9节进行

在每一节班会课中，学校需要让相关指导老师或班主任做到：① 要有意识、自觉地把劳动精神、劳动品质、劳动习惯和劳动观念作为灵魂贯穿劳动教育实践活动的始终，与劳动技能和能力培养有机融合，相互促进，防止单纯的技能讲解和训练；② 劳动技能在讲解说明的基础上，应发挥学生主体能动作用，通过发现、思考、探索、合作、反思交流、改进提高等作建构式的学习，有智慧地创造学习；③ 解决什么才是真正的劳动教育内容的问题。劳动教育内容不仅仅是制作一个实物，制作实物只是劳动项目、劳动实践的载体，而劳动精神、品质、习惯、观念和劳动能力才是劳动教育的核心内容。

对于包干区劳动，为了激励指导老师更好地开展工作，学生处通过召开全体指导老师会议，对全体包干区负责老师进行统一培训。讲解学校劳动教育实施的基本目标、内容、路径、评价等，提出要求，也向教师们反馈，学生处提请学校给予指导老师一定补助的建议及相应的补助方案等。对于包干区指导教师，我们提出每个包干点需要提交有关包干区劳动图文并茂的指引，包括如下内容：① 包干区场所介绍，包括场所名称、劳动场所的基本环境及主要功能；② 到该包干区劳动的基本要求，包括劳动步骤、分工要求及工作达标要求；③ 引导反思与交流，包括客观记录学生劳动表现并给予评价，组织学生劳动后的分享活动；④ 需要注意的安全提示。

对于 1 节大扫除（全校性保洁劳动），学校各年级制定了检查标准。各年级的检查方案及检查结果需要提交学生处存档。而对于 1 节居家日常生活劳动的安排，住宿生在宿舍老师的指导下进行，走读生则回家进行，主要进行居家内务整理工作，如收拾和整理床铺，清洁地面、台面，等等，走读生在家中的劳动场景需要被记录下来，在线上线下进行展示，这同时也能为保持良好的亲子关系搭建平台。

（二）构建综合性大主题、长周期的劳动教育

为兼顾日常生活劳动、生产劳动、服务性劳动三大劳动内容，学校设计安排了系统进阶的主题活动，以及融合三大内容构建的主题实践活动或劳动竞赛；分年级分学段设置主题内容（表 13-3），以使用传统工具、传统工艺的劳动为主，引导学生体会劳动人民的艰辛与智慧，传承中华优秀传统文化，兼顾使用新知识、新技术、新工艺、新方法的劳动；力求做到课程目标和内容的立体化，防止劳动实践内容碎片化，从而全面培养学生的劳动精神、品质习惯、观念和劳动能力。

表 13-3 劳动教育主题内容实施学段计划表

开 设 学 段	日常生活劳动	生产劳动	服务性劳动	三者融合
初一、高一上学期	内务整理、排头兵、插花、扫一屋系列	中药种植	值周班、艺术节武工队、志愿服务共建基地活动、失物招领处	
初一、高一下学期	刺绣、中国结等手工制作，扫一屋系列、收纳	中药种植、劳动工具设计大赛	值周班、志愿服务共建基地活动、失物招领处	
初二、高二上学期	各类烹饪比赛、收纳	给农产品销售插上翅膀	田径运动会、水运会等赛务志愿者服务	一周下乡学农活动（必修）

续　表

开 设 学 段	日常生活劳动	生产劳动	服务性劳动	三者融合
初二、高二下学期	各类烹饪比赛、收纳	让农产品更加"绿色"现代农业研讨	志愿者服务	义卖活动（义卖产品设计）

学校通过系统设计各阶段劳动的主题实践活动，使劳动教育能一以贯之地进行，强化劳动精神、劳动习惯和品质，开展有始有终和有质量的劳动实践，防止蜻蜓点水，浅尝辄止。

（三）推动劳动教育与其他四育相互融合

学校要求教师充分发挥劳动教育的综合育人价值，注重其在教学中与其他四育相互融合，相互促进。一是与德育结合，做到"以劳树德"。热爱劳动等劳动教育内容，本身也是德育课程的重要内容。劳动教育并不仅有劳动知识与能力教育，其特有的实践性使得劳动教育的着力点与方式有更丰富的内涵。在劳动教育中，开展道德认识、道德情感、价值澄清及道德行为的正向教育，对培育时代新人具有重要意义。二是与学科教育融合，做到"以劳增智"。指导教师在日常教学中，挖掘学科课程中的劳动育人素材与资源，在学科教学中纳入劳动精神、劳动品质与习惯、劳动观念的教育，加强学生辛勤劳动、诚实劳动、合法劳动等方面的教育，适时培养学生对劳动的科学态度、规范意识、效率观念和创新精神。三是与体育结合，做到"以劳强体"。教师把握中学劳动教育中参与体力劳动实践的重点，加强出力出汗、动手动脑劳动，锻炼中学生体质与品格。四是与美育结合，做到"以劳育美"。教师借助审美的力量，促进劳动和劳动产品的美感体验，恰当地运用音乐、美术课程所学习的表达方式，丰富劳动教育实践。

（四）把准劳动教育开展的有效方式

学校在每学年的劳动周和其他综合性大主题、长周期的实践活动中，采用了专题讲座、主题演讲、劳动技能竞赛、劳动成果展示、劳动专题项目实践等形式；根据劳动教育课程开发的基本原理，把准重点内容、重点环节，以"四倡导一创新"加强劳动教育的内容选择与组织，以及有效开展。

1. 倡导基于现实生活的劳动教育教学

教师对学情有充分的了解，需要深入学生，观察研究学生，这是劳动教育的逻辑起点，包括了解：学生已有的劳动经验和知识技能，以及劳动观念、劳动精神、劳动习惯，学生家庭背景和劳动环境，等等。

2. 倡导教师与学生共同劳动

教师和学生一起经历劳动实践过程，教师指导学生进行劳动实践，形成学习共同体，一同成长。

3. 倡导基于项目的劳动教育

学校创设真实的劳动情境，构建任务群，采取基于问题解决或基于项目的劳动教育形式，将有利于培养新时代全面发展的人。

4. 倡导家校劳动协同共育

劳动教育的主题活动，一般都在学校劳动课上进行，学生进行技能学习，实践练习，最后总结交流。有很多劳动实践任务要在家庭和课外完成，甚至需要通过亲子合作完成。居家日常生活劳动，对学生的劳动习惯和品质养成具有重要意义，因此，家庭具有不可替代的作用和优势，加强家校活动和紧密的联系，形成良好的互动机制显得尤其重要。

5. 创新劳动教育评价方式

评价包含平时表现评价、学段综合评价（指导老师）、劳动素养监测评价（自评互评）等多方面。

二、校外"三同"劳动教育课程的开发与实施

经过几代华南师大附中教育者们的持续努力，学校在"三同"劳动教育实施模式（图 13 - 5）的基础上，构建了"三同"劳动教育课程开发体系（图 13 - 6）。该体系落实学校育人理念，凝聚了学校"耕读励志"劳动育人模式建设经验，打造具有鲜明特色的劳动教育品牌课程，并为课程的持续开发与创新实施提供指导。

图 13 - 5　华南师大附中"三同"劳动教育实施模式

（一）"三同"劳动教育课程目标设计

华南师大附中的"三同"劳动教育课程目标下设志远担当、自信坚毅、创新尚

图 13-6　华南师大附中"三同" 劳动教育课程开发体系

美、求真致知 4 个一级指标，具体分为 12 个二级指标，每个二级指标均有具体内涵，如表 13-4 所示，具体指导课程内容的开发、实施与评价。

表 13-4　华南师大附中"三同" 劳动教育课程目标

一级指标	二级指标	具 体 内 涵
志远担当	信念坚定	了解我国基本国情，增强道路自信、理论自信、制度自信、文化自信
	爱党爱国	热爱国家，拥护党的领导，支持党的方针政策
	志存高远	树立为国家富强、人民幸福而奋斗的远大志向
	勇于担当	积极参加志愿服务活动，服务社会、服务农村、服务农民；勇于承担中华民族伟大复兴的历史责任，并从现在开始努力打下坚实的基础
自信坚毅	健全人格	在劳动过程中磨炼意志品质，提高抗挫折能力
		体会劳动的艰辛，收获的喜悦，形成正确的苦乐观
	自我管理	珍惜自己所拥有的良好的生活和学习环境
		提高自我管理能力

续　表

一级指标	二级指标	具 体 内 涵
创新尚美	劳动创造	掌握一些基本的生产劳动技能，主动参与家务和生产劳动
		养成良好的劳动习惯，具有通过劳动创造美好生活的意识
	研究创新	通过农村社会调查和研究性学习，增强发现问题、解决问题的能力
	审美情趣	感知农村优美的自然与人文风光，形成审美体验，形成劳动创造美的观念，培养热爱自然、热爱生活、热爱祖国、热爱劳动者的美好情感
求真致知	学习方式	在实践中学习，在开放环境下学习，培养主动学习的意识和习惯
	文化基础	在实践中了解农村的民俗文化、农业生产、水产养殖等科学文化知识
	知识运用	能将所学科学文化知识用于农村生产实践，提高对知识的理解程度

（二）"三同"劳动教育课程内容选择与组织

为达成课程目标，学校在"三同"劳动教育课程内容选择与组织中，坚持跳出简单化理解"学农"的单线条思维，充分依据既定课程目标，把握学生在特定时间、特定地点集中参与学农实践的教育良机，积极开发出五大专题内容，开展有效的劳动教育。例如，在学农中开发社会服务专题，推动学生的农村社会实践由表层走向深入，从感悟走向行动，由体验走向思索，由感性认识走向规律探索。五大专题的内容如下。

1. 理想信念专题

主题 1：年级学生大会。学农准备阶段，由年级组召集全年级学生进行动员，阐述学农的意义、学农过程的注意事项，以及学校对学农工作的要求。

主题 2：团员和学生干部队伍培训。学农准备阶段，为落实好学校的有关意图，将团员和学生干部组织起来，进一步提高其对学农的认识，布置团员和学生干部的任务和年级组的要求。

主题 3：农村社会发展报告。学校邀请地方政府相关人员做"农村社会发展报告"，通过报告展示农村社会的政治、经济、文化发展状况，增强学生对"三农"的了解。

主题 4：火线入团。结合农村社会实践的深刻体验，各班团支部组织入团积极分子进行思想汇报，召开"入团通表会"。该项活动由团委组织，各班团支部负责实施，班级导师组参加。

2. 生产劳动专题

学生在农户和学校的组织下开展各项生产劳动。劳动的主要形式包括割禾、打谷、晒谷、挖甘薯、收冬瓜、养鸭、运肥、种菜等。学生在生产劳动中学习生产劳动知识，锻炼生产劳动技能，锤炼意志品质，端正思想态度。

3. 志愿服务专题

主题1：小学支教。学生利用农活空闲时间到村里的小学支教。

主题2：公益劳动。学生可利用农活空闲时间为村里做公益劳动，比如参加美丽乡村建设活动、整理村文化活动室等。

4. 研究创新专题

主题1：农村社会调查。学校鼓励学生在完成农村劳动的基础上，利用空闲时间开展农村社会调查和课题研究。社会调查的内容包括农村经济发展调查、农村传统文化调查等。学生通过社会调查加深对"三农"问题的认识，了解国情，进一步明确自己的责任和担当。

主题2：科技创新课题研究。学生可结合农村生产生活的实际，开展课题研究，比如动物的养殖、植物的培育、垃圾处理。这有利于提高学生创新意识和实践能力，促进其自主学习，以及在解决具体问题中学习。

5. 发展指导专题

主题1：生活指导。学校可利用主题班会等形式，对学生在学农期间如何与农户进行沟通交流、就餐礼仪、自我保护等基本生活技能予以指导。

主题2：野外拓展。年级统一组织，各班可组织喊口号、唱歌曲，进行团队拓展活动。

主题3：学农晚会。学农晚会在返程前一天的晚上举行。学农出发前召集各班文娱委员统一布置，每班准备一个节目，在学农期间结合学农感悟进行节目编排和训练。

主题4：生涯指导。学校利用学生大会等形式引导学生将个人的发展与国家和社会的需要统一起来，学会选择自己的职业和方向。学生从责任担当的角度认识学农，为自己今后服务国家和社会作准备。

（三）"三同"劳动教育课程实施

"三同"劳动教育课程由学生处负责实施，纳入教学计划，由高二年级学农领导小组具体组织开展（包括制订执行计划和学习评价计划），年级全体老师和学生参加。活动在高二年级第一个学期（一般在11月初，具体时间根据农时确定）开展，时长一周。

课程实施主要包括前期准备、计划执行、交流展示三个环节，每个环节实施的具体内容如表13-5所示。

表 13-5 华南师大附中"三同" 劳动教育课程实施明细表

实施过程	前期准备	计划执行	交流展示
负责人	学农领导小组	农户与教师配合完成	班主任
主要内容	制订计划 家长动员会 学生动员会 老师动员会 年级干部会 专题班会 落户安排 车辆、人员、物品准备	安排出发与返回 组织落户 安全检查 每天早午晚三巡 每天教师例会 每天晚上考勤 学农晚会、入团通表会、 篝火晚会的组织 拉练、农村社会发展报告	主题班会 学农展板 学农专刊与征文活动 学农三微宣传 制作学农过程纪录片 在校园新闻播放

（四）"三同"劳动教育课程评价

学校统筹做好"三同"劳动教育课程评价改革，组织各班开展好过程性评价、素养评价、多主体评价、结果评价等。

1. 农村社会实践活动鉴定表

每位参加农村社会实践活动的学生均需填写农村社会实践鉴定表，记录活动时间、活动形式、活动内容，由户主填写鉴定意见，村委会加盖公章；以此对学生的实践活动予以记录，并根据记录的结果进行学分认定。

2. 学农总结与成果集

学生通过写学农日记、学农总结等，促进自我反思，在反思中成长进步；每年学农结束后，学校精选优秀的学农总结、日记、摄影作品，编辑一本学农专刊，印发给学生。此外，学农小组在活动结束时开展小组评议，进行自评和他评，以及通过与户主交流，做好总结工作。

3. 学农总结班会

学农结束后，各班及时召开学农总结班会，学生分享学农感悟，推动体验向观念转化；通过教师总结，推动思维发展，形成统一认识。同时在班会上组织学生推选学农积极分子进行表彰，树立榜样。

4. 促进研究性学习结果向成果转化

对于完成社会调查、课题研究并提供调查报告或论文的学生，学校将在研究性学习课程中进行登记并计入相应的学分，教师将根据课题的研究情况，推荐其参加创新大赛等各类科创比赛，以推动研究性学习结果向成果转化，提高学生学习的积极性。

（五）"三同"劳动教育课程管理与保障

经过多年实施，学校建立并完善了"三同"劳动教育课程管理与保障系统，如图13-6所示，包括制度保障、组织保障、资源保障、技术保障。学校制定了《华南师范大学附属中学社会实践管理条例》，将学农这一课程实施的时间、内容、组织、评价用制度固化下来，编制《华南师大附中农村社会实践活动指南》，为学生提供指导。学校成立了学农领导小组，组长由主管德育的副校长担任，副组长由学农基地地方政府负责人、村委会主任和学校学生处主任担任，组员包括学校年级领导小组成员等。

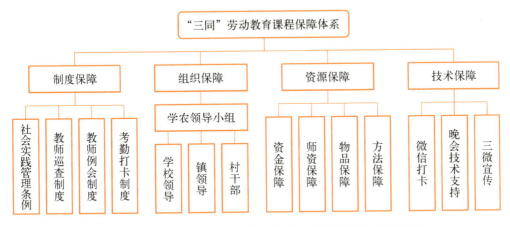

图 13-6　华南师大附中"三同" 劳动教育课程管理与保障系统

近年来，学校还将现代信息技术手段与农村社会实践活动相融合，以提升育人效果。首先，学校利用信息技术进行活动的组织管理。每个班建立活动小组微信群，及时将学农活动的要求、通知发送给学生，同时学生将学农过程中出现的问题、学农成果、考勤结果及时反馈给教师，大大提高了组织开展活动的效率。

其次，学校利用"三微"进行多渠道、多形式、多角度的立体宣传。"三微"即"微博、微信、微视频"。学校通过"三微"手段把学农期间有趣的、有意义的事情发表出来，让学生有更多的认同感，让家长有更多的参与感。这一举措，不仅让家长及时地了解和支持学校的活动，让社会更深入地理解华南师大附中的教育理念和追求，也加强了学农学生与农户的联系沟通。

三、劳动教育的建设成果

多年来，华南师大附中大力推行课程改革，积极构建"多样化、特色化"的课程体系。劳动教育课程尤其是"三同"农村社会实践课程的开发，丰富了学校的课程门类，促进了学校特色发展，取得了较好的教育教学成果。

学校编制的《华南师大附中"三同"劳动教育课程实施指南》，不断进行优化改版。每年从学生劳动教育实践总结中挑选优秀篇目，汇编成《农村社会实践专刊》，共编印了《稻海拾穗》《在乡间》《关注"三农"心系天下》《丰收季》《乡途》等多本农村社会实践专刊。2020年，华南师大附中组织出版了《卅载学农情，悠悠研学路》"学农30

年"学生论文精选集，以及《卅载情谊在，十里稻花香》"学农 30 年"校友回忆录。2021 年，中国知名教育家、华南师大附中原校长吴颖民在他的著作《行思悟道、利己达人——我的教育人生》中的《构建社会化大教育体系——我的治校方略（二）》之"建立社会实践活动体系"部分，以浓重笔墨介绍了华南师大附中劳动教育之农村实践活动。

学生参与华南师大附中的劳动教育学习成果，多次获得广东省主要领导人批示。2008 年 3 月，时任广东省委书记汪洋同志对华南师大附中陈妍羽同学发表在《领导参阅》的《农村问题调查报告》一文，作出批示，对华南师大附中学农的育人模式予以高度评价，并要求对华南师大附中开展社会实践的经验加以总结和在全省基础教育系统推广。2019 年 5 月，按照广东省委书记李希同志的批示，广东省教育厅组织召开专题座谈会，推广华南师大附属中学劳动教育经验。

2019 年，新华社记者于对华南师大附中 30 年学农教育实践进行了深度采访，以"情系乡村、学农 30 年"为题在新华网发表专题报道。此外，还有南方日报、广州日报、羊城晚报等十余家媒体，对华南师大附中的"三同"农村社会实践活动做过近百次专题报道。

在 2020 年 10 月 30—31 日，在教育部基础教育司、教育部基础教育课程教材中心和广东省教育厅的大力指导支持下，华南师范大学附属中学举行了"'学农 30 年'暨全国中学劳动教育研讨会"。新华社广东分社、教研网、南方 + 等媒体纷纷报道，认为本次会议聚焦"以劳动教育树时代新人"的主题，研讨劳动教育的时代意蕴，探讨推进新时代劳动教育的有效途径，有力促进全国中学劳动教育经验的交流。

华南师大附中 30 多年"三同"劳动教育实践成果突出，于学生，突破教育难题，实现铸魂育人；于家长，关注孩子成长，加强亲子沟通；于教师，拓展教研空间，促进专业发展；于学校，完善课程体系，彰显办学特色；于社会，同行高度关注，社会影响深远。近年来，华南师大附中也逐步将多年来劳动教育成果进行梳理，如《基于农村社会实践的"三三五"育人模式的创建与实施》获广东省教育教学成果奖一等奖，《从异化到自由：时代新人视域下的学农教育——华南师范大学附属中学三十年学农教育价值寻绎》《华南师范大学附属中学：劳动教育的乡村表达》《劳动教育环境契合度对学生学农参与行为的影响研究》《高中生乡村"三同"劳动教育课程的育人价值研究——教师与学生的视角》《在农村社会实践中丰盈"时代新人"的生命意蕴》等论文得以发表，成果经验辐射全国，获专家学者高度认同。

 思考题

1. 如何在校本劳动课程开发中，更好地贯彻学校育人理念？

2. 如何把握校本劳动课程评价的重点与难点，推动整体改革和科学实施？

 拓展阅读 ─────────────────────────────────

华南师大附中各学科学农实践研究性课题参考（以 2021 年为例）

1. 语文

（1）清远华侨农场小学语文经典诵读现状的调查研究。

（2）清远小学生语文学习兴趣与动机的调查与分析——以清远华侨农场小学为例。

（3）农村传统文化传承的调查与分析。

（4）农村小学生语文多样化作业的调查研究。

（5）培养农村小学生语文阅读兴趣的调查与对策。

2. 数学

（1）调查清远龙坜居民在农业方面的投入费用（如种子、化肥等）与收获的粮食价值，分析每年每亩地的纯利润。

（2）调查清远龙坜农户的经济来源及占比情况，思考清远龙坜农户发展的新出路。

（3）调查分析清远龙坜农村人口的年龄及性别结构比例情况。

（4）清远龙坜农村道路设计调查及规划研究。

（5）清远龙坜农村农田作业区域的调查再规划。

（6）清远龙坜农村不同蔬菜种植方式的调查及改进建议（如空间的应用等）。

3. 英语

（1）清远华侨农场中小学生英语学习困难、障碍、表现、成因实证调查与对策研究。

（2）清远华侨农场小学英语学习资源（阅读、听力等）获取与使用现状的调查研究。

（3）清远华侨农场学生英语词汇量与词汇学习策略调查与研究（可与同年龄段广州学生对比）。

4. 化学

（1）学农基地白色垃圾来源和污染情况调查研究。

（2）学农基地使用农药种类和用量调查研究。

（3）学农基地使用化肥种类和用量调查研究。

（4）学农基地水污染或废水的处理方法调查研究。

（5）学农基地能源使用现状调查研究。

（6）学农基地家用消毒试剂使用情况调查研究（新冠疫情之前和之后对比）。

（7）饮用水、食用油、大米、蔬菜等主要食品来源城乡差异调查比较。

（8）学农基地新能源交通工具使用情况调查研究。

（9）学农基地空气质量近几十年变化情况走访调研。

5. 生物

（1）清远龙埗居民防疫意识、防疫措施存在问题的调查。

（2）新型水稻秧苗与传统秧苗培育方法的区别及种植过程中遇到的问题和解决方案。

（3）乡村家庭生活中传统发酵技术的实践。

（4）农作物常见病、虫害及防治方法的调查。

6. 政治

（1）"双减"政策对乡村中小学教育的影响调查与思考。

（2）乡村振兴背景下三农问题调查与思考。

（3）民俗文化助力乡村治理的策略的调查与思考。

7. 历史

（1）清远华侨农场基层民主状况（如选村官）调查研究。

（2）清远华侨农场乡土历史教育调查研究。

（3）清远华侨农场养老现状调查研究。

8. 地理

（1）所在村庄的人口构成现状、存在问题和建议。

（2）清远飞来峡镇农村交通运输布局的现状和建议。

（3）清远飞来峡镇特色农业调查分析。

（4）自媒体背景下的清远农业和旅游业发展策略。

（5）所在村庄土地利用类型（不同作物地块对比）与效益评估（结合卫星遥感地图）。

（6）所在村庄某种农作物/果树种植情况调查、田间管理策略、精深加工方向。

（7）当地农业生产应对自然灾害（如台风）情况和建议。

9. 体育

（1）农村居民体育锻炼方式科学性的调查及对策研究。

（2）农村体育运动器材及设施构建及利用率情况调查。

（3）农村学校体育开展的情况调查。

10. 美术

（1）调研学农基地建筑特色及成因。

（2）观察并拍摄朝阳和夕阳色彩的变化规律。

（3）探索手机微距摄影的方法并拍摄作品。

（4）调研学农基地学校美术教育状况。

（5）调研农户小孩校外美术教育现状。

11. 通用技术

（1）清远华侨农场灌溉系统的构建及其优化调查研究。

（2）清远华侨农场农村交通工具变化与交通安全设施更新的调查。

（3）清远华侨农场房屋建筑风格调查及农民自建房工艺流程调查研究。

（4）农村养殖业（鸡、鸭、鱼等）的系统构建及其优化。

12. 心理

（1）基于村民幸福感提升的美丽乡村建设研究。

（2）学农劳动教育对高中学生劳动意识的影响研究。

（3）利用智能手机辅助综合实践活动课学习的调查研究。

（4）城乡发展视域下农村青年生涯发展路径分析。

（5）农村留守儿童网络成瘾原因和干预策略。

思考： 如何在劳动教育中组织研究性学习？

第十四章　中小学劳动实践的设计

【学习目标】

　　1. 了解中小学开展劳动实践的意义与价值，树立正确的劳动价值观。

　　2. 熟悉中小学开展劳动实践的主要内容与形式，明确设计和实施思路。

　　3. 掌握中小学劳动实践设计的原则、实践目标、主要影响因素和中小学劳动实践的开展原则与策略。

　　劳动教育是一种体验式教学，中小学劳动教育的基本途径是劳动实践。教育者要以教育目标为指引，结合实际，科学设计与实施校内外劳动实践活动，让中小学生在亲历劳动中提升劳动素养。2019 年初，中共中央、国务院在《中国教育现代化 2035》中提出推进教育现代化，强调知行合一，增强综合素质的教育理念，弘扬劳动精神，强化实践动手能力、合作能力、创新能力的培养。

第一节　中小学劳动实践的设计概述

　　劳动实践是劳动教育的重要组成部分，中小学是开展劳动实践最为关键的时期，因此，在中小学开展劳动实践显得尤为重要。

一、设计原则

　　劳动实践是立足于学生的实际生活，以学生的全面发展为目标的客观性活动。开展劳动实践是中小学实施劳动教育的主要形式，也是培养学生劳动精神和劳动能力的重要途径。在中小学开展劳动实践要强调学生在实践过程中获得充分体验和自我经验，贯彻可持续发展的教育理念。因此，中小学劳动实践的设计包括如下原则：自主性、实践性、开放性、系统性、连续性。

（一）自主性

　　自主性原则是指在中小学劳动实践活动设计中需要充分尊重学生的主体性，提升学生活动体验。学生是劳动实践活动的主体，教师、家长和其他社会成员在其中起组织、指导和促进作用。因此，在设计中小学劳动实践方案时，我们要强调学生自主性的发挥，重视学生自身发展的需求，为其提供广阔的发展空间。教师要善于激发学生的探究意识，引导学生自主选择实践内容和实践方式，帮助学生提高劳动积极性，享受探究的乐趣和劳动带来的充实感。同时，学生也可参与实践活动方案的制订，从而促进劳动知识的建构与实践能力的提升。

（二）实践性

所谓实践性原则，就是中小学劳动实践活动的设计要基于学生的实际生活，强调学生的实际体验，要求学生直接参与活动过程。美国教育家杜威认为："个体要获得真知，就必须在活动中主动体验、尝试、改造，必须去做。"在设计中小学劳动实践活动时，我们要重视学生的主体地位，加强学生实践，使其获得"真知"；在活动过程中要注意培养学生的劳动意识、实践能力和创新精神，让学生在多样和开放的活动中学会探究、实践、创造和反思，在参与过程中发现、分析并解决问题，实现知识的拓展和能力的提升。

（三）开放性

开放性原则是指中小学劳动实践活动需打破学科间的界限和空间上的壁垒，设计成一个综合性的实践活动。陶行知在其著作《生活即教育》中说道："我们此地的教育，是生活教育，是供给人生需要的教育。"[①] 教育蕴含在生活的所有劳动中，劳动教育与生活教育具有高度一致性。劳动实践也不只是拘泥于学校之内，而是面向学生的整个生活世界。学生处于不同的社会背景下，有着不同的生活环境，面临着不同的实际需求。因此，劳动实践设计要从学生的成长环境出发，拓展活动内容和学习场所，帮助学生在与学校、家庭和社会的持续互动中得到磨炼和成长，形成自己的个性特长，提升实践与创新能力，提高服务精神和社会责任感。

（四）系统性

系统性原则是指在中小学劳动实践活动设计过程中，要打破学科界限，突破学科知识体系，建立不同学科知识间的内在联系，同时要走进学生的生活世界，将学科知识与真实生活情境相联系，综合运用知识和经验分析解决实际问题。在由个人、社会和自然共同构成的世界中，学生与自我、学生与他人、学生与社会的关系彼此交融，构成学生生活的有机整体。因此在劳动实践内容和组织上，我们要结合学生的发展和个性特征，均衡考虑学生与自我、他人和社会的关系，充分体现三者的内在联系，促进德智体美劳多方面的有机整合。

（五）连续性

连续性原则是指中小学劳动实践活动的设计需要基于学生的可持续发展需求，依据不同的年龄段设计相应的活动主题和递进式的活动内容。在劳动实践的设计上要明确长、短期的不同目标，贴近不同年龄段的学生生活，由简单到复杂，不断丰富活动

---

① 陶行知.生活即教育［M］.武汉：长江文艺出版社，2019：201.

内容，拓展活动范围；要有效处理好不同年龄段、学段间目标和内容的有机衔接和联系，构建科学合理的实践主题序列，持续促进学生综合素质的发展。

二、实践目标

在中小学劳动实践的设计中，只有准确把握实践总目标，充分认识各学段具体的分目标，才能保证实践活动的有效开展。

（一）总体目标

学生通过劳动实践可以全面提高劳动素养。一是要树立正确的劳动观念。正确理解劳动是人类发展和社会进步的根本力量，认识劳动创造人、创造价值、创造财富、创造美好生活的道理，尊重劳动、热爱劳动、珍惜劳动成果，牢固树立劳动最光荣、劳动最崇高、劳动最伟大、劳动最美丽的思想观念。二是具有必备的劳动能力。掌握基本的劳动知识和技能，正确使用常见劳动工具，增强体力、智力和创造力，具备完成一定劳动任务所需要的设计、操作能力及团队合作能力。三是要培育积极的劳动精神。在实践过程中，明白劳动成果的来之不易，领会"幸福是奋斗出来的"内涵与意义，树立正确的消费观和价值观，继承中华民族勤俭节约、敬业奉献的优良传统，弘扬开拓创新、砥砺奋进的时代精神。四是养成良好的劳动习惯，形成优秀的劳动品质。珍惜劳动成果，养成良好的消费习惯，杜绝浪费。能够自觉自愿、认真负责、安全规范、坚持不懈地参与劳动，形成诚实守信、吃苦耐劳的品质。

（二）学段目标

劳动实践在各学段的分目标上有着具体划分和密切关系。

1. 小学阶段的具体目标

小学低年级围绕个人生活起居开展劳动实践，如在家庭学习个人物品的整理清洗和简单的家庭清扫，在学校组织适当的班级集体劳动和简单的手工制作比赛等来培养学生的劳动意识，使其提高自理能力，感知劳动乐趣，爱惜劳动成果。小学中高年级以开展校园劳动实践和家庭劳动实践为主，在低年级的基础上加强劳动技能训练，如在家庭里学习家居的收纳整洁、制作食物等，在学校开展特色校园活动和公益活动等，树立学生热爱劳动和生活的态度，增强学生自理能力和合作意识，培养学生责任感。

2. 初中阶段的具体目标

初中阶段兼顾在小学阶段已开展的校园、家庭劳动实践，继续丰富劳动实践的内容和形式，引入社会劳动实践。家庭和校园劳动实践可以以家居美化、寝室评比、助残敬老等形式进一步强化学生服务意识和责任担当意识，并适当开展具有一定技能培训的劳动实践活动，如参与种植养殖、工艺制作和机械维修等，让学生个人技能得到提升；同时引入如志愿服务、企业实践和场馆参观等社会劳动实践，发展学生个人的兴趣专长，形成初步的生涯规划意识。

3. 高中阶段的具体目标

高中阶段持续开展日常劳动实践，增强学生生活自理能力，固化良好的劳动习惯；进一步提高劳动实践的纵深度，注重培养学生发现问题和解决问题的能力，引导学生关注社会、主动参与志愿和公益活动，提升社会公德心和社会服务能力；开展如研学旅行、职业体验等校内外的劳动实践活动，将传统和现代化的生产劳动融入学生的实践过程，让学生在实操技能得到提升的同时，认可社会规则，强化国家认同感，增强文化自信。

三、主要影响因素

中小学劳动实践在其设计过程中会受到诸多因素的影响；从参与者的角度出发，可以将主要影响因素分为学生参与、学校条件、家庭环境、政府支持和社会力量。

（一）学生参与

学生作为劳动实践的参与主体和主要受益者，自身观念和行为直接影响劳动实践的实施过程和最终成效。

首先，学生的思想观念能够对劳动实践的实施效果产生积极或消极的影响，为劳动实践的设计提供一定方向性。例如，学生可能会由于没有认识到劳动对提高品德修养、增强综合素质的重要作用，从而参加劳动的积极性不高，轻视集体活动，导致劳动实践效果不尽如人意。因此，我们设计劳动实践时便需要考虑这一情况并引导学生对其思想观念误区进行调整。

其次，不同年龄段的学生发展状况不同，也会影响到劳动实践的设计。低年龄段孩子的价值观尚处于形成阶段，我们在设计活动时要注重引导其树立正确的劳动价值观，对于中高年龄段的孩子，则更应注重能力上的培养。

最后，学生的兴趣会影响到学生的劳动实践意愿，这也是劳动实践设计需要考虑的重要因素。中小学劳动实践的设计要充分尊重学生的兴趣爱好。杜威认为，儿童有四类兴趣（本能、冲动）：社会本能、制作本能、探究本能和艺术性本能。这四类兴趣是儿童的自然资源，儿童后天的经验是在这四类兴趣的基础上发展起来的，儿童心智的积极生长依赖于对这四类兴趣的运用[①]。因此，劳动实践的设计要以学生为核心，充分尊重学生的四类兴趣及相应经验，在此基础之上才能获得更为有益的实施效果。

---

① 黑岚，步星辉，曲小毅，等. 小学综合实践活动课程的设计、实施与评价［M］. 北京：清华大学出版社，2020：113.

（二）学校条件

学校作为开展劳动实践的主阵地。学校的管理理念会影响师生的劳动实践行为，直接影响劳动实践活动的设计与实施。例如，在应试教育的背景之下，有些学校普遍追求升学率，忽略对学生劳动能力的培养，对劳动实践的目的、内容、意义及作用等认识不到位。劳动实践的地位得不到重视直接导致资源建设的投入不足，缺乏开展实践的人力和物质条件。另外，也很少有学校将劳动课程成绩纳入考核评价范围，劳动实践的实施难以达到理想的效果。因此，学校要确立劳动教育的学科地位，建设保障机制，确保劳动实践课程的开设，充分开发教学资源，提高教学质量，多方面完善教学条件。

同时，人才培养，关键在教师。教师是劳动实践的关键因素，教师的引导在培养学生的劳动价值观和提高学生的劳动能力中发挥着重大作用。当前劳动实践教师结构失衡，专职教师较少，大多为兼职；部分任职教师对劳动实践的态度消极，主动性不高，积极性不强；教师队伍中，受过专业培训的人才较少，在对学生进行专业指导时，能力有所欠缺，教学质量无法得到保证。因此，在完善劳动实践机制的同时，我们要加大对教学人才建设的投入，培育强有力的师资力量。教师也要主动提高自身能力水平，能够围绕各学段的不同要求，设计不同形式的劳动实践活动。教师要正确认识劳动实践的重要性，科学合理地去确立培育目标，确定活动主题、内容和形式，并在实践过程中积极调动学生的劳动热情，进行专业性指导。

（三）家庭环境

家庭是孩子出生后接受教育的第一场所，家长是孩子的第一任教师，对孩子的影响作用不容忽视。

一方面，学生在小学之前，其劳动观念的培养主要依靠家庭教育，学生已有劳动观念是中小学劳动实践设计需要考虑的重要因素。针对已有劳动意识和生活自理能力的学生，劳动实践设计可以更加倾向于复杂劳动；针对暂未形成劳动意识和养成劳动习惯的学生，劳动实践设计可以侧重于简单劳动。

另一方面，家校合作是保证中小学劳动实践效果的重要措施。家长对劳动实践活动的支持能够保证劳动实践活动顺利进行，学校在活动设计环节中就需要与家长进行沟通，寻求家长的支持与合作，并做相应分工；让家长了解学生进行家庭劳动的重要性，并对其进行指导。家庭是孩子最持久的学习场所，父母是陪伴孩子时间最长的老师，家庭环境的重要性不言而喻，因此要充分发挥家庭劳动的教育作用。

（四）政府支持

政府是劳动教育的引导者，是协同社会、学校等各方开展劳动实践的根本保障。政府对于中小学开展劳动实践的支持力度影响着学校、家长、社会和学生自身的态度，因此应重视政府的引导作用，政府应制定保障政策，大力支持劳动实践的开展。相关部门要确立劳动实践的学科地位，加大对劳动实践相关学科领域的研究投入，促进劳动实践向纵深发展；在师资力量建设、课时安排、教学设计和评价制度等方面给予有效指导；要建立健全劳动实践的管理体系。

案例 14 - 1

杭州市富阳区的新时代劳动教育实践

作为全国中小学劳动教育实验区，近年来，杭州市富阳区落实立德树人根本任务，统筹推动劳动教育全域发展，推进新劳动教育之路走好走远。

经过十年耕耘，富阳形成全域劳动教育氛围。富阳区政府统筹，成立推进新劳动教育工作领导小组，出台 10 余项政策制度；成立新时代劳动教育研究院，组建区劳动教育研究团队，加强管理、师资、经费等保障条件建设；建立区劳动教育联盟，与全国劳动教育联盟联合，实现劳动教育校校联动、全域推进；同时，专项拨款近千万，组织全区 44 000 名学生到"新劳动教育"实践体验活动基地参加劳动实践，让学生在更广阔的空间中锻炼实践，获得真切的劳动体验。

此外，富阳打通教育围墙，在富阳区工会、共青团富阳区委、妇联等部门支持和各乡镇积极配合下，劳动教育从学校走进家庭、走向社会，形成新劳动教育一体化实施的共同体。

通过整合资源，富阳拓展劳动教育基地网络，出现了富春七小"开心农场"、礼源小学"衍纸教室"、富阳二中"机器人实验室"、新登中学"金工教室"、浙江省盲校"家政教室"……富阳各校按要求都在学校内部设立了劳动专业教室或劳动实践基地。另外，富阳统筹规划，配置资源，推出 5 个大型综合劳动教育基地、34 个乡村劳动教育基地、1 000 户农户体验点"三位一体"的新劳动教育实践基地网络，为学生提供多样化的劳动实践平台。

基于科学设计，富阳构建劳动教育课程体系。富阳各校结合学校校本特色和区域劳动文化特色资源，共开发了插花、元书纸制作、蜡染、陶泥等 149 个劳动教育课程。

勇于创新发展，富阳完善劳动教育评价模式。新劳动教育将劳动素养作为学生综合素质评价内容，提出技能＋素养的劳动教育目标；坚持过程与结果"两手抓"，开展劳动过程监测；"校内＋校外"，多元参与全员评价。在这基础上，富阳构建区域劳动素养评价数字化平台，实现学生、教师、学校、基地各级实践与评价数据共享，全面提升区域教育管理水平。

2021 年 10 月，由教育部主办的全国中小学劳动教育现场推进会在成都召开。会上发布了 48 个全国中小学劳动教育典型案例，富阳区劳动教育案例"正心立德　劳动树人——区域推进新时代劳动教育的富阳实践"位列其中。

（资料来源：《富阳日报》，有删减。）

案例分析： 杭州富阳区的劳动教育实践，是地方政府支持和推动劳动教育改革、实施的典型案例。富阳深入推进区域"新劳动教育"统筹发展，形成政府统筹、基地升级、课程优化、家校协同的"富阳实践"模式，走出了一条遵循教育规律和学生全面发展要求的新时代劳动教育之路，成为全国劳动教育标杆，对推进各地劳动教育产生了重要影响。

思考：杭州市富阳区的新时代劳动教育实践对其他地方有什么启示？

（五）社会力量

社会力量对于劳动实践的重要性显而易见。社会风气、价值观导向是影响劳动实践设计与实施的重要因素。我们要加强社会舆论引导，帮助学生培育正确的劳动价值观。在现今的信息化时代，多媒体技术发展日新月异，我们可以利用各种传播速度快、范围广和形式新的手段与技术为劳动实践营造强有力的社会舆论氛围，可以对劳动模范、大国工匠等进行宣传报道，强化榜样引领作用，以现实为原型创造体现新时代劳动风尚的优秀作品，讴歌劳模精神，充分利用新媒体优势，做好典型宣传，灌输正确的劳动价值观，营造热爱劳动、尊重劳动的社会氛围。在教学资源的开发上，社会力量要与家庭和学校形成合力，加大实践力度，让学生在实践的过程中体验劳动的价值，使劳动精神内化于心、外化于行。社会各行各业应主动承担社会责任，为劳动实践的开展提供更为广阔的场所，让孩子们参与到更多的社会活动中，获得更为真实的劳动体验，在这种合力之下，劳动实践的成效能进一步提高。

四、基本要求

无规矩不成方圆，任何事物的发展都有其所遵循的标准，中小学劳动实践也是如此。劳动实践的实施，对实践目标、内容和过程等都有着一定的基本要求。

（一）目标明确

目标是劳动实践的核心。在设计过程中需要做到目标明确，以总目标为抓手，针对具体所要开展的实践活动将实践目标细化为可操作的活动目标，以有效指导实践活动的展开。

（二）内容丰富

实践内容是活动顺利有效开展的前提，劳动实践内容的丰富与设计合理是提高其质量的关键。根据目标、学生年龄段和类型的不同，我们可以选择日常生活劳动、生产劳动和服务性劳动等劳动内容。劳动实践的内容丰富主要包括以下两方面。

一是创新劳动实践方式，将劳动实践与各学科相互融合，避免实践内容的单一化、形式化。在教学中，教师可以在各学科的教学中创造性地发掘劳动实践资源，使劳育理念融入各个学科中，以此丰富劳动实践内容。

　　二是要以丰富多样的活动拓展劳动实践内容，以适应不同年龄段孩子的需要。例如低年级的学生不适合单纯枯燥的理论学习，可以开展劳动类的游戏活动，通过游戏的方式让孩子更好地参与到劳动中去，培养劳动兴趣，获得劳动知识；中高年级的学生有了一定的理论知识，理解接受能力更强，可以开展科技活动，进行实践操作，运用知识解决实践过程中遇到的问题，在巩固学科知识的同时提高学生自我思考与动手能力。除此之外，劳动实践作为一个开放性的领域，各种传统文化活动、校园文化建设活动、社会公益活动也都能融入劳动实践中，以此丰富实践内容。

（三）过程完善

　　实践过程就是一系列实践活动彼此衔接的环节，体现了实现教学任务的活动进程。在劳动实践活动中，要充分考虑劳动过程涉及的各个要素，做好过程设计，保证活动顺利进行。其一，确立实践目标和活动主题时要充分体现学生的主体地位，关注学生的兴趣爱好与身心发展特点，注重理论和实践的相结合。劳动实践的设计要面向全体学生，让每一位学生都能全程参与，让学生能够拥有更多自主学习的时间去思考、交流问题，以全身心的主动参与姿态去探索体验并得到发展。其二，一次成功的实践活动既要有学生的主动参与，也要有教师的有效指导。教师要采取科学、合理的方式对学生进行全过程的有力指导，在学生遇到困难时指出问题所在，与学生共同分析，走出困境，培养其不怕困难的品质；在学生取得进步时，要认真倾听学生的经验讲解，与学生一同感受成功的喜悦。在活动结束后，教师应及时对学生的表现作出评价，在此，需注重评价方式、评价主体和评价指标的多元性。评价是活动过程中的重要一环，是劳动教育课程发展的"指挥棒"。科学合理的评价体系，是劳动实践教学质量的重要保证。一方面，我们要拓展课程评价方式，注意评价制度的合理性、真实性、公平性和有效性，充分关注学生在劳动实践过程中的态度、表现和成果，制订一套客观具体的评价标准。另一方面，我们要丰富课程评价主体，将老师、学校、家庭和学生自身都作为评价的主体，在评价过程中注重个体差异，拒绝千篇一律的评价标准，以全方位的评价真实反映学生的各项表现。

（四）方法得当

　　中小学劳动实践的开展需注意方法的适用性，方法的选择和使用对实践成效有着直接影响。从实践方式来看，要以学生为主体，根据教学目标，针对学生年龄阶段和学生兴趣，创造性地开展实践活动，激发学生的主动性；不拘泥于某一领域或某一种方式，可以通过把握活动内容间的内在联系，合理整合形成活动方式。

（五）形式多样

　　劳动实践体系是劳动教育顺利进行的重要保障，其功能的整体性和科学性是无法代替的。因此，改善劳动教育现状，解决劳动教育问题及促进劳动教育可持续发展的重要环节，就是努力构建完整、具体、科学的劳动教育课程体系，将劳动教育全面融入课程设置，组织开设劳动课程，不断更新劳动课程内容，增强劳动课程形式的多样性。国家规定的小学科学课、小学综合实践活动课，以及地方创新技术课程等是实施劳动教育的主要渠道，考察探究、校园活动、社会服务、设计制作、职业体验等也都是开展劳动教育多样化的形式，都可以促进学习目标的有效实现。在劳动教育实施过程中应坚持一切从实际出发的原则，实事求是，不能搞"一刀切"。学校劳动实践必须与当地的实际情况紧密结合，最大限度地综合利用本地区教学资源，科学筹划创建劳动教育校外实践基地，从多种形式、多种类别、多个层次、多个角度去帮助学生树立正确的劳动观念，有效开展劳动教育。

（六）方案可行

一个方案的确立直接决定实践活动开展的程序的合理性，因此在活动开展之前应对方案的可行性进行论证。我们可以从基本原则、主体因素、目标制定、评价机制和保障措施等方面进行分析，在前人实践的基础上进行创新改进，不断进步。首先，活动方案要切实可行、操作性强。完整合理的方案应具备以下特点：一是活动目标符合要求和学生发展，二是活动内容符合目标要求和整体理念，三是活动方式多种多样、层层推进，四是活动形式丰富，符合不同学生的个体需求。教育者所设计的各个环节要有可操作性，不可超出学生当前阶段的能力范围。再者，活动方案的设计要确保安全可靠。我们倡导劳动教育走出家庭和校园、走向社会、走进自然，但这一切都要基于安全基础之上。不只是劳动实践教育，任何教育和实践都首先要对学生的人身安全负责，在活动开展前都必须清除活动过程中任何危险性的障碍。这便要求：一是要加强对学生的安全教育，在进行校外实践之前，要教导学生基本的交通规则、乘车注意事项和防范意识，从源头提高安全性；二是要在方案设计过程中充分考虑安全问题，如有危险隐患的活动，要慎重避免。

（七）特色突出

劳动实践的资源无处不在，设计者要拥有一双发现资源的眼睛，发掘新颖主题，整合周边资源和地域特色，发挥一切有利条件，在劳动实践的开发之路上走出特色。

一是要突出主题特色。劳动实践的主题是丰富多样的，既有多学科的交叉，也有中华优良传统文化的继承发扬，更有家国情怀的体现。因此对于劳动实践主题的设计，在确保目标合理的前提下，我们要注意突出主题特色。

二是要突出学校特色。办学特色是一所学校独特的、相对稳定且比较显著的办学特征，学校的办学特色是经过长期的累积发展而逐步形成的，它是一个学校理念、学风、教风的综合体现，是学校的标志和象征，是历史文化传统的流变和积淀。凸显学校办学特色对一个学校的发展尤为重要。劳动实践课程是一门由国家规定、地方指导、学校自主开发的课程，中小学在对劳动实践课程进行设计时，需要依据学生的发展现状、学校特色、培养目标等进行统筹考虑，同时也要发挥该课程的发展价值，为学校增强办学特色、提升办学品质提供机会，开拓更广阔的发展空间。

三是要突出地方特色。不同城市有其特有的传统文化、生活方式，是现有的特色学习探究资源，不应忽视。因此，我们可以充分利用所在地区的各种资源，设计开发具有本地特色的课程内容，尽可能凸显地域文化、民俗风情，引导学生体验家乡的传统文化，激发他们对家乡的热爱之情。学生的学习不必局限于校园内，可以因地制宜，合理利用校外资源，在保障学生安全的前提下，可以与博物馆、科技馆、图书馆、影视基地、风情园及社区等机构建立长期合作，将其作为学生校外的劳动实践基地，让学生在真实的情景中学习，加强学生与社会之间的联系。

第二节　中小学劳动实践的主要内容与形式

从学生生活环境来看，劳动实践可分为校园劳动实践、家庭劳动实践和社会劳动实践。

一、校园劳动实践

校园劳动实践能有效发挥学校在中小学劳动教育中的主导作用，是培养中小学生良好劳动品质的有效途径。学校在传授文化知识的同时，应开展多样的校园劳动实践活动，丰富学生的课余生活，共创美好校园。

（一）校园绿化

学校可以以"世界环境日""植树节"等为契机，广泛宣传校园绿化的重要性，利用板报、广播、学习园地等阵地，普及绿化知识，营造绿化氛围。在班级开展如"守护校园绿意"的主题班会，让学生树立爱护花草的意识；选举"绿化使者"，让学生对学校的绿化工作提出建议，在植树节开展义务植树活动、盆景比赛等，激发学生热情和主动性。

（二）寝室美化

有住宿生的学校可以定期对寝室卫生进行检查，开展丰富的寝室文化设计和评比大赛。寝室是学生成长的重要场所之一，进行寝室美化，不仅能提高学生的劳动能力和审美能力，还可以培养学生互助互爱、团结协作的精神，丰富学生的文化生活。在寝室设计的过程中，激发学生的创造性思维，鼓励学生展示自我个性，勇于表现自我，引导学生向高雅、科学、文明、和谐的方向发展。

（三）垃圾分类

在劳动实践中融入可持续发展理念，引导学生进行垃圾分类。学校要开展垃圾分类创建工作，成立垃圾分类指导队伍，利用国旗下讲话、广播、晨会、班会、宣传栏等途径进行宣传，努力提升垃圾分类知晓率。同时，学校要带头发挥协同作用，可以开展"小手牵大手"垃圾分类活动、垃圾分类知识竞赛等，以此带动家庭、社区关注并积极配合垃圾分类工作的开展。

（四）校园活动

学校可以定期组织校园劳动实践活动，在郊游、主题班会、板报设计等广泛的校园活动中融入劳动教育，培养学生的劳动意识，让学生在参与劳动实践活动的过程中，掌握一定的劳动知识和技能，让学生热爱劳动，感受劳动的快乐。

二、家庭劳动实践

家庭劳动实践能发挥家庭在中小学劳动教育中的基础作用，是培养中小学生良好生活习惯的主要方式。

（一）衣——衣物劳动

学生需要学会收纳整理衣物、穿衣搭配和衣物清洁等生活技能，并能根据家庭实际，创造性地收纳自己和家人的衣物，获得健康积极体验，树立自我服务、服务家人的意识，在参与中提高劳动能力，养成劳动习惯；穿衣搭配应舒适得体，选择适合自身年龄的服装，根据不同的时间、场合、目的，力所能及地对所穿服装进行精心选择、搭配；保持衣物清洁，养成良好的个人卫生习惯，并且主动承担衣物清洗责任，保持干净整洁的家庭环境。

（二）食——饮食劳动

一是文明用餐，科学饮食，自觉抵制浪费，主动践行餐桌上的"光盘行动"。合理搭配各餐饮食，避免不必要的浪费，养成健康的饮食理念、理性的生活方式，做文明健康家庭的倡导者。从每个家庭做起，节约粮食，合理饮食。家长先行示范，通过"大手"拉"小手"，言传身教，带动孩子养成勤俭节约的好习惯，树立以节约为荣、浪费为耻的家庭生活观念；形成简约适度、绿色低碳的家庭生活方式。二是学习传统饮食文化，享受烹饪乐趣。引导孩子学会做饭，学习使用各种烹饪工具和调料，对烹饪的原料如蔬菜、肉类、海鲜等形成初步认识，逐渐掌握烹饪技巧，锻炼孩子独自生活的能力。

（三）住——起居劳动

积极引导学生践行起居劳动，主要包括如房间通风透气、家居的日常消毒、地漏的检测与处理、家庭环境的优化整理等居家整理劳动，如给家中老人、病人端茶倒水与提供相关服务、家庭装饰和用品维护等家庭服务劳动。通过起居劳动实践教育，学生们可以更加体会到起居劳动对个人身体健康和能力提升、对家庭生活和谐、对社会稳定发展的独特价值，有助于学生在实践中养成积极劳动观念、良好的日常劳动习惯，培养劳动精神。

三、社会劳动实践

社会劳动实践是学校教育的一种延伸，能帮助学生走出校园，为学生锻炼能力、服务社会、树立正确的价值观提供平台，发挥社会在中小学劳动教育中的支持作用，是培养中小学生劳动能力和精神的重要渠道。

（一）志愿服务

开展社会劳动实践的主要途径之一就是志愿服务，学生要在公益劳动、志愿服务中不断强化社会责任感、社会公德，培育公共服务意识，具有面对灾害等危机主动作为的奉献精神，在志愿服务中接受爱国主义教育，培育家国情怀。社区志愿服务要以"服务社会发展进步，服务社区群众需要"为宗旨，不断拓展服务领域，弘扬"奉献、友爱、互助、进步"的志愿者精神，本着志愿性与制约性相结合、无偿性与公益性相结合、组织性与业余性相结合的原则，积极倡导志愿服务精神，大力弘扬助人为乐美德，努力营造"有困难找志愿者，有时间做志愿者"的良好氛围，为发展公益事业、完善社会服务、促进社会主义精神文明建设、构建社会主义和谐社会作出贡献。

（二）企业实践

学校与企业建立联系合作关系，鼓励学生积极主动参与企业实践活动，通过劳动实践深入社会，了解国情，体验社情，积累社会阅历，以增进对于社会工作的理解；在企业实践过程中增长才干，锻炼能力，开阔视野，培养职业素养，增加工作经验，便于更好地将所学知识与技能运用到实际劳动中。

（三）农村体验

实施乡村振兴战略，是党的十九大作出的重大决策部署，是决胜全面建成小康社会、全面建设社会主义现代化国家的重大历史任务，是新时代"三农"工作的总抓手。为积极响应国家战略号召，学校可以组织学生到农村体验生活，使其利用所学知识，在农村体验中得到更好的锻炼，培养实际操作能力与团队合作能力，在实践中巩固自己的知识，调节理论与实践之间的关系，培养实际工作能力和分析能力，以达到学以致用的目的。在农村体验的劳动实践中，学生要注重深入了解农村的基础设施建设，进一步开阔视野，用自身的实践行动去关心社会、了解社会、融入社会，为乡村振兴贡献一份力量。

（四）创新创业

在社会主义市场经济体制下，为积极响应参与创新创业的劳动实践，中小学在重视职业指导的同时，也要导入创新创业劳动实践，培养学生自主创新创业意识；通过课程教学等多种方式帮助学生进行职业生涯规划，指导学生妥善处理与他人、集体和社会的关系，开发学生潜能，培养学生的创新性思维，提高其创造力、学习力、适应力和竞争力；在科技创新、社会实践和校园文化建设中融入创新创业精神，建立健全创业教育的各项规章制度，完善创新创业教育评估、保障和约束等各项机制，形成创新创业教育的完整体系。

（五）研学旅行

学校可以根据区域特色、学生年龄特点和各学科教学内容需要，组织学生通过集体旅行方式走出校园，在与平常不同的生活中拓宽视野、丰富知识，加深与自然和文化的亲近感，增加对集体生活方式和社会公共道德的体验。学校组织开展研学旅行要做到"活动有方案，行前有备案，应急有预案"。研学旅行方案设计包括制订研学目标、选择研学主题、设计研学内容和确定研学活动方式及特色等；要使学生在研学旅行实践经验的累积中，促进自我认识、自我建构、自我教育和自主发展。要避免"只旅不学"或"只学不旅"，关键环节是结合学校实际进行研学旅行课程化的整体设计和实施。

第三节　中小学劳动实践的开展

再好的设计方案没有实施，都只是空谈。落实中小学劳动教育实践的关键在于开展环节，只有准确把握住开展原则，在开展过程中统筹安排，多方协作，才能确保实践目标的完成，提升实践的实效性。

一、开展原则

区别于传统的教育方式，新时代赋予了劳动教育实施的特殊性，劳动教育需要遵循富有新时代特色的开展原则，主要为多元素融合交叉、多形式紧密结合、多主体有机协同、多阶段持续发展等。

（一）多元素融合交叉

劳动教育是综合性、整合性很强的实践活动，因此，在实施过程中要充分融入生活中、各学科中的元素，将其有机融合，从而提升劳动实践的教学质量。

实践内容是实现实践目标的载体，直接决定着劳动实践的成败。在内容的选取上要结合学生的学习和生活，以学生为核心，围绕学生的需求和动机，打开思路，实现跨学科的学习，真正达到"生活即教育"。如果劳动实践只是像值日扫地、擦黑板、擦桌子等这种机械化单一的劳动，或者只是一味地"填鸭式"灌输知识内容，则对学生劳动技能、劳动习惯和劳动兴趣的培养起不到好的作用。因此，学校要以正确认识学生主体作用和教师主导作用为前提，打破学科间的壁垒，将劳动实践与各学科活动相联系，走进学生生活，为学生提供各种有意义的机会，从而满足学生探求未知、体验成功、合作交往的需求。在整合过程中，学校要注意各元素在内容上的相关性，牢牢把握国家规定，开拓符合学生发展需求的新颖元素，做到求同存异；在实施过程中要引导学生运用多门学科知识来分析解决问题；通过劳动实践与各学科综合实践活动的融合，让学生在感受到跨学科实践活动的乐趣、学会综合运用多种学科知识和能力的同时，提高劳动素养，增强探索、发现、整合、创新的综合能力。

（二）多形式紧密结合

以多样化的形式开展劳动实践是使其发展的重要方法，对于不同主体、不同主题、不同目标的劳动教育所应选取的实践形式要有所区别，从而达到更好的实践效果。

实践形式是劳动实践的重要载体，是对实践内容的落实。在实践形式的选取上，学校要充分考虑各年龄段学生的能力水平和发展需求，针对确立的实践主题和目标，结合实际情况选取合适的形式。首先，从年龄段的不同出发考虑，所选择的实践方式不同。低年龄段学生的动手能力尚在形成阶段，我们更宜以简单、带有引导性质的形式开展劳动实践，如开展"我是小管家"一类注重启发学生劳动意识的实践活动，初步培养学生热爱劳动的感情和良好的劳动习惯；对中高年龄段的学生，我们应更注重专业劳动技能的培养和职业体验，可通过模拟仿真，以及和企业合作等方式进行。其次，从不同的主题出发考虑，所选择的实践方式也不同。除此之外，对于不同的地区和学校，可选取的实践形式也呈现出多元化。我们应将多种形式紧密结合以达成实践目标。

（三）多主体有机协同

学校、家庭和社会在推进劳动实践过程中的地位和作用不尽相同，但都有其独特的优势。因此，多主体有机协同是推动劳动实践发展的重要途径。

学校在劳动实践中起主导作用，重在有目的、有计划地培养学生的劳动能力，让学生掌握劳动知识，塑造其基本劳动品质，体现劳动实践的系统性、规范性和制度化；家庭在劳动实践中起基础作用，侧重在日常生活自理、自助和自我生活管理劳动中培养学生基本生活技能和养成劳动习惯，体现劳动实践的日常性、连续性和生活化；而社会在劳动实践中起支撑作用，重在对学生劳动知识的运用、职业体验和服务能力的锻炼，更加强调劳动价值观和奉献精神的培养，体现劳动实践的服务性、创造性和职场化。目前，许多国家都力求最大限度地融通学校、家庭和社会的优质资源，通过协同实现劳动实践的综合性。例如，美国在各阶段将"家校社"有机协同起来，在小学和初中，主要以家庭日常生活和学校活动为主进行劳动实践，在高中联合社会力量进行以就业为主的劳动实践。而德国通过协同作用在劳动实践中培养中小学生在职业、家政、经济和环境保护等领域的基本能力，使其能更好地适应未来生活。

（四）各阶段持续发展

劳动实践过程中要注重各阶段的持续发展。劳动实践的设计和活动的开展要根据学科活动特征、学生年龄段进行系统规划，注重实践活动的系统性和可持续性。

劳动实践在实施中要把握各阶段的持续发展这一特点，应做到以下几个方面。第一，在劳动实践的标准制度上，国家和地方要对中小学不同阶段的目标、内容、形式和评价出台相应的指导性文件，使其有据可依。如果没有建立完善的标准制度，中小学劳动实践就容易放任自流、随意开展。学校要结合自身条件对各阶段劳动实践进行具体设计，由上到下地层层推进，保证劳动实践在学生各阶段的环环相扣。第二，在劳动实践的设计中要遵循循序渐进的原则，以学生能力发展的序列为线索，设计长短期相结合的主题活动，由低到高、由易到难，将劳动实践设计为一个层次清楚、排列有序的系统，避免安排随意、东拼西凑和难度不当等问题的出现，促使活动内容由简单到复杂，活动主题向纵深发展，不断丰富活动内容、拓展活动范围，促进学生综合素质的持续发展。要实现这一点，既需要理论知识的充分沉淀，也需要现实的大胆实践。例如北京海淀区五一小学在多年的实践摸索中，根据自身的办学理念及各年级的特点在不同年级设置围绕"幸福"主题的不同的子主题课程：一二年级的幸福起航课程、三年级的主题研究课程、四年级的创意实践课程、五年级的戏剧课程、六年级的幸福明天（申春娟：《依托融合课程　开展综合性学习　培养综合素养》，综合实践活动课程研究微信公众号，2019－05－28）。五一小学的实践成功之处就在于能够从学生自身兴趣和能力发展着手去设计融合性实践内容，保证各阶段的和谐过渡。第三，在具体的实践活动中，要明确各实践阶段具体的分目标，保证实践活动的有效衔接。特别是在小学到初中、初中到高中两大学段跨级上的目标衔接，在现实中总是容易被忽视，或是得不到合理的处理。在实施过程中应充分考虑学生从低学段到高学段的跳跃，在实现本阶段目标的同时，既要考虑学生前一阶段的水平，也要以下一阶段的要求去培养学生更高层次的能力。第四，地方教育管理单位和学校要对校内外的公共资源进行合理开发和利用，建立长效合作机制，保障中小学生劳动教育的常规化和良性循环；在利用好现有的校内外实践场所的基础上对现有资源再进行梳理整合、合理开发，拓展实践场所，满足多样化需求，强化劳动资源开发的主体力量，与各合作体建立长期稳定联系，多渠道、多层次、多方式为学生搭建劳动实践平台。

二、开展策略

劳动实践作为人才培育的重要手段之一，要从实践过程出发，创新当前中小学劳动实践的开展策略。

（一）价值为先：树立正确的劳动价值观

思想决定行为，轻视劳动不可取。无论是学生，还是家长、教师等其他主体，都应摒弃错误的劳动价值观念，加强正确的劳动思想教育，塑造科学正确的劳动价值观。

人类在劳动中创造了丰富灿烂的物质文明和精神文明,世界才得以不断进步。然而,长久以来在人们的观念里却有一种轻视劳动的思想。思想是行动的先导,教师的思想观念深深地影响着学生的发展。随着社会的发展,教师的教育理念应该与时俱进。因此教师应先摒弃错误的教育观念,理解新时代赋予劳动的价值内涵,在劳动实践中对学生进行正确引导,注重学生个体的价值发挥、道德面貌的改善,以及精神境界的提升,让他们摒弃轻视甚至鄙视劳动的观念,帮助他们树立正确的劳动观,养成良好的劳动习惯。

中小学是各种观念养成的关键时期,同样也是劳动观念养成的关键时期,学校在劳动实践中要加强对劳动精神的培养。一是要加强劳动思想教育。二是要充分发挥组织作用。在组织劳动实践活动时,要使学生既能够在活动中学习劳动知识和技能,又能体验到劳动带来的快乐与成就感,提升他们对劳动的兴趣,树立起正确的劳动观念。三是要注重文化建设。中华民族一直是一个勤于劳动、善于创造的民族。学校在开展校园劳动实践活动时,可以设置传统文化专题,推动中国传统文化中的劳动思想的现代转化,从而提升劳动实践活动的精神品格,使其更具人文属性和历史底蕴。在校园文化的建设中也要营造崇尚劳动的氛围。从而增强学生对劳动的情感认同,激发他们自觉劳动的内生力。

在家庭劳动实践中,父母也要以身作则,言传身教。在进行家务劳动时,鼓励和督促孩子珍惜劳动机会,积极实践,在劳动中有所体悟,有所成长;推动校内外的协作,帮助学生树立起正确的劳动价值观。社会也要弘扬中华优秀劳动文化,传播新时代劳动精神,鼓励学生自觉劳动,立志通过自己辛勤的劳动实现自身的价值,获得人生幸福,进而为建设社会主义强国,实现中华民族的伟大复兴而奋斗。

(二)保障为基:建立健全管理保障机制

良好的管理保障机制是劳动实践顺利开展的基础,因此要建立健全中小学劳动实践的管理保障机制。

一是要完善劳动实践政策保障体系。首先,要确立劳动实践课程的学科地位,这需要全社会的共同关注。其次,要制定专门的劳动实践指导大纲。劳动实践课程的开展和其他学科课程的实施一样,必须遵循学生身心发展的规律和教育自身的规律,循序渐进地进行。学生年龄阶段和发展状况不同,每个学段的劳动实践内容、要求和形式是不一样的,因此,要制定中小学劳动实践指导纲要,明确各个阶段劳动实践的具体内容和实施要求,才能确保劳动实践课程能够落地开花。最后,制订本地区劳动实践的实施方案。每个地区的发展情况和条件不同,要想将劳动实践课程落实,各地政府部门应结合本地区的实际,因地制宜,从实际出发,制订本地区中小学劳动实践的实施方案。

二是要全面构建学校劳动实践课程体系。我们要建立新时代的劳动实践课程体系,把劳动教实践纳入学校的课程方案,将其作为学生的必修课程;在劳动实践的课程建设上，要整体规划劳动教育的目标、内容、实施和评价等，目标要全面、准确，内容要联系学生生活实际和符合时代特点。在实施方式上，我们要根据学科特点，引导学生多操作、探究和实践。在课程的设置上，要保障劳动实践课程的时间，不能仅局限于开展劳动知识讲解传授的理论课程，更要增加学生实践机会，让学生真正掌握劳动技能。除此之外，我们还要建立起新时期劳动实践课程的理论体系。广大科研工作者、教育工作者需要加强对中小学劳动实践的研究和探索，形成科学的研究方法，依据时代特点和学生身心发展规律，增加与社会发展相适应的具有时代特点的内容，不断去丰富劳动实践的内容，使其更符合学生成长发展需要。

三是要重视劳动实践课程实施效果评价。要想改变当前中小学劳动实践不受重视的现实境况，切实提高劳动实践课程的教学质量，必须改革目前的评价机制，制定科学合理的评价标准，对学校劳动实践课程的开发、教师的教学和学生学习情况进行规范与评价。对学校劳动实践课程的评价，主要从以下几个方面进行：① 课程开设，学校有没有开足开齐劳动实践课程，有没有结合自身实际致力于开发劳动实践的校本课程，劳动实践的课程时间是否有保证，其他学科中是否也有劳动实践的渗透融合；② 师资力量，学校有没有配足配齐劳动实践课程的教师，有没有专兼职相结合的教师队伍，其他各个学科教师是否也参与劳动实践课程；③ 学校内外劳动实践活动的组织情况，如频度、时间、劳动内容等；④ 设备设施是否配齐配足，能否满足上课需求；⑤ 是否尽可能地去开发校内外资源，丰富劳动实践内容；⑥ 学校的组织协调作用的发挥，如学校有无加强对劳动实践课程的指导，有无明确课程中的负责主体和负责部门等。在对教师劳动实践课程教学的评价上，我们要结合劳动实践教学大纲和劳动实践课程标准，再结合学校实际，制订劳动实践课程的教师教学的评价标准，评价的内容要包括教师课程前的准备，劳动实践课程的设计，劳动实践课程的实施，课后教师对学生的指导，等等，对教师的教学工作进行比较全面的评价，评价结果要和教师的考核绩效、评优评先、职称评定等挂钩，从而提高教师教学的积极性，进而提高劳动实践课程教学的质量。在对学生学习情况的评价方面，也同样要结合大纲和课程标准，再结合学校实际，制订对学生进行劳动实践的评价标准，对学生的劳动态度，动手操作能力，在学校、家庭、社会等劳动实践活动中的表现，劳动的成果等等进行评价，评价结果记入学生的成长记录册、综合素质档案等，和其他科目成绩如语文、数学成绩一样，作为学生评优评先和升学的重要参考，这样才能提高学生参加劳动实践的积极性，同时引起家长的重视，以评促教，提高劳动实践的质量和效果。

四是要强化督导作用。教育部门可成立劳动实践课程督查组，将劳动实践纳入教育督导体系内，完善督导办法，定期对中小学劳动实践的组织实施管理状况进行评估和督导。评估方法包括：查阅学校已开展劳动实践活动的留存材料，针对劳动实践课程的实施访谈教师和学生，在劳动实践过程中进行观摩，等等。督导评估的结果可以作为衡量一个地区和学校劳动实践课程质量的重要参考之一，也可以作为对学校负责人考核的重要指标。

五是要保障学校劳动实践活动经费。各地区要统筹中央补助资金和自有财力，多种形式筹措资金，加快建设校内劳动实践场所和校外劳动实践基地，加强学校劳动实践设施标准化建设，建立学校劳动实践器材、耗材补充机制。学校可合理统筹安排经费用于开设劳动实践基地，为劳动实践活动配备配齐标准化的器材、设施等。

（三）学校为核：以学校为主开展劳动实践

学校是中小学开展劳动实践的主阵地，学校要确保劳动实践的有效实施，应做到以下几点。

一是要明确劳动实践的教育目标。学校要依据评价指标，细化各年龄段学生劳动实践的分目标。

二是要科学设计劳动实践活动。学校要确保劳动实践课程开齐开足，劳动实践课程与其他课程享有同等地位，保证劳动实践的课程时间，不得随意占用。教导处要根据学校教学常规细则，对劳动实践课程的备课、教学进行监控，并做好考核评价，确保劳动实践课程的教学质量。在劳动实践课程的实施途径上，学校不要局限于国家规定的内容范围和开展途径，要和其他学科相结合，使学生在学习本学科知识的基础上，还可以感受、体悟劳动精神，激发劳动的兴趣，学习到劳动知识技能或提升劳动价值观念，等等。学校还可根据自身实际和教育要求，积极开发劳动实践校本课程。

三是要优化劳动实践课程的师资结构。教师素质和专业水平对提高学生的劳动技能和劳动意识起着举足轻重的作用。一支专业过硬、劳动意识强的教师队伍会极大地提高学校劳动实践课程的质量。学校要建立稳定的专任劳动实践课程教师队伍，教研工作计划和教学计划由组长和任课教师共同制订，认真执行。对专任劳动实践课程的教师要定期进行培训，一方面在思想上，要提高教师对劳动教育重要意义的认识，激发教师对自己岗位的热爱之情；另一方面，要鼓励专任教师在自己的领域不断学习，不断钻研，提升自己的业务能力，以更好地去开展劳动实践活动。此外，学校要根据各个学校的实际情况，聘请兼职教师充实教师队伍，可以通过多种渠道，聘请在某个劳动技术领域的能工巧匠作为兼职教师来学校讲课，这样不仅能壮大进行劳动实践课程的师资力量，而且由于这些教师来自劳动一线，可以让学生的劳动实践更加紧密结合生产劳动的实际。当然，对这样的兼职教师，也要进行教育教学方面的培训，使他们了解教育规律和学生心理特点，因为劳动实践的开展不仅需要劳动专业知识与技能，还要遵循学生的身心发展规律和教育自身的规律。在领导榜样方面，学校可以选聘劳动实践活动中成果优异的优秀教师为班主任。学校可建立劳动实践特色工作室，开展劳动实践专题研究，发挥骨干教师专业引领作用，推动学校教师队伍整体教育素质的提高。

四是要充分开发校内外劳动实践资源。在校内的劳动实践活动中，为提高学生的劳动意识，学校可以多组织一些以劳动教育为主题的班会、团队会、先进劳动事迹报告会等；为提高学生的劳动能力、培养劳动技能，学校可以组织一些校内劳动活动，如美化校园或教室，建立校内劳动实践基地，等等，尽可能地创造条件让学生多参加劳动实践锻炼。同时，学校要充分利用好校外资源。家长身上的资源也应被关注到，每个学生背后的家长们来自不同行业，他们的职业活动也可以成为学校进行劳动教育的宝贵资源。学校可以发挥好组织的作用，组织人员去了解每个班级学生家长的职业，然后对家长的职业进行整理，建立家长职业资源库。学校可以请不同行业的家长代表担任劳动实践课程讲师。这样既可以使学生们跟着家长们了解社会中不同的职业和岗位，学习到丰富的劳动知识，又密切了家校的联系，共同促进孩子成长。

五是要配齐配强开展劳动实践的设施。开展劳动实践活动，需要一定的基础设施，如用于教学的器材，进行劳动实践活动的场地。目前，有些学校由于劳动实践设施的不足，无法切实开展劳动实践课程，仅能在课堂上拿教材授课，这样学生只能了解一些劳动的理论知识，劳动教育的效果就大打折扣。因此，要确保劳动实践的顺利开展，就离不开劳动实践设施的配备，学校要根据自身劳动实践课程的安排配齐所需设施，教师才能有效完成劳动实践的教学。

六是要发挥评价导向激励作用。首先，学校要完善评价方式。既要关注劳动实践结果的评价，也要进行实践过程的评价。评价不能仅仅是对劳动成果的评价，在实践过程中要观察、收集和评价学生多方面的表现，过程性评价和结果性评价并重。其次，评价主体要多元化。评价者可以是班主任，可以是基地负责人，也可以是学生本人，甚至可以是他在劳动实践过程中的合作伙伴，等等。最后，运用多种评价方法。评价既要借鉴其他科目的评价方法，也要根据自身的特点，选择适合劳动实践课程的评价方法。比如用成长档案袋来记录学生的成长。

（四）协同为要：多主体协同发挥作用

中小学劳动实践中的各主体的作用都不容忽视，只有各主体协同起来，才能为劳动实践的顺利开展保驾护航。国家和政府要对劳动实践的开展提出指导意见，学校、家庭、社会结合本地情况认真执行，并在执行的过程中发现问题与不足，不断地推进中小学劳动实践的发展。

 思考题

1. 中小学劳动实践在设计过程与实施过程中分别需要遵循哪些原则？
2. 如何提高中小学劳动实践的实施成效？
3. 请运用所学知识，设计一则劳动实践方案。

基于陶行知理念的学生劳动实践策略体系

1. 更新教育观念，落实劳动实践活动

目前，我国教育事业已经取得了很大的进步，新课改发挥着越来越重要的作用。但是随着社会竞争力的增加，学生的学习压力也随之越来越大。毫不夸张地说，不同阶段的升学考试几乎是所有学生学习的主要目标，学生的综合发展依旧没有成为绝大多数学校的办学重点。对于新课程改革，更重要的还是理解其内涵，真正将其落实到位。综合实践活动是符合新课程改革的一种教育方式，同时也和陶行知先生的劳动教育相呼应。首先，需要加强时间管理，制订一个合理有效的计划，把实践活动安排到课程表中，保证实践活动的时长。具体的实践内容可以结合当地的资源进行，如有的地方会种水稻，可以组织学生到田里插秧或者除草。除此之外，去敬老院做义务劳动、清洁街道卫生、去陶器馆做手工等都是不错的选择。其次，要加强师资力量的建设。教师的认知水平在很大程度上决定着教育质量的高低，因此，学校必须加强师资培训。最后，要建立起一套评价审核制度，对各个班级的劳动实践进行检查与督促，促进劳动实践的进一步落实。当然，审核制度要注重人性化，否则会适得其反，使劳动实践流于形式。

2. 发扬教学民主，构建劳动实践活动平台

陶行知先生提倡教学民主。所谓"教学民主"，即以学生为本，尊重学生的主体地位，这同样也是新课改对广大教师的要求。实践活动本身就是突破传统课堂的一种新的教育方式，教师和学生之间的互动更多，交流更多。因此，教师在带领学生开展实践活动时，更应该营造民主、平等的教学氛围，主动融入学生的世界。除此之外，教师也应该加强对学生自信心的塑造，多给予学生肯定和鼓励。

3. 贴近生活实际，挖掘劳动实践活动主题

"生活即教育"是陶行知生活教育理念当中十分重要的理论，而劳动又和生活有着密不可分的联系。同时，不同的地区会有不同的生活习惯、生活活动，这些因素对学生的兴趣爱好有着潜移默化的影响。因此，学校可以充分利用当地的资源，加强学生劳动实践教育。比如，有的地方流传着剪纸艺术，教师可以带领学生向传统的手工艺人学习。这种学习方式，学的不仅是剪纸，还包含着许多其他知识，如几何体的组合、对称图形的变化等，相当于把数学课堂搬进了生活，有利于加强学生对知识的理解与记忆，同时又可以将这些知识用于剪纸上，做到"劳心"与"劳力"的有机结合。

4. 加强和家长的沟通，进一步实现"教学做合一"

除了学校，家庭也是孩子学习与成长的主要阵地，家长对孩子的教育与影响是十分重要的。但是有些家长秉承着"学生只用负责学习就好了，别的不用操心"的认知，或者过于娇惯孩子，什么活都不舍得让孩子干。因此，学校应该加强和家长的沟通，帮助家长了解素质教育的内涵，使其配合学校的教学工作。比如，让孩子做做洗菜、打扫房间等简单的家务，有利于培养孩子的独立能力，给孩子未来的发展打下一个良好的基础。

综上所述，陶行知的劳动教育理念对现代教育事业依旧有着十分重要的借鉴意义。学校也应该加快第二课堂的拓展，积极落实学生劳动实践平台的构建，始终把学生放在主体地位，提高学生对理论知识的实践运用能力，做到"劳力"和"劳心"的有机结合，促进学生综合素质的全面发展，推动我国教育事业进一步发展，培养更加优秀的社会主义接班人和建设者。

（资料来源：王春梅，《陶行知理念下加强学生劳动实践教育的策略探讨》，《教学管理与教育研究》，2020年第15期。）

思考：结合材料，思考在中小学教育的不同阶段，如何将劳动教育理念与劳动实践进一步紧密结合？

第十五章　中小学劳动实践的保障与管理

【学习目标】

1. 了解中小学劳动实践过程中的各主体所能提供的资源保障，明确资源开发的重要性。

2. 熟悉学校和家庭在中小学劳动实践中如何发挥自身的保障作用。

3. 掌握劳动实践中协同管理机制的设计与实施要点。

劳动实践贯穿于中小学生发展的各个阶段，必须以政府为统筹，学校、家庭和社会共同参与，充分发挥四者在劳动实践中独特的价值和功能，完善各方联动的协同管理机制，形成育人合力。

第一节　中小学劳动实践的学校保障

学校作为中小学劳动实践的主要实施者和管理者，要为劳动实践提供必要的条件保障。学校为劳动实践所提供的可利用资源以及实践过程中的安全保障都决定着中小学劳动实践的成效。

一、资源保障

中小学劳动实践资源非常丰富，学校作为开展劳动教育的主阵地，应在制度资源、场地装备资源和组织资源等方面进行系统规划，为深入开展劳动实践提供支撑作用。

（一）制度资源

制度建设在劳动实践中是首要内容，劳动实践的设计、实施和评价制度的建立和完善是充分发挥劳动育人功能的必然要求。

中小学劳动实践既需要国家层面的顶层设计，也需要地方和学校的统筹推进。

首先，学校应把劳动实践提升到一个重要地位，这是实现劳动实践育人效果的重要保障。要将劳动实践纳入学科课程范畴，统一要求、统一管理、统一教研；同时要将劳动实践课程的开展状况纳入教师个人年终考核指标体系，让劳动实践课程教师享有和其他学科教师同等的职称晋升和评优评先机会，吸引优秀教师加入劳动实践的教学队伍，激发教师参与研究、建设和实施的积极性。其次，学校要构建课程和教学标准，形成劳动实践课程体系。再者，学校要加强经费的制度性保障。活动的开展离不开经费的支持，合理的奖惩制度和培训制度能激励教师提高自身的专业素养，进而提升教学质量。最后，学校还可以面向社会开发优质教育资源。一方面学校可以加强与工会、共青团、妇联等组织及各类公益基金组织的合作，构建教育资源共享的长效机制；另一方面学校在严格质量管理的前提下可以构建良好的社会服务采购机制，由此吸引更多优秀的社会人才进入校园，为学生提供优质的劳动教育服务。

（二）场地装备资源

场地装备资源是实施劳动教育的物质载体，学校应充分利用好校内外资源建设劳动实践基地，构建劳动实践教育资源体系。

对于校内的物资资源，学校要充分发挥各类基础教学设施的作用。学校现有的实验室、图书馆、生物园、计算机房、操场、宿舍和食堂等都是学生可以进行劳动实践的场所。此外，学校可在校内建设专用的活动室或者劳动实践基地。例如，浙江省温州中学在原来科技制作社活动室的基础上投资数万元建成了创客空间；学校为学生提供了小型化、安全的木材、金属、塑料加工机械，如雕刻机、3D打印机等，使其成为一个具有加工车间、工作室功能的开放实验室。创客空间在周一至周五的课余时间向所有学生开放，是学生参与创客选修课学习后的动手实践基地①。

利用校外的物资资源，可以形成家校联合、社校联合、企校联合和政校联合等协同体系，将劳动实践的场所扩展到学生生活的方方面面，建设各类劳动实践教育基地和研学旅行基地。

（三）组织资源

劳动实践的组织资源主要体现在形式上的多样化和内容上的丰富性。组织形式是劳动实践的重要载体，关乎实践内容的落实。

组织形式越多元，学生对劳动实践的兴趣就越高，实施的效果也就越好，越利于学生劳动素养的形成。劳动实践的组织形式不仅要有广度，还要有高度，更要有深度，学校要努力让课程组织形式变得更加丰富、多元、完善，使劳动实践成为广大学生既喜欢又有收获的活动，达成传授知识、端正态度、培养能力、创新实践的育人目标。实践内容既应包含基础知识的传授，还应包含动手技能的培养和劳动价值观的养成。劳动实践的内容要从学生实际生活中来，为学生未来生活服务。

学校要充分利用并组合自然、社会中的资源，结合学生发展的现实需要和已有的学科知识体系，开展各类劳动实践活动，确保活动形式多样、内容丰富，从而激发学生的兴趣。

---

① 杨培禾.综合实践活动课程论［M］.北京：首都师范大学出版社，2019：188.

二、安全保障

任何活动实施的安全性都是首要问题，中小学劳动实践也是如此。学校作为中小学劳动实践的主要组织者，必须调动一切力量，层层把关，为劳动实践的开展提供切实的安全保障。

（一）学校层面

很多有趣的、充满意义的创意构想都会因其实施的安全性得不到保障而被扼杀于摇篮之中，这也是劳动实践的发展止步不前的原因之一。因此，为保证劳动实践的丰富多样性，学校应根据上级部门指示，建立健全安全管控机制，保障劳动实践的正常开展。首先，学校要设立安全风险预警机制，建立规范化的安全管理制度及管理措施，在实施前要充分考虑实施过程中可能会遇到的风险和问题，形成风险应急预案，落实好每一个环节的安全责任人，对操作风险系数大的实践活动要提供必要的防护装备和使用指导手册。其次，学校要加强对教师和学生的安全教育，提高其安全防范意识和应急处理能力。在日常教学中进行事故预演排练，保障教师和学生在劳动实践时面对突发情况有切实的应对方案。最后，学校可以加强与保险业务、安全机构的合作，购买与劳动实践活动相关的保险，科学评估劳动实践中的安全风险，认真排查、清除各种安全隐患，确保学生在参加劳动实践时的生命财产安全。

（二）教师层面

首先，教师在开展劳动实践时要牢固树立安全意识，确保活动方案符合学生的身心发展规律，要讲究科学劳动，注重劳逸结合，以防过度劳动损害学生身心健康，在实践过程中要对学生进行监督和指导。其次，教师要对活动方案进行科学设计，对活动现场进行安全检查，在活动开展前排除各项隐患。例如，江苏昆山一小学，为让学生既有机会进行劳动实践，又能避免意外伤害，在组织学生下田插秧前，教师们先下水田把每个地方都踩两遍，确保学生的脚不被玻璃等划破。最后，教师要加强对学生的安全教育，提升学生自我安全防范能力。中小学生的自我保护能力和意识都较弱，应急能力和心理承受能力也不够强，教师要在日常生活中注重教育，对学生加以引导，充分发挥管理作用，增强学生自身的自我保护和应急能力，全方位提高劳动实践的安全性。

（三）学生层面

劳动实践的过程中需要学生消耗大量的体力，学习使用各项工具，对学生身体素质、安全意识的要求较高。从客观因素来看，学校每周都要设定体育课，确保学生有一定的锻炼时间。学生自身要在平时加强身体锻炼，提高身体素质，避免在活动过程中由于缺乏锻炼出现体力不支或意外受伤情况等。同时，学生要充分了解自身的身体状况，与教师进行充分沟通，若有心脏病等疾病不宜参加剧烈运动或高强度的活动，要第一时间与教师沟通，告知实际情况。学校要对每个学生的健康状况、既往病史进行统计并建档。从主观因素来看，要加强学生安全素养。很多中小学生在活动时容易脱离集体擅自行动，或是在活动过程中与同伴发生冲突、进行违规操作等。在日常的教育活动中要充分给学生灌输安全意识，集体行动要听从指挥，遵守规则；引导同学之间要和谐相处，懂礼貌、讲文明；进行安全专题教育和演练培训，对所需使用的工具的操作运用方式进行教学讲解和实际指导，规范学生的行为。

第二节　中小学劳动实践的家庭保障

中小学劳动实践的开展离不开家庭的条件保障，家长的劳动教育观和行为直接影响其对孩子参与劳动实践的支持力度，家庭劳动实践形式的延伸和利用也是中小学劳动实践的必要组成部分。

一、基础保障

家庭要切实参与中小学劳动实践的实施活动，充分发挥基础作用。

（一）观念转变

家长自身的劳动教育观念对孩子的个性品质、劳动态度、情感和价值观的形成具有重要影响。因此，家长需要树立新时代家庭劳动教育观。

首先，家长要摒弃传统的观念，把握劳动教育的时代性。劳动教育不是狭隘的体力劳动，它的内容和范围随着社会的发展变化而不断更新扩大。仅停留在简单体力劳动之下来理解和开展劳动教育，是不符合新时代人才培养要求的。只有将体力和脑力劳动相结合，在提高孩子实操能力的同时激发孩子的创新思维，才能不断满足新时代对孩子所提出的高层次要求。因此，家庭要充分认识劳动教育的时代性，与学校形成合力，共同促进劳动教育的发展。

其次，家长要重新认识劳动实践的重要性。劳动不仅能创造物质生产资料，也是创造幸福生活的重要途径。劳动实践是培养孩子全面发展的重要途径，对孩子的身心发展产生积极作用。开展劳动实践不只是对劳动知识与技能的传授，更是对孩子劳动价值观的培养，提高孩子的劳动素养，使其成为一个全面发展的合格人才。

最后，家长要营造尊重劳动、热爱劳动的家庭氛围。身教的作用远大于言传，家长自身参与到劳动当中去，孩子自然也会模仿，从而在家长的身体力行间无声地向孩子传达了尊重劳动、劳动光荣的意识。家长要有意识地去引导孩子认识到自己也是家庭中的一员，承担家务劳动是每个人应有的责任和义务，培养孩子劳动的主动性和责任感。全家人一起做家务，能培养孩子的团队意识，使其学会与他人合作，增强孩子的责任感。

(二) 行动落实

提高家庭对中小学劳动实践的保障实效，不仅需要新时代劳动教育观的引领，更需要在行动上进行转变，将家庭劳动实践落到实处。

第一，激发孩子的劳动兴趣。劳动从来就不应该是一件被强迫的事情，无论是在学校还是在家庭中，都应该去激发孩子的劳动意愿，让孩子自愿、主动地进行劳动实践。将劳动教育融入孩子生活的各方面，激发孩子的劳动兴趣，让其在劳动中收获快乐和满足。比如可以在亲子活动中融入劳动教育，与孩子进行日常交流时，可以用生动的语言讲述一些劳动模范的先进事迹，也可以挑选相关的优秀影片进行亲子观影，并在旁作适当的讲解，不断灌输正确的劳动精神，久而久之，孩子在潜意识中就会树立起劳动光荣的意识。

第二，合理安排孩子的劳动时间。家长要根据实际情况对孩子每日劳动的时长制定标准，并且在孩子劳动过程中及时进行鼓励和督促，对孩子在劳动过程的表现和劳动成果要给予肯定，对不足之处也要真诚指出，并通过亲自示范使其改正。这样不仅能够培养孩子的劳动习惯，还可以培养孩子坚持不懈的个性品质。

第三，选择合适的劳动内容。劳动内容的难易程度应适中，过于简单或过于复杂的劳动都容易让孩子丧失劳动兴趣，降低劳动体验感。劳动内容要依据孩子的年龄和能力水平进行安排，从日常自理活动逐渐向家务劳动过渡，也可以让孩子自主选择，尊重孩子的意愿，比如在家庭大扫除时可以询问孩子所想负责的内容，让孩子感受到被尊重，进而提升劳动积极性。

总而言之，家长要尽可能地为孩子提供劳动机会，同孩子一起劳动，让孩子在劳动中感受爱与亲情，体会应有的责任感。

二、延伸形式

家长除了在日常生活中开展家庭劳动实践来促进劳动教育，还可以通过各类新颖的延伸形式进行劳动实践。

(一) 参观体验劳动场景

家长既可以模拟劳动情景让孩子获得劳动体验，也可带孩子到真实劳动场景中去体验。但是，再好的模拟情景对孩子来讲在体验的丰富性和全面性上都有所欠缺，只有让孩子参与到真实情境中，才能够获得更加全面的感受和认识。因此，在假期，家长可以带孩子到各行各业中去进行参观和学习，让孩子了解真正的工作情景，认识真实的社会生活。如果要让孩子感受学农做活的辛苦，就要真正地到农村去参与真实的农务劳作，在汗水中去感悟劳作的辛苦和收获的快乐。参观体验劳动情景，就是要给予孩子最真实直观的感受，让孩子在直接参与的劳动实践中得到成长。

（二）亲子交流

亲子交流对孩子而言，是亲近父母的最好机会。在生活中，父母要学会和孩子进行沟通，引导孩子准确表达内心的想法和愿望，尊重孩子的提问，并积极回答，在交流沟通中增进与孩子的感情，进而实现教育目的。同时，父母要注意生活中的各种行为，重视自己的榜样作用，与孩子一同进行劳动实践，共同分享感受和经验，在这一过程中实现共同成长和进步。此外，在亲子交流中，父母要注重孩子的独立性培养，尊重孩子的想法。遇到问题时，与孩子多商量，换位思考，给予孩子一定的空间，培养孩子独立解决问题的能力。

（三）文艺熏陶

文艺熏陶可以培养孩子健康的审美观，引导孩子感知美、发现美、创造美。文艺熏陶包括文化和艺术两方面的内容：在文化方面，家长可以给孩子讲述传统节日背后的故事、家乡的风俗习惯等；在艺术方面，家长可以带领孩子参加工艺劳动，学习制作、加工工艺品等，也可以通过种植植物和修剪花草等培养孩子的心性和审美素养。家长通过文艺熏陶，可以多引导孩子关注自然、社会及周边的人与事，同时创设良好的环境和条件，激发孩子兴趣，鼓励学生想象、探索，提高实践能力，实现劳动教育和美育的有机统一。在劳动实践中渗透审美教育，让孩子去发现美、感受美、创造美和传播美，深化孩子对劳动价值和意义的认识。

（四）家国奋斗史教育

"天下之本在国，国之本在家，家之本在身"。家国情怀，是支撑中华民族生生不息、薪火相传的重要精神力量，对培养孩子的个人品德、凝聚民族精神也具有重要的时代价值，因此，家长对孩子开展家国奋斗史教育是时代的必然要求。家长可带领孩子回顾伟大历史，重拾红色记忆，在此过程中使孩子受到潜移默化的熏陶和教育。家长通过家国奋斗史教育，能够培养孩子的爱国情怀、民族认同感和自豪感，使其继承和发扬艰苦奋斗的精神。

第三节　中小学劳动实践的社会保障

中小学劳动实践的社会资源丰富广泛，能有效促进中小学生劳动实践的发展。

一、企业资源

《大中小学劳动教育指导纲要（试行）》中指出：要将劳动教育有机纳入专业教育、创新创业教育，不断深化产教融合，强化劳动锻炼，加强学校与行业骨干企业、高新企业、中小微企业的紧密协同，推动人才培养模式改革。充分利用企业资源，加强校企合作，对推动中小学劳动实践发展有着重要意义。

一方面，可以让企业的专业人才参与中小学生劳动实践的培养过程。比如，学校定期邀请企业管理人员到学校开设讲座，宣讲企业精神、企业文化，为学生创造与企业直接对话的机会。另一方面，社会上的各类企业可以积极为中小学生提供校外实践的机会和场所。2021年5月12日，上海市静安区教育学院在保德中学举行"劳动让成长更美好"——2021年静安区中小学劳动教育活动月展示会，会上群衡信息科技公司等6家企事业单位被静安区教育局命名为"静安区学生劳动教育基地"，这是企业资源在劳动实践中得以利用的体现。学校与企业协同，建立校外劳动实践教育基地，组织学生到当地特色企业进行参观学习，学生了解了企业文化和生产技术，拓宽了视野；同时学生还可以进行职业体验类的探究活动，对不同的职业生活获得真切的理解，培养自我职业兴趣，形成正确的劳动观念和人生志向，进而提升生涯规划能力。

二、产业资源

社会上的产业资源是丰富多样的，学校可以根据实际情况组织安排不同主题的劳动实践活动。

劳动教育充分利用产业资源，首先需要一定的方向引导。2020年9月28日，中国城市治理现代化研究院、新全球化智库专家委员会、全球特色小镇联盟规划建设发展中心经研究决定，共同发起组建"全国劳动教育实践基地产业联盟"，依照国家教育主管部门有关安排，面向各省市有关单位，利用既有社会资源和相关产业基地，协同规划开发建设主题性劳动教育实践基地。这一组织的成立，为教育行政部门制定产业政策、政府采购及校外劳动教育实践基地建设等提供依据，也为产业资源在中小学劳动实践的运用扫清了一些障碍。其次，在具体的实施过程中，要坚持区域性和特色性原则，结合当地的特色产业资源开展实践。

三、农村资源

农村广阔的空间为中小学开展劳动实践活动提供了支撑保障。农业示范园区、农牧场、农产品加工区等都是开展劳动实践教学的好去处，让学生在真实劳动中学习技能、锤炼品德。学校可以在春、秋两季的活动日应时开展春耕、秋收的实践活动，让孩子和农民"零距离"接触，学习农耕，体验耕种的艰辛，更能尊重劳动成果，领悟奋斗之美；在农耕中感悟人与自然的和谐相处，顺应自然发展规律，领悟和谐之美；学习使用各项工具，掌握各种技术，进行探索性实践，领悟创造之美。

四、城市资源

城市中的许多资源可以为劳动实践的开展创造条件，如图书馆、博物馆、科技厅、展览馆等社会活动中心。劳动教育利用城市中的基础设施可以丰富劳动实践的主题内容，让劳动实践深入人文、自然和科学等各个领域。

五、公益资源

适合开展中小学劳动实践的公益活动有很多。学校与各种公益组织进行合作，可以组织形式多样的志愿服务劳动。学校与社区的联合，让学生参与到社区服务、打扫街道等公益劳动中，能够使学生积极投身于社会服务，用自己的双手美化周围的环境，服务身边的居民，更好地为社会服务。

利用公益资源开展劳动实践发挥综合育人功能，可以培育学生正确的劳动价值观。

案例 15 – 1

上海曹杨二中的全方位劳动教育资源利用体系

创建于 1954 年的上海市曹杨第二中学是伴随着新中国第一个工人新村曹杨新村而发展壮大起来的首批上海市实验性示范性高中。自建校第一天起，身为地下党员的首任校长姚幼钧就立下规矩：曹杨二中培养的学生必须"爱劳动、会劳动"。从建校至今，学生每天最后一节课必须清洁整理教室，每周的最后一节课必须进行校园大扫除。学校始终秉承"弘扬劳动精神，培育劳动技能"的教育理念，不仅老规矩得以传承，更逐步形成了具有"曹二"特色的全方位劳动教育资源利用体系。

曹杨二中的劳动教育体系着重引导学生崇尚劳动、热爱劳动，让"劳动最光荣、劳动最崇高、劳动最伟大、劳动最美丽"的种子深深扎根于学生的心田。曹杨新村首批 1 002 户居民大都是劳模、先进生产者、生产标兵和生产能手。在此后的 60 多年里，曹杨新村培养了一批又一批的劳模，成为上海乃至全国的"劳模村"。这里涌现出了一大批新中国纺织女工的杰出代表，如全国劳模马宝娣、杨富珍、裔式娟等，这正好为曹杨二中提供了得天独厚的劳动教育教学资源。自 1984 年曹杨二中"青少年学习马克思主义协会"成立之日起，"走近劳模大访谈"就成为曹二学子的必修课。曹杨二中开设"劳模讲堂"、编制《"走近劳模"访谈录》、"劳模"文化墙等，让劳模成为青年学子崇拜的偶像。《人民教育》在纪念马克思诞辰 200 周年的特殊日子里发表了题为《从一个社团到一面旗帜》的文章，对曹杨二中"青少年学习马克思主义协会"进行专访，称赞"走近劳模"是引导青年学子健康成长的必修课。

曹杨二中把"懂尊重"作为现代劳动教育的重要一环，从职业体验和普法教育两个方面展开。一方面，以"百行百业职业体验"为抓手开展公益劳动。如利用节假日到社区图书馆当管理员，到社区医院当引导员，到敬老院当服务员，等等，使学生体会各行各业的艰辛，养成尊重劳动者和劳动成果的品德；另一方面，结合普法教育，开展"3.15小卫士""走进人大模拟立法"等活动。2011年，曹杨二中与上大法学院联合成立了上海市第一个中学生"知识产权保护模拟法庭"，2018年，学校被上海市知识产权保护局命名为"上海市知识产权保护法教育示范学校"。八年来，该校已有15个关于知识产权保护的提案获"上海市模拟人大优秀提案奖"，学生科技成果发明专利获批23项。

曹杨二中的劳动教育引导学生充分认识到，只有不畏艰辛，刻苦学习，才能真正掌握技能，增强本领。例如，高一开设"环保工程课"，高二的劳技课引进同济大学"机械制图CAD""现代信息科学"及上海交通大学的"单片机与机器人"课程；此外，曹杨二中在2017年与同济大学共建"上海市科技高中"，开设了丰富的iSTEAM（基于网络和传感技术的新工科）课程，让学生在现代技术的学习和实践中增长才能、磨砺品质、提升现代劳动素养。

曹杨二中以"实践育人"为基本途径，坚持有计划、有组织、有目的地引导学生参加丰富多彩的劳动实践活动，积极探索真实劳动在劳动教育中的作用，增强学生的劳动观念，培养学生的生活、生存技能，在动手动脑中培养学生的创新意识和动手能力，促进学生的全面发展；在农村社会实践系列的劳动教育中紧循规律、分层推进。

曹杨二中重视对接时代发展需求的劳动技术教育，与企业和高校合建实践实验室；创建了"自行车创意实验室"，自行组装自行车；创建了"轨道交通实验室"，让学生们自己编程控制火车运行；创建了"汽车实验室"，让学生们自行拆卸和组装新能源汽车；等等。学生们通过参与真实的劳动服务和技能学习，带着问题行走，参与社会活动、服务社会并分析社会，在树立正确劳动价值观的同时培养了顽强的意志和创新能力。

（资料来源：易臻真、王洋，《以社会实践承载新时代劳动教育的价值与使命——以上海市曹杨第二中学劳动教育课程链为例》，《教育发展研究》，2019年第10期。）

案例分析：曹杨二中一贯重视劳动教育，多年来逐步形成了以丰富多彩的社会实践为载体的"学劳模—懂尊重—强本领—重实践"全方位劳动教育资源体系和教学平台。曹杨二中的劳动教育体系充分体现了在劳动教育实践过程中多种资源整合利用的价值。我们从曹杨二中的劳动教育体系可以看到其"多维有序"的社会劳动实践资源。曹杨二中传承与发扬学校劳动教育传统，拓展思路积极开发劳动实践资源，取得了积极的劳动育人成效。

思考：结合案例，谈谈如何整合利用社会资源进行中小学劳动实践？

第四节　中小学劳动实践的协同管理

中小学生参加劳动实践离不开学校的管理、政府的支持、家庭的配合和社会的重视，只有充分发挥四者之间的协同管理作用，才能更好地引导中小学生努力奋斗以创造幸福美好生活。

一、协同管理机制的设计

在中小学劳动实践协同管理机制的设计中，我们要认识协同管理机制的关键要素，明确协同管理机制的主要内容，才能精准定位各参与主体的责任和作用。

（一）协同管理机制的关键要素

政府、学校、家长和社会既是劳动实践的参与主体，同时也是协同管理机制的关键要素。

政府要完善相关政策制度，为劳动实践有效开展提供保障。第一，要细化劳动实践的开展标准。明确劳动实践的时间和目标要求，提供可供参照的教学教材。第二，强化劳动实践师资建设。在高校培养一批劳动实践专业师资，建立校际间师资融通共享机制。第三，建立健全监督与考评机制。既要建立和完善明确的考评体系，也要在平时加强对劳动实践的监督。第四，增强劳动实践基地建设。建设劳动教育实践示范基地，推动校际和校企合作。第五，搭建学生劳动情况测评平台，制定多元主体联动的合作实施与保障体系。

学校要不断改进劳动实践方式，增强劳动实践实效。第一，确保劳动实践开展的有效性。在实施过程中确保劳动实践开展的时长、内容和形式的"三有效"。第二，加强劳动实践师资培训交流。组建专门的教师队伍，并定期进行培训交流。第三，完善学校劳动实践监督与考核评价机制。学校要改变劳动实践被轻视的现象，设立多元考核评价机制。在劳动实践考核评价中，注重学生在劳动价值观念、劳动情感、劳动态度方面的成长与变化，建立多维度的评价考核机制，促进学生劳动素养的提升，监督全面育人目标的贯彻落实。

家长要重视劳动实践，培养孩子的劳动习惯与劳动技能，扭转功利的成才观，树立新时代劳动教育观。家长要用发展的眼光看问题，明白新时代培养的是"全面发展的人"，认识到劳动实践的育人作用；同时要树立良好的家风，通过在日常生活中的言传身教，培养孩子良好的劳动习惯，使其掌握一定的劳动技能。

社会要营造良好的社会风气，加大媒体宣传力度，鼓励各行各业积极参与到劳动教育中去。高新企业可以为学生体验现代科技条件下的劳动实践提供支持。工会、共青团、妇联等群团组织及各类公益基金会、社会福利组织要组织动员相关力量，搭建活动平台，共同支持学生深入城乡社区、福利院和公共场所等参加志愿服务，开展公益劳动，参与社区治理。

综合而言，我们要想发挥劳动实践教育中协同机制的作用，离不开以上四大关键要素，它们在劳动实践的各项环节中环环相扣，促进劳动实践教育机制持久有效的发展。

（二）协同管理机制的主要内容

《大中小学劳动教育指导纲要（试行）》明确指出："中小学要推动建立以学校为主导、家庭为基础、社区为依托的协同实施机制，形成共育合力。学校要通过家长会、家长学校、社区宣讲、网络媒体等途径，引导家长树立正确的劳动观；明确家长的劳动教育责任，让家长主动指导和督促孩子完成家庭、社区劳动任务；学校要与相关社会实践基地共同开发并实施劳动教育课程。"由此可见，要形成协同育人的格局就要强化综合实施的作用，加强政府的统筹能力，整合家庭、学校和社会各方面的力量，保证学校劳动实践的规范化，家庭劳动实践的日常化和社会劳动实践的多样化。在劳动实践安全保障方面，劳动教育要形成政府负责、社会协同、有关部门共同参与的安全管控机制；为确保劳动实践的安全性，可以建立政府、学校、家庭、社会共同参与的风险分担机制，鼓励购买劳动实践相关保险，保障劳动实践正常开展。同时，学校还要加强对师生的劳动安全教育，强化劳动风险意识，建立健全安全教育与管理并重的劳动安全保障体系。

二、协同管理的实施

中小学劳动实践的协同管理，就是要形成以学校为核心，政校协调、家校协同、校社联通四位一体的系统，合力推进劳动实践的发展。

（一）政校协调

政府部门和学校应当制订计划和措施，建立健全制度，完善对劳动实践的监管，把劳动实践列入教学计划中，强化和规范劳动实践，严格管理，加强考核，以此来保证劳动实践的有效实施。

首先，政府要加强完善劳动实践监管机制。国家教育行政部门要组织专家，研究制定各级各类学校关于劳动实践的梯次目标体系，制定规范的劳动实践教学大纲，建立健全的劳动实践保障体系。其次，学校要建立完善的劳动实践考核评价制度，确保劳动实践的实施，要把劳动实践列入学校教育的监督、考核、评价体系，建立劳动实践评价指标。针对当前学校劳动实践的实际情况，我们可以把劳动态度、劳动习惯、劳动技能等指标纳入其中，设计优秀、良好、中等和较差等四个等级，分级评定。学校要对各个班级的劳动教育整体情况进行综合评定，在班级之间、学生之间形成良好的劳动教育竞争机制；并且将评价结果录入学生的综合素质评价档案中，还可以建立学生在校劳动考评制度和在家劳动考评制度，对学生劳动实践情况进行打分，给予表现突出的学生荣誉奖励。再者，教育主管部门和学校根据各地的实际情况，制定相关的激励政策，对劳动实践中成绩突出的学生和表现优异的教师予以奖励，加大宣传力度。最后，各级教育主管部门应加强对学校劳动实践的监管，进而使劳动实践能够真正落实到每所学校、每个学生身上。劳动实践在实施中具有多元化、复杂化、模糊化等特点，因此在建立相应监管和评价机制时必须实事求是，注重实效；通过政府与学校的协调作用，切实提高劳动实践教育的实效性。

（二）家校协同

苏霍姆林斯基说过："没有家庭教育的学校教育和没有学校教育的家庭教育都不能完成培养人这样一个极其细微的任务。"合格的教育模式需要构建家校协同发展的机制。家长是孩子的第一任老师，家庭教育对于学生的成长是至关重要的。构建家校协同教育发展格局，让家长更好地参与到学生的教育当中，能更好地发挥劳动实践的功能性。家校协同教育致力于家校双方对学生形成的共同教育，有利于学校、家长、学生三方互动交流，并能发挥出"1＋1＞2"的整合作用。

首先，家长能否真正参与到学校教育中并发挥重大作用是协同教育能否达到最优化的关键。学校管理者要改变其固有观念，提高认识，让家长切实参与到学校管理当中。其次，学校可以利用新媒体技术搭建家校互动沟通平台，加强家校协同教育模式建设，比如，开设咨询热线，开创家校协同教育网站，建立"家校沟通"服务平台。学校也可以对传统的协同教育形式进行更新改革，比如，组织家庭教育讲座，进行家庭教育指导，开展家长活动日，成立家长委员会。总之，家校协同教育是为了整合优化对学生成长发展有影响的各方因素，要让参与各方认识到构建协同教育平台、扩大协同教育发展格局的重要性。

（三）校社联通

社会可以为中小学生劳动教育的发展提供更广阔的空间，然而，在实际的运用中，劳动实践主要依托学校教育发挥功能，社会力量通常处于被忽视的状态，劳动实践教育中社会资源的利用程度较低。因此，学校应加强与社会的联系，深入挖掘并充分利用劳动实践的社会资源，增强教育合力，为学生提供更多认识世界、体验生活的机会。如：在植树节，组织学生参加植树活动，培养学生热爱自然，保护环境的劳动情感；在清明节，组织学生为英雄烈士们扫墓，缅怀先烈，培养学生爱国主义情怀；在五一劳动节，组织学生帮助环卫工人打扫街道，让学生身体力行地体会劳动的辛苦，养成尊重劳动人民、珍惜劳动成果的好习惯。学校可以根据自身实际，与就近农场、牧场、商场、工厂等合作，建立起固定的劳动教育实践基地，让学生参与切切实实的劳动体验。学校还可以利用周边社区资源，与社区合作，组织开展公益劳动等。学校通过这些社会教育活动，使学生走出校园，走进社会，培养其社会责任感，提升其思想认识，磨炼其精神品质，使之养成高尚的劳动情感。

思考题

1. 学校在开展中小学劳动实践时所需提供的保障包括哪些方面，具体内容是什么？请结合实例进行分析。

2. 中小学劳动实践中，家庭和社会所能提供的资源保障有哪些，能否举例说明？

3. 如何实现中小学劳动实践的协同管理？

 拓展阅读

中小学劳动教育实施中教育行政部门的支持和保障

中小学劳动教育是由地方统筹管理和指导，学校具体设计、开发与实施的教育活动。地方教育行政部门应该在政策制定、资源配置、督导检查等各个环节发挥重要作用。地方教育行政部门应该通过统筹计划与管理、课程督导与检查、资源统筹与调度、风险防范与管控等策略促进劳动教育的常态实施和有效落实。

1. 统筹计划与管理

地方教育行政部门承担着对劳动教育统筹管理的职责，应该根据《意见》和《纲要》精神，结合本地实际情况，制订当地劳动教育实施方案和保障制度。比如，应规范本地区劳动课程的教学要求，明确各年级劳动课时，使课程的开展有理可依、有据可循；应建立和完善各级劳动教育指导和组织机构，分别负责不同层级劳动教育推进任务，并建立相应的规章制度，保证劳动教育责任落实到具体单位，甚至落实到人；应加强师资队伍建设，建立专兼职结合的劳动课教师队伍，保证专任教师的稳定性；应统筹区域教研、科研和培训等业务部门，做到劳动教育研训一体、研训互促，提升劳动课教师的课程设计、开发与实施能力。此外，地方教育主管部门还应该将劳动教育实施过程中遇到的问题转化为课题，组织各级教科研部门、学校等开展协同研究。

2. 课程督导与检查

地方教育行政部门要加强对学校劳动教育的检查与评估，将劳动教育实施情况作为学校考核与评估的重要内容。地方教育行政部门要将劳动课程实施情况，包括课程计划、课程方案、资源开发、课时设置、师资安排、组织管理、课程评价、学生考核等情况纳入监测和督导范畴，并将其作为对学校教育教学质量评价和学校领导考核的重要依据；完善通报制度、反馈制度、整改制度、约谈制度等，落实责任，奖优罚劣，通过劳动教育实施情况的诊断与反馈促进学校教育与教学改进；要依托专业组织、教科研机构等，及时发现、整理、总结和推广劳动教育实施的先进经验和典型做法，开展各级各类学校劳动课程展示评比活动，提升区域劳动教育整体实施水平；积极探索将学生劳动课程学习、劳动实践锻炼、创新性劳动成果及劳动习惯养成、劳动品质形成等纳入学生综合素质评价；探索建立科学的评价指标体系，将考核结果记入学生综合素质档案，作为学生升学、评优的参考；加强劳动教育的社会宣传力度，彰显劳动在立德树人中的重要作用，营造良好的劳动教育生态环境。

3. 资源统筹与调度

地方教育行政部门要确保劳动教育所需经费，支持劳动课程资源和基地建设；积极建设和改造劳动教育实践基地，聘请专家科学规划与设计劳动教育实践基地的布局、设施设备安排等，并根据区域内各级各类学校劳动教育开展内容、学习进度等，合理规划各校进入劳动教育实践基地的时间和课程安排，增强劳动教育实践基地各项活动的育人性和实效性；指导每所学校充分挖掘现有劳动资源，充分发挥公共区域、教室、食堂、楼宇等空间或场地的劳动育人价值；积极争取社会各方面的支持，与工厂、农场、社区等合作，组建灵活多样的劳动教育协作基地，并协调政府相关部门加大对这些企事业单位的奖励力度，如适当降低其纳税额度等，以鼓励更多机构为学校劳动教育的开展提供优质的实践基地或场所；应强化资源统筹管理，建立健全校内外劳动教育资源的利用与转换机制，强化公共资源共享机制。在规划新建学校时，应适当考虑学校劳动实践的需要，并协调相关部门，为学校劳动实践基地和场所建设提供帮助和支持。

4. 风险防范与管控

地方教育行政部门要与有关部门统筹协调，建立安全管控机制，分级落实安全责任，为劳动教育实施提供保障；应制订劳动实践风险防控预案，完善应急与事故处理机制；成立专门的安全督导组织或委任第三方机构对学校和劳动实践基地进行安全风险排查，将学校和劳动实践基地在设施设备、材料、工具和防护用品使用安全及劳动过程的规范性管理等情况作为督查的重点，及时清除学校和劳动实践基地存在的各种隐患，保障学生的安全；应统筹规划符合学生身心发展特点的劳动项目和劳动强度，避免超越学生身心发展水平的劳动内容；还可以协调具有良好声誉和信誉的保险机构设置学生校外劳动安全保险，义务教育阶段的保险费用应该由政府承担，为学生的安全保驾护航。

（资料来源：摘自王飞，《中小学劳动教育实施的专业支持与条件保障》，《教学与管理》，2021 年第 4 期。）

思考： 结合拓展阅读材料，举例说明地方教育行政部门如何对中小学劳动教育予以支持和保障？

教学资源服务指南

扫描下方二维码，关注微信公众号"高教社极简通识"，学生可学习名校通识课，教师可学习教师培训课程、免费申请课件和样书、观看直播回放等。

名校通识课

点击导航栏中的"名校通识"，点击子菜单中的"课程专栏"，即可选择相应课程进行学习。

教师培训

点击导航栏中的"教师培训"，点击子菜单中的"培训课程"，即可选择相应课程进行学习。

教学资源服务指南

 课件申请

点击导航栏中的"教学服务",点击子菜单中的"课件申请",填写相关信息即可申请课件。

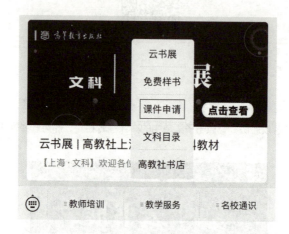

 样书申请

点击导航栏中的"教学服务",点击子菜单中的"免费样书",填写相关信息即可免费申请样书。

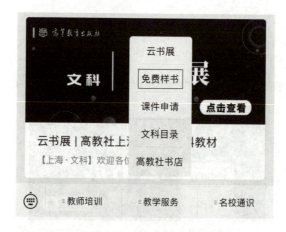